ENGLISH RECUSANT LITERATURE
1558–1640

Selected and Edited by
D. M. ROGERS

Volume 292

THOMAS PRESTON
Discussio Discussionis
1618

THOMAS PRESTON
Discussio Discussionis
1618

The Scolar Press
1976

ISBN 0 ·85967 293 x

Published and printed in Great Britain by
The Scolar Press Limited, 59-61 East Parade,
Ilkley, Yorkshire and
39 Great Russell Street,
London WC1

NOTE

Reproduced (original size) from a copy in the library of York Minster, by permission of the Librarian. Page 34 of this copy is slightly damaged. The first two lines on this page should read: 'Sed mittamus nomina, & rem ipsam expendamus. Esto, *Principes supremi sint proprissime . . .*'.

References: Allison and Rogers 666; STC 25601.

DISCVSSIO

DISCVSSIONIS *DECRETI* MAGNI *CONCILII LATE-*RANENSIS, ADVERSVS *LEONARDVM* *LESSIVM* Societatis IESV *Theologum* nomine *Guilhelmi Singletoni* perfonatum.

In qua omnia argumenta, quæ idemmet Leſsius *pro Papali potestate* Principes *deponendi ex Iure Canonico, & decretis* Conciliorum, *atq;* Pontificum, *alijs-que incommodis adducit, dilucidè examinantur, & refutantur:*

Et quædam egregia Illuſtriſsimi *Cardinalis Peronij* artificia perſpicuè deteguntur & refelluntur,

A ROGERO WIDDRINGTONO Catholico Anglo.

Omnes Populi clamauerunt, & dixerunt, *Magna est veritas, & prævalet.* 3. Eſdr. 4.

AVGVSTÆ, Apud IOAN. LIBIVM. Anno 1618.

PRÆFATIO

Ad Lectorem.

1  Istuli vsque in presens (*studiose Lector*) alijs Responsionibus, quæ mihi magis necessariæ videbantur, distentus, Discussionem *Discussionis* decreti magni Concilij *Lateranensis*, quam *Leonardus Lessius* Societatis Iesu Theologus personam *Guilhelmi Singletoni* indutus aduersûs ea, quæ in *Præfatione* Responsionis meæ *Apologeticæ* de hoc decreto disputaueram, mira fraude, & artificio singulari concinnauit. Hic autem istius meæ *Discussionis* scopus & finis est.

2 *Primò*, vt omnibus planum faciam, non posse, vel ex *Lateranensis* Concilij decreto, tametsi propriè decretum esset (de quo infrà ᵃ disputabitur) vel ex alio Ecclesiastico siue *Concilij*, siue *Summi Pontificis* canone generali, & ad totam Ecclesiam pertinente, sufficienter demonstrari, penes

ᵃ part. 1 sec. ꝭ
nu. 18. & seq.

a 2   *Sum-*

Summum Pontificem esse potestatem *Principes supremos* abdicandi, eorumúe subditos à temporali sua fidelitate absoluendi, aut pænam vllam ciuilem ex institutione diuina infligendi ; sed quoscunque Canones, & decreta generalia, in quibus pænæ temporales infligendæ decernuntur, non authoritate illa Ecclesiastica, quæ Pastoribus Ecclesiæ iure diuino competit, sed authoritate ciuili, quæ illis iure humano, & ex concessione *Principum* communicata est, iuxta sententiam, *quæ plerisque Doctoribus placet*, conditos esse ; & proinde vel solùm in Ecclesiæ territorijs obligandi vim habere, vel *inferiores* tantùm *Dominos, Magistratus*, atque personas ex *supremorum Principum* consensu, & non ipsosmet *Principes supremos*, qui à potestate ciuili saltem *coercitiua* liberi sunt, comprehendere potuisse.

3 *Secundò*, vt commonstrem, Responsiones illas, quæ in dicta *Præfatione* ad istud *Lateranensis* Concilij qualecunque decretum à me allatæ sunt, solidas esse, & quæ *Lessius* in contrarium obijcit, infirmissima; & propterea ne vnum quidem ex illis *viginti* incommodis, quæ ipse aduersùs meam sententiam congerit, ex ea consequi, vt ipse inani verborum Pompa gloriatur ; cùm ea omnia falso hoc fundamento nitantur, *Ecclesiam*

siam vniuersalem, quam *Concilia* verè *Oecumenica* repræsentant, hanc doctrinam, quæ *Summo Pontifici* potestatem tribuit *Principes* deponendi, & pænas quascunque ciuiles infligendi, pro certo tradidisse, & plurimos canones in hac doctrina fundatos authoritate illa Ecclesiastica, quæ sibi iure diuino debetur, perspicuè condidisse : quod cùm falsum esse comprobauerim, non mirum, quòd iliæ *Lessy* consequentiæ in hac falsa hypothesi fundatæ, nempe *Ecclesiam Christi iam à* 500. *annis*, iuxta meam sententiam, *concidisse, in generalibus tam fidei, quàm morum decretis perniciosè, de industria, & ex ambitione errasse, portas inferorum aduersùs eam præualuisse*, Christum *nobis imposuisse*, & reliquæ, quas ipse verbosa ostentatione aduersùs meam sententiam, vanè, indoctè, & contumeliosè exaggerat, à veritate sint omnino alienæ.

4 *Tertiò*, vt ostendam, hanc doctrinam pro potestate *Papali Principes* deponendi, & pænas temporales iure diuino infligendi, non esse *certam*, aut ad *fidem* pertinere; cùm *magna fuerit semper*, ait *Ioannes Azorius* Iesuita, *inter Imperatores Regesque ex vna parte, & ex altera parte inter Romanos Pontifices controuersia, an certis in causis sit ius & potestas* Summo Pontifici *priuandi* Re-

Azor. tom.3. l. 11. c. 5. q 8.

a 3

Reges regno suo. Reges enim aliqui cum summis Pontificibus de hac quæstione sæpiùs (etiam à tempore Lateranensis Concilij) contenderunt, dicentes, &c. Et conquerebantur multi, quòd Gregorius VII. Henricum *eius nominis quartum Germanorum Regem execrationibus deuouisset, regnique administratione priuasset:* Et de hac re certent Scholastici, *ait* Ioannes Trithemius, *& adhuc sub Iudice lis sit, an Papa possit Imperatorem deponere.* Et potestas Ecclesiastica, *ait* Iacobus Almainus, *nullam pænam ciuilem, vt sunt mors, exilium, bonorum priuatio,&c. ex institutiòne diuina infligere possit, immo nec incarcerare, vt plerisque Doctoribus placet, sed ad solam pænam spiritualem extendatur, vtputa Excommunicationem, reliquæ autem pænæ quibus vtitur, ex iure purè positiuo, seu, vt loquitur* Gerson, *ex concessione Principum sint:* Et libertas Ecclesiæ Gallicanæ, *ait* Petrus Pithæus, *huic positioni inter cæteras, quas ipse recenset, innitatur, quòd Papa regnum Franciæ, eiusque pertinentias dare in prædam non possit, neque eo Regem priuare, aut alio quouis modo disponere, & non obstantibus quibuscunq; monitionibus, excommunicationibus, vel interdictis, quæ à Papa ferri possunt, subditi tamen obedientiam pro temporalibus debitam Regi præstare teneantur, neq; in ea per Papam dispensari, aut absolui queant.*

5 At-

le *Azor.* loc.
ato.

vithem. in
hron. Hirug ad an.
106.
lmain de do-
minio natur.
iu. & Ecclef
n probat 2.
onclus.

Gerson de po-
test. Ecclef.
considerat. 4.
Petrus Pithæus
in cod. libertatum Ecclef.
Gallicanæ
non longè ab
initio.

AD LECTOREM.

5 Atque, vt cætera testimonia nunc taceam, tam clarum, perspicuum, atque, vt ita dicam, lippis & tonsoribus manifestum est, fuisse semper (nempe à tempore *Gregorij* VII. *qui primus omnium Romanorum Pontificum præter morem maiorum,* ait *Onuphrius, Cæsarem ipsum, à auo si non electus saltem confirmatus fuerat, non dico excommunicare, sed etiam regno, Imperioque priuare ausus est. Res ante ea sæcula inaudita)* magnam de hac re inter Catholicos controuersiam, vt nemo vir doctus, qui *Imperatorum, Regum,* atque *Romanorum Pontificum* res gestas perlegerit, & simul notas & regulas à Theologis assignatas, quibus Conciliorum *de fide* iudicia internosci queant, diligenter expenderit, illud sincerè & ex animo, quicquid in gratiam *Pontificum* dixerit aut scripserit, meâ quidem sententiâ, inficiari poterit.

*Onuphr.*lib.4. de varia creat Rom.Pontif.

6 Quapropter *Illustrissimus Cardinalis Peronius* exploratissima veritate quodammodò compulsus disertè fatetur, *Summum Pontificem ob pacis Ecclesiasticæ bonum tolerare & patienter ferre, quòd* Franci, *hoc est, aliquæ* Francorum, *teneant in hac parte doctrinam sibi, & reliquis omnibus Ecclesiæ partibus contrariam, dummodo eam non teneant, nisi vt problematicam in materia fidei, id est, dummodo eam non proponant vti necessariam necessitate fidei,*

Card.Peron. en *Hara gue.* au tiers Estat pag 98.

fidei, & non declarent alteram esse (speculatiuè scilicet & abstrahendo à praxi) *verbo Dei contrariam, impiam, & detestabilem.* Quibus verbis non solùm intelligit *Cardinalis*, Summum *Pontificem* ita illos Catholicos tolerare, sicut tolerat meretrices, quas maioris mali declinandi causa ita tolerat, permittit, seu non punit, neque exterminat, vt tamen eas ad Sacarmenta Ecclesiastica percipienda non admittat; cùm hos Catholicos *Gallo-Francos* ad Sacramenta palam admitti, *Papa* id sciente & permittente, publica & assidua totius *Ecclesiæ Gallicanæ* praxis amplissimum testimonium perhibeat : vt vel ex hoc solo capite optimè concludi queat, vel *Summum Pontificem* indignissimum Ecclesiæ Pastorem esse, qui sancta dari canibus permittit; vel, quod verius est, potestatem hanc *Papalem Principes* deponendi neque esse, neque ab ipsomet *Papa* existimari ita *certam*, vt absque hæreseôs, erroris, alteriusûe criminis, quod homines Christianos Sacramentorum perceptione indignos reddat, nota impugnari non possit.

7   Neque quemquam mouere debet, vt alias obseruaui, * quòd opinio hæc, quæ *Summo Pontifici* hanc potestatem tribuit, communior sit quàm opposita, plurésque Doctores eam sequantur, *tanquam oues aliæ*

alias

alias quæ præcedunt sine iudicio sequentes, *velut aues quæ vnam volantem aliæ omnes sequuntur*, cùm plures rationes assignauerim, quas D. *Schulckenius* silentio præterit, ob quas opinio illa communior sit, eamque plures Catholici tueantur. Neque sufficiens ratio est ad probandum, opinionem aliquam esse veram, & multo minùs certam, & tanquam *de fide* ab omnibus amplectendam, quia communior est, aut ab omnibus vt plurimùm propugnatur. Nam *in Scholastica disputatione*, vt rectè ait *Canus, plurium authoritas obruere Theologum non debet, sed si paucos viros modò graues secum habet, poterit sanè aduersùs plurimos stare* : Et satis constat, communissimam fuisse olim sententiam *Canonistarum*, nempe summum Pontificem habere ex *Christi* institutione plenissimam in vniuerso orbe, præsertim Christiano, iurisdictionem temporalem, eamque in *Imperatorem*, cæterosque *Reges* transfudisse ; Quam quidem sententiam tam mordicùs tenuerunt *Bartholus*, & alij communiter *Canonistæ*, b vt contrariam esse planè hæreticam affirmare non dubitarent, tametsi eam nunc Card. *Bellarminus*, c & Theologi communiter vehementer impugnent, & *Franciscus Victoria* asserat, d eam esse *manifestè falsam, fictitiam*, atque *merum commen-*

Nauar in **Manuali cap. 27. nu. 289.**

Canus lib. 8. de loc. cap. 4.

✠

b Vide *Couar.* in Regul. Peccatum 2. part. Relect. §. 9. nu. 7.
c lib. 5. de Rom. Pont. cap. 1. & seq.
d In Relect. 1. de potest. Ecclos. q. 6.

commentum in adulationem & assentationem
Pontificum, & Glossatores iuris hoc dominium
dedisse Papæ cùm ipsi essent pauperes rebus &
" *doctrina.*   Non enim viris doctis ignotum
" esse potest, plurimos non infimæ notæ etiã
" Theologos varias opiniones totis viribus
" defendere solitos esse non tam pondere rati-
" onum motos, quàm authoritate sui Magi-
" stri, quasi in verba eius iurassent, persuasos.
" Quo fit, vt plures opiniones communi Do-
" ctorum calculo olim receptæ iam prorsus
" antiquatæ sint, atque è Scholis penitus ex-
" plosæ.
"   8   Quòd si *Principes temporales*, quando
" primùm hæc controuersia exorta est, tan-
" tam diligentiam adhibuissent, aut etiam
" nunc adhiberent, vt sui subditi supremam
" suam in temporalibus potestatem propug-
" narent, & ne libri aliqui in suis Regnis di-
" uulgarentur, qui illi præiudicarent, donec
" *Ecclesia vniuersalis* litem diremissit, quanta
" vsi sunt *Summi Pontifices*, & nunc etiam v-
" tuntur, vt Christi fideles supremam suam
" tam in temporalibus quàm in spiritualibus
" monarchiam tuerentur, & ne aliquid quod
" illi deroget in lucé prodiret, sed statim sup-
" primeretur, & à nemine donec expurgatum
" esset perlegeretur, profectò non tam com-
" munis hodie esset, aut deinceps foret illa o-
pinio

pinio pro potestate *Pontificis Principes* ab- »
dicandi. Quam sanè *Summi Pontificis* & »
Inquisitorum diligentiam, si quis rité consi- »
deret, mirandum profectò est, quòd hisce »
remporibus in libris Catholicorum vlla »
clausula reperiatur, quæ *Summi Pontificis* »
temporalem, seu in temporalibus potesta- »
tem in controuersiam vocandi vel tantil- »
lam speciem habeat; cùm iam certò cog- »
nosci vix queat, quid Librorum *Authores*, »
qui non proprijs sed *Censorum* verbis loqui, »
suamque sententiam proferre, quamuis in- »
uiti sæpissimè compellantur, circa eiusmo- »
di *Summi Pontificis* Principes deponendi »
potestatem senserunt, sed potiùs quam »
opinionem Librorum *Censores*, & *Expur-* »
gatores circa eam sequuti fuerint. Et nihi- »
lominus non obstante hac diligentia, & »
varijs artibus, quibus *Summi Pontifices*, eo- »
rumque Ministri in libris eiusmodi suppri- »
mendis vsi sunt, & vtuntur, nunquam de- »
fuerunt, nec iam desunt plurimi Catholici »
doctrina & pietate præstantes, qui hanc »
summi Pontificis in temporalibus potestatem »
palam impugnare, atque in controuersiam »
vocare non sunt veriti. »

9 Atque hic potissimus totius huius
Discussionis meæ finis est, vt ex prædictis perspicuè euincam, hanc *summi Pontificis* potestatem

teſtatem *Principes ſupremos* ſuis Dominijs
temporalibus priuandi, & pænas temporales irrogandi, non poſſe, niſi certiſsima ſit,
quantuncunque probabilis *ſpeculatiuè* iudicetur, etiam iuxta ipſiuſmet *Leſsij* principia,
abſque manifeſta in *Regiam Maieſtatem* iniuria ad effectum perduci, & proinde doctrinam, quæ illam propugnat, ſi *praxim*
reſpiciamus, eſſe *ſupremis Principibus* ſum-
mè iniurioſam, & conſequenter tanquam
impiam, deteſtabilem, & expreſſo *Dei* verbo, & *Chriſti* Domini præcepto de reddendo *Cæſari*, quod *Cæſaris* eſt, repugnantem,
è Chriſtianorum Scholis & cordibus peni-
tùs exterminandam. Attende enim quæ
ſcribat *Leſsius* (quæ, ſicut & nonnulla alia,
in quibus totius controuerſiæ ſtatus præcipuè conſiſtit, ſæpe ſæpiùs in hoc Tractatu
repetere, vt Lectoris menti firmiùs in-
hæreant, neceſſarium eſſe duco, cùm ea licèt ſæpiùs repetita Aduerſarij intelligere
non velint, ſed tanquam ad rem vix ſpectantia ſilentio præterire ſoleant) *Poteſtas*, inquit *Leſsius*, ^e *quæ non omnino certa ſed pro-*
babilis, non poteſt eſſe fundamentum, quo im-
mediatè aliquis puniatur, & iure ſuo ac Do-
minio priuetur. Sed talis poteſtas certiſſimè,
non dubiè debet competere. Nullus enim Iu-
dex poteſt irrogare pœnas adeo graues, aut con-
dere

e Nu. 38.
part. 2. ſuæ
Diſcuſſ pag.
71. Vide in-
frà part. 2. ſec.
6. nu. 2. & ſeq.

dere decreta quibus irrogentur, nisi constet illi talem potestatem concessam. Si enim id vllo modo esset dubium, posset reus excipere & ei non parere. Hinc neque delegatis creditur in alicuius præiudicium, nisi authentico instrumento ostendant suam delegationem, ita vt nulla amplius relinquatur iusta dubitandi ratio.

10   Atque hinc clarè perspicere poteris, *Lector erudite*, veram & propriam causam, ob quam recentiores quidam Theologi, præsertim *Iesuitæ*, paucis abhinc annis in hac quæstione adeò feruent, vt eam omnino ad *fidem* pertinere, & contrariam plurimorum Catholicorum sententiam, non tam *sententiam* quàm *hæresim* esse viris imperitis per fas & nefas persuadere studeant. Optimè enim viderunt viri isti perspicacissimi, hanc *summi Pontificis* potestatem *Principes* abdicandi, & pænas temporales iure diuino infligendi, quantumcunque in Scholis vt probabilissima *speculatiuè* propugnetur, quod tamen ad *praxim* attinet, nisi *certissima* sit, & claro aliquo instrumento omnibus Catholicis ostendatur, ita certò & indubitatè *Summo Pontifici* competere, vt nulla amplius relinquatur iusta dubitandi ratio, esse merum titulum sine re, adeo vt neque per *Pontificem* licitè ad effectum

perduci

perduci pofsit, & per *Principes* tutâ con-
fcientia contradici queat, & per fubditos
fub pęna perduellionis refifti omnino debeat : quandoquidem *poteſtas, quæ non omninò certa, ſed probabilis, non poteſt eſſe fundamentum, quo immediatè aliquis puniatur,
& iure ſuo, ac Dominio priuetur* ; & quilibet
Princeps, iuxta communem omnium Theologorum doctrinam in lege naturali fundatam, aduerſùs quoſcunque, qui ſub titulo
dunraxat probabili Regnum ſuũ inuadere,
illũq; è legitima atq; indubia Regni ſui poſ-
feſsione deturbare tentarent, poteſt tutiſsi-
mâ conſcientiâ ſe defendere, & ſubditi *Principis* ſui iniuriam ſub pæna *læſæ Maieſtatis*
propulſare omnino tenentur.

   11   Sed vtinam Theologi iſti alioquin
ſagaciſsimi pariter etiam expenderent,
quanta incommoda tam Religioni Catholicæ, quàm Principibus Chriſtianis eorumque ſubditis ex prætenſa hac *fide Catholica* de *Principibus* authoritate *Papali* deponendis accedant. Quis enim maturi iudicij Catholicus non aduertit, quàm ſcan-
daloſum ſit *religioni Catholicæ*, quàm iniurioſum *Regiæ Maieſtati*, & *Principum* Coronis ac Capitibus, & *ſubditorum* etiam ſaluti
periculoſum, *incerta*, ne dicam *falſiſsima, fide
Catholicæ* dogmata, in rebus ad obedien-
                                                        tiam

tiam *Deo* aut *Cæsari* debitam pertinentibus,
pro *veris* & *certißimis* fidei dogmatibus
venditare; & viros Catholicos, qui, re tota
diligenter ventilata, *falsam* hanc *Catholicam
fidem* non approbant, sed fraudes, sophis-
mata, & imposturas, quibus Aduersarij in
ea procudenda vtuntur, apertè detegunt,
tanquam impios & hæreticos verbis, scriptis, & factis impune & laudabiliter, pro ea
qua apud *Romanum Pontificem* authoritate,
& apud vulgus existimatione pollent, in-
fectari? quasi verò sancta *Christi* Ecclesia
absque huiusmodi malis artibus conseruari
aut dilatari non posset.

12   Nam, si relictis antiquorum regulis,
quibus *fides* verè *Catholica* à non *Catholica*
dignosci debet, integrum relinquatur quibusdam Catholicis quantacunque doctrina
& authoritate præstantibus, in *Pontificiæ*
potestatis exaltationem & *Regiæ* depressionem, noua *fidei Catholicæ* dogmata procudere, & proprias suas tum sacræ Scripturæ, tum Conciliorum & Canonũ Eccle-
siasticorũ interpretationes pro ipsomet Dei
verbo, & vero atq; indubitato Conciliorum
& Canonum sensu (tametsi alij contrà sentiant Catholici perdocti) sub specioso boni
spiritualis, & Religionis Catholicæ promouendæ prætextu viris imperitis per vim
&

& aftum, minis & blanditijs obtrudere, &
vocem fuam, ac fi vox Ecclefiæ, & Dei verbum effet , conclamitare , & denique ius
fpeculatiuè incertum, dubium, atque ad fummum *probabile* ad Reges Chriftianos authoritate *Papali* tum dominijs tum vita priuandos, tanquam *certum , induhitatum,* & ad *fidem Cacholicam* fpectans prædicare, quàm
aperta hinc ad fchifmata, hærefes , Atheifmum, rebelliones, & cuiufcunque generis,
etiam nitrati puluèris , coniurationes via
patefiat, & *Religio Catholica*, Sedefque *Apo-
ftolica Regibus* ac *Principibus* Chriftianis (qui
Ecclefiæ Protectores à *Chrifto* conftituti
funt, neque per Chriftianifmum, qui non
eripit mortalia, fed regna dat cæleftia, deterioris conditionis , quod ad temporalia attinet, facti funt, quàm fint Principes
Ethnici) odiofa reddatur, quiuis vel me-
diocris ingenij Catholicus clarè perfpicere
poteft.

13 Satis itaque manifeftum eft , non
folùm ad communem fidelium omnium
falutem plurimùm referre, verùm etiam ad
pacem tam temporalem quàm fpiritualem
in Republica Chriftiana conferuandam omninò neceffarium effe, vt tam *Principes,*
quàm *fubditi fideles* clarè & diftinctè cog-
nofcant, qua certitudine credendum fit,
hanc

hanc vel illam obedientiam spiritualem
Summo Pontifici, quando mandata eius in
graue alterius, praesertim *Principis* supremi, praeiudicium tendunt, in dubi-
is exhibendam vel non exhibendam esse,
& potestatem *Principes* deponendi, pae-
nasque temporales ex *Christi* institutione
infligendi illi concessam esse : ne *Princi-*
pes Summo *Pontifici* non obtemperantes
spiritualis inobedientiae crimen incurrant,
& ne subditi summo *Pontifici* obsequentes à temporali sua fidelitate *Principibus*
suis legitimis iure diuino debita abducan-
tur, & in manifestum perduellionis discrimen cum maximo eorum tum temporali,
tum spirituali periculo praecipites feran-
tur; & demum, ne ipsimet *Summi Ponti-*
fices praetensam hanc suam *Principes* deponendi potestatem, quamdiù potestas haec
incerta est, in summam *Principum* iniuriam exercentes, tam *Principum*, quàm sub-
ditorū fidelium animos à Sede *Apostolica*, &
religione *Catholica* auertant, & execrandis
tumultibus, caedibus, & Regicidijs cum ingenti animarum periculo, & maximo religionis Catholicae scandalo occasionem
subministrent.

14 Quapropter mirandum non est,
quòd *Principes* Christiani, qui praesertim

b

Ro-

Romano Pontifici obedientiam non præstant, certiores fieri quamplurimùm defiderent, quo animo Catholici eorum fubditi erga poteftatem *Summi Pontificis* Principes feculares in ordine ad bonum fpirituale deponendi, *practicè* præfertim confideratam, afficiantur; & vtrùm, iuxta Catholicæ fidei principia, religio verè Catholica cum recta atque à Deo ordinata politia etiam apud hæreticos aut infideles ftabilita perpetuò ftare pofsit; vt ita qualem fiduciam in conftanti Catholicorum fidelitate, quam ob grauem hanc inter *Pontifices* & *Reges* controuerfiam meritò fufpectam habent, tutò reponere queant (fi forfan *Pontifex Principes* illos, qui Religionem *Catholicam Romanam* neque amplecti, neque in fuis dominijs tolerare velint, fuis Regnis ac Dominijs priuare, & fubditos à fidelitate abfoluere niteretur) clarè, perfpicuè, & abfque vlla tergiuerfatione intelligere poffint.

15   Et fi fortè *Principes* ifti hoc fine permitterent, vt quorundam Catholicorum libri (qui *Deo* & *Cæfari* quæ fua funt reddere cupientes hanc quæftionem grauifsimam tum veritatis dilucidandæ, tum conftantifsimæ fuæ fidelitatis manifeftandæ gratia, fincerè tractant, & Aduerfariorum fraudes, fophifmata, ac impofturas apertifsimè detegunt)

gunt) in suis Regnis publicè venundentur,
quantumùis Catholici illi libros suos *Romano Pontifici* dedicarent , & se in omnibus
Ecclesiæ *Catholicæ Romanæ* iudicio submitte-
rent , non tamen hinc rectè concludi potest (vt quidam ex Aduersarijs non minùs
indoctè quàm contumeliosè colligunt) vel
Principes illos *Protestantes* factos esse *Catholicos Romanos*, vel se certò cognoscere, *Catholicos* illos illam librorum suorum dedica-
tionem & submissionem non verè & ex animo, sed fictè & fraudulenter fecisse, non
alia intentione, quàm vt Catholicos deciperent , & *Romano Pontifici* atque Ecclesiæ *Catholicæ Romanæ* illuderent, ad eum modum,
quo Christi persequutores *percutiebant caput eius arundine , & ponentes genua adora-
bant eum : Et veniebant ad eum & dice-
bant ,* Aue Rex Iudæorum, *& dabant ei
alapas.*

16   Si enim vel *Summus Pontifex* de *Iudæorum* in suis dominijs commorantium
fidelitate parum confisus , vel *Rex Christia-
nißimus* Protestantium sibi subditorum fidelitatem suspectam habens , scire percupe-
rent, an , iuxta religionis suæ principia , de
constanti eorum fidelitate securi reddi possint , eoque fine permitterent , vt libri eorum hanc quæstionem sincerè tractantes in
suis

*Card. Bel. con-
tra Barclai. c. 1.
D. Schulck. con-
tra Widdring:.
c.2. & Thom.
Fitzherb.c. 17.
Rebucat, suæ
Anglicanæ:
sed à Ioanne
Barclaio et à
Widdringtono
clarißimè re-
futantur.
Marc.15.
Ioan. 19.*

fuis Dominijs imprimerentur , & publicè
venundarentur , tametfi eos primarijs *fuæ*
Religionis *Præpofitis* dedicarent , feque in
omnibus fuæ *Synagogæ* , & *Congregationis*
iudicio fubmitterent, an Aduerfarij hinc rectè concludi poffe affirmarent , vel *Sum-*
mum Pontificem factum effe *Iudæum* , aut *Re-*
gem Chriftianiſsimum factum effe *Proteftan-*
tem , vel fe optimè cognofcere , *Iudæos* illos,
& *Proteftantes* non verè & ex animo , fed fictè & fraudulenter tales librorum fuorum
dedicationes , & fubmiſsiones feciffe , non
alia intentione , quàm vt *Iudæos* & *Pro-*
teftantes deciperent , fuæque *Synagogæ* &
Congregationi , earumque *Præpofitis* illuderent?

17 Quòd itaque *Rex* nofter *Sereniſsimus*
Catholicis fuis fubditis (quorum fidelitas
ob horrendifsimam illam nitrati pulueris
coniurationem à quibufdam Catholicis, fub
prætextu Religionis Catholicæ promouendæ, præmeditatam, fibi & toti Regno meritò fufpecta erat) permittere dignatus
fuerit , vt publicis fcriptis toti mundo manifeftum facerent , quomodo iuxta verif-
fima fidei Catholicæ principia , de conftanti eorum fidelitate fecurus reddi pofsit , tum
ipfimet Catholici ingentifsimas gratias fuæ
Maieftati eo nomine referre debent , tum
fua

fua *Maieſtas* apertiſsima ſingularis ſuæ cle-
mentiæ indicia in eo demonſtrat; quippe
quæ, dum Catholicos omnes perſequendi,
eoſque ob immaniſsimum illud ſcelus (cuius ſi non Authores, Duces, aut Conſulto-
res, ſaltem conſentientes erant primarij
quidam Ieſuitæ, qui præcipui fidei Catholicæ defenſores vulgò æſtimantur) è dominijs ſuis tanquam proditores, & pacis publicæ perturbatores exterminare iuſtiſsimam
prudentum iudicio anſam arripere potuiſ-
ſet, voluit tamen ſua *Maieſtas*, pro innata ſua, & tum ab omnibus admiranda, tum
à Catholicis ſuis ſubditis infinitis gratijs
rependenda clementia, integrum relinque-
re Catholicis, vt ſe tanta, qua laborabant,
infamia liberarent, & licèt *eandem cum pro-
ditoribus illis viam religionis ſequerentur*, tamen *ab eorum peſsimis conſilijs ſe longiſsimè
abhorrere*, iuxta veriſsima Religionis Catholicæ principia, demonſtrarent.

18 Rogo igitur omnes Catholicos per
æternam eorum ſalutem, quæ ab hac grauiſsima inter *Pontifices* & *Reges* controuerſia quamplurimùm pendet, vt ad ea quæ
ſunt *Cæſaris Cæſari*, & quæ ſunt *Dei Deo*
reddenda corde, ore, & opere paratiſsi-
mos ſe exhibeant, & proinde, vt hæc pauca
quæ ſubiungam capita, ſeriò, ſincerè, & abſ-

.que

que vllo humani respectus intuitu in arcano
suæ conscientiæ penetrali secum discutere
ac meditari velint.

Primò, quibus principijs & fundamentis fides verè Catholica, sine qua sa-
lus esse non potest, non ex quorundam
tantùm Catholicorum, sed ex communi
omnium sententia (nam alioquin verè Catholica & vniuersalis non erit) niti debeat:
atque non solùm eos, qui aliquid diminu-
unt de verbo Dei, aut fide verè Catholica,
qua Dei verbo creditur, sed qui illis etiam
aliquid apponunt, maledictos esse.

19   *Secundò*, in *lege natura* Rempub. ciuilem de rebus omnibus siue ad politiam, siue ad Religionem seu publicum
Dei cultum pertinentibus disposuisse, sacri-
ficia ordinasse, Sacerdotes instituisse, iudicasse, pænisque quibuscunque temporal-
libus, si id demeriti essent, castigasse: neque potestatem ciuilem & religiosam duas
distinctas & independentes Iurisdictiones
constituisse, sed supremam rerum omnium, siue sacræ siue profanæ essent, curam
ad Rempub. ciuilem pertinuisse; de qua re
vide *Abulensem* in cap. 3 1. *Genes. q.* 8.

Tertiò, in *lege* etiam *veteri Summos Pontifices* fuisse Regibus temporaliter subiectos, & ab ijsdem pænis quibuscunq; tempo-
rali-

AD LECTOREM.

'ralibus affici potuiſſe, vt ex cõmuni doctiſsi-
morũ ſententia, quá etiã *Card. Bellar.* ᶠproba-
bilé exiſtimat, alibi ᵍ copioſè cõmonſtraui.

20   *Quartò*, vtrùm iam in *lege Euangeli-*
ca Chriſtus Dominus hunc ordinem in lege
Moyſis & *naturæ* obſeruatum de induſtria in-
uerterit, & *Principes Chriſtianos* deterioris
conditionis, quàm *Ethnicos*, & veteris Te-
ſtamenti *Reges* quoad temporalia effecerit,
eoſque temporali Sacerdotum correctioni
ſubiecerit, necne, non ex coniecturis aut rationibus congruis, quæ à viris eruditis in v-
tramque partem facillimè adduci poſſunt,
ſed ex claro & expreſſo *Dei* verbo ſcripto
aut tradito, non prout à quibuſdam *recentio-*
ribus in gratiam *Pontificum* ad nouos & pe-
regrinos ſenſus contortum, ſed ſicut à *San-*
ctis Patribus, & primitiua Eccleſia ſemper
intellectum fuerit, colligendum eſſe.

21   *Quintò* doctrinam hanc de poteſtate
Eccleſiaſtica *Principes* deponendi, & ſubditos à fidelitate abſoluendi, fuiſſe Eccleſiæ
primitiuæ, & antiquis Patribus incognitam,
& poſt totos mille annos à *Chriſto* paſſo, &
Euangelio ab *Apoſtolis* per totum mundum
diſſeminato, à *Gregorio* Papa VII. *qui primus*
omnium Romanorum Pontificum præter morem
maiorum Imperatorem deponere auſus eſt, in
Scholas Catholicorum inuectam, atque in
ipſo

ᶠ Contra Bar
cla. cap. 15.
ᵍ In Conſut
Anglic. *Tho.*
Fitzherb. part.
3 cap. 5.

Sigebert. in Chron. ad annum 1088.

ipso sui primordio fœda *nouitatis*, ne dicam, *hæresis*, vt *Sigebertus* loquitur, nota inustam, ab ipsis Imperatoribus, aliisque Catholicis continuò impugnatam, & ne vnica quidem, vel Concilij Oecumenici ab eo tempore celebrati, vel Canonis Ecclesiastici authoritate sufficienter confirmatam, sed vsque in præsentem diem magnam esse de hac re inter Catholicos controuersiam, & adhuc sub Iudice litem esse. Ex quo consequens est, potestatem hanc esse incertam,

Vide suprà nu. 9.

& proinde iuxta ipsiusmet *Leßy* doctrinam, *non posse esse fundamentum quo aliquis immediatè puniatur, aut iure suo & dominio priuetur, cùm talis potestas*, vt ait ille, *debeat esse omnino certa, non probabilis, & certißimè non dubiè debeat competere.*

22 *Sextò*, posse subditos tutâ conscientiâ & absque dato scandalo Prælatorum mandatis non obtemperare, quando Prælati aliquid præcipiunt, *vnde periculum Religioni, aut Reipublicæ, aut tertiæ personæ timetur,* & subditi *dubitant*, an Prælatus talia præcipiendi authoritatem habeat; tunc enim, vt

Sotus de detegendo secreto memb. 3. q. 2.

ait *Sotus*, *nihil facit contra obedientiam subditus, si exigat à Prælato rationem præcepti proponens humiliter rationes dubitandi.* quod sanè documentum si quidam nostrates diligenter expenderent, non ita nunc, cùm ipsi

in

in aliquali authoritatis, vt fibimet videntur, gradu conftituti funt, obedientiam erga fuperiores in´rebus dubijs , & fcandalum, tametfi res in fe mala non fit , plenis faucibus conclamitarent ; quafi verò *Principi* fidelitatem negare etiam fcandalofum , & contra obedientiam non effet; fed forfan ipfi nec quæ fit vera inobedientiæ & fcandali ratio fatis intelligunt , nec memores funt eorum , quæ ipfi olim , cùm de grauifsima inobedientia & fcandalo palam accufarentur , de obedientia & fcandalo fenferunt, & fcriptis publicis docere non formidarunt .

23 Hæc pauca fi *Lector* feriò meditari voluerit,& fimul etiam recolere,quod antea infinuaui, quàm fcilicet perniciofum & verbo Dei , fideique Catholicæ repugnans fit, non folùm de Scriptura facra aliquid detrahere, fed illi etiam aliquid apponere; non folùm antiqua & vera fidei Catholicæ dogmata impugnare , fed etiam noua & falfa procudere & prædicare; non folùm *fide Catholica* credere, Deum non reuelaffe quod reuelauit, fed *fide* etiam *Catholica* credere, Deum id reuelaffe quod non reuelauit : hæc, inquam, fi Lector diligenter expendere, atque etiam capita illa generalia à me alibi [h] recenfita, ad quæ vniuerfa Aduerfariorum

[h] In Supplicat. ad Sum. Pont. *Paulum.* V. nu.39.

orum argumenta, & omnia suæ doctrinæ
fundamenta reuocantur, obseruare voluerit; clarissimè perspiciet, nullum planè incommodum, quicquid *Lessius* vanè glorie-
tur, sed plurima maximi momenti commoda ex mea sententia sequi; atque insuper
Aduersariorum sententiam esse falsam, perniciosam, atque è fidelium Scholis & cordibus meritò exterminandam: quippe quę
illud, quod luce meridiana clarius est, nempe magnam fuisse semper (à tempore scilicet *Gregorij* VII.) & nunc etiam esse de hac
potestate *Pontificis Principes* deponendi controuersiam, nimium impudenter pernegare
non erubescit; antiqua & firmissimæ fidei
Catholicæ fundamenta conuellere, & noua
atque periculosa stabilire non pertimescit;
Principes supremos, si *Romano Pontifici* in omnibus obsequentes non fuerint, manifesto
internecionis, eorumque Regna multiplici
tumultuum, ac seditionum discrimini sub
titulo duntaxat probabili exponere non
perhorrescit; & demum viros verè Catholicos ac eruditos, quique hanc quæstionem
grauissimam, & omnia quæ vtrinque obijci solent, solius veritatis inuestigandæ gratia
diligentissimè expenderunt, seque in omnibus Ecclesiæ *Catholicæ Romanæ* iudicio sub-
miserunt, & submittunt, tanquam impios,
hæreticos,

hæreticos , & Ecclesiæ rebelles traducere non reformidat.

24 Sed vtinam Aduersarij (quibus omne bonum precor) qui sub specioso pietatis fuco viros innocentes ita iniustè opprimunt, & fidem falsò Catholicam pro vera populo imperito in summam *Principum* Christianorum iniuriam, & ingens *fidei Catholicæ* & salutis animarum dispendium malis artibus obtrudere non verentur, iam tandem saperent, intelligerent, ac nouissima prouiderent, & non serò sed seriò recogitare vellent, se, quantacunque nunc dignitate, ac potentia præpolleant, nisi in hac vita pœnitentiam egerint, & damna ferme infinita ab illis illata resarcierint, exactissimàm in alia vita supremo omnium *Regi* ac *Iudici*, apud quem personarum acceptio non est, rationem reddituros esse.

Sum-

Summarium
totius Discussionis.

Pars Prima.

IN' qua decretum *Lateranensis* Concilij expenditur, & quæ *Lessius* contra *Responsiones* à *widdringtono* in Præfatione *Responsionis* suæ *Apologeticæ* ad idem decretum allatas obijcit, refutantur.

Sectio 1. *In qua dubia quædam ad authoritatem Concilij* Lateranensis *infirmandam, confirmandamque adduci solent, proponuntur, & quid* Author *de eo* Concilio *sentiat, breuiter declaratur.*

Sect. 2. *In qua decretum* Lateranensis Concilij, *&* Responsio Widdringtoni, *nempe in eo decreto* Principes *supremos nequaquam comprehendi, proponuntur, & quæ à* Lessio *in contrarium allata sunt, refutantur, & discrimen inter* directiuam, *&* coercitiuam Ecclesiæ *potestatem, & inter vtriusque potestatis actus, atque obiecta declaratur.*

Sect. 3. *In qua duæ illæ rationes* Widdringtoni (*nempe quòd leges vltra potestatem Legislatoris extendendæ non sint,*

&

& quòd in materia odiosa Principes supremi *generalibus* Dominorum temporalium *nominibus non comprehendantur)ab eo ad dictam eius Responsionem confirmandam allatæ, proponuntur, & ex doctissimorum sententia confirmantur, & quæ* Lessius *ad eas infirmandas obijcit, dilucidè refelluntur.*

Sect. 4. *In qua declaratur, quænam personæ nominibus Dominorum* temporalium, Dominorum Principalium, *& principales Dominos non habentium in* Lateranensis *Concilij decreto intelligendæ sint, & quæ à* Lessio *in contrarium allata sunt, perspicuè refutantur.*

Sect. 5. *In qua prima* Widdringtoni *Responsio ad obiectionem quandam à se propositam defenditur; quæ à* Lessio *in contrarium adducta sunt, diluuntur; quænam sit* Ioannis Parisiensis *sententia de potestate* Principes *deponendi, declaratur, & ipse à schismate vindicatur;* Hostiensem *in canonem* Ad abolendam *de hæreticis, & in cæteros textus* Decretalium *scripsisse, contra* Lessium *imperitè nimium id pernegantem demonstratur, & quòd Responsio* Hostiensis, Innocentij, *&* Ioannis Andreæ *in can.* Ad abolendam. *doctrinæ* Widdringtoni *faueat, perspicuè comprobatur.*

Sect. 6. *In qua secunda* Widdringtoni *Respon-*

Responsio ad præfatam obiectionem à se propositam ex Glossa *in Can.* Hadrianus *&* Delatori *desumpta confirmatur, & quæ* Lessius *in contrarium obijcit præsertim ex alia* Glossa, *ex* Panormitano, Ioanne Andrea, Hostiensi, *&* Concilio Tridentino *manifestè refelluntur.*

Sect. 7. *In qua, alia Responsio* Widdringtoni *ex Glossa in Canonem* Per Venerabilem *petita confirmatur, & quod* Lessius *contra eam producit refutatur.*

Sect. 8. *In qua* tertia, *& vltima* Widdringtoni *Responsio expenditur, egregia* Lessij *fraus & imperitia in ea refellenda detegitur, & quòd istud* Lateranensis *Concilij* decretum *ab* Aduersarijs *ita inculcatum, verè & propriè* decretum *ex eorum sententia esse non possit, perspicuè commonstratur.*

Pars Secvnda.

IN qua tres obiectiones, seu argumenta à Lessio ad potestatem Papalem Principes deponendi vt rem de fide certam comprobandam allatæ dissoluuntur, & tres similes Instantiæ tribus Summorum Pontificum exemplis nixæ à Widdringtono ad eas obiectiones dissoluendas adductæ confirmantur.   Sect.

Sect. 1. *In qua tres illæ* Lessij *obiectiones proponuntur* ; *primum* Widdringtoni *exemplum,quo tres eius Instantiæ nixæ sunt* , *ex Sacramento* Confirmationis *à simplici Præsbytero cum licentia Summi* Pontificis *administrato desumptum* , *confirmatur* ; *quæ à* Lessio *in contrarium adducuntur* , *refutantur* ; *& vtrùm verum vel falsum sit* , quædam esse certa *Sedi* Apostolicæ, quæ non sunt certa alijs, *vti* Lessius *affirmat* , *dilucidè commonstratur.*

Sect. 2. *In qua secundum* Widdringtoni *exemplum ex decreto* Sixti 4. *de Festo* Conceptionis *B.* Virginis *celebrando desumptum expenditur,& quàm imperitè ac dolosè* Lessius *illud impugnare contendit, ex doctrina* , *quam celeberrimi suæ Societatis Theologi* , *& præsertim* Franciscus Suarez, *&* Gabriel Vasquez *tuentur,clarißimè demonstratur.*

Sect. 3. *In qua tertium exemplum* Widdringtoni *ex potestate* Papali *in solenni religiosæ castitatis voto dispensandi desumptum discutitur,& quæ in contrarium à* Lessio *allata sunt,refutantur.*

Sect. 4. *In qua* , *quid Doctores Catholici de infallibili tam* Ecclesiæ *quàm* Romani Pontificis *iudicio in decretis & morum stabiliendis sentiant,declaratur.*

Sect. 5. *In qua* prima Widdringtoni *Instantia*

stantia primo *argumento* Lessij *opposita defenditur,* & *quæ* Lessius *in contrarium adducit, refutantur.*

Sect. 6. *In qua* secunda Widdringtoni *Instantia secundo* Lessij *argumento opposita defenditur,* & *quæ* Lessius *contra eam obijcit, diluuntur.*

Sect. 7. *In qua* tertia Widdringtoni *Instantia* tertio Lessij *argumento opposita defenditur,* & *quæ* Lessius *contra eam adducit, refelluntur.*

Sect. 8. *In qua alia ratio* Widdringtoni *defenditur,* & Conclusio *omnium Responsionum, quæ ab eo ad demonstrationes Aduersariorum refellendas allatæ sunt, confirmatur,* & *quæ* Lessius *in contrarium obijcit, refutantur.*

Sect. 9. *In qua tacita* Lessij *excusatio,* (*quòd* Disputationem *suam* Apologeticam *pro potestate* Summi Pontificis *iamdiu typis impressam non adhuc evulgauerit*) & *expressa eiusdem* Lessij *accusatio quorundam magnæ authoritatis virorum* (*nempe* Parliamenti Parisiensis) *qui tales libros vt seditiosos flammis adiudicarunt, perspicuè refelluntur,* & *quòd* Senatus Parisiensis *tales libros vt seditiosos meritò proscribere ob duas potissimùm rationes potuerit, clarißimè ostenditur.*

PARS TERTIA.

IN qua *viginti* incommoda, quæ *Leſſius* ex *Widdringtoni* doctrina manifeſtè conſequi falsè, imperitè, & fraudulenter affirmat, clariſsimè refutantur, & quædam Illuſtriſsimi *Cardinalis Peronij* fraudes artificioſæ perſpicuè deteguntur,& refelluntur.

Sec.1. *In qua quinq; prima incommoda huic falſæ ſupoſitioni potiſſimum innixa* [quòd ſcilicet Eccleſia Chriſti ex ſententia Widdringtoni *in doctrina, & præceptis morum à multis iam ſeculis non ſolùm per ignorantiam,ſed etiam de induſtria, & ex ambitione errauerit*] perſpicuè refutantur.

Sec.2 *in qua ſextum,ſeptimum & octauũ incommodum quæ decretis* Gregorij *VII. in* can.Nos Sanctorum, Vrbani *ſecundi in can.* Iuratos milites,*&* Gregorij *noni in can.* Abſolutos, *innixa ſunt,refelluntur.*

Sec.3. *In qua* nonum, *&* decimum *incommodum ex Concilio* Lateranenſi *tertio ſub* Alexandro *tertio,& ex* Lateranenſi *quarto ſub* Innocentio *tertio celebratis deſumpta refutantur.*

Sec.4. *In qua* decimum *incommodum ex* Lugdunenſi *Concilio ſub* Innocentio *quarto celebrato deſumptum perſpicuè refellitur,& quæ à* D. Schulckenio *in fauorem huius Concilij*

C   contra

cõtra Widdringtonum *allata funt, refutantur*.

Sec. 5 *In qua* duodecimum, & decimum tertium *incommodum ex Concilio* Viennenfi, & Conftantienfi *defumpta refelluntur*.

Sec. 6. *In qua* decimum quartum, & decimum quintum *incõmodum ex Concilio* Lateranenfi *vltimo fub* Leone *decimo*, & *ex* Tridentino *defumpta refutantur*.

Sec. 7. *In qua* quinque *poftrema incomda prioribus fubnixa* [*nempe*, quòd *Ecclefia iam à* 500. *annis conciderit:* quòd Chriftus *nobis impofuerit:* quòd Principes *Chriftiani habeant iuftam caufam recedendi ab Ecclefia,* & *poßint perfequi Catholicos, qui antiquam doctrinam tenent,* & Sedi Apoftolicæ *adhærent:* & *denique* quòd *poterit haberi fufpecta tota fides Chriftiana tanquam inuenta ab Ecclefiafticis politiæ caufa*]*perfpicuè diffoluuntur*.

Sec. 8. *In qua duo* Leßij *refponfa ad quandam obiectionem refelluntur*, & *totius fuæ* Difcusfionis *conclufio*, & *magis oratoria quàm folida* Peroratio *perfpicuè refutatur*.

Sec. 9 & *vlt.in q:a quædam* Illmi. Cardinalis Peronij *fraudes artificiofæ, quibus ad* Widdringtoni *doctrinam vt falfam,* & *fingularem,* & *à nullo Doctore Catholico propugnatam impugnandam, atque ad Iuramentum* Franciæ (& *confequenter noftrum* Angliæ) *refellendum vfus eft, perfpicuè deteguntur,* & *refelluntur*.

Erra-

ERRATA sic corrigenda.

PAg. 46. Lin. 3. lege *conueniunt.* p. 54. l. 11. *opponitur.* p 64. l. 23. *ac Dominis.* p. 74. l. 29. *Edicto,* p. 75. l. 8. *designatos,* p. 88. l. 22. *eas.* p. 88. l. 32.
propria. p. 90. l. 8. *Moguntini.* p. 93. l. 16. *irreligiosè.* p. 97. l. 17. *necessitatis.*
p. 98. l. 11. *unguem.* p. 99. l. 11. *deponendum.* p. 116. l. 5. *At.* p. 136. l. 6. *pro-
missam.* p. 142. l. 30 *continere.* p. 155. l. 13 *possint.* p. 161. l. 22. *Tridentini.*
p. 165. l. 29. *dicendam,* p. 171. l. 11 *iudicium.* p. 181. l. 13. *responsum.* p. 183.
l. 28. *Martyrologijs.* p. 185. l. 17. *intersint,* p. 187. l. 7. *constitutionis, & de-
erets.* p. 187. l. 7. *Apostolici,* p. 209. l. 9 *ipsum.* p. 222. l. 5. in marg. *sec. 3.* p.
227. l. 6. *fidelis.* p. 227. l. 24. *depositionum.* p. 252. l. 32. *valido.* p. 263. l. vlt.
alia. p. 273. l. 24. *licet.* p. 316. l. 18. *Almainus ait.* p. 333. l. 24. & 69. p. 342.
l. 1. *horrore.* p. 352. l. 1. *pungens.* p. 361. l. 26. *ex Clement.* p. 382. l. 31. *acquirantur.* p. 383. l. 29. *Dominis.* p. 388. l. 15. *temporalibus potestate.* p. 390.
l. 12. *Pontifices.* p. 402. l. 6. *coarctat,* p. 414. l. 7. *ordinata,* p. 458. l. 20. *ab-
scindys.* In *Præfat.* nu. 10. lin. 24. *resisti* lege *repelli.*

Reliqua Lector beneuolus emendabit.

DISCVS-

DISCVSSIO
DISCVSSIONIS
Decreti magni Concilij
Lateranensis.

Ecentiores quidam noſtri temporis, præſertim *Societatis Ieſu*
Theologi, qui *Romani Pontificis*
temporalem, ſeu in tēporalibus
Monarchiam in *Chriſti* inſtitutione, vti prætendunt, fundatam,
rē certam, fideǭ *Catholica* credendam eſſe demonſtrare, neque ab vllo Catholico abſque manifeſta
hæreſeôs, erroris, aut ſaltem *temeritatis* nota impugnari, vel in dubium vocari poſſe fidelibus perſuadere conantur; cùm omnia ſua argumenta vel
ex ſacris literis, quæ *Chriſti* inſtitutionem tradunt, vel aliunde petita, ad hanc ſuam doctrinam
ſtabiliendam parum idonea eſſe clariſſimè perſpexerint, ad decretum *Lateranenſis* Concilij ſub
Innocentio tertio celebrati, tanquam ad firmiſſi-
mum nouæ ſuæ, Catholicæ *ſcilicet* fidei propug-
naculum iam tandem confugiunt, & tantam
in eo fiduciam reponunt, vt illud ſolum ad hanc
controuerſiam dirimendam, omnemǵue ſcrupu-
lum, ac dubitationem è fidelium mentibus tollendum, ſatis ſuperǵue ſufficere, non ſemel, ſed
ſæpiùs mirificè glorientur.

Sed quàm vana ſit hæc eorum oſtentatio, &
quàm

quàm exiguas vires habeat decretum illud ad hanc temporalem Summi *Pontificis*, quà *Pontifex* est, potestatem *Principes supremos* suis Regnis atque dominijs priuandi, de rebus temporalibus propriè disponendi, pænasúe vllas temporales ex *Christi* institutione infligendi, vt rem de *fide* certam confirmandam, & contrariam Catholicorum opinionem vt *hæreticam, erroneam*, aut *temerariam* impugnandam ego in *Præfatione Responsionis meæ Apologeticæ* perspicuè commonstraui, & nunc denuo id ipsum, aduersùs captiosas *Leonardi Lessij*, viri alioquin perdocti, cauillationes, qui D. *Singletoni* personam indutus, *Responsiones* illas, quas ad hoc *Decretum* adhibui, discutiendas suscepit, in hoc Tractatu, vbi suam illius *Decreti* & mearum *Responsionum* discussionem accuratè discutiam, confirmare non dubito.

Hunc autem Tractatum maioris perspicuitatis gratiâ in *tres partes* principales ipsiusmet *Lessij* methodum sequutus distribuam.

In *prima, Decretum* ipsum *Lateranensis* Concicilij, & quæ hinc inde obijci solent, discutiam.

In *secunda*, aliquot rationes ac Responsiones eòdem, vt prętenditur, pertinentes, expendam.

In *tertia* ostendam, nulla incommoda ex mea sententia sequi, sed *Lessium* plurima incommoda ex ea captiosè colligentem turpiter allucinatum esse clarissimè comprobabo.

PARS PRIMA:

IN QVA *DECRETVM* LATERANENSIS CON-CILII expenditur, & quæ *Leſſius* contra *Authoris Reſponſa obijcit,* refutantur.

SECTIO PRIMA:

In qua dubia quædam, quæ ad authoritatem Lateranenſis *Concilij infirmandam, con-firmandamque adduci ſolent, proponun-tur, & quid* Author *de eo* Concilio *ſen-tiat, breuiter declaratur.*

1 Riuſquam celeberrimi huius *Lateranenſis* Concilij mentem, ſenſumque *Decreti,* quod Ad-uerſarij adeo inculcant, excu-tiamus, non à re alienum fore arbitror, ſi in gratiam ſtudioſi Lectoris præcipua quædam argumenta, quæ ad authoritatem dicti Concilij infirmandam, confir-mandamque à quibuſdam adduci ſolent, in me-dium proferamus : Ita enim eruditis perſpicuum erit, quàm firmum argumentum ad rem *fidei* cer-tò demonſtrandam authoritas præfati *Concilij* vi-ris Catholicis ſuppeditare valeat.

2 Certum igitur inprimis eſt, atque apud om-nes Hiſtoricos indubitatum, celebratam fuiſſe *Romæ* circa annum Domini 1215. ſanctam & vni-uerſalem Synodum, præſidente Papa Domino *In-*

A   *nocentio*

Matt. Paris in Rege Ioanne ad annum 1215.pa.262. *nocentio* tertio: In qua, vt verba *Matthæi Paris* referam, fuerunt *Epifcopi quadringenti & duodecim: Inter quos fuerunt de præcipuis Patriarchæ duo,* Conftantinopolitanus, & Hierofolymitanus; Antiochenus *verò graui languore detentus venire non potuit, fed mifit pro fe vicarium fuum* Antididenfem *Epifcopum*; Alexandrinus *verò fub* Saracenorum *Dominio conftitutus fecit quod potuit, mittens pro fe* Germanum *Diaconum fuum*: Primates *verò,* & Metropolitani *feptuaginta feptem*: Abbates & Priores *vltra octingentos*: Procuratores *quoque Archiepifcoporum, Epifcoporum, Abbatum, Priorum, & Capitulorum abfentium tantus non fuit numerus.* Legatorum *verò* Imperatoris *Conftantinopolitani,* Regis *Siciliæ in Romanorum Imperatorem electi,* Regis *Franciæ,* Regis *Angliæ, Hungariæ, Hierofolymitani, Cypri, Aragonum, nec non aliorum Principum, & magnatum, ciuitatum, & aliorum locorum ingens adfuit multitudo.* Atque hoc nomine Concilium iftud *Lateranenfe* iure optimo maximum dici poteft; quantûuis fi folos *Epifcopos,* qui *Bell.*lib.1.de Concil.c.15. ibi aderant, quique foli iuxta Cardinalis *Bellarmini* doctrinam in Concilijs ius fuffragij decifiui ordinariè habent, refpiciamus, Concilium *Chalcedonenfe*, cui fexcenti triginta Epifcopi interfuerunt, & *Lugdunenfe* fecundum fub *Gregorio* deci- a In notis illius Concilij. mo, vbi, fi *Binnio* [a] credendum fit, plufquam feptingenti Epifcopi præfentes aderant, longe maiora meritò dici queant.

3   Taleigitur reuera extitiffe Concilium *Lateranenfe* fub *Innocentio* tertio nullus inficiatur, fed vtrùm Concilium illud fuerit ita plenè finitum, conclufum & abfolutum, vt omnia illa decreta, quæ

quæ iam edita reperiuntur, communibus Patrum suffragijs debito examine præhabito, seu conciliariter confirmata fuerint, quidam non vsque adeo certum esse opinantur ; idque non solùm probant illis verbis; *Vide* Platinam [b] *in vita* Innocentij *tertij,* vt *Lessius* affirmat, sed alijs quoque maioris momenti rationibus innituntur.

[b] Part.i.nu. 2.pag.11.

4 *Primum* enim argumentum, & fortasse præcipuum ad hanc suam opinionem confirmandam sumunt ex authoritate *Matthæi Paris* illius temporis Historici, qui dum vixit, *vir probatæ vitæ & religionis expertæ,* teste Papa *Innocentio* quarto, [c] est habitus, tametsi nunc ab Illustrissimo Cardinali *Peronio* [d] tanquam *acerrimus Romanorum Pontificum hostis,* ob sinceram suam dicendi libertatem, & ab omni adulatione alienissimam perperam traducatur, cum tamen pari ratione non solum *Pontificum,* verùm etiam *Imperatorum, Regum,* & totius *Ordinis Ecclesiastici,* quin etiam sui *Ordinis* Monachorum *hostis acerrimus* dici queat, quandoquidem tanta & tam intrepida illius est ingenuitas, vt nullorum hominum siue *Regali* siue *Pontificali* dignitate fulgentium, néque etiam ipsius Regis Henrici *tertij,* cuius hortatu historiam suam scripsit, vitia notare pertimescat: Neque enim fidelis Historici nomen meretur, resue gestas Pontificum aut Principum scribere censendus est, qui eorum virtutes & non etiam vitia, & res non malè sed bene tantùm ab ijs gestas narrat, cùm *Historia,* teste *Cicerone, sit magistra vitæ & lux veritatis,* & quæ sequenda, ac fugienda sint, veraciter monstret.

[c] Vide literas Innocentij Papæ ad Abbatem *S. Albani,* apud *Mat.Paris* ad annum 1248.p.731.
[d] En Harangue an tiers Estat. pag. 34. 36.

Cicero in 1. de Orat.

5 Hic itaque *Matthæus Paris* verbis illis à me

superiùs

fuperiùs ex eo relatis hæc protinus fubiungit : *His omnibus congregatis in fuo loco præfato, & iuxta morem* Conciliorum *generalium in fuis ordinibus fingulis collocatis, facto priùs ab ipfo* Papa *exhortationis fermone, recitata funt in pleno* Concilio *(exaginta capitula, quæ aliys placabilia, aliys videbantur onerofa. Tandem de negotio* Crucifixi *, & fubiectionis terræ fanctæ verbum prædicationis exorfus fubiunxit dicens,* &c. Adducunt etiam hæc verba eiufdem *Authoris* in fua *Hiftoria* minori ; *Concilium illud generale, ait ille, quod more* Papali *grandia prima fronte præ fe tulit, in rifum & fcomma, quo Archiepifcopos, Epifcopos, Abbates, Decanos, Archidiaconos, omnefque ad* Concilium *accedentes artificiofe ludificatus eft, defiyt. Illi enim cum iam nihil geri in tanto negotio cernerent, redeundi ad fua cupidi, veniam figillatim petierunt, quibus* Papa *non conceffit, antequam fibi grandem pecuniam promififfent, quam à* Mercatoribus Romanis *priùs accipere mutuo,* Papæque *foluere coacti funt, antequam difcedere* Roma *potuiffent.* Papa *iam accepta pecunia quæftuofum hoc* Concilium *diffoluit gratis, totufque* Clerus *abiyt triftis.*

6   Secundò proferunt verba *Naucleri* : *Anno,* inquit [e] *Domini* 1215. Innocentius *Papa* Romæ *in Ecclefia Lateranenfi* Concilium *five Synodum celebrauit : cui interfuere* Hierofolymitanus, & Conftantinopolitanus Patriarchæ, Metropolitani *feptuaginta,* Epifcopi *quadringenti, duodecim* Abbates, Priores Conuentuales *octingenti,* Græci & Romani Legati, Regum vero Hierufalem, Hifpaniæ, Angliæ, Franciæ, & Cypri Oratores. *Venêre multa tum quidem in confultationem, nec decernt tamen quicquam aperté*

e Generat.
41.ad annum
1215.

apertè potuit, quòd *& Pisani & Genuenses maritimo*, *Cisalpini terrestri bello inter se certabant.* Edi-
tæ tamen nonnullæ constitutiones referuntur, è quibus
vna existit, vt quoties Orbis Principes alter in alterum deliquerint, correctionem ad Romanum Pontificem spectare. *Multa denique pro recuperatione
Terræ sanctæ tractata fuere*, &c. Neque verba illa
Naucleri [*Multa tum venère in consultationem*,
nec decerni tamen quicquam apertè potuit] tantùm
de recuperatione Terræ sanctæ intelligi posse affirmant, cum verba illa generalia sint, neque ipse
vllam prorsus terræ Sanctæ nisi in fine, vti vidimus, mentionem fecerit.

7   *Tertiò*, vrgent verba *Godefridi* Monachi,   f In Anna-
qui tempore huius Concilij vixit : *Eodem etiam*   libus ad an-
anno 1215. ait ille, *Papa* Romæ *Concilium habuit*,   num 1215.
*vbi tam de transmarinis partibus, quàm de cunctis
Christianorum finibus, Patriarchis Archiepiscopis,
Episcopis, Abbatibus, Prælatis Ecclesiarum congregatis in Ecclesia* S. Ioannis Baptistæ, *Concilium in
festo* S. Martini *inchoatum, & vsque ad festum* S.
Andreæ *protractum, nihil dignum memoriæ, quod
commendari possit ibi actum est, nisi quod Orientalis
Ecclesia (quod antea inauditum fuit) se subditam
Romanæ Ecclesia exhibuit*, &c.

8   Ex his duo satis probabiliter deduci posse
arbitrantur : *Primum* est, sexaginta illa Capitula,
quæ *Matthæus Paris* memorat, neq; ab ipso Concilio, neque in ipso Concilio, sed antequam Concilium inchoatum esset, vel ab ipsomet *Innocentio*,
vel eius iussu facta esse, cum in primo Patrum
consessu Capitula illa in pleno Concilio recitata
fuerint : Ideoque errasse Illustrissimum Cardinalem

g Pag. 34.

lem *Peronium* , quando fcripfit , g Matthæum
Paris *affirmaffe Concilium* Lateranenfe 60. *feu* 70.
capitula feciffe , cum ipfe folùm , vt vidimus, affir-
mauerit , in initio Concilij poftquam *Papa* exhortationis fermonem abfoluiffet , 60. vel fi men-
dum fit in codice , 70. *capitula in pleno Concilio
recitata* , non ait, ab ipfo Concilio facta effe.
Secundum eft , vniuerfa illa capitula , feu decreta
non fuiffe vnanimi Patrum confenfu confirmata,
cum *aliis placabilia* , *aliis onerofa viderentur* , neque
credibile eft, Patres illos liberum fuum confenfum decretis illis , quæ fibi videbantur onerofa,
præbere voluiffe.

9   *Denique* pro fua fententia corroboranda citant *Platinam* , qui etiam difertis verbis cum *Nau-*
n In vita In-
nocent.ij. *clero* afferit , h multa quidem tum in confultationem veniffe, nec decerni tamen quidquam apertè
potuiffe; eo quod Pifani & Genuenfes maritimo,
& Cifalpini terreftri bello inter fe certabant. Eò
itaque proficifcens tollendæ difcordiæ caufa *Pontifex Perufij moritur.* Et quantumuis *Platina* , fi
præcedentia illius verba, nempe, *At Pontifex, vbi
videret Saracenorum potentiam in Afia concrefcere,
apud Lateranum maximum Concilium celebrat, &c.*
folummodo fpectemus, de fuppetijs terræ Sanctæ ferendis , & de modo *Saracenis* in Afia refi-
ftendi intelligi poffit , quando dixit , *nec tamen
decerni quidquam apertè potuiffe* , (quem fenfum
verba *Naucleri* , vti diximus, admittere commodè
nequeunt, cum ipfe nullam talem de *Terra fancta,*
aut *Saracenis* mentionem in præcedentibus fecerit) attamen fi verba *Platinæ* cum ijs, quæ ex *Nau-
clero, Godefrido* , & præfertim *Matthæo Paris* re-
tulimus,

tulimus, conferantur, quædamque aliæ circum-
stantiæ obseruentur, aiunt, verba illa *Platinæ*, cum
generalia sint, non tantùm *de suppetijs terræ Sanctæ ferendis, & modo resistendi Saracenis in Asia*, vt
Lessius ea intelligenda esse affirmat, [i] sed generaliter, vti sonant, de decretis etiam morum rectè
intelligi posse, & debere, adeo vt ex ijs *multis*, etiam morum decretis, quæ *tum in consultationem*
venére, & ad quæ stabilienda Concilium illud in-
dictum erat, *ne quidquam apertè decerni potuisse*,
eo quòd *alijs placabilia, alijs videbantur onerosa*, neque tempus erat satis opportunum ob repentinum *Papæ* dissessum, & inexpectatam Concilij
dissolutionem ad res Italiæ componendas ea accuratiùs discutiendi, omnesque difficultates ex mentibus Patrum, quibus *onerosa videbantur*, *re-
mouendi.*

10   *Prima* igitur *circumstantia* quam obseruan-
dam esse aiunt, est, *Innocentium* Pontificem,
quantum ex ipso *Concilio* colligere licet, nihil magis apertè in ea Synodo decreuisse, quàm vt Principes, populusque Christianus auxilia terræ Sanctæ mitterent, & *Saracenis* in Asia resisterent, vt
patet ex capite vltimo, vbi de suppetijs terræ
Sanctæ ferendis, & de modo proficiscendi in
Asiam speciatim agitur, *Ad liberandam*, inquit,
*terram Sanctam de manibus impiorum ardenti desi-
derio aspirantes, de prudenti virorum consilio, qui
plenè nouerant circumstantias temporum & locorum,
sacro approbante Concilio definimus*, &c. Neque hoc
Platina ignorare potuit; ideoque verba illa, *multa tum quidem in consultationem venére, nec decerni tamen quicquam apertè potuit*, non de suppetijs
terræ

[i] Nu.2.pag.
12.

terræ Sanctę ferendis commodè intelligi poſſe,
cùm plurima ibi , vt patet ex *Pontificis* Bulla in ſine Concilij relata , quod attinet ad liberandam
terram Sanctam de manibus impiorum, clarè, atque aperté decreta fuerint, ſed ſimpliciter & abſolutè de illis 60. vel 70. capitulis , *quæ alijs placa-*
bilia, alijs oneroſa videbantur, intelligenda eſſe affirmant.

    11   *Secunda circumſtantia* eſt , Synodum illam
Lateranenſem ab *Innocentio* tertio non tantùm ad
ſuppetias Terræ ſanctæ ferendas eamque de manibus infidelium liberandam , verùm etiam, vt ex
Bulla indictionis Concilij perſpicuum eſt , [k] *ad*
vniuerſalem Eccleſiam in fide & moribus reforman-
dam indictam eſſe , nempe *ad extirpandum vitia &*
plantandas virtutes, corrigendos exceſſus & reforman-
dos mores, eliminandas hæreſes & roborandam ſidem,
ſopiendas diſcordias & ſtabilendam pacem , compri-
mendas oppreſſiones , libertatem fouendam , inducen-
dos Principes & populos Chriſtianos ad ſuccurſum &
ſubſidium Terræ ſanctæ, tam à Clericis, quàm à Lai-
cis impendendum, &c. Neque hoc etiam *Platinam*
latere potuiſſe aiunt, ideoq; veriſimile eſſe, *Plati-*
nam illis verbis aſſerere voluiſſe, *ne quiſquam* eorū,
ob quæ Synodus illa congregata erat, *apertè* , id
eſt , manifeſto aliquo decreto ex vnanimi Patrum
conſenſu facto *decerni potuiſſe,* tametſi multa in
pleno Concilio recitata fuerint, atque in conſul-
tationem venerint , quæ tamen , cum *alijs placa-*
bilia alijs oneroſa viderentur , neque ob temporis
breuitatem ſufficienter diſcuti potuerunt, conciliariter concluſa , decreta , ſeu definita rectè dici
non poſſunt.

                 12 *Tertia*

[k] Apud Vrſ-
perg. ad an-
num 1213.

12 *Tertia circumstantia* est, maximum istud & celeberrimum *Lateranense* Concilium non nisi post ter centum annos in lucem publicam prodijsse, neque in Tomis Conciliorum à *Iacobo Merlin,* qui anno Domini 1530. *Coloniæ* Concilia etiam multo recentiora, nempe, *Constantiense* & *Basiliense,* edidit, conscriptum esse. At si Concilium istud adeo maximum & celeberrimum plenè finitum & absolutum fuisset seu quod idem est, si Concilij Patres omnia illa 70. capitula quæ nunc extant, & tunc *in pleno Concilio recitata* erant, queque *alijs placabilia, alijs onerosa videbantur,* conciliariter approbassent, haud dubium esse aiunt isti, quin vel ipsemet Papa *Innocentius,* vel nepos eius *Gregorius* nonus, vel aliquis saltem ex Romanis Theologis, vel Iurisconsultis intra trecentorum annorum spacium publicandum, atque in Tomis Conciliorum reponendum curassent; neq; *Ioannis Cochlæi,* aut alterius cuiuspiā Germani ope indiguissemus, qui post totos ter centum annos Conciliū istud maximum & celeberrimū, non ex *Bibliotheca Vaticana,* sed ex antiquo nescio quo codice trāscriptum, Orbi Christiano publicū faceret.

13 Quapropter ipsemet *Platina* postquam *multa tum quidem in consultationem venisse, nec decerni tamen quicquam apertè potuisse* affirmauerat, condemnationem libelli Abbatis *Ioachimi,* & errorum *Almarici* non ipsi *Concilio,* sed *Innocentio* ascribit. *Improbauit ipse* Innocentius, ait ille, *Abbatis* Ioachimi *libellum quendam, damnauit & errores* Almarici *hæretici.* Quin etiam (quod sane notatu dignum est) ipsemet *Gregorius* nonus eiusdem *Innocentij* nepos, tametsi totum istud *Latera-*

teranenſe Concilium & vniuerſa illa 70. capitula
quæ nunc extant, libris ſuis Decretalium ſparſim
inſeruerit, nullum tamen omnino decretum ipſi
Concilio, ſed tantum ipſimet *Innocentio* in Concilio attribuit, hac loquendi formula ſemper vtés,
Innocentius *tertius in Concilio generali*; cum tamen idem *Gregorius* decreta *Lateranenſis* Concilij
ſub *Alexandro* tertio, non ſemper *Alexandro*, ſed
ſæpiſſimè ipſi Concilio generali, nulla facta mentione Pontificis *Alexandri*, aſcribat. [1]

l Vide lib.3.
Tit.4.*cap*.3.*tit.*
8.*cap*.2.*tit*.11.
cap. 1.*tit*. 26.
cap. 7.*tit*.35.
cap.2.*tit*.38.
cap.3. *tit*. 39.
cap.5.*tit*.49.
cap.4.& alibi
ſæpe in libro
quinto.

14   Quibus omnibus ritè perpenſis non adeo
certum eſſe aiunt, maximam hanc & celeberri-
mam Synodum plenè finitam & abſolutam eſſe,
aut quicquam omnino clarè & apertè, (hoc eſt,
publico aliquo & authentico decreto, quo conſtare certò poſſit, Concilij Patres ſeptuaginta illa
capitula quæ nunc extant, quæque, quando *in
pleno Concilio recitata erant*, *alijs placabilia*, *alijs videbantur oneroſa*, tandem approbaſſe) more Conciliorum veterum & præhabitis Patrum ſuffragijs
decerni potuiſſe.   Et tametſi in tredecim tantum
huius Concilij capitulis (in quorum numero,
quod obſeruatione dignum eſt, decretum illud;
de quo tota hæc inter me & Aduerſarios controuerſia exiſtit, non habetur) nonnulla de Concilij approbatione mentio fiat, *Reſpondent* tamen
illi, ſeptuaginta illa capitula, quæ in ipſomet
Concilij principio recitata erant, eodem verborum tenore, quo nunc edita reperiuntur, vel ab
ipſomet *Innocentio*, vel ex eius mandato ante inchoatum Concilium conſcripta fuiſſe, atque Patribus Concilij, vt ab ipſis confirmarentur, in primo eorum conſeſſu propoſita, quæ nihilominus
                                                      alijs

alijs placabilia ,alijs onerofa videbantur, ideoq; non
poſſe hinc rectè colligi , Concilij Patres decretis
illis liberum ſuum conſenſum prębuiſſe, cum nul-
læ Patrum ſubſcriptiones, ſicut in antiquis Concilijs fieri ſolitum eſt,apponantur,neque temporis
breuitas,*Innocentio* ad diſcordias *Genuenſium* & *Pi-
ſanorum* cōponendas properante permiſit , vt ma-
turior eorum decretorū,*quæ alijs placabilia,alijs oneroſa videbantur ,* diſcuſſio conciliariter fieri poſſet.

    15 Et quantumuis verum eſſet, Concilium
Lateranenſe aliqua ex illis 70.capitulis , illa nimirum in quibus de tali approbatione mentio fit , ex
communi Patrum conſenſu verè approbaſſe , ex
hoc tamen capite,inquiunt , potiùs colligi poſſet,
Concilium illud non plenè finitum, & abſolutum
in ſenſu antedicto fuiſſe, neque cætera decreta,
quæ nunc nomine Concilij circumferuntur, in
quibus de tali approbatione nulla fit mentio,com-
munibus Patrum ſuffragijs confirmata ; & proinde Illuſtriſſimum *Cardinalem Peronium* ᵐ dum
ſcribit , *eos qui ad authoritatem huius decreti ,* de
quo inter me & Aduerſarios tota lis exiſtit, *infirmandam , aſſerunt, ne quicquam quidem ſiue ad
doctrinam , ſiue ad diſciplinam Eccleſiaſticam
ſpectans , in eo Concilio apertè* (id eſt, communibus Patrum ſuffragijs *) decretum eſſe , commiſera-
tione potiùs , quàm reſponſione dignos eſſe ,* prædicta quę attulimus argumenta , vel non ſatis ad-
uertiſſe aiunt , vel nimis oſcitanter expendiſſe.

m En Heran-
gue au Tiers
Eſtat. pag. 33.

    Atque hæc ſunt præcipua argumenta,quæ non-
nulli ad authoritatem maximi huius *Lateranenſis*
Concilij infirmandam proponunt.

    16 In contrarium tamen ad authoritatem
illius

illius confirmandam plures non contemnendæ
rationes à quibuſdam, ſed præſertim ab Illuſtriſ-
ſimo *Cardinali Peronio* [n] adduci ſolent. Atque
imprimis ita arguunt; *Si nihil planè ad doctrinam_*
& diſciplinam Eccleſiaſticam ſpectans in eo Concilio
ex communi Patrum aſſenſu decretum eſſet, ſeque-
retur primò, *poſſe vt falſum impugnari, articulum*
de TranſubStantiatione ; articulum de proceſſione
Spiritus Sancti à Patre & Filio ; præceptum Con-
feſſionis annuæ vniuerſis fidelibus, & condemnatio-
nem errorum Abbatis Ioachimi, *vnà cum vniuer-*
ſis Doctorum Scholaſticorum iſta referentium ſcrip-
tis, & praxi omnium Iuriſdictionum Franciæ, *quæ*
in hæreticis inquirendis ea ſequuti ſunt.

17   Sed *Reſpondent* illi, non hinc ſequi, prædictos articulos & decreta, aut praxim *Franciæ,*
poſſe tanquam falſa impugnari, non tamen propterea quòd certum ſit, ea in *Lateranenſi* Concilio
ex communi Patrum conſenſu ſtabilita fuiſſe,
ſed quoniam, cum ab ipſomet Pontifice *In-*
nocentio ſancita, & poſtea à *Gregorio* nono confirmata, & in corpore Iuris Canonici eius iuſſu
repoſita fuerint, tandem communi fidelium acceptatione, ſeu generali Eccleſiæ conſenſu robur ac-
ceperint:Idcirco autem quoſdam Doctores Scho-
laſticos, ſed non omnes, prædicta decreta &
condemnationes tanquam Concilij *Lateranenſis*
recenſere, quoniam in ipſo Concilio lecta, recitata,& Concilij Patribus, vt ab ipſis confirmarentur, propoſita ſunt, ſed vtrùm decreta illa,
quæ aliis placabilia, aliis oneroſa videbantur, communibus Patrum ſuffragijs confirmata fuerint,
apertè non conſtat,vnde plurimi Doctores Scholaſtici

¶ pag. 33.

lastici decreta illa de communicando & confiten-
do semel in anno, & condemnationes errorum
Abbatis *Ioachimi*, & *Almarici*, non Concilio *Lateranensi*, sed vel ipsi *Innocentio*, vel *Gregorij* noni
decretalibus ascribere solent.

18 Secundò, inquiunt, *sequeretur, posse vt
falsas impugnari* Decretales *à Gregorio nono duodecim post celebratum* Lateranense *Concilium annis
collectas, vbi totum hoc decretum, de quo omnis controuersia existit, sub nomine & titulo Concilij* Lateranensis *refertur.* º

19 Sed *Respondent* illi, neque hoc Decretum,
neque aliud quodcunque ex illis 70. capitulis seu
decretis, sub nomine Concilij *Lateranensis*, sed
solum sub nomine *Innocentij* tertij in Concilio à
Gregorio nono in suis Decretalibus relata esse, quę
verba propriè accepta hoc tantùm significant,
decreta illa authoritate *Innocentij* facta in pleno
Concilio recitata fuisse, atque Patribus Concilij,
vt ab ipsis confirmarentur, proposita, sed cum
alijs placabilia, alijs onerosa viderentur, ex istis verbis, *Innocentius tertius in Concilio Lateranensi,* non
rectè colligi potest, ipsum Concilium ex communi Patrum consensu decreta illa confirmasse,
sed solum ea in Concilio, vt à Patribus confirmarentur, iussu Pontificis *Innocentij*, lecta, recitata,
& proposita fuisse.

20 Veruntamen *hæc formula*, ait *Lessius*, *passim in Iure Canonico habetur;* Innocentius tertius in Concilio generali. Clemens quintus in Concilio Viennensi. Innocentius quartus in Concilio
Lugdunensi. *Quia quando Pontifex ipse præsens
est, & Concilio præsidet, tunc ipse tanquam caput*

Con-

o lib.5.tit.7.de
hæret.cap.13.
Excommuni-
camus.

p in discuss.
nu.3.pag.17.

Concilij loquitur & decernit ; ſed quia res antea à Concilio examinata eſt , & probata, etiam Concilium decernere , & loqui cenſetur , etſi honoris cauſa decretum ſub nomine Pontificis *formetur , eo quod vltima approbatio , & confirmatio decreti ad ipſum pertineat. Fruſtra enim adderetur* , ait ille, in Concilio generali, *ſi approbatio Concilij non interueniſſet. Immo fruſtra Concilium generale conuocaretur , ſi non deberet ſe huiuſmodi decretis immiſcere , cum* Pontifice *praeſente omnia pene ſic concipiantur.*

21   Sed *Reſpondent* illi, tametſi haec loquendi formula , *Alexander , Innocentius , Clemens in Concilio generali* (quae ab eo tempore quo *Romani Pontifices* authoritatem ſupra *Concilia* generalia ſibi vendicarunt , in Iure Canonico , paſsim habetur) non repugnet huic formulae , *Concilium generale ſub Alexandro , Innocentio, Clemente*, cum vtraque eundem planè ſenſum habere queat, attamen ex priori formula praecisè , cum aequiuoca ſit , & diuerſimodè intelligi poſsit, non rectè colligi , Concilij Patres communi conſenſu talia decreta, quae ab ipſis Pontificibus in Concilio facta eſſe referuntur , approbaſſe , ſi praeſertim Doctores Catholici , fideque digni Hiſtorici qui eo tempore vixerunt , affirment, vt quaeſtio noſtra ſupponit, decreta illa quae iuſſu *Pontificis* in Concilio lecta & recitata ſunt , non omnibus Concilij Patribus accepta fuiſſe , at *Matthaeus Paris* , vt ſupra vidimus , difertè aſſerit, vt caeteros taceam, 60. illa, vel 70. *capitula* , quae in Concilio *Lateranenſi* recitata ſunt, *alijs placabilia , alijs oneroſa viſa eſſe , & nihil in tanto negotio geſtum , ſed* Concilium *illud generale in riſum & ſcomma , quo Ar-*

chiepiſ-

chiepiscopos, Episcopos, *Abbates*, Decanos, *Archi-Diaconos*, omnesque ad *Concilium accedentes Pontifex artificiose ludificatus est*, desijsse : & proinde ex hac formula praecise, *Innocentius tertius in Concilio generali*, qua *Gregorius* nonus *Innocentij* nepos in suis *Decretalibus* semper vsus est, non posse concludi, Concilij Patres decretis illis subscripsisse, aut verbo, vel scripto consensum suum liberum praebuisse.

22   Nec propterea *Gregorius* nonus, tali verborum formula vsus, *tanquam impostor & adulterator sacrorum Canonum Cocilij Oecumenici* censendus est, vt *Lessius* obijcit, ⁹ ac si adulterinos canones in corpus Iuris, tanquam à Concilio *Lateranensi* editos retulisset; Nam verba illa, *Innocentius tertius in Concilio generali*, si proprie accipiantur, solum significant, decreta illa, vel ab ipso *Innocentio*, aut eius iussu in Concilio facta vel recitata esse; atque Praelatis, vt ab ipsis confirmentur proposita, sed quòd Praelati talibus decretis subscripserint, aut consenserint, non ex illis verbis, quae talem consensum non denotant, sed ex alijs argumentis & coniecturis colligere oportet.

q Nu.3.pag. 14.

23   Neque etiam consuetum est, vt *quando ipsum Concilium loquitur*, & *decernit*, *ipsemet Pontifex qui praesens est*, & *Concilio praesidet*, hac forma vtatur, *Nos in Concilio*, seu *praesente Concilio hoc decernimus*, sed *Sacra Synodus hoc decernit*, vel *Nos sacro approbante Concilio hoc decernimus*. Nihilominus Authores quidam, dum postea decreta Concilij referunt, hac formula, *Alexander, Innocentius, Clemens in Concilio Generali* nonnunquam vti solent, idque non frustra, sed vel honoris causa, vel

vel forſan vt Lectori perſuadeant, *Summum Pontificem Concilio* verè *Oecumenico* ſuperiorem eſſe, et totam *Concilij* infallibilitatem à ſolo *Pontifice* dependere : Sed vtcunque ſit, ex illa verborum formula præciſè, non certò colligi poſſe aiunt, decretum aliquod ex communi Patrum conſenſu ſancitum eſſe. Et fortaſſe *Gregorius* nonus illam formulam ſemper adhibuit, neque vnquam ita locutus eſt, *ex Concilio Generali*, vel *Concilium generale ſub Innocentio tertio*, ſed ſemper hac formula vſus eſt, *Innocentius tertius in Concilio generali*, quià optimè nouit, decreta illa ab *Innocentio* quidem facta, & in *Concilio* etiam recitata, ſed ob repentinum Pontificis diſceſſum, & inexpectatam *Concilij* diſſolu ionem à Patribus nec probata, nec ſatis examinata, ſed *alijs quidem placabilia*, *alijs* verò *oneroſa viſa eſſe*: & propterea vt plus roboris haberent, ipſum *Gregorium* ſuam etiam authoritatem, atque mandatum adiunxiſſe.

24 *Tertiò* inquiunt, *ſequeretur*; [r] *poſſe vt falſa impugnari ſcripta* Matthæi Paris *eiuſdem ſeculi Authoris*, *& accerrimi Paparum hoſtis*, *qui ait,* Concilium Lateranenſe decreta 60. (*ſed legendum eſt* 70.) *feciſſe* : *Bullam etiam* Clementis V. *in fauorem* Philippi *Pulchri editam*, *qui Lectorem ad decreta* Lateranenſis *Concilij remittit*; *atque etiam Centuriatores*, *qui omnes* 70. *articulos* Lateranenſis *Concilij ſuis Centurijs inſeruerunt.*

25 Sed *Reſpondent* illi primò, id falſò imponi *Mathæo Paris*, cum ipſe contrarium potiùs verbis expreſſis aſſerat, vt ſuprà commonſtrauimus: Deinde, in illa *Clementis* Bulla ſolùm mentionem fieri cuiuſdam decreti, *quod à Prædeceſſore ſuo in* Latera-

Lateranensi *Concilio sancitum est*, quod in sensu explicato verum esse dicunt; quamuis etiam ex verbis illius Bullæ non satis constare queat, an *Clemens 5.* de Concilio *Lateranensi* sub *Alexandro* 3. vel de *Lateranensi* sub *Innocentio* 3. ibidem loquatur, cum in vtroque Concilio decretum illud cuius ibi sit mentio, stabilitum fuerit; *Demum Centuriatores* decreta illa 70. non tanquam ab ipso Concilio *Lateranensi* communibus Patrum suffragijs examinata & probata, sed ab ipsomet *Innocentio* eiusue iussu facta, & in pleno Concilio lecta ac recitata suis Centurijs inseruisse.

26 Denique *sequeretur*, inquiunt, [f] *posse licitè argui falsitatis vnionem Comitatus Tholosani Coronæ Franciæ, quæ in illius Concilij decreto fundamentum habuit, atque rationes Curiæ Parlamentalis* Ludouico *Regi vndecimo circa extinctionem Pragmaticæ Sanctionis quondam exhibitas, vbi Curia Regem suppliciter precatur, vt de electionibus disponat iuxta Canones Concilij Lateranensis his verbis.* [t] Concilio Lateranensi, ait Curia, quod ab *Innocentio* tertio Romæ coactum est Anno 1215. vbi Antistites 1336. adfuerunt, certa forma eligendi præscripta erat, additumque est, vt negligentibus electoribus post tres menses omne ius & potestas prouidendi Ecclesię ad Superiorem Antistitem deuolueretur. *Cap. quia propter. Cap. ne pro defectu, de elect.*

27 Sed hinc colligi non posse *Respondent* illi, decreta illa 70. ab ipsomet *Lateranensi* Concilio aut facta, aut approbata, sed solum *in Concilio*, vt scripsit *Matthæus Paris, recitata,* & Patribus, qui tunc aderant, vt ab ipsis confirmarentur, proposita fuisse;

B

[f] En Harangue pag. 34.

[t] Refertur à *B. chell.* lib. 4. decret. Ecclel. Gall tit. 21. cap. 11. nu. 33.

fuiſſe : in quo etiam ſenſu verba Concilij *Conſtantienſis* in Bulla Confirmationis Conſtitutionis *Frederici* intelligunt , vbi de hoc *Lateranenſi*
Concilio loquens, ait *in Lateranenſi Concilio*, hoc
eſt, ab ipſomet *Innocentio* in *Lateranenſi* Concilio,
prouiſum & decretum fuiſſe &c. Abdicationem
verò *Raymundi* Comitis *Tholoſani,*& collationem
eiuſdem Comitatus *Simoni* de *Monte forti* , quas
quidam Hiſtorici decreto *Lateranenſis* Concilij factas eſſe referunt; de decreto *Concilij,*ſeu potius *Innocentij* in Concilio non quidem *Raymundum* deſtituentis , & *Simonem* inſtituentis, ſed depoſitionem & collationem authoritate *Regis
Chriſtianiſſimi* factas tanquam legitimas appro-
bantis , & *Raymundum* hæreſi *Albigenſium* , ob
quam depoſitus erat , infectum eſſe declarantis,

Rigord de
geſtis *Philippi
Auguſti* ad
annum 1215.

intelligunt. Quare *Rigordus* illius temporis ſcrip-
tor diſertè aſſerit, *Simonem Comitem Montifortis
factum eſſe Comitem Tholoſanum* Innocentio *Papa
procurante , & Rege Philippo concedente propter
hæreticam prauitatem Albigenſium , & propter
apoſtaſiam* Raymundi *Comitis Tholoſani*, quo nomine idem *Simon* [u] ſe beneficiarium *Regis Francorum* profeſſus eſt , *ſeque ei inreiurando fidelitatis
ſanctiſſimè obſtrinxit.* Atque in hoc ſenſu inter-

[u] *Paulus Emi-
lius* in Philip-
po Auguſto.

pretantur illos Authores qui ſcribunt. *Simonem* de
Monte forti factum eſſe Comitem *Tholoſanum,*&
Raymundū ob hereſim abdicatum à *Philippo* Auguſto, & *Innocentio* Papa tertio: nempe à *Philippo*
propriè inſtituente, & abdicante , & *Innocentio*
procurante, conſulente, approbante, atque *Raymundum* veluti hereticum, ideoque iure optimo à *Rege Chriſtianiſſimo* , cuius vaſallus erat,
depo-

deponendum declarante.

28   Quapropter ex hoc *Lateranensis* Concilij decreto, quod Cardinalis *Peronius* vrget, non leue aiunt argumentum sumi posse ad probandum, nullum integrum & authenticum huius Concilij exemplar adhuc extare, sed illud quod iam prodijt ex Decretalibus *Gregorij* noni collectum esse, atque in eam formam, qua nunc habetur, redactum, cum in *Concilio* iam edito nulla prorsus vel huius decreti, de *Raymundo* Comite *Tholosano* destituendo, & *Simone* instituendo, vel Excommunicationis *Baronum Angliæ*, & aliorum etiam, quæ in eo Concilio facta esse Historici referunt, mentio habeatur.   Si enim verum est quod ait *Lessius*,[x] & *Græcos, & plurimos Episcopos Latinos exemplaria huius Concilij secum tulisse*, quî fit, vt post quadringentos iam ferme annos nullum integrum huius *Concilij* exêplar in vlla Bibliotheca reperiatur, quod in lucê prodire queat? vt potiùs hinc concludi possit, neq; *Græcos*, neque *Latinos* aliquod huius *Concilij* exemplar secum tulisse, propterea quod *septuaginta illa capitula quæ alijs placabilia, alijs onerosa videbātur*, cômunibus Patrũ suffragijs approbata non fuerint.

[x] Nu. 3. p. 15.

29   *Denique* pro authoritate huius *Lateranensis* Concilii confirmanda afferri possunt Concilium *Constantiense*, sed præsertim *Tridentinum*. Nam Concilium *Constantiense* decernit, [y] *vt qui eligendus erit in Papam, corde & ore profiteatur, se firmiter credere & tenere sanctam fidem Catholicam secundum traditiones Apostolorum, generalium Conciliorum, & aliorum Sanctorum Patrum, maxìme autem Sanctorum Octo Conciliorum vniuersalium, nec non Lateranensis, Lugdunensis, & Viennensis*

[y] Sess. 39.

B 2   *nensis*

nenfis generalium etiam Conciliorum. Et Concilium
z Seff.14.ca.8. *Tridentinum anathema dicit* z *illis* , qui aiunt, *ad*
confeffionem omnium peccatorum non teneri omnes &
fingulos vtriufque fexus Chrifti fideles iuxta magni
Concilij Lateranenfis conftitutionem femel *in an-*
no, & ob id fuadendum effe Chrifti fidelibus, vt tem-
pore Quadragefimæ non corfiteantur.

30 Sed ad *Conſtantienfe* Concilium refpon-
dent *primò*, nomine *Lateranenfis* Concilii non *La-*
teranenfe quartum fub *Innocentio* tertio, fed *Late-*
ranenfe tertium fub e*Alexandro* tertio eo loco intelligi , ficut etiã per *Lugdunenfe* Concilium non
Lugdunenfe primum centum & quadraginta tantum Epifcoporum fub *Innocentio* quarto; fed *Lug-*
dunenfe fecundum feptingentorum , vt *Binnio* placet, vel quod verius eft , quingentorum circiter
Epifcoporum fub *Gregorio* decimo celebratum, intelligendum effe volunt. *Deindè* hinc tantùm colligi inquiunt , primum decretum feu capitulum,
in quo agitur de fide Catholica ,non autem reliqua decreta ad mores pertinentia , *quæ alijs placa-*
bilia alijs onerofa videbantur,communibus Patrum
fuffragiis approbata effe : Concilium autem *Tri-*
dentinum nihil certi , & de fide formaliter illis verbis in quibus *Lateranenfis* Concilii fit mentio, determinare voluiffe, fed obiter tantùm iuxta communem Doctorum opinionem , qui decreta omnia *Lateranenfis* Concilii communi Patrum confenfu fancita effe arbitrantur , ea verba in Canone
illo inferuiffe : cum ad fubftantiam illius Canonis nihil omnino referat, vtrùm illud annuæ con-
feffionis præceptum in *Lateranenfi* Concilio ab
ipfomet *Innocentio* quibufdam tantùm Patribus
aſſentien-

affentientibus, vel communi omniũ confenfu impofitum fuerit.

31   Qui igitur prædicta omnia fedulò expendere, eaque cum ijs, quæ Card. *Bellarminus* tradidit, conferre voluerit, nempe *in Concilys maximam partem Actorum ad fidem non pertinere, fed tantùm ipfa nuda decreta, & ea non omnia, fed tantùm quæ proponuntur tanquã de fide,* atque etiam vfq; ad hanc diẽ quæftionem fupereffe etiã inter Catholicos, an Papa fit Concilio fuperior necne,* propterea à quòd nõnulli dubitent, an Conciliũ* Lateranenfe *vltimũ quod expreffimè, fi* (Bello.credendũ eft) *rẽ definiuit fuerit verè generale,* facillimè inquiunt, perfpiciet, non poffe ab authoritate huius *Lateranenfis* Concilij fub *Innocentio* tertio celebrati, firmum aliquod argumentum trahi, ad poteftatem *Papalem Principes* fupremos abdicandi tanquam rem *de fide* certam confirmandam, tametfi, res ipfa expreffimè ab *Innocentio* in eo Concilio definita fuiffet, quod tamen falfiffimum effe inferiùs oftendemus, quandoquidem nonnulli fupradictis rationibus ducti plurimùm dubitant, an omnia illa feptuaginta capitula, *quæ alijs placabilia, alijs onerofa videbantur,* & nominatim *tertium* iftud de quo tota inter me & Aduerfarios controuerfia exiftit, non dico in Concilio lecta & recitata, fed etiam ab ipfo Concilio matura præhabita difcuffione, & ex communi Patrum confenfu, feu conciliariter, vt ita dicam, ftabilita fuerint.

32   Atque hæc funt præcipua, quę in vtramque partem pro authoritate celeberrimi huius *Lateranenfis* Concilij infirmanda, & confirmanda à nonnullis proponi folent, quæque in gratiam

tiam tantùm Lectoris Catholici, ne infirma fidei fuæ Catholicæ fundamenta iaciat, præ-
mittenda effe duxi. Nam, quod ad memetipfum
attinet, ego fanè Concilium iftud *Lateranenfe*, &
fingula eius decreta, prout nunc extant, omni
qua par eft veneratione libenter admitto, & proinde non de authoritate, fed de vero ac genuino
huius decreti, quod Aduerfarij adeo vrgent, fenfu mihi cum *Leonardo Leffio*, nomine D. *Singleto-*
ni perfonato, in fequentibus erit fermo.

SECTIO II.

In qua Decretum Lateranenfis *Concilij, &*
Authoris *ad illud refponfio proponun-*
tur, & quæ à Lessio *in contrarium*
allata funt refutantur.

1 ATque imprimis *Lateranenfis* Concilij decretum, quod Aduerfarij ad nouam fuam
Catholicam *fcilicet* fidem de poteftate Papali
Principes fupremos abdicandi confirmâdam pau-
cifsimis tantùm ab hinc annis vrgere cæperunt,
his verbis continetur.

30.   *Moneantur autem & inducantur, & fi neceffe fu-*
erit per cenfuram Ecclefiafticam compellantur fecula-
res poteftates, quibufcunque fungantur officijs, vt
ficut reputari cupiunt & haberi fideles, ita pro de-
fenfione fidei præftent publicè iuramentum, quòd de
terris fuæ Iurifdictioni fubiectis, vniuerfos hæreti-
cos ab Ecclefia denotatos bona fide pro viribus exter-
minare ftudebunt; ita quòd amodo quandocun-
* *fpiritualem* *que quis fuerit in poteftatem fiue perpetuam, **
                                                              fiue

siue temporalem assumptus , hoc teneatur capi-
tulum iuramento firmare. Si vero Dominus tem-
poralis requisitus & monitus ab Ecclesia terram suam
purgare neglexerit ab hæretica fæditate , per Me-
tropolitanum , & cæteros comprouinciales Episco-
pos Excommunicationis vinculo innodetur. Et si sa-
tisfacere contempserit infra annum , significetur hoc
Summo Pontifici , vt extunc ipse Vasallos ab eius fi-
delitate denunciet absolutos , & terram exponat
Catholicis occupandam , qui eam exterminatis hæ-
reticis sine vlla contradictione possideant , & in fidei
puritate conseruent , saluo iure Domini principalis ,
dummodo super hoc ipse nullum præstet obstaculum ,
nec aliquod impedimentum opponat ; eadem nihilo-
minus lege seruata circa eos , qui non habent Domi-
nos principales. Ita Concilium *Lateranense.*

2 Iam *Lessius* verba hæc Concilij *Lateranen-*
sis duo in se decreta complecti asserit. [a] *Primum*
est , quo præcipitur Potestatibus Secularibus, & (si
opus sit) iubetur , vt Censuris compellantur , vt
omnes hæreticos ab Ecclesia denotatos è suis ditioni-
bus pro viribus expellant. Et simul statuitur , vt
quando assumuntur , præstent iuramentum , se hoc
pro viribus , & bona fide exequuturos. Atqui an
hoc non est disponere de Iuribus temporalibus Princi-
pum , præcipere illis & compellere per Censuras , vt
tot subditos, à quibus plurimùm emolumenti tempo-
ralis fortasse obueniebat , Regno expellant , & iura-
mento Ecclesiæ se obstringant , se id pro viribus fa-
cturos? fuit hoc decretum ab omnibus Principibus
Christianis receptum , & quatuor penè seculis ser-
uatum.

3 *Alterum decretum est , quo Dominis tem-*
pora-

a nu.1.pag.
8. 9.

poralibus illud prius exequi negligentibus statuit
pœnam Excommunicationis & depositionis ; nam &
vasallos à fidelitate denunciat absolutos, & terram
eorum exponit Catholicis occupandam : vbi manifestè Concilium agnoscit in Summo Pontifice potestatem
priuandi Principem (siue feudatarius sit, siue principalis) imperio, & transferendi illud in alium, quando in perniciem Ecclesiæ cedit illius administratio.

b pag. 10.   4   Post hoc decretum, ait Lessius, b Concilium
subijcit tertium, quo credentibus, receptatoribus, defensoribus, & fautoribus hæreticorum Excommunicationis pœnam infligit, in qua si per annum manse-
rint, satisfacere contemnentes, eis multas pœnas
temporales irrogat, nimirum infamiam, inhabilita-
tem ad officia publica, ad condendum testamentum,
ad successionem hæreditatis, ad ferendam sententiam
in iudicio, ad testandum, ad postulandum. &c.
Hæc decreta valde torquent Aduersarios, præsertim secundum ; vnde varias adferunt Responsiones   quas hic breuiter expendemus. Hucusque
Lessius.

    5   Sed *imprimis* quod attinet ad *primum* illud
decretum, in eo nullam plane difficultatem, quæ
quenquam meritò torquere queat, reperiri nimis
manifestum est. Neque enim semel, aut iterum
sed sepissimè affirmauimus, potestatem Ecclesiasticam, quatenus est *directiua*, ad res temporales ex diuina institutione extendi posse, atque penes Ecclesiam seu Prælatos Ecclesiasticos, quâ
spirituali præditi sunt authoritate, esse potestatem eleemosinas, ieiunia, verbera, cæteraque
temporalia, in quibus virtus aut vitium reperiri
queunt, præcipiendi, aut prohibendi : cum proprium

prium & formale potestatis Ecclesiasticę, vt *dire-*
ctiua est, obiectum sit bonum, aut malum spirituale, id est, virtus aut vitium, vt media sunt ad
æternam salutem, quæ potestatis Ecclesiasticæ
finis est,vel consequendam vel deperdendâ : ideoque non mirum, quòd res temporales sub hac
ratione per potestatem Ecclesiasticam præcipi, aut
prohiberi possint, seu, quod idem est, potestati
Ecclesiasticę vt *directiua* est,indirectè,seu in ordine ad bonum spirituale subijciantur. Sed tota difficultas est de potestate Ecclesiastica, vt est *coer-*
citiua, an hæc scilicet ex *Christi* institutione ad
poenas tantùm spirituales, vel etiam temporales,
vt sunt mors, exilium, bonorum priuatio, &c.
non dico præcipiendas (nam has præcipere ad
potestatem *directiuam* non *coercitiuam* spectat)
sed infligendas extendi possit; seu, quod idem
est, vtrùm Ecclesia per spiritualem potestatem
sibi à *Christo* traditam fideles subditos ad præcepta sua adimplenda, atque ad virtutes ample-
ctendas, & vitia aspernanda poenis tantùm Ecclesiasticis, an etiam ciuilibus compellere queat.
Atque hic verus, & perspicuus totius inter me
& Aduersarios controuersiæ status est, quem tamen ipsi, ne Lector eorum fraudes, sophis-
mata,atque imposturas statim dispiciat, dissimula-
re, & confusa verborum caligine obnubilare
student.

6   Atque hinc perspicuè constat, tum aper-
tissimum inter potestatem *directiuam* & *coerci-*
tiuam, propriosque vtriusque potestatis actus atque obiecta discrimen, tum etiam vera & genuina
ratio,ob quam res temporales indirectè seu in ordine

Vide de hac re infrà part 2.sec.9.nu. 22.23.

dine ad bonum spirituale per potestatem Ecclesiasticam vt *directiua* est, & res spirituales indirectè, seu in ordine ad bonū temporale per potestatē ciuilem vt *directiua* est, precipi aut prohiberi queant; nullus tamen ordo, aut reductio vel rerum temporalium ad bonum spirituale, vel rerum spiritualium ad bonum temporale efficere valeat, vt vel potestas spiritualis penas ciuiles, vel potestas ciuilis penas spirituales ex diuina institutione infligere possit. Ratio enim est, quia *Christus* Dominus ita proprios vtriusque potestatis, vt *coercitiua* est, actus atque obiecta distinxit, seu potiùs distinctos reliquit, vt neque inflictio penarum ciuilium potestati spirituali, neque inflictio pænarum spiritualium potestati temporali ob quemcunque finem siue spiritualem siue temporalem competeret, sed *vt Rex armis vteretur seculi, seu corporalem pænā irrogaret, Sacerdos autem gladio spirituali accingeretur, seu spiritualem vindictam inferret.* Cum igitur nullus ordo, respectus, aut habitudo vel rerum temporalium ad bonum spirituale, vel rerum spiritualium ad bonum temporale efficere queat, vt vel pænæ ciuiles euadant spirituales, vel pænę spirituales in ciuiles conuertantur, nullus' etiam eiusmodi ordo, respectus, vel habitudo efficiet, vt vel pænę ciuiles per potestatem spiritualem, vel pænę spirituales per potestatem ciuilem, quatenus *coercitiuæ* sunt, ex diuina institutione infligi possint. Sed de potestate Ecclesiastica & ciuili, vt *directiuæ* sunt, longe dispar ratio est; nam & res temporales in ordine ab bonum spirituale per potestatem Ecclesiasticam, cui à *Christo* boni spiritualis consequendi

Petrus Damianus in Epist.ad Fermin. & Gratianus.2.q. 7.cap.Nos si.

quendi

quendi & conferuandi cura concredita eft, præcipi, aut prohiberi poffunt; et res temporales quatenus temporalem Reipublicę pacem, quæ poteftatis politicę finis et obiectum eft, iniuftè impediunt, vel perturbant, veluti *Excommunicatio* aut
Interdictum manifeftè iniufta, ex quibus feditiones
& tumultus in Republica oriuntur, & illicita Sacramentorum in aqua, pane, oleo, aut Chrifmate
venenatis adminiftratio, per poteftatem politicam
feu ciuilem, cui pacis publicę confequendæ &
conferuandæ cura incumbit, probiberi pariter
queunt.

7 Pręcipere igitur *Poteftatibus Secularibus*
(nam de *Imperatoribus*, *Regibus*, cæterifque Principibus fupremis in hoc *Lateranenfis* Concilij decreto non agitur, vt poftea videbimus) & eos
compellere per cenfuras, vt hæreticos, à quibus
plurimùm emolumenti temporalis fortaffe obueniebat, è terris fuæ Iurifdictioni fubiectis excludant, & Iuramento fe Ecclefiæ obftringant, fe
id pro viribus facturos, non eft de temporalibus
eorum iuribus *difponere*, nifi *Leffius* de verbis li-
tigare, & *difponere* cum *præcipere* confundere velit.
Poffe enim de temporalibus *difponere*, prout à
nobis nunc fumitur, eft habere poteftatem temporalia dandi, atque auferendi, & aliquem iure
illo, quod in temporalia habet, penitus priuandi,
illudque alteri, quod antea tale ius non habuit,
conferendi: in quo fenfu omnino negamus, poffe
ex *Lateranenfi* Concilio fufficiens aliquod argumentum peti ad probandum, penes Ecclefiam,
quatenus fpirituali prędita eft authoritate, effe poteftatem de temporalibus *difponendi*, pęnas tem-
poralcs

porales infligendi, aut quemuis fidelium iure aliquo temporali priuandi.   Atque ita conftat,
quàm indoctè *Lefsius* ex hoc primo *Lateranenfis*
Concilij decreto nouam fuam Catholicam *fcilicet*
fidem, de poteftate Papali Principes fupremos
abdicandi, pꜹnas temporales infligendi, aut de rebus temporalibus propriè *difponendi,* confirmare
contendat.

    8   Sed in *fecundo* huius *Concilij* decreto maxi-
mè gloriantur Aduerfarij,   adeo vt Card. *Bellar-*
minus in *Tractatu* fuo contra *Barclaiū,* poftquam
decretum iftud (cuius tamen in fuis Controuerfijs
vbi primùm nouam hanc fuam fidem procudit,
& priora fcripta corrigens contrariæ Catholicorum fententiꜹ *hærefeôs* notam inuffit, ne meminit quidem) recitauerat, ita in *Gulielmum Bar-*
claium, virum verè Catholicum, pium, ac eruditum infultare non erubefcat[c].   *Quid hîc* Barclaius *diceret ? Si hæc non eft Ecclefiæ Catholicæ*
vox, vbi obfecro eam inueniemus ? & fi eft (vt ve-
rifsimè eft) qui eam audire contemnit, vt Barclaius
fecit,an non vt Ethnicus, & Publicanus, & nullo mo-
do Chriftianus & pius habendus erit ? Si non habet
Summus Pontifex poteftatem in terris difponendi de
temporalibus, vfque ad deuofitionem Principum eo-
rum qui vel ipfi hæretici funt, vel hæreticis quoquo
modo fauent, cur in editione huius Canonis nullus ex
tanto numero reclamauit ? cur non vnus quidem ex
tot Imperatorum & Regum Oratoribus mutire aufus
eft ? Nondum videlicet Parafiti Principum tem-
poralium exorti fuerant, qui vt Regna temporalia fta-
bilire videantur, Regnum æternum ijs quibus adulan-
tur,eripiunt.

c Pag. 31.

                                    9 Sed

9 Sed quàm vana, & contumeliosa sit inuectiua hæc Card. *Bellarmini* Oratio , & quæ Pontificum parasitis (qui vt eorum quibus adulâtur monarchiam stabiliant, Ecclesiæ vniuersalis, & supremorum Principum iura contra Christi legem violant, & nouam fidem Catholicam in priuato suo
spiritu fundatam, quæ viam ad Ethnicismum parat in orbem Christianum contra antiquorum
Patrum regulas inuexerunt)aptius accommodari
potest, tum ego in *Præfatione Responsionis* meæ *A-*
pologeticæ, ac alibi , ^d & *Ioannes Barclaius* in suis
vindicijs,dilucide ostendimus tum infrà multo clarius Deo volête cômôstrabimus. Neque enim nos
Ecclesiæ Catholicæ vocem audire contemnimus,
aut istud *Lateranensis* Concilij decretum,in eo sensu , quo Concilij Patres & Principum Oratores
illud intellexerunt, reijcimus; tametsi, vt ingenuè
fatear , vocem Cardinalis *Bellarmini* , aut alterius
cuiuscunque Doctoris, quantumcunque Ecclesiam Catholicam, & Concilia generalia conclami-
tent, si alij contra clament viri docti, pro voce Ecclesiæ Catholicæ aut Conciliorum generalium a
Catholicis accipiendam esse, nec tutum, nec licitum, nec dignum esse iudicemus.

10 Ad hoc igitur *Decretum* loco citato respondens affirmaui, ^e nomine *Domini temporalis,*
Domini principalis, & *principalem Dominum non ha-*
bentis, Imperatores, Reges, aliosúe principes supremos, nequaquam comprehendi, sed inferiores
tantùm Magistratus, ac Dominos temporales ex
supremorum , quibus subijciuntur, consensu; vt
Consules, Rectores, Capitaneos, Potestates , Duces,
Comites, Barones, cæterosque, qui territorium aliquod

d In detectio-
ne calumnia-
rum D. *Schul-*
ckenij.

e In dicta Præ-
fact. nu.43.&
seq.

quod, Ciuitatem, Caſtrum, prouinciam a ſupremis Principibus in feudum acceperunt,ratione cuius feudi talium Principum Vaſalli conſtituun-
tur, tametſi etiam ipſi alios Vaſallos quorum Domini ſunt, reſpectu eiuſdem feudi ſub ſe habeant,
& quo magis vel minus a ſupremorum Principum Iuriſdictione exempti ſunt, eo magis vel minùs *principales Domini* dici queant ; & propterea
non poſſe ex hoc decreto ſufficiens trahi argumentum ad prædictam Summi *Pontificis* in Imperatores,Reges, alioſque principes ſupremos poteſtatem in temporalibus confirmandam.

11   Sed hanc Reſponſionem, vtpote quæ nouam hanc recentiorum quorundam Catholicam
fidem in hoc *Lateranenſis* Concilij decreto præcipuè fundatam, *Leſſius* pergrauiter reprehendit,
eamque vanam eſſe manifeſtum fore, ſi verba Concilij

f Nu. 4. p. 18
22.

expendantur, affirmat. f *Moneantur,* inquit Concilium, *& inducantur, & ſi neceſſe fuerit, per cenſu-*
ram Eccleſiaſticam compellantur ſeculares poteſtates,
quibuſcunque fungantur officijs, vt ſicuti reputari cu-
piunt, & haberi fideles, ita pro defenſione fidei præſtent
publicè iuramentum, quòd de terris ſuæ Iuriſdictioni
ſubiectis vniuerſos hæreticos ab Eccleſia denotatos bona
fide pro viribus exterminare ſtudebunt; ita quòd amodò
quandocunq; quis fuerit in poteſtatem ſiue perpetuã(ita
enim in Decretaliũ Codicibus legitur)ſiue tẽporalẽ
aſſumptus, hoc teneatur Capitulũ Iuramento firmare.

12   *Quis hæc expendens,* ait *Leſſius, non iudicet,*
hic maximè ſupremos Principes deſignari ? Hi enim
ſunt proprijſſimè poteſtatis ſecularis, ſeu poteſtate ſecu-
lari præditi. Ipſis enim primario & quaſi per ſe id
conuenit : Iudicibus autem, & Magiſtratibus ſub-
                                                        iectis

iectis secundariò & participatione. Atqui in generali locutione nunquam excluditur id, cui primariò ratio illa generalis competit. Sicut cum aliquid tribuitur generatim corporibus lucidis aut calidis non censetur exemptus sol , aut ignis , eo quòd primariò ratio lucidi & calidi illis competat , reliquis (secundariò tantùm , & illorum participatione. Deinde , quia Regibus & supremis Principibus maximè conuenit esse fidei defensores , fidem defendere ; ac proinde his imponitur iuramentum de ea re præstandum , non inferioribus duntaxat Magistratibus.*

13 *Idem ex eo confirmatur , quòd hæreticorum exterminatio potissimum spectet ad supremos Principes. Illis enim primario incumbit curare bonum Regni , & perniciosa amoliri. Inferiores autem Magistratus nihil in ea re possunt absque supremi Principis consensu, vel permissu. Itaque si decretum de inferioribus tantùm loqueretur , maxima ex parte esset frustratorium : quia nolente supremo Principe nihil posset fieri , & inferiores Magistratus non poterunt idcirco ab Ecclesia puniri , quia iustam habebunt excusationem non parendi. Perspicuum ergo est , istud decretum primariò ad supremos Principes dirigi, quod etiam apertè insinuat vltima clausula , quæ ita seruatur in praxi , vt non solùm inferiores Potestates, sed etiam supremæ , etiam ipsi Imperatores iam à multis seculis in sua inauguratione hoc Iuramentum præstare consueuerint ; vt patet tum ex Rituali Romano , tum ex Clementina,* Romani Principes, *de Iureiurando. Denique si de inferioribus tantùm loqueretur , non diceret terram eorum exponendam , vt à Catholicis occupetur, sed à supremo Principe repetendam & vindicandam.*

Non

Non enim regio aliqua ob peccatum Magiſtratus in-
ferioris prædæ exponenda , ſed recurrendum ad ſupre-
mum eius Dominum ; Alioquin illi fieret iniuria.

14 *Adde ſi Pontifex poteſt ita ſtatuere de ter-*
ris , & dominijs Principum inferiorum , cur non
etiam ſupremorum , cum ſupremi non minùs ſint
oues , & ſubditi Vicarij Chriſti , quàm inferiores?
præſertim cum fundamentum illius ſententiæ ſit vni-
uerſale , nimirum , Quod Pontifici nullum ſit ius in
temporalia Laicorum. Quare qui ita reſpondent,
videlicet concedendo Pontifici hanc poteſtatem in tem-
poralia bona Principum & Magiſtratuũ inferiorum,
euertunt ſuæ ſententiæ fundamentum. Sed multi
hoc tempore ita diſputant , vt ſuſque deque ferant
quid dicant , modo imperitis aliquid dicere vide-
antur.

15 Sed vana eſſe hæc omnia, & celeberrimo
Theologiæ Profeſſore indigna manifeſtum erit,
ſi verba Concilij expendantur, & cum ſummo-
rum Pontificum Bullis atque Imperatorum decretis, & approbatis Iuriſprudentium regulis atque reſponſis conferantur. Sex enim rationes
Leſſius hìc adducit, ob quas manifeſtum eſſe iudicat, Principes ſupremos in prædicto *Latera-*
nenſis Concilij decreto includendos eſſe. *Prima*
eſt , quia *Principes ſupremi ſunt propriſſimè pote-*
ſtatis ſecularis, ſeu poteſtate ſeculari præditi; illiſ-
que primario , & quaſi per ſe id conueniat , Iudi-
cibus autem & Magiſtratibus ſecundariò, & parti-
cipatione. Secunda; quia *Regibus , & ſupremis*
Principibus maximè conuenit eſſe fidei defenſores, fi-
dem defendere. Tertia ; quia *hæreticorum exter-*
minatio potiſſimùm ſpectat ad ſupremos Principes.

Illis

Illis enim primariò incumbit curare bonum Regni & perniciosa amoliri. Itaque si decretum de inferioribus tantùm loqueretur, maxima ex parte esset frustratorium; quia nolente supremo Principe nihil posset fieri. Quarta: *quia ita seruatur in praxi, vt non solùm inferiores potestates, sed etiam supremæ, etiam ipsi Imperatores iam à multis seculis in sua inauguratione hoc Iuramentum præstare consueuerint.* Quinta: *quia si de inferioribus loqueretur, non diceret terram eorum exponendam, vt à Catholicis occupetur, sed à supremo Principe repetendam, & vindicandam. Non enim regio aliqua ob peccatum Magistratus inferioris præda exponenda, sed recurrendum ad supremum illius Dominum: Alioquin illi fieret iniuria.* Sexta: *quia si Pontifex ita potest statuere de terris & Dominijs Principum inferiorum, cur non etiam supremorum, cum supremi non minùs sint ones Vicarij Christi, quàm inferiores?*

16 Sed quàm frivolæ & prorsus ineptæ sint omnes istæ *Lessij* rationes, penitiùs eas inspicienti, quantumuis primo intuitu nonnullam probabilitatis speciem præ se ferant, satis perspicuum erit. Nam quod attinet ad *primam*, obseruet *Lector*, quàm parum argutè, satis tamen astutè *Lessius* verba Concilij immutet. *Principes supremi sunt*, inquit, *proprijsimè potestatis Secularis* in genitiuo, non, ait, sunt proprijsimè *potestates Seculares* in nominatiuo, vt Concilium loquitur: quæ eius locutio vel falsa vel incongrua est, cum è contrario dicere debuisset, potestas Secularis est propriissimè supremorum Principum, quibus primariò conuenit, cæteris verò secundariò & participatione.

C   17 Sed

17   Sed mittamus nomina, & re. pfa.: expendamus.   Efto, *Principes fupremi* ṣ. ᵖ *propriſſimè poteſtatis Secularis*, id eſt, vt *Leſſius* fe explicat, *feculari poteſtate præditi*, hinc tamen non fequitur, Principes fupremos proprijſſimè *Poteſtates feculares* appellandos eſſe: Eadem enim ratione concludi poſſet, nomen Magiſtratus, Iudicis, Rectoris, Præfecti, Prꝫſidis, Gubernatoris & ſimilium Principibus fupremis proprijſſimè competere, cum poteſtas gubernandi, præſidendi, regendi, iudicandi & Magiſtratum gerendi Regibus & Principibus fupremis primario & quaſi per fe, inferioribus autem Magiſtratibus, Iudicibus, Rectoribus, Præfectis, Præſidibus & Gubernatoribus fecundario & participatione conueniat. *Magiſtratus* enim, ait Feſtus, *eſt qui in poteſtate aliqua conſtitutus eſt*, & *Magiſtratus hanc vim eſſe*,

Cicero lib.3. de Leg.

ait Cicero, *vt præſit præfcribatque recta & vtilia*, &c. Vnde *Gloſſa* in leg. *Qui accuſare* ff.de accuſat. *Magiſtratus*, inquit, *dicitur, quia magis inſtat vtilitati publicæ*; at quibus, obſecro, magis primariò ac principaliter competit, eſſe in dignitate conſtitutum, prꝫeſſe, & prꝫfcribere recta & vtilia, atque inſtare vtilitati publicæ, quàm Imperatoribus, Regibus, alijſque Principibus fupremis? Quare, vt ait *Gloſſa*, *quadruplices ſunt Magiſtratus, ſcilicet Princeps, qui eſt primus, Illuſtres, Spectabiles, & Clariſſimi*.   Similiter, cui magis primariò conuenit poteſtate iudicandi, regendi, præſidendi, & gubernandi prꝫditum eſſe, quàm Regibus, Principibuſque fupremis?

In leg.præcipimus cod.de appellat.

18   Friuola igitur, & fallax eſt hꝫc ratio, Poteſtas Secularis, poteſtas regendi, iudicandi, præſiden-

sidendi, & gubernandi proprijssimè & primario
conuenit Regibus, & Principibus supremis;ergo
Reges & Principes supremi proprijssimè Potestates,Rectores,Iudices, Præsides, & Gubernatores appellantur : Quibus enim nominibus res,aut
personæ propriè nuncupentur, non tam ex na-
turis rerum, aut prima nominis impositione,
quàm ex communi hominum vsu & acceptione
iudicandum est. Veluti Tyrannus apud veteres
in bonam partem dicebatur, pro Domino, Rege
seu Monarcha, qui plenam in subditos habebat
potestatem, postea tamen Tyranni nomen ad illos solùm restrictum est, qui per insolentiam Imperij viribus abutebantur, & vi & quadam animi
libidine, non iure & legibus æquis dominaban-
tur. Dicimus itaque, nomen Potestatis Secularis,
Iudicis, Rectoris, Præfecti, Præsidis, Gubernatoris, et huiusmodi ex communi hominum acceptione Magistratus tantùm inferiores, & non Principes supremos denotare, tametsi ipsa potestas
Secularis, potestas iudicandi, regendi, præsidendi,
atq; gubernandi Principibus tatùm supremis primario & quasi per se, cæteris autē inferioribus Magistratibus secundariò et participatione conueniat.

19   Et certè mirum est, quòd vel Doctor Theologus, vel alius quispiam, qui linguam Lati-
nam, Gallicam, aut Italicam calleat, aut in Iure
Ciuili, & Canonico mediocriter versatus sit, imagi-
ginari queat, nomen *Potestatis Secularis*, vti personam significat, supremis Principibus proprijssimè conuenire. Vide constitutionem *Frederici*
secundi,& *leg.* fideiussor F. ff.de pignoribus. *leg.*
Quicunque *Cod.* de exequutoribus , & *Bullas In-*

nocentij quarti, *Alexandri* quarti, *Clementis* quarti,
in quibus nomen *Poteſtatis* inferiores tantùm Magiſtratus deſignat. Atque hoc ipſum etiam verba
illa Concilij [*quibuſcunque fungantur officijs, &*
quandocunque quis fuerit in Poteſtatem ſiue perpe-
tuam, ſine temporalem aſſumptus] ſatis indicant.
Officium enim *miniſterium* & *ſubiectionem* includit,
vt notat *Gloſſa* in leg. *Legatis* ff. de *Legatis* , &
Officiales propriè Miniſtri Magiſtratuum vocantur.
Neque Reges vlli aut Principe s ſupremi præter
Imperatorem Romanorum, & *Regem Poloniæ* , qui
electione & ſuffragijs Principum ad Regni ſolium euehuntur , ad Regnum propriè dicuntur aſ-
ſumi, ſed iure hæreditatis & ſucceſſionis , non e-
lectione aut aſſumptione Reges fiunt , neque vlli
omnino Reges vnquam in temporalem, ſed ſemper in perpetuam poteſtatem aſſumuntur, tametſi
nomen *poteſtatis* hic non pro perſona (vti paulo
antè in eodem decreto acceptum erat, & reuera
accipi debet) ſed pro ipſa dignitate ſeu authoritate ſumeremus.

    20   Concedimus itaque, nunquam in generali
locutione excludi id , cui primario ratio illa generalis competit, ſed negamus, nomina illa, *Poteſtates*
Seculares, & *qui officijs funguntur, & in poteſtatem*
ſiue perpetuam ſiue temporalem aſſumuntur , eſſe nomina generalia, quæ ſupremis Principibus , & inferioribus Magiſtratibus communia ſunt , ſed inferiores tantùm Magiſtratus, vtpote quæ in ſui
ratione miniſterium & ſubiectionem, ſicut etiam
nomen magiſtratus, Iudicis, Rectoris , Præſidis,
Præfecti , & Gubernatoris, ex communi hominum acceptione continent, deſignare, neque Impe-
ra-

peratores, ac Reges, aliosque Principes absolutos;
nisi aliquid aliud, veluti *supremus*, aut quid æquiualens adijciatur, denotare. Atque hec de prima
ratione satis dicta sint.

21 Ad *Secundam* Respondeo, ineptam esse
illius consequentiam. Nam tametsi *Regibus, &*
Principibus supremis maximè competat esse fidei de-
fensores, fidem defendere authoritate propria, legibus, imperio, *esse tamen fidei defensores, fidem de-*
fendere authoritate delegata, & sanctissimas Principum leges contra hæreticos latas exequendo, inferioribus duntaxat Magistratibus, & Regum Mi-
nistris, quorum curæ legum exequutio concredita est, maximè conuenit: Et his duntaxat in hoc
decreto imponitur iuramentum ea de re præstandum, non autem Imperatoribus et Regibus, quorum authoritate atque imperio sacratissimæ de
exterminandis hæreticis leges longè ante Concilium istud *Lateranense* sancitę fuerant, tametsi in
ijs exequendis Principum Ministri, nempe Potestates, Cosules, Rectores, Capitanei, Iudices, Præfecti, Duces, Marchiones, Comites, alijque inferiores Magistratus, ac Domini temporales nimiùm
negligentes essent, ad quorum negligentiam coercendam, Concilium *Lateranense* ex supremorum
Principum consensu decretum supradictum condidit.

22 Atque eodem modo *tertia ratio refellitur.*
Nam tametsi *hæreticorum exterminatio potissimum*
spectet ad supremos Principes, quibus primariò incum-
bit curare bonum Regni, & perniciosa amoliri, legibus, imperio, et authoritate, *& inferiores Magistra-*
tus nihil in ea re possunt absque supremi Principis

C 3

con-

conſenſu vel permiſſu : hæreticorum tamen exterminatio maximè ſpectat ad inferiores Magiſtratus, tanquam Miniſtros, quibus potiſſimum incumbit curare bonum Regni, & pernicioſa amoliri ſalubria Principum decreta exequendo. Neque enim Principes ſupremi per ſemetipſos, ſed
per ſuos Miniſtros malefactores è Regno eiiciunt,
aut aliis corporalibus pænis afficiunt, & incaſſum
leges optimæ Principum authoritate ſanciuntur.
niſi inferiorum Magiſtratuum miniſterio executioni mandentur : Et ferè tam neceſſarii ſunt in Republica optimè gubernata optimi Miniſtri, ſeu Magiſtratus, quàm optimi Principes, quantumuis hi
illos authoritate, atque Imperii maieſtate longiſſi-
mè antecedant.

23   Cum igitur decretum iſtud, quantum ad
pænas temporales attinet, non permiſſu tantùm,
ſed etiam conſenſu & authoritate ſupremorum
Principum ſtabilitum fuerit, nulla ex parte fruſtratorium cenſeri debet, ſi de inferioribus tantùm
Magiſtratibus loquatur, cum finis iſtius decreti
tantùm ſit, vt leges ſupremorum Principum conſenſu, atque authoritate contra hæreticos latæ inferiorum Magiſtratuum miniſterio executioni
mandentur ; quæ leges ſanè fruſtratoriæ eſſent, ſi
incuria Miniſtrorum eas tranſgredi quiuis impunè
poſſet. Et propterea niſi *Leſſius* demonſtrare queat,
Principes ſupremos huic *Lateranenſis* Concilij decreto nequaquam conſenſiſſe, nunquam manifeſtum faciet, vti inaniter iactat, *fruſtratorium eſſe*
hoc decretum, niſi illud ad Principes ſupremos primariò dirigatur.

24   Ad *quartam* Reſpondeo, ex eo quòd *Impe-*
rator

rator Romanus, cæterique *Principes Christiani* in sua
inauguratione, se fidem Catholicam , & iustitiam
publicam in suis Regnis iuxta leges a Prædecesso-
ribus suis latas conseruaturos iureiurando promit-
tere consueuerint, non recté concludi posse, idcirco
decretum istud *Lateranensis* Concilij , quòd de secularibus potestatibus , & qui officijs funguntur,
agit, ad supremos Principes pertinere ; cum Iuramentum istud , quo Principes Christiani se ob-
stringunt, non *Lateranensis* Concilij decreto , sed
anteriori consuetudine nixum fuerit , vt patet de
Othone primo Imperatore *dist.* 73. can. *Tibi Do-*
mino, & de *Philippo* primo , & alijs ante eum *Fran-*
corum Regibus apud *Papyrium Massonium* lib. 3.
in fine : & similis Iuramenti a Regibus Angliæ
præstandi exemplar in antiquissimo Codice in
charta Pergamena conscripto exaratum vidi : vt
hinc potiùs colligi possit, in hoc decreto inferiores
tantùm Magistratus, nempe Consules, Rectores,
Potestates, aliosque Principum Ministros, quibuscunque officijs fungantur, aut nominibus appel-
lentur, & non Imperatores, Reges , & Principes
supremos comprehendi.

25 Cum enim Principes Christiani per sanctis-   Vide Codi-
simas leges exterminationi hæreticorum religiosé   cem tit. de
admodum prospexissent, & quòd hæretici é ciui-   hæreticis.
tatibus, prouincijs, aut Regnis actu non expelle-
rentur, non Principum aut legum vitio, sed incurię
Ministrorum, quibus leges exequendi cura potissimùm incumbit, tribuendum sit, idcirco ad hanc
Ministrorum negligentiam reprimendam , visum
est *Lateranensis* Concilij Patribus, & Principum
Oratoribus, vt quandocunque quis in Potestatem,
id est,

id est, Magistratum perpetuum, siue temporalem
assumeretur, publicè Iuramentum præstaret, quòd
de terris suæ Iurisdictioni subiectis vniuersos hæreticos ab Ecclesia denotatos bona fide pro viribus exterminare studeret. Atque hic planus & ge-
nuinus huius decreti sensus est; ille autem, quem
Aduersarij fingunt, contortus, extraneus, atque a
verbis, & mente Concilii, & communi hominum
intelligentia planè alienus. Et nihilominùs, quod
ad praxim attinet, difficilè admodum *Lessius* com-
probabit, decretum istud *Lateranensis* Concilii,
(nempe, vt vniuersæ potestates, siue Magistratus,
& Officiales, quibuscunque fungantur Officiis,
iureiurando promittant, se vniuersos hæreticos de
terris suæ Iurisdictioni subiectis pro viribus exter-
minaturos) vel vnquam, vel vsquam nisi in Romanæ Ecclesiæ territoriis, aut forsan per Italiam &
Imperium in praxi obseruatum esse.

26   Simile huic *Lateranensi* de hæreticis extir-
pandis decretum ad inferiores tantùm Magistratus, ac Dominos temporales spectans edidit *Lucius* tertius in Canone *Ad abolendam* extra de hæreticis , ad cuius instar *Innocentius* tertius , vti verisimile est, prædictum suum decretum in *Lateranensi* Concilio publicandum curauit. *Statuimus
insuper*, ait *Lucius* Papa tertiùs (qui Anno Domini
1185.triginta nempe annis ante *Lateranense* Concilium è vita discessit) *vt Comites, Barones, Rectores, & Consules ciuitatum & aliorum locorum iuxta
commonitionem Episcoporum præstito corporaliter Iuramento promittant, quòd fideliter & efficaciter cum
ab eis fuerint requisiti, Ecclesiam contra hæreticos , &
eorum complices, adiuuabunt bona fide iuxta officium
& posse*

& posse suum. Si verò id obseruare noluerint, honore quem obtinent, spolientur, & ad alios nullatenus adsumantur, eis nihilominùs excommunicatione ligandis, & terris ipsorum interdicto Ecclesiæ supponendis,&c.

27 Iam cuiuis perspicuum est, in isto canone *Ad abolendam*, inferiores tantùm Dominos, ac Magistratus, et non Imperatores, Reges, Principesque supremos comprehendi; Et nihilominùs *Lessius* suis rationibus manifestum *scilicet* faceret, hîc maximè supremos Principes designari. Hi enim sunt proprijsimè Rectores & Consules, seu quibus Rempublicam regere, & publico subditorum bono consulere potissimùm incumbit. Ipsis enim primariò, et quasi per se id conuenit, Iudicibus autem, Rectoribus, Consulibus, & Magistratibus subiectis secundariò et participatione. Atqui in generali locutione nunquam excluditur id, cui primariò ratio illa generalis competit &c. *Deinde*, quia Regibus & supremis Principibus maximè conuenit esse fidei defensores, fidem defendere, Ecclesiam contra hæreticos adiuuare; ac proinde his imponitur iuramentum ea de re præstandum, non inferioribus duntaxat Magistratibus.

28 Idem ex eo confirmatur, quòd hereticos exterminare, & Ecclesiam contra eos adiuvare, potissimùm spectet ad supremos Principes. Illis enim primariò incumbit curare bonum Regni, & perniciosa amoliri. Inferiores autem Magistratus nihil ea in re possunt absque supremi Principis consensu vel permissu. Itaque si decretum de inferioribus tantùm loqueretur, maxima ex
parte

parte eſſet fruſtratorium; quia nolente ſupremo
Principe nihil poſſet fieri, & inferiores Magiſtratus non poterunt idcirco ab Eccleſia puniri, quia
iuſtam habebunt excuſationem non parendi. Perſpicuum ergo eſt, iſtud decretum ad ſupremos
Principes dirigi : quod etiam apertè inſinuat hęc
clauſula, quæ ita ſeruatur in praxi, vt non ſolùm
inferiores Poteſtates, ſed etiam ſupremæ, etiam
ipſi Imperatores iam à multis ſeculis in ſua inauguratione hoc Iuramentum preſtare conſueuerint,
vt patet tum ex Rituali Romano, tum ex Clementina, *Romani Principes,* de Iureiurando.

 Iudicet iam Lector, quam pulchra ſint hæc
Leſſij argumenta ad nouam ſuam Catholicam. *ſci-*
licet fidem, de poteſtate Papali Principes ſupremos abdicandi, ex hoc *Lateranenſis* Concilij decreto corroborandam.

 29   Ad *quintam rationem* Reſpondetur, eam
quoque nihilo cęteris meliorem eſſe. Nam & decretum iſtud de inferioribus tantùm Dominis loquitur, & nihilominus abſque vlla iniuria Principi ſupremo exponit terras eorum inferiorum Dominorum Catholicis occupandas, & conſequenter ab ipſomet Principe ſupremo, ſi illi placitum
fuerit, repetendas atque vindicandas; tum quia,
in materia fauorabili (qualis eſt, reſpectu ipſorum
Catholicorum, licentia data Catholicis hæreticorum terras occupandi) *Principes ſupremos* nomine *Catholicorum* venire omnes norunt : tum
quia, exceptio illa, *ſaluo iure Domini principalis,*
ſatis indicat, à fortiori ſalua eſſe debere iura Principis ſupremi, neque aliquam iniuriam illi eſſe ir-
rogandam : tum denique quia, decretum iſtud
                                                non

non tantùm voluntate & consensu Principum supremorum, verùm etiam eorum authoritate sancitum esse contendimus, & proinde nullam illis fieri iniuriam exiftimandũ eft, dum licentiã concedunt Catholicis terras hæreticorum occupandi, saluo iure *Domini principalis*,& consequenter *Domini supremi, seu principalissimi:* Sicut etiam Imperator *Fredericus* absque vlla sibi iniuria illata idem omnino decreuit, & terram Domini temporalis, qui eam ab hæretica prauitate purgare neglexerit, ipsis similiter Catholicis occupandam exposuit: Verba Decreti sunt hęc.

30 *Statuimus etiam hoc Edicto in perpetuum valituro, vt Poteftates, Confules, seu Rectores quibuscunque fungantur officijs pro defensione fidei præftent publicè Iuramentum, quòd de terris sua Iurisdictioni subiectis vniuersos hæreticos ab Ecclesia denotatos bona fide pro viribus exterminare ftudebunt, ita quòd amodo quandocunque quis in Poteftatem siue perpetuam siue temporalem fuerit assumptus hoc teneatur capitulum Iuramento firmare, alioquin nec pro Poteftatibus, nec pro Confulibus habeantur, & eorum fententias irritas extunc decernimus, & inanes. Si verò Dominus temporalis requisitus, & admonitus ab Ecclesia terram suã purgare neglexerit ab hæretica prauitate, poft annum à tempore admonitionis elapsum terrã illius ipsis exponimus Catholicis occupandã, qui eam exterminatis hæreticis absq; vlla contradictione possideant, & in fidei puritate conseruent: saluo iure Domini principalis, dummodo super hoc nullum præftet obftaculum, nec aliquod aliud impedimentum apponat, eadem nihilominus lege seruata contra eos, qui non habent Dominos principales.* Iam an

for-

forſan *Leſſio* placebit ita ratiocinari. Si decretum
hoc de inferioribus tantùm loqueretur, non diceret terram eorum exponendam, vt à Catholicis
occupetur, ſed à ſupremo Principe repetendam,
& vindicandam. Non enim regio aliqua ob peccatum Magiſtratus inferioris prædæ exponenda:
ſed recurrendum ad ſupremum eius Dominum:
Alioquin illi fieret iniuria. Et nihilominus certum
eſt, in hoc Imperatoris decreto, quâ pœnale eſt,
neque ipſum Imperatorem, neque alios Principes ſupremos, ſed inferiores tantùm Dominos,
Magiſtratus ſeu Poteſtates comprehendi.

31 Dicimus itaque pari modo, prædictum
Lateranenſis Concilij decretum, quatenus pœnas temporales infligit, ex Imperatoris, aliorumque Principum ſupremorum voluntate, conſenſu, atque authoritate factum eſſe, & prop-
tereà nullam illis inde iniuriam irrogari, cum
iuxta vetus prouerbium, *ſcienti & volenti nulla
fiat iniuria*, leg. 1. ff. de iniurijs, atque etiam
eiuſdem prorſus conditionis, officij, & dignitatis perſonas nomine Poteſtatum Secularium,
Dominorum temporalium, & principalium, &
principales Dominos non habentium in *Lateranenſis* Concilij decreto deſignari, quæ ijſdem nominibus in Imperatoris Edicto denotantur; cum
hoc tantùm diſcrimine, quòd Imperatoris Edictum ſolùm ad perſonas Imperio ſubiectas pertinere poſſit, at Concilij decretum, cum in generali
totius Chriſtiani Orbis quaſi *Parliamento*, & non
ſolius Imperatoris, ſed cæterorum etiam Principum voluntate atque authoritate ſtabilitum fuerit, vniuerſas planè Poteſtates, Conſules, Rectores

ctores, quibuscunque officijs fungantur, aut nominibus nuncupentur, nec non omnes omnino
Dominos temporales, qui Principibus supremis
subditi sunt, sub generalibus illis nominibus comprehendere nullum prorsum inconueniens esse
potest.

32   Atque hinc etiam patet Responsio ad *sex-*
tam, & vltimam *Lessij rationem*: perspicuum enim
est, non posse Pontificem, quâ Pontifex est, ex nostra sententia, de vllis omnino temporalibus disponere, & proinde neque de terris & Dominijs Principum inferiorum absque supremorum consensu, cùm neque supremi neque inferiores Domini sint oues & subditi Vicarij *Christi*
in temporalibus, sed solum in spiritualibus;
in temporalibus enim soli principes supremi
Dei Optimi Maximi Regis Regum, & *Do-*
mini dominantium Vicarij sunt in terris. Falsum igitur est, quod *Lessius* hîc Lectori suo
persuadere tentat, nos ita respondere, vt con-
cedamus Pontifici hanc potestatem in temporâ-
lia bona Principum & Magistratuum inferiorum,
& negemus eam in temporalia bona Principum
supremorum, atque ita sententiæ nostræ fundamenta euertamus: Negamus enim Pontifici omnem omnino potestatem ex institutione diuina de
vllis temporalibus tam inferiorum, quàm supremorum Dominorum disponendi. Sed hanc fa-
bulam idcirco *Lessius* confinxit, vt me apertissi-
mæ ignorantiæ tanquàm manifesta repugnantia
asserentem apud imperitos, sibíque nimis credulos argueret, & licentiùs verba illa absque rubore aliquo effutiret, *Multi hoc tempore ita disputant,*
vt

Anastas. Papa
in epist. ad
Anastas. Au-
gustum.

vt ſuſque deque ferànt quid dicant, *modo imperitis
aliquid dicere videantur*, quæ tamen ipſimet ve-
riſſimè conueniant, qui in re grauiſſima Lectori
fucum facit, Aduerſario falſa imponit, parum-
que curat quid reſpondeat, modo imperitis aliquid reſpondere videatur.

Sectio III.

In quâ duæ rationes ab Authore *ad dictam eius*
Reſponſionem *confirmandam allatæ,propo-
nuntur*, *& quæ* Leſsius *ad eas infirmandas
obijcit,refelluntur.*

1 QVòd inferiores tantùm Domini, & non
Principes ſupremi in *Lateranenſis* Concilij Decreto, quâ pænale eſt,nomine *Poteſtatum
ſecularium, Dominorum temporalium*, *Principalium*, aut *Dominos principales non habentium* deſig-
nentur, duabus rationibus, quænunc examinan-
dæ ſunt, in dicta *Præfatione Apologetica* [a] com-
,, monſtrauimus. *Prima erat*, quoniam Impera-
,, tor *Fredericus* cuius Legati eidem Concilio *La-
,, teranenſi* intererant, quinto poſt Concilium cele-
,, bratum elapſo anno eandem Conſtitutionem to-
,, tidem planè verbis, mutatis tantùm pænis ſpiri-
,, tualibus in temporales ediderit, atqui veriſimile
,, non eſt, Imperatorem ſuo Edicto ſeipſum, qui le-
,, gibus ſolutus eſt, & multo minus alios Reges ſibi
,, non ſubiectos comprehendere voluiſſe, aut etiam
,, ſi voluerit,potuiſſe.

a Nu.43.

b Nu.7.pag.   2   Sed ad hanc rationem Reſpondet *Leſſius*,[b]
34.   *Imperatorem ita illud decretum tranſtuliſſe in ſuam*
                                        Con-

Constitutionem, vt manifestè illud restringat ad pote-
states temporales subiectas Imperio, vt patet initio
Constitutionis ex his verbis [per totum nostrum
Imperium publicandas] *Concilium autem non*
restringit, sed generatim loquitur, quia omnes Prin-
cipes Christiani, etsi non sint subiecti Imperio, sunt
tamen subiecti Ecclesiæ & Summo Pontifici.

3 Nihilominùs rationem hanc à me allatam
optimam esse satis manifestum est. Quantumuis enim Imperator Edictum suum ad Potestates
seculares subiectas Imperio non restrinxisset, sed
absque vlla restrictione nominibus illis generalibus *Potestatum secularium, Dominorum temporali-*
um, principalium, & principales Dominos non haben-
tium vsus fuisset, attamen perspicuum est, nomina
illa generalia neque seipsum, neq; alios Principes
supremos, ob rationem illam quam assignaui,
nempe quia ipsemet legibus solutus est, & alij
Principes supremi illi non subduntur, vel com-
prehendisse, vel comprehendere potuisse. Quid
enim clarius esse potest, quàm quòd verba legum
secundùm potestatem Principis qui ea condit,
restringenda sint, & quòd nullius Principis leges
temporales alios, quàm qui sibi in temporalibus
subditi sunt, obligare queant, sicut neque vllius
Episcopi leges Ecclesiasticæ alios, quàm qui sibi
in Ecclesiasticis, seu spiritualibus subiecti sunt,
vim obligandi habent?

4 Propter eandem igitur ipsissimam rationem, ob quam verba illa generalia, *Potestates se-*
culares, Domini temporales, &c. in Imperatoris
Edicto neque seipsum, nec alios Principes supremos, tametsi nulla prorsus restrictio, aut limitatio
ab Imperatore adhibita fuisset, comprehendere
pote-

poterant, nos etiam probabile admodum eſſe aſſerimus, neque Imperatorem, neque alios Principes
ſupremos ijſdem nominibus generalibus, quæ in
Lateranenſis Concilij decreto habentur, vel deſig-
natos fuiſſe, vel deſignari potuiſſe. Quoniam e-
nim *poteſtas Eccleſiaſtica*, vt plærique Doctores
cum *Almaino* aſſerunt, *nullam pænam ciuilem, vt
ſunt mors, exilium, bonorum priuatio &c. ex inſtitutione diuina infligere, immo nec incarcerare poteſt, ſed
ad ſolam pænam ſpiritualem extenditur, vt puta Excommunicationem, reliquæ autem pænæ quibus vtitur,
ex iure pure poſitiuo ſeu* vt loquitur *Gerſon, ex conceſſione Principum ſunt*, hinc neceſſario conſequitur,
vt inflictio pænarum temporalium, ob quamcunque cauſam, finem, aut prætextum infligantur, ſit
res mere temporalis, & quandocunque pænæ temporales infligendæ decernuntur, decretum illud ex
ſola ſupremorum Principum, in quibus tota poteſtas ciuilis tanquam in capite reſidet, totam vim
obligandi habeat, & proinde neque in *Lateranenſis* Concilii decreto, neque in aliis Conſtitutioni-
bus quibuſcunque, in quibus pænæ temporales infliguntur, ipſimet Principes ſupremi vllis verbis
generalibus comprehendi poſſint.

5   Quod autem ait *Leſſius, omnes Principes
Chriſtianos, etſi non ſint ſubiecti Imperio, eſſe tamen
ſubiectos Eccleſiæ, & Summo Pontifici.* Verum eſt in
ſpiritualibus, ſed non in temporalibus; In temporalibus enim neque Imperio neque Eccleſiæ, aut
Summo Pontifici ſubiecti ſunt, cum ipſimet ſint
ſupremi, a Deo ſecundi, ſolo Deo minores, ipſi ſoli peccent, & ab ipſo ſolo, iuxta communem *Sanctorum Patrum* doctrinam, pænis temporalibus
coerceri

Imainus lib.
e dominio
atur. ciu. &
Eccl. in pro-
bat concluſ. 2.

Gerſon de po-
teſt. Eccleſ.
conſid. 4.

coerceri queant. Nisi igitur Aduersarij priùs de-
monstrent, quod sanè nunquam poterunt, esse
rem *certam* & *de fide*, ita vt contrarium à nullo Catholico licitè defendi queat, posse Ecclesiam, quâ
spirituali fungitur potestate, pœnas ciuiles, vt
sunt mors, exilium, bonorum priuatio, &c. infligere, & Summum Pontificem non solùm in
spiritualibus, verùm etiam in temporalibus Principibus supremis superiorem esse, clarissimum
est, eos frustra laborare, & verba incassum pro-
fundere, dum ad hanc suam fidem certò comprobandam, vel *Lateranensis* Concilij decretum, vel
alium quemuis Canonem, in quo inflictio pœnarum temporalium verbis tantùm generalibus
decernitur, producunt, nam adhuc quæstio principalis manet indecisa, per quam nempe autori-
tatem, ciuilem an spiritualem, decretum illud vim
obligandi habeat, & Responsio illa, quæ *Almaino*, & *plerisque Doctoribus* placet, semper in
promptu erit, non posse Ecclesiam per potestatem suam Ecclesiasticam vllam pœnam ciuilem,
vt sunt mors, exilium, bonorum priuatio, &c.
infligere, & proinde decretum illud *Lateranensis*
Concilij, quod ad pœnas temporales attinet, à ciuili supremorum Principum potestate totam obligandi vim accipere; ex quo etiam consequens
est, vt verba illa generalia, *Dominus temporalis*,
Dominus Principalis, quod ad easdem pœnas spectat, inferiores tantùm Dominos, & non Principes supremos, qui à potestate ciuili, saltem vt
coercitiua est, liberi sunt, designare queant.

6 Neque ita respondere, est, vti Logici loquuntur, *principium petere*, seu quod probandum

eſt, vti probatum, aut conceſſum ſupponere, quod
apud ipſos vitium reputatur. Nam (præterquam
quod alibi tam ᶜ per principia intrinſeca, quàm
extrinſeca, authoritatem nempe plurimorum Doctorum, ſatis ſuperque commonſtrauimus, poteſtatem Eccleſiaſticam ex *Chriſti* inſtitutione ad pœnas temporales infligendas non extendi, idemque
alibi fuſius; ſi quid fortaſſe deſit, aduerſùs omnes
Aduerſariorum cauillationes, Deo volente, confir-
mabimus) *Petere principium* non reſpondentis, qui
abſque culpa Reſponſiones ſuas doctrinæ, quam
tuetur, accommodare poteſt, ſed argumentantis
vitium eſt, dum illud, quod in quęſtione eſt, vti notum aut conceſſum ſupponit, iaque pro ratione ſuę
aſſertionis aſſignat, quod probandum illi eſſet;
Ego autem Reſpondentis potiſſimùm, vt ſæpiùs
admonui, & non argumentantis in me munus ſuſ-
cepi, & reſpondendo, non argumentando manifeſtum facere decreui, non poſſe, etiam iuxta Aduerſariorum principia, ſufficienter demonſtrari,
aut Scripturarum teſtimonio, aut Apoſtolorum
traditione, aut Eccleſiæ definitione, aut Sanctorum Patrũ authoritate, aut vllis rationibus Theologicis, Summum Pontificem vllam prorſus ex
Chriſti inſtitutione habere authoritatem ſiue directè ſiue indirectè, ſiue abſolutè ſiue reſpectiuè ad
bonum ſpirituale pœnas ciuiles, vt ſunt mors, exilium, bonorum priuatio &c. infligendi, aut Principes ſupremos ſuis dominijs temporalibus diſpo-
liandi. Caueant igitur Aduerſarij, ne dum nouam ſuam hac de re Catholicam *ſcilicet* fidem demonſtrare prætendant, in vitium iſtud, quod *Pe-*
titio principij dicitur, vltro impingant, & quod

c in Apologia
in diſputat.
Theologica,
& in confutat.
Thõ. Fitzherb

ab

abillis probandum est, atque à nobis negatum,
vti notum vel concessum accipiant. Atque hæc
de *prima ratione* satis ; Nunc *secundam* expendamus.

7 *Secunda ratio*, cui prædicta nostra ad *Lateranensis* Concilij decretum Responsio innixa est,
hæc erat : ᵈ quia in legibus pœnalibus *Principes* d nu.44.
,, Seculares, videlicet *Supremi*, generalibus *Do-*
,, *minorum*, *Magistratuum*, & *Iudicum* tem-
,, *poralium* nominibus, iuxta regulas Iurispru-
,, dentium, nequaquam significantur, sicut ne-
,, que *Abbas* nomine Monachi, neque *Episcopus*
,, nomine Sacerdotis, neque *Summus Pontifex*
,, nomine Episcopi, quod ad pœnas attinet, intel-
,, ligi solent, cum iuxta regulas Iuris in sexto *In*
,, *pœnis benignior pars eligenda sit*, & *odia restringi,*
,, *fauores ampliari conueniat.* Quod si *Concilium*
,, suo illo decreto *Principes* Seculares comprehen-
,, dere voluisset, æquè facilè potuisset *Principes* Se-
,, culares proprijs *Principum* nominibus, atque
,, generalibus *Dominorum principalium*, aut *Do-*
,, *minos principales* non habentium nuncupare, cũ
,, præsertim idem *Concilium* in alijs Decretis pecu-
,, liaria *Principum* nomina vsurpauerit.

8 Nunc ad hanc rationem *Lessius* ita respon-
det. ᵉ *Quod ad nomen Magistratus vel Iudicis atti-* e nu.8.pag.25
net, ea communiter sic vsurpantur, vt inferiores po-
testates denotent; ac proinde mirum non est, si in
odiosis non comprehendantur illis supremi Principes.
Secus tamen est de nomine Domini temporalis, & Po-
testatis secularis. Per hæc enim vulgo maximè in-
telliguntur supremi Principes, quibus id primariò com-
petit. Neque vllum est Ius, aut priuilegium commu-

D 2 ne

ne, quo Principes supremi censeantur in huiusmodi locutionibus generalibus excepti. Vnde etiam in Bulla Coena comprehenduntur terminis generalissimis, vt patet. § Excommunicamus omnes illos, qui per se, vel per alium seu alios directè vel indirectè, &c. de facto occupant, &c. *Idem multis alijs exemplis ostendi potest.*

9   *Quod de Pontifice Summo adfertur, eum in poenis non comprehendi nomine Episcopi, ad rem non facit. Id enim non est ex priuilegio, sed ex natura rei, quia nemo in seipsum habet potestatem coactinam. Similiter neque Imperator, neque Rex (sua lege, qua parte poenalis est, teneri potest.*

De Episcopo generatim falsum est, eum non comprehendi nomine Sacerdotis. Id enim solum locum habet, quando agitur de poena Suspensionis vel Interdicti, quia sic expresso Iure sancitum, cap. Quia periculosum, de sententia Excommunicat. in 6. *Secus quando est Excommunicatio, vt ibidem* Glossa *notat: In poenis benignior pars eligenda, sed non contra verborum proprietatem, & tenorem totius Legis.* Ita *Lessius.*

10   Sed hæc omnia friuola sunt, & ad rationem nostram infirmandam planè inepta. Atque *imprimis, Principes* supremi, si rationẽ. quam *Lessius* antea assignauit, & hîc iterum insinuat, attendamus, æquè *Magistratus ac Iudicis* nomine, atque *Domini temporalis,* vel *Potestatis secularis,* comprehendi debent. Quis enim magis propriè ac primario debet populo præesse, recta & vtilia præscribere, atque instare vtilitati publicæ, quæ est ratio *Magistratus,* quam *Princeps* supremus? & cui magis propriè & primariò conuenit potestas

stas iudicandi, seu ius dicendi , & causas litigantium cognoscendi atque terminandi , quæ est ratio *Iudicis*, quàm *Principi* supremo? Non tamen
hinc rectè concludi potest, ipsa *Magistratuum*, &
Iudicum nomina , vt antea diximus , & hic etiam
Lessius concedit , proprijssimè , si communem
loquendi vsum spectemus , designare. Atque
idem de nomine *Domini temporalis* , & *Potestatis
Secularis* dicendum est. Atque de nomine *Domini temporalis* (nam de *Potestate Seculari* antea diximus) istud adeo manifestum est, vt quicunque
Imperatorem, *Regem*, aut alium quemuis *Principem supremum* alloquens titulum duntaxat vestræ *Dominationis* temporalis illi tribueret , sicut
qui Summum *Pontificem* compellans eum tantùm titulo *Dominationis*, aut *Paternitatis Reueren-
dissimæ*, & non *Sanctissima* insigniret, & qui *Episcopo* scribens, eum *Patrem* , aut *Dominum* duntaxat
Reuerendum , & non *Reuerendissimum* nuncupa-
ret, vir procul dubio inurbanus , & in communi
vita, & vulgari hominum consuetudine rudis meritò ab omnibus iudicaretur. *Imperatores* enim et
Reges, sunt quidem *Potestates Seculares* , *Domini
temporales* , *Magistratus*, ac *Iudices*, sed *supremi*,
sicut etiam *Episcopi* sunt *Iudices*, ac *Domini* spirituales, sed *Reuerendissimi*, & *Pontifex Romanus*; Dominus, Pater, & Iudex in spiritualibus, sed *sanctissimus*, *summus*, ac *supremus*, seu *Maximus* ab omnibus nuncupatur.

11 Caueat itaque Lector veritatis perdis-
discendæ cupidus, ne rationibus sophisticis, &
verbis fallacibus in errorem pertrahatur. Nam
tametsi cura reipublicæ, potestas iudicandi seu

ius dicendi, poteſtas dominandi, & de rebus quibuſcunque Secularibus diſponendi *Principibus*
ſupremis proprijſſimè & primariò conueniant,
non tamen iſta nomina, *Magiſtratus, Iudex, Do-*
*minus,*aut *Poteſtas temporalis* ſeu Secularis, niſi ad-
iectiuum (*Supremus*) vel aliud æquiualens adda-
tur,*Principes ſupremos,* ſed inferiores tantùm Dominos ac Magiſtratus,iuxta communem loquendi vſum, proprijſſimè, vt *proprium* à *communi* diſtinguitur, deſignant : quantumuis vt *proprium*
improprio, metaphorico, ſeu abuſiuo imponitur,
non *metaphoricè,* ſed *propriè* Principibus etiam ſupremis, ſi præſertim aliquod ſupremæ dignitatis
Epitheton adijciatur, conueniant : vnde Imperatores, Reges, alijque Principes abſoluti, ſupremi
omnium Magiſtratus, Iudices, Domini, ac Poteſtates temporales proprijſſimè dici poſſunt.

12   Quod igitur ait *Leſsius* in fine, *In pænis*
benigniorem partem eſſe eligendam, ſed non contra
verborum proprietatem, & tenorem totius legis, veriſſimum eſt, ſi *proprium* in hoc ſecundo ſenſu, vt
ab *improprio* differt, accipiamus. Nam verba le-
f In diſputat.   gum, vt alias ᶠ obſeruauimus, à *proprio* ad *meta-*
Theolog.cap.   *phoricum* senſum trahenda non ſunt, niſi verbo-
1.ſec.3.   rum *proprietas* aliquam iniuſtitiam, vel ſimilem
abſurditatem induceret. Quando tamen verba
legis plura habent ſignificata *propria,* non meta-
phorica, *in pænis benigniorem partem eligendam eſſe,*
Iuriſconſulti omnes,iuxta regulam Iuris approbatam & in lege naturali fundatam, vnanimi
conſenſu aſſeuerant. Quòd vero finis, intentio,
& tenor decreti *Lateranenſis* Concilij, quod ad
pænas temporales attinet, eò tendat, vt inferiores

res tantùm Magistratus ac Dominos, & non Principes supremos cóplectatur, superiùs de clarauimus.

13 *Secundò*, tametsi etiam verum sit, *Principes*, sicut & *Episcopos*, *Abbates*, & *Sacerdotes* in decretis Ecclesiasticis, quæ pœnas spirituales infligunt, verbis generalibus, quæ nullius gradus, conditionis, status, officij, honoris, aut dignitatis titulum designant, nisi speciali aliquo priuilegio exempti fuerint, comprehendi, vnde & in *Bulla Cœnæ*, & in Canone, *Omnis vtriusque sexus*, & in Canone, *Si quis suadente Diabolo*, & in multis similibus decretis eos verbis generalissimis includi certissimum est, neque istud negare mihi vnquam in mentem venit : Dixi [*nisi priuilegio aliquo exempti fuerint*] nam *Episcopi* per decretum *Innocentij* quarti in canone, *Quia periculosum*, à quacunque Interdicti, & Suspensionis sententia excipiuntur, nisi in ea de *Episcopis* expressa mentio habeatur : Veruntamen, tum ipsi Iuri Canonico, tum regulis vtriusque Iuris à me superiùs relatis, tum probabili Iurisprudentium doctrinæ consentaneum esse, sicut antea respondi, nunc etiam affirmo, neque *Summum Pontificem* nomine Episcoporum (etiamsi probabilem Doctorum *Parisiensium*, qui eum decretis Conciliorum generalium subijciunt, sententiam sequeremur) neque *Episcopos* nomine Sacerdotum, neque Sacerdotes nomine Clericorum, neque *Abbates* nomine Monachorum, neque *Reges*, & *Principes supremos* nomine Dominorum temporalium, aut principalium, aut alijs quibusuis nominibus generalibus, quæ inferioris notæ, status, conditionis, officij, honoris, vel dignitatis titulos designant, in

D 4   mate-

materia odiosa, aut in facris Canonibus, quâ pænales sunt, comprehendendos esse.

14   Atque inprimis, quod attinet ad *Ius Ca-
nonicum*, habemus Constitutionem *Innocentij*
tertii in canone, *Sedes Apostolica,* de refcriptis, vbi
Pontifex decernit, vt *quando in commissionibus suis,*
(& idem etiam suis decretis pariter accommodari potest) *minores & viliores persona solummodò de-
signantur, maiores & digniores suos sub generali
clausula non intelligatur includi.* Vbi *Glossa* ibidem,
Respondeo, ait, *maiores & digniores vocat hic nota-
biles personas, quæ sub clausula generali comprehendi
non possunt*, ff. de Iniurijs, *Item apud Labeonem,* §.
hoc Edicto. Et eadem *Glossa* exponens verbum
illud, *digniores; Quandoque,* inquit, *Potestates seculares dicuntur habere dignitatem* 23. q. 5. Admi-
nistratores; *quandoque enim Decurionatus dicitur
dignitas* ff. Ad leg. Cor. de fica. leg. pen. Quare
per *Potestates seculares* inferiores tantùm *Magistratus* intelligit, non *Principes* supremos, quos
certum est semper habere dignitatem.

15   Satis autem constat, in *Lateranensis* Concilij decreto minores & viliores personas, quàm
sint *Imperatores, Reges,* & *Principes supremi,* solummodò designari. Nam, vt taceam nomen *Potestatis secularis,* & *eorum qui officijs funguntur,* seu qui
Officiales sunt, tres Dominorum gradus ibi distin-
guntur, nempe Dominorum temporalium, *Si vero Dominus temporalis* &c. Dominorum principalium, *saluo iure Domini principalis,* & principales Dominos non habentium, *eadem nihilominus
lege seruata circa eos qui non habent Dominos principales.* Igitur clarum est, *Dominum temporalem* esse
minorem,

minorem, & viliorem *Domino principali*, & *Dominum Principalem* esse minorem & viliorem eo, qui non habet *Dominum principalem*, & consequenter *Reges* & *Dominos supremos* seu *principalissimos* esse his omnibus maiores & digniores, adeo vt ex ipsismet Concilij verbis euidenter contra *Lessium* colligi posse videatur, nomine *Domini temporalis*, aut *principalis*, *Reges* ac *Principes supremos* nequaquam comprehendi, alioquin enim frustra verba illa adderentur, *Eadem nihilominus lege seruata circa eos qui non habent Dominos principales*, si vel isti, vel *Principes supremi* in priori decreto aduersus *Dominos temporales*, & *principales* lato includerentur.

16 Quod autem attinet ad *Regulas Iuris* superius a me aliatas, nempe *in pænis benignior pars est eligenda*, & *odia restringi*, *fauores conuenit ampliari*, quomodo intelligendæ sint, & instituto optimè adaptentur, ex Doctoribus, quos statim referam, clarissimè apparebit.

Atque vt a *Panormitano* Iuris Canonici Lucerna ordiamur. *Nota*, inquit ipse, *quòd in materia stricta*, *seu odiosa*, *verba non capiuntur ita largè sicut possunt capi ex proprio & lato significato verborum*. Et in cap. vltimum de *Simonia* ait, *Innocentium hic sentire*, *quòd in dispositione odiosa appellatione monachorum non venit Abbas*, idemque sentire *Ioannem Andream* post *Archidiaconum*, tametsi Ioannes Andreas *contrarium antea senserit*. Et paulo post, *Breuiter*, inquit, *concordando distinguerem*, *quòd in materia odiosa nunquam appellatione monachorum venit Abbas*. Pro hoc allego textum in simili in cap. Statutum, de elect. lib.6. *adiuncto* cap. licet canon eodem

Panormitanus in cap. *Sedes Apostolica*, de Rescriptis.

eodem tit. & libro. *Vbi habetur, quòd appellatione Eccleſiæ parochialis in materia odioſa non venit Eccleſia parochialis collegiata, quia habet qualitatem Collegij vltra Parochiam;* ita in ſimili licet *Abbas ſit etiam monachus, tamen habet qualitatem ſuperioritatus ſuper monachum, & ideo in materia odioſa non debet comprehendi. Et idem in Rectore ſcholarium; & facit hoc dictum regulariter ad ſtatutum, quod punit Scholarem deferentem arma, vel aliud facientem, vt non comprehendat eorum Rectorem, licet ſit Scholaris.* Et idem de *Sacerdote* reſpectu Clerici, & de *Epiſcopo* reſpectu Sacerdotis, & de *Rege* ſeu *Domino ſupremo & principaliſsimo* reſpectu *Domini têporalis, principalis, & principalem Dominũ* non habentis propter eandê plane rationê conſequenter affirmare debet.

   17 Similia habet *Felinus* in cap. vltimum *de Simonia.* §. prima Concluſio. *Appellatione mona-*

Felinus in cap. vlt. de Simonia.

chorum, ait ille, in *materia fauorabili veniunt Abbates,* ita textus hìc, in cap. *ex ore* de priuilegijs &c. *Fallit hæc concluſio in materia odioſa:* Et ad hoc citat *Innocentium, Panormitanum & alios.* Atque in verbis immediatè præcedentibus ex diuerſis iuribus hanc regulam generalem, cui *prima* eius *concluſio* innixa eſt, præmittit. *Quoties ſpecies aliquid addit generi, nunquam, ſcilicet* in materia odioſa, *appellatione generis venit ſpecies;* quæ regula eadem eſt, quod ad rem ipſam attinet, quam inferiùs in *tertia* concluſione his verbis ſubiungit: *In materia odioſa ſub ſimplici non comprehenditur mixtum, ita omnes Doctores hìc, ſecus in materia fauorabili.* Ex qua doctrina euidenter colligitur, in materia odioſa non venire etiam *Sacerdotem* nomine Clerici, neque *Epiſcopum* nomine *Sacerdotis* ſeu Præsbyteri, neque

neque *Imperatorem* aut *Regem* nomine Domini
temporalis, principalis, aut principalem Dominum non habentis, cum notum sit, *Clericum* esse
veluti genus ad *Clericum* Sacerdotem & non Sacerdotem, & *Præsbyterum* esse veluti genus ad *E-
piscopum* & simplicem Præsbyterum, & *Dominum
temporalem, principalem*, & qui *principalem Dominum* non habet, ad Dominum temporalem supremum seu principalissimum, & non supremum.

18 *Sacerdotis nomine*, ait *Bartholomæus Fumus*
in sua aurea armilla, *verbo* Sacerdos nu. 2. *in materia fauorabili non tantùm Præsbyteri veniunt,
sed etiam Diaconi & Subdiaconi.* arg. cap. 1. 15.
q.5. *sed in materia odiosa tantùm Præsbyteri*, &
proinde nec etiam Episcopi, *argument.* cap. *si quis-
que, de cohabitat. Cleric. & mulierum.* vbi *Panormitanus hoc notat.* Et in verbo, *Clericus* nu 2. *Clericorum*, inquit, *nomine in materia fauorabili intelliguntur omnes in aliqua Clericali dignitate positi, sed in
materia odiosa nomine Clerici non veniunt Episcopi,
Canonici, nec alij in dignitate constituti, nec Monachi,
nec Religiosi exempti. facit cap.* quam periculosum
de sententia Excommunicationis lib. 6. *& Panormitanus in cap.* bonæ memoriæ, lib. 1. *de postulat
Prælat.* Et in verbo, *Abbas* nu. 11. *Abbas*, ait
Armilla, *non venit appellatione monachorū in materia
odiosa, licet bene in materia fauorabili secundùm Doctores* in cap. fin. *de Simonia.*

19 Et *Gregorius Sayrus* exponens canonem, *vt
periculosa*, Ne Clerici, vel Monachi in sexto, vbi
excommunicantur omnes Religiosi, qui accedunt
ad quævis studia literarum nisi concessa priùs licentia a suo Prælato cum consilio maioris partis
sui

Armilla Aurea
verbo, *Sacerdos*
verbo. *Clericus*
& verbo *Ab-
bas.*

Sayrus tom. 1.
Thesauri. lib. 3.
cap. 23. nu. 22.

fui conuentus, *ait, Abbatem vadentem ad Scholas fi-*
ne licentia fui Superioris , *& conuentus non incidere*
in hanc pœnam ex Archidiacono, *&* Geminiano, *&*
Angelo, *&* Antonino, *&* Nauarro, *vbi fupra, quia*
eft conftitutio pœnalis , *& ideo reftringenda potiùs*
quàm amplianda. Et pari ratione tenentur etiam
afferere, neque nomine *Clerici* in materia odiofa, feu pœnali venire *Sacerdotem*, neque nomine
Sacerdotis Epifcopum, neque nomine *Domini tem-*
poralis , aut *principalis Regem* , aut *Dominum fupre-*
mum, & principaliffimum. Neque enim *Rex*, aut
Dominus fupremus , & *principaliffimus* minùs propriè eft Dominus temporalis, aut principalis, neq;
Epifcopus minùs propriè eft Sacerdos, neque *Sa-*
cerdos minùs propriè eft Clericus , quàm *Abbas*
eft propriè Monachus.

    20   Denique, vt alios quamplurimos omit-
tam , *Andreas Duuallius* Doctor Sorbonicus, &
in Academia Parifienfi Regius Theologiæ Pro-
feffor , & qui Summi Pontificis Monarchiæ tam
temporali in Reges , & Principes fupremos, quàm
fpirituali in totam Chrifti Ecclefiam , feu Concilium generale legitimè congregatum , præter an-
tiquum illius Academiæ morem plurimùm, ne dicam nimiùm , fauet, *Notum eft* , ait, *nomine cle-*
ricorum in materia odiofa non venire Epifcopos , *nec*
interdum nomine Monachorum in eadem materia
Religiofos, neque fimiliter nomine Dominorum Reges
propter dignitatis Regiæ fublimitatem , *& maie-*
ftatem. *Dicam ampliùs nomine Regum in materia*
odiofa non venire fortè Regem Galliæ propter fingu-
lares, quibus cæteris Regibus præcellit, prærogatinas.
Eft enim Chriftianiffimus, Pontificem in Sedem fuam
fæpius

Andreas Duual.
In difputat. de
fuprema Rom.
Pont. in Eccle-
fiam poteftate
part. 2. q 4 pag.
264.

sæpius restituit, &c. Et Nihilominus *Leonardus Lessius* Societatis Iesu Doctor eximius, & in Academia Louaniensi Sacræ Theologiæ Professor celeberrimus affirmare non dubitat, & tanquam firmissimum fidei suæ Catholicæ fundamentum ponit, Imperatores, Reges, & Principes supremos, tametsi Christianissimi, Catholici, & fidei defensores nuncupentur, in *Lateranensis* Concilij decreto, quod maximè odiosum & poenale est, nomine Domini tēporalis omnino includendos esse.

21 Ex his igitur manifestum est, vtramque rationem, ob quam affirmaui, in *Lateranensis* Concilij decreto inferiores tantùm Dominos temporales ex supremorum consensu nomine *Dominorum temporalium*, *principalium*, & *principales Dominos* non habentium designari, firmam, stabilem, & inconcussam subsistere, & nec minimè quidem improbabilitatis argui meritò posse: tum quia verba legum vltra potestatem Legislatotoris extendi non debent, ob quam causam Imperator neque seipsum, neque alios sibi non subditos in suo Edicto includere poterat; At potestas Ecclesiastica, vti *plærisque Doctoribus* placet, nullam poenam ciuilem, vt sunt mors, exilium, bonorum priuatio, &c. ex institutione diuina infligere potest ; & Princeps supremus legibus ciuilibus, saltem quâ poenales, seu coercitiuæ sunt, solutus est, quæ erat *prima ratio* ; Tum etiam, quæ *est secunda*, quoniam in materia odiosa & poenali *Principes supremi* nomine *Dominorum temporalium*, aut alijs quibuscunque nominibus generalibus, quæ alicuius status, conditionis, officij, aut dignitatis titulos designant, & inferioribus

ribus perfonis conueniunt , iuxta communem *Iurisperitorum* doctrinam comprehendi non debent.

22   Quare , quod *Lessius* ait de *Episcopo, generatim falsum esse eum non comprehendi nomine Sacerdotis in materia odiosa & pœnali,. Id enim solum locum habere quando agitur de pœna suspensionis , & Interdicti , quia sic expresso Iure sancitum* , cap. Quia periculofum, de *sententia Excommunicationis in sexto. Secus quando est Excommunicatio , vt ibidem Glossa notat;.* fi intelligat id falfum effe ex communi omnium Doctorum sententia, hoc falfiffimùm effe iam clariffimè demonftraui: Sin autem ex propria fuiipfius , aut quorundam forfan aliorum mente id falfum effe velit , de hoc vtpote ad rem noftram parum , aut nihil pertinente nunc non contendam. Non enim fufficit illi , qui rem aliquam de fide certam effe demonftrare prætendit , Aduerfariorum Refponfa falfa effe ex proprio fuimet , aut aliorum quorundam fenfu commonftrare , fed oportet etiam , vt ea ex communi omnium Doctorum confenfu falfa & abfurda effe, & à nemine abfque hærefeôs, erroris , aut faltem temeritatis nota fuftentari poffe manifeftum faciat.

23   Ille autem Canon , *Quia periculosum,* noftræ fententiæ, vt antea diximus , nequaquam aduertatur, quin potiùs *Doctor* ifte *canonem* iftum, & *Glossam* contra noftram fententiam adducens manifefta vel fraudis , vel imperidiæ indicia oftendit. Non enim *Canon* ifte fpecialé ius conftituit, in eo quòd *Episcopum* a nomine *Sacerdotis* in pœna Sufpenfionis , & Interdicti excludat , cum

antea

antea per decretum *Innocentij* tertij ,& approbatas
vtriusque Iuris regulas , & communem Iurisperitorum doctrinam, *Episcopus* in omni materia odiosa, & pœnali,à nomine *Sacerdotis*, & quocunque
alio generali nomine, quod inferioris notę personas designat . sufficienter exclusus sit , sed in eo,
quòd *Canon* iste *Episcopum* à quocunque nomine
quantumuis generali, & nullum specialem alicuius dignitatis aut officij titulum designante in
pœna Suspensionis & Interdicti excludendum esse
declaret. Sed *Lessius* discrimen inter nomina
generalia, quæ alicuius dignitatis aut officij titulum designant , & quæ nullum talem titulum
denotant, vel non aduertit, vel fraudulenter dissimulat.

24 Neque *Glossa* in illum *Canonem* affirmat,
Episcopum comprehendi nomine *Sacerdotis* , vt
Lessius comminiscitur , sed *Glossa* solùm asserit,
Episcopum in nullo canone, qui pęnam Suspensionis, aut Interdicti infligit, comprehendi, nisi in
illo *canone* expressa de *Episcopis* mentio habeatur;
Secus in Excommunicatione, ait *Glossa* illa secunda;
id est, tametsi verba generalissima sint , neque vllius officij, aut dignitatis titulum designent , tamen quando agitur de pœna Suspensionis vel Interdicti , *Episcopi* non comprehenduntur , sed vt
hanc pœnam incurrant, oportet vt *Episcopi* nominatim , & non per clausulam tantùm generalem
exprimantur. *Secus*, ait Glossa, *de Excommunicatio-*
ne, quia de Excommunicatione in eo Canone nulla fit mentio. Et nihilominus *Glossa prima* (quam
Lessius dissimulat) *Canonem* istum etiam de pœna Excómunicationis intelligendū esse affirmat.

25 Vana

25 Vana igitur eſt vtraque ratio, quam *Leſſi-*
us hîc adducit, ob quam *Lateranenſe* Concilium
Reges ac *Principes ſupremos* proprijs nominibus, &
titulis ſupremę ſuæ *Maieſtati* debitis in hoc decreto non compellauerit, ſi eos in illo comprehendere voluerit. *Prima* eſt, *quia ſatis erat gene-*
rali nomine comprehendere omnes & ſupremos & non
ſupremos, præſertim cum illud nomen primario &
proprijſſimè ſupremis conueniret. Sed falſum eſt, vt
iam docuimus, nomine *Poteſtatis Secularis, Domi-*
ni temporalis, aut *Principalis,* ſicut etiam nomine
Magiſtratus, Iudicis, Præfecti, Rectoris, Guberna-
toris, & ſimilium, *Reges* ac *Principes* ſupremos in
materia odioſa ſufficienter deſignari, aut ea nomina *Regibus* ac *Principibus* ſupremis, niſi hono-
rabilius aliquod *Epitheton,* veluti *ſupemus,* aut quid
æquiualens illis adijciatur, ſed inferioribus tantùm Magiſtratibus, ac Dominis iuxta communem
loquendi morem proprijſſimè conuenire, tametſi ipſa poteſtas Secularis, poteſtas dominandi,
& Rempublicam iudicandi, regendi, & gubernandi *Principibus ſupremis* primariò, inferioribus autem Magiſtratibus ne Dominis ſecundariò
duntaxat & participatione conueniat.

26 *Secunda ratio* eſt, *quia mitius id erat minuſ-*
que offenſiuum, quaſi verò vel Concilij Patres decretum pęnale contra *Principes ſupremos,* ipſis, eorumque Oratoribus inuitis, aut nihil tale cogi-
tantibus, ſuffurari vellent, vel *Principes Chriſtiani,*
qui Eccleſię Protectores à Deo conſtituti ſunt,
ægrè ferrent, & vel mimimam offenſiunculam
acciperent, ſi in decretis Eccleſiaſticis, quæ ad hæreſes extirpandas, & Eccleſiam in fidei puritate
con-

conseruandam necessariæ sunt, proprijs *Principum*
nominibus se comprehendi cernerent, dummodo
Ecclesiam talia decreta condendi indubitatam habere authoritatem illis sufficienter constaret,
quin potiùs *Reges* , & *Principes supremi* , qui ob
summi Imperij maiestatem, à *Deo* secundi sunt, &
solo *Deo* minores, indignè ferrent, si quis eos no-
minare intendens, inferioribus tantùm notæ titulis, & qui inferioribus Magistratibus ac Dominis
proprijssimè conueniunt, veluti vestræ *Dominationis temporalis, magnificæ, Illustris, Principalis* aut eiusmodi, de suprema sua super cæteros omnes Dominos temporales excellentia diminuere irreueren-
ter præsumeret.

27 Non igitur *Lateranensis* Concilij Patres
ea de causa *Principes* supremos in illo decreto proprijs *Principum* nominibus non expresserunt,
quia mitius id erat , & minùs offensiuum , vt *Lessius*
comminiscitur, sed quoniam inferiores tantum
Magistratus ac Dominos , ex supremorum consensu in eo decreto comprehendere illis institutum erat , prôpter vtramque rationem à me superiùs allatam, & contra ineptas istius *Doctoris* cauillationes sufficienter propugnatam. Neque
enim Patres illos, aut *Principum* Oratores, qui ibi
aderant, latere poterat, *Magnam fuisse semper inter Imperatores, Regesque ex vna parte , & ex altera
parte inter Romanos Pontifices controuersiam , an in
certis causis sit ius & potestas Summo Pōtifici priuandi
Reges Regno suo,* vt *Ioannes Azorius* Iesuita verbis
expressis asserit. Nam & hanc litem videbant propria experiétia paucissimis antè annis inter ipsum-
met *Innocentium* tertium, atque Imperatores Ro-

Ioan. Azor.
tom.2.lib.12.
cap.5.q.8.

E   manos

Vide *Nauclerum* gene-
rat. 41. ad an-
num 1212.

manos *Philippum*, & *Othonem* acerrimè agitatam,
qui, tametsi ab eodem *Innocentio* depositi, seu Imperio priuati essent, tamen ab eius sententia veluti iniusta, & absque authoritate sufficienti contra eos lata prouocabant, & non *Summo Pontifici*,
sed *Principibus* tantùm Germaniæ potestatem *Reges* eorum instituendi, aut abdicandi concedebant.
Et propterea nemini dubium esse potest, quin
Principum Oratores non tantum mutire, sed vehementer etiam reclamare nequaquam formi-
dassent, si semel imaginati fuissent, *Concilij Patres*
illo suo decreto *Principes supremos* comprehendere
voluisse, eosque temporali *Episcoporum* correctioni subijcere absque maturiori examine, cum tanta de ea re tunc controuersia esset, in animo habuisse.

28   Quin etiam ipsemet Imperator *Fridericus*,
qui hoc ipsum decretum in sua Constitutione
pene ad verbum transcripsit, quantumuis postea
ab *Innocentio* quarto depositus esset, attamen non
solùm tali sententiæ non acquieuit, verum etiam

Vide *Nauele-
rum* generat.
42. ad annum.
1246.

ad Serenissimum *Francorum* Regem scribens ita
ait, *Etsi Romanus Pontifex plenariam habeat in
spiritualibus potestatem, vt peccatores quoslibet possit
absoluere, & ligare, nunquam tamen legitur, vt
Papa diuina aut humana lege concedente possit transferre pro libito Imperium, aut de Regibus & Principibus in Regnorum priuatione temporaliter iudicare.*

Vide *Nauele-
rum* generat.
45. ad annum.
1338.

Atque idem asserit, & copiose suis literis confirmat *Ludouicus* Imperator à *Ioanne* 22. depositus : quod profecto neque Imperatores illi tam
confidenter asserere ausi fuissent, si controuersiam
istam à *Lateranensis* Concilij Patribus publico decreto

creto determinatam fuisse Catholici illius temporis existimassent, neque Theologi illi, qui tempore præsertim *Ludouici* prædicti in fauorem potestatis Pontificiæ Principes abdicandi libros ediderunt, & quæcunque poterant argumenta ad
eam confirmandam congesserunt, vt *Durandus*,
Bertrandus, *Aluarus Pelagius* & alij, authorita-
tè celeberrimi huius *Lateranensis* Concilij vrgere
neglexissent, si illud in eo sensu extraneo, quo nunc
dierum à quibusdam concipitur, intellexissent, nec
procul dubio *Bonifacij* 8. Extrauagantem, *Vnam
sanctam*, in quo nihil de subiectione gladij temporalis ad spiritualem, quoad *vim coercentem* decernitur, tam expresso, vt Aduersarij iam vanè gloriantur, *Lateranensis* Concilij maximi, atque celeberrimi decreto antetulissent.

Sectio IIII.

Quinam nomine Domini Temporalis, Principalis, *& Principalem Dominum non habe-
tis, intelligendi sint, declaratur, & quæ à*
Lessio *in contrarium allata sunt, refelluntur.*

1 EX iam dictis satis perspicuum est, horum
nominum appellatione inferiores tantùm
Magistratus, & *Dominos* in præfato *Lateranensis*
Concilij decreto, & non *Principes supremos* venire. Nunc declarandum restat, quenam personæ
his nominibus in *Canone* illo speciatim designen-
tur. Ad quam quæstionem dissoluendam duas in
Præfatione citata *Responsiones* adhibui. [a] *Prima* erat,   a Nu. 45.

E 2   eiusdem

eiufdem plané ftatus, conditionis, officij, honoris, ac dignitatis perfonas in *Canone* illo nomine *Dominorum temporalium*, *principalium*, & *principales Dominos* non habentium fignificari, quę in *Imperatoris* Edicto ijfdem nominibus difignantur. Dicant igitur Aduerfarij, quæ & quales perfonæ fint illę, quæ in *Imperatoris* Edicto nominibus illis denotentur, & eadem *Refponfio*, modò folida fit, quam huic quæfito adhibebunt, illorum difficultati, feruato illo difcrimine, quod fuprà quoad extenfionem inter *Imperatoris* Edictum, & *Lateranenfis* Concilij decretum affignauimus, pleniffimè fatisfaciet.

2   *Secunda Refponfio* erat, per *Dominos principales*, & qui non habent fuper fe *Dominos principales* tam à *Concilio*, quàm ab *Imperatore* intelligi, non *Imperatores, Reges*, aliofque *Principes fupremos*, fed eos *tantùm dominos*, qui terras aliquas, Prouincias, aut forfan etiam Regna à *fupremis Principibus* in feudum Regale, vel quafi Regale acceperunt, ratione cuius feudi talium *Principum* Vafalli conftituuntur, tametfi etiam ipfi alios Vafallos, quorum *Domini* temporales funt, refpectu eiufdem feudi fub fe habeant, & quo magis vel minùs à *fupremorum Principum* Iurifdictione exempti funt, eò magis vel minùs *Principales Domini* dici poffunt.

3   Quapropter, fi in *Imperatoris* Edicto per *Dominos temporales*, & *Principales*, & qui non habent *Dominos principales*, intelligere velimus non folùm eos, qui *dominium* habent, vt dici folet, *proprietatis*, alicuius oppidi, ciuitatis, prouinciæ, aut Regni, veluti *Barones, Comites, Marchiones, Duces,*
                                                            Rex,

Rex Bohemiæ, qui subiectus dicitur Imperio, & alij
bonorum immobilium abundantia affluentes, tametsi nullo honoris titulo insigniti fuerint, verùm
etiam eos, qui Imperium & Magistratum in Republica gerunt, & dominationem, quam Theologi *Iurisdictionis dominium* appellant, in alios sub
Principe habent, veluti *Potestates*, *Consules*, *Recto-*
res, *Gubernatores* ciuitatum, & *Præsides* prouinciarum, aut forsan etiam Regnorum, qui Magistratus
à Iurisprudentibus diuiduntur [b] in *maiores*, *minores*   b Vide *Grego-*
& *medios*, & dici solent *Illustres*, *Spectabiles*, &   *rium Tholos.* in
Clarissimi, consequenter etiam asserere debemus,   Syntagmat.
vtrosque in *Concilij* decreto ijsdem nominibus de-   Iuris lib. 47.
signari.   Quare *Dominus temporalis* dicitur respe-   cap. 12. &
ctu Vasallorum, seu subditorum, quibus domina-   *Glossam*, in leg.
tur; *Dominus principalis* est ille, qui *Dominos tempo-*   Præcipimus
rales sibi subditos habet: Qui vero sub se *habent*   Cod. de Ap-
Dominos principales, & soli *Principi supremo* subij-   pellat.
ciiuntur, vt *Proreges*, & Prouinciarum *Præsides*, &
qui quoad *dominium proprietatis* terras aliquas, ciuitatem, aut castrum à solo *Principe supremo* immediatè tenent, ita sunt *Domini principales*, vt solum *Principem supremum*, seu *Dominum principa-*
lissimum, & nullum alium *Dominum principalem*
Superiorem recognoscant.

   4 Iam aduersus hanc *secundam Responsionem*
Lessius multa dicit, sed nihil planè probat, nam
quid aduersùs primam obiecit, superiùs declara-
uimus. *Nunc videamus*, ait ille, [c] *quid obyciant.*   c Nu.6.p.22.
Primùm ambigunt, quis signetur nomine Domini prin-
cipalis, & contendunt eo nomine non comprehendi
Principes supremos, sed eos qui ab his habent aliqua in
feudum regale, vel quasi regale, & illud alteri in feu-
dum

E 3

dum tradiderunt. Mira expoſitio ; Quaſi verò ſupre-
mi Principes non tam propriè dicantur Domini Princi-
pales reſpectu eorum, qui immediatè ab ipſis aliquid ac-
ceperunt in feudum, quàm eorum feudatarij reſpectu
ſuorum ſubfeudatariorum.

5   Sed tam facilè reſponderi poteſt , O mira
refutatio. Quaſi verò *Sacerdos* non ſit tam propriè Clericus, *Epiſcopus* tam propriè Sacerdos, &
Abbas tam propriè Monachus, quàm *Rex* aut *Do-*
minus ſupremus, ſit *Dominus temporalis, aut princi-*
palis ; & nihilominus iuxta communem Doctorum ſententiam, vt iam ſuprà oſtendimus, in materia odioſa appellatione *Clerici* non venit Sacerdos, neque appellatione *Sacerdotis* Epiſcopus, ne-
què appellatione *monachi* Abbas , & proinde nec
appellatione *Domini temporalis*, aut *principalis* Rex,
aut Dominus ſupremus, & principaliſſimus : *Im-*
mo nomine Regum in materia odioſa non venit fortè
(ait *Andreas Duvallius*) *Rex Galliæ propter ſingula-*
res quibus cæteris Regibus præcellit, prærogatiuas. In
quo autem ſenſu *Reges , & Principes ſupremi* ſint
propriè *Domini temporales* & *principales*, & propriè
non ſint *Domini principales*, ſed *principaliſſimi , &*
Dominorum temporalium *ſupremi*, & quomodò
in legibus pænalibus , quod ad pænas ciuiles attinet, *Principes ſupremi* nullis nominibus generalibus,
tametſi nullius dignitatis, officij, aut præeminen-
tiæ titulum deſignent, comprehendantur, quia nimirum in temporalibus ſoli Deo ſunt ſubditi, ſuiſq;
legibus, ſaltē quoad *vim coercentem*, ſunt ſoluti, &
prælati Eccleſiaſtici , vt *pleriſque Doctoribus* placet, nullam pænam ciuilem ex inſtitutione diuina
infligere poſſunt, iam ſatis ſuperque declarauimus.

6   *Deinde*

6　*Deinde hæc expoſitio*, ait *Leſſius*, d *reſtringit decretum ad ſolos feudatarios, & ſubfeudatarios ſine vlla ratione,& reddit illud magna ex parte inutile.* Sed hæc iam ſatis confutata ſunt ; Duas enim rationes optimas antea aſſignaui,ob quas decretum iſtud ad inferiores tantùm Magiſtratus, & Dominos temporales reſtringi debeat. Nec propterea decretum iſtud redditur vlla ex parte fruſtratorium aut inutile, cum finis illius, vti diximus, potiſſimùm ſit, vt ſacratiſſimæ leges authoritate & conſenſu *Principum ſupremorum* aduerſùs hæreticos latæ meliùs obſeruentur,& maiori cum diligentia exequutioni mandentur, atque vt inferiores Magiſtratus, & *Principum* Miniſtri,qui legum exequutores ſunt,ad officium ſuum diligentiùs contra hærcticos exequendum tum ſpiritualibus tum temporalibus pænis compellerentur. Sicut neque *Imperatoris* Edictum idcirco inutile eſſe *Leſſius* affirmabit , quia inferiores tantùm Magiſtratus ac Dominos temporales, & non ſeipſum, ſaltem quoad pænas ibi impoſitas, comprehendit.

7　*Denique , ſi feudatarius ſupremi Principis priuandus fuerit*, ait Leſſius, *nonne id fieri debet ſaluo Principis Iure? Cur ergo hic non vocatur Dominus principalis? Falluntur itaque in re clariſſima: Dominus enim principalis dicitur quilibet Princeps, cui Iure feudali alius Princeps eſt obſtrictus. Hic enim habet Dominium directum in terram, quam alter eius beneficio poſſidet , eoque nomine ei debetur homagium (certi officij ſponſio , & iuſiurandum)& alter dicitur eius Vaſallus & Cliens.*

8　Et ego à *Leſſio* itidem quæro; Si feudatarius *Imperatoris* per eius Edictum priuandus fuerit,
non-

nonne id fieri debet faluo *Imperatoris* Iure? Cur
ergo *Imperator* non vocatur ibi Dominus principalis? Fallitur itaque *Leſſius* in re clariſſima. Dominus enim principalis dicitur quilibet *Princeps*
etiam *ſupremus* in materia fauorabili, at in materia odioſa *Imperatores, Reges, & Principes abſoluti*
non vocantur *Domini principales*, ſed *principaliſſimi*,
ac *ſupremi*, ſicut neq; etiam in materia odioſa *Abbas* vocatur Monachus, neque *Sacerdos* Clericus,
neq; *Episcopus* Sacerdos, ſed cum honoris additamento, *magnus, maximus, ſupremus*, aut *Summus*.

Deinde, quis dubitat ius Principis ſupremi ſaluum eſſe debere? Si enim ius inferioris Domini,
tametſi principalis, ſaluum eſſe debeat, à fortiori ius *Principis ſupremi*, ſeu *Domini principaliſſimi*
ſaluum eſſe oportet.

9 *Præterea*, non eſt inconueniens, vt diximus, *Principem ſupremum*, ſeu *principaliſimum*
appellatione *Domini temporalis*, aut *principalis* venire in materia fauorabili, & tamen in materia
odioſa ijſdem nominibus nequaquam deſignari,
ſicut etiam *Abbas* nomine Monachi, *Sacerdos*
nomine Clerici, & *Episcopus* appellatione Præsbyteri in materia fauorabili veniunt, ſed non in
odioſa; Cum igitur verba illa [*ſaluo iure Domini principalis*] in fauorem tendant, illis *Principes ſupremos* comprehendi nullum omnino incommodum eſt, tametſi eodem planè nomine in
materia odioſa & pœnali eos denotari, communi
Doctorum ſententiæ diſſentaneum eſſe iam antea
commonſtrauimus.

10 *At conſtat*, ait *Leſſius, Imperatorem, &*
alios Principes Chriſtianos multos habere Principes
hoc

hoc iure sibi obstrictos ratione variarum Prouinciarum vel oppidorum, vel arcium, quæ illorum beneficio possidentur. Et sæpe ijdem qui sunt supremi Principes ratione vnius, vel plurium Regnorum, quæ ipsi supremo iure obtinent, sunt Vasalli, & Clientes ratione alicuius Regni, Prouinciæ, vel Oppidi, quod simul tenent iure feudali. Itaque quando Concilium dicit, terram exponendam, saluo Iure Domini principalis, manifestum est, hic comprehendi omnes Principes etiam supremos, quibus Iure feudali illa terra obnoxia. Non enim ita exponenda ob delictum Vasalli, vt Dominus principalis detrimentum accipiat. *Addit* Concilium, *Dummodo* super hoc ipse nullum præstet obstaculum nec aliquod impedimentum opponat. Vbi apertè insinuat, etiam Dominum principalem (quicunque ille sit) punitum iri amisso iure Dominij directi, si Vasallum suum in possessione tueri voluerit: ac proinde Summum Pontificem eo euentu posse Dominum principalem iure directi Dominij priuare. Postremo addit, *Eadem nihilominus lege seruata circa eos, qui non habent Dominos principales.* Quibus verbis rursus comprehendit omnes supremos Principes, qui non beneficiario, & feudali, sed proprio iure possident, & vult eorum terras eodem modo exponi occupandas (si hæreticos exterminare noluerint) quo terras eorum, qui feuda occupant.

11 Sed hæc omnia friuola esse, & nihil obstare ijs, quæ iam diximus, ex dictis satis manifestum est. Nam *imprimis*, ex iam dictis satis constat, tametsi Episcopus *propriè*, vt *proprium* à metaphorico seu *improprio* distinguitur, sit *Sacerdos,* & *Sacerdos* propriè sit Clericus, & *Abbas* sit pro-

propriè monachus , *Epiſcopum* tamen nomine Sacerdotis , aut *Sacerdotem* nomine Clerici , aut
Abbatem nomine monachi non in materia odioſa , ſed in fauorabili duntaxat comprehendi. Et
ob eandem rationem, tametſi *Rex* , & *Princeps ſu-*
premus , ſeu *principaliſſimus* ſit propriè Dominus
temporalis, & principalis, *vt proprium* ab *improprio*
diſtinguitur (cum ſpecies naturam ſui generis, vt
homo animal in ſe contineat , & gradus ſuperla-
tiuus ſuum poſitiuum, vt Dominus *principaliſſimus*
principalem ſupponat) ſatis tamen conſtat , *Do-*
minum ſupremum , ſeu *principaliſſimum* nomine
Domini temporalis , aut *principalis* in materia tantùm fauorabili , ſed non in odioſa deſignari; quoniam vt rectè obſeruauit *Felinus, quoties ſpecies ali-*
quid addit generi , *nunquam in materia odioſa ap-*
pellatione generis venit ſpecies , neque *in materia*
odioſa ſub ſimplici vnquam comprehenditur mixtum,
quo fundamento nixus , communem Iuriſprudentium ſententiam ſequutus affirmauit , appellatione *monachorum* in materia fauorabili venire
Abbates, ſecus in materia odioſa.

12   *Deinde,* de hac re in preſenti non contendam , an *Reges ,* & *Principes ſupremi* , quatenus
Vaſalli ſunt , & ſubditi alijs *Principibus* , quorum
beneficio regnum aliquod , Prouinciam , Ciuitatem, vel Caſtrum iure feudali poſsident , in iſto
Lateranenſis Concilij decreto , vel in *Imperatoris*
Edcto, ſi alioquin eius Vaſalli ſint , quod ad pœnas temporales attinet , nominibus *Dominorum*
temporalium, principalium, & præſertim *principa-*
les Dominos non habentium comprehendendi ſint,
cum hæc quæſtio ad poteſtatem *Summi Pontificis*

Prin-

Principes *supremos* abdicandi confirmandam parum, aut nihil iuuet, sed hoc solùm nunc contendo, *Reges*, & *Principes supremos*, quâ *supremi*
in temporalibus sunt, & alijs *Principibus* in ijsdem
non subditi, in his decretis, quatenus pœnalia sunt,
generalibus *Dominorum temporalium, principalium,*
aut *principales Dominos* non habentium nominibus
neque designarios esse, neque designari potuisse,
ob rationes à me superiùs allatas, & plurimorum Doctorum authoritate sufficienter confir-
matas.

13. *Denique*, sicut nullum omnino incommodum est, quòd *Imperator* in illa clausula sui Edicti, *saluo Iure Domini principalis*, vel ex vi verborum, cum materia fauorabilis non odiosa sit,
vel saltem per consequentiam, seu potiori ratione,
vti diximus, includatur, & nihilominus in sequentibus clausulis, nempe, *Dummodo ipse* Dominus
principalis *super hoc nullum prastet obstaculum, ne-*
que aliquod aliud impedimentum apponat, & *Eadem*
nihilominus lege seruata contra eos qui non habent
Dominos principales, cum materia sit odiosa &
pœnalis, nequaquam comprehendatur; ita etiam nullum planè inconueniens esse, iuxta communem Iurisperitorum doctrinam, manifestum
est, quòd in *Lateranensis* Concilij decreto, *Reges*
& *Principes supremi* illis verbis [*saluo Iure Domini*
principalis] vel ex vi verborum, vel per consequentiam & potiori ratione, cum materia fauorabilis
& non odiosa sit, comprehendantur, & nihilominus quòd sequentibus verbis, [*dummodo super*
hoc ipse Dominus principalis *nullum prastet obsta-*
culum, nec aliquod impedimentum opponat, & *ea-*
dem

*dem nihilominus lege ſeruata circa eos qui non habent
Dominos principales*] cum materiam odioſam &
pœnalem contineant, & præſertim pœnam ciuilem, quam poteſtas Eccleſiaſtica, vt *pleriſque
Doctoribus* placet, ex diuina inſtitutione infligere
nequit, infligendam decernant, nullatenus de-
ſignentur.

14 Deſinat igitur *Leſsius* Lectori fucum facere,
& quod vel falſum vel valde incertum,& apud Doctores Catholicos controuerſum eſt, vt manifeſtum ſupponere. Niſi enim ex alio capite, quàm
ex hoc *Lateranenſis* Concilii decreto, quod tamen
nec *propriè* decretum eſt, nec tanquam de fide proponitur, vt infrà oſtendemus, demonſtrare ſe poſſe confidat, quod vtique nunquam poterit, abſur-
das eſſe ſententias, quę *pleriſque Doctoribus* placent,
nempe, in materia odioſa nomine generis nunquam venire ſpeciem, quotieſcunque ſpecies aliquid addit generi, & Prælatos Eccleſiaſticos nullam pænam ciuilem, vt ſunt mors, exilium, bonorum priuatio &c. ex inſtitutione diuina infligere
poſſe,ingenuè fateatur,non eſſe abſurdum aſſerere,
Reges,& Principes ſupremos in nullo planè decreto,
quod pænas temporales infligit,quibuſcunque nominibus generalibus comprehendi quidem poſſe,
atque eum in re manifeſta turpiter allucinatum eſſe. Neque ſatis erit *Leſsio* ad reſponſionem hanc
noſtram euertendam,& nouam ſuam Catholicam
ſcilicet fidem corroborandam, plurimorum Doctorum ſententias proferre,qui diſertè aſſerunt,vel
*Abbates, Presbyteros, Epiſcopos, & Principes ſupre-
mos* generalibus *monachorum,Clericorum, Sacerdotum,* & *Dominorum temporalium,* aut *principalium*
etiam

etiam in materia odiosa designari, vel Prælatos
Ecclesiasticos pœnas temporales ex institutione
diuina infligere posse, nisi etiam contrariam
Doctorum sententiam ratione aliqua, vel authoritate irrefragabili omnino absurdam & improbabilem esse demonstret. Quam sanè admoniti-
onem sæpiùs à me inculcatam si Aduersarij attentis auribus accepissent, fortasse non ita inaniter oleum, operamque perdidissent, atq; imbecillitatem causæ suæ, & manifesta vel fraudis vel imperitiæ indicia prodidissent, neque fidem falsam,
& fictitiam tanquam veram & Catholicam, nec
argumenta vix probabilia, tanquam firmissi-
ma fidei Catholicæ fundamenta, idque in summam *Principum supremorum* iniuriam sub fu-
cato boni spiritualis colore tam periculosè ven-
ditassent.

Sectio V.

In qua prima Authoris *Responsio ad obiectionem quandam à se propositam defenditur, & quæ* Lessius *contra eam obijcit, diluuntur.*

1 TAmetsi ex iam dictis adeo clarè & perspicuè, vt vidistis, appareat, *Principes supremos* in *Lateranensis* Concilij decreto quâ pęnale
est, generalibus illis nominibus inferioris notæ
titulos designantibus, iuxta communissimam
Doctorum sententiam, nequaquam comprehendi, neque etiam, iuxta doctrinam, quæ *plerisque
Doctoribus* placet, comprehendi potuisse, vt aliquid

quid vlterius addere fuperuacaneum effe videatur, vt tamen rem totam magis dilucidam faciamus, cætera, quæ *Leffius* in hac fua *Difcuffione* aduerfus quædam, quæ quafi obiter, & abfque ne-
cefsitate aliqua à me dicta funt, obijcit, figillatim
difcutiemus. Poftquam igitur *inferiores* tantùm
Dominos temporales, & non *Principes fupremos* in
ifto *Concilij* decreto, quâ pænale eft, comprehendi declaraueram, talem obiectionem à quibufdam,
qui verba *Concilij* haud rectè intelligunt, plurimi
factam his verbis propofui[a].

a Nu.46.
"   2   *Obijciunt fecundò.* Efto, *Reges & Principes*
" *fupremi* in illo *Concilij* decreto per fe & primariò
" non includantur, fecundariò tamen, & ex confe-
" quenti eos comprehendi, aut faltem comprehen-
" di potuiffe manifeftum effe videtur. Nam fi *Pon-*
" *fex* poteftatem habeat aliorum *Principum* fubdi-
" tos dominijs temporalibus abfque fuorum *Prin-*
" *cipum* confenfu ob crimen hęreféôs fpoliandi,
" non videtur fufficiens ratio affignari poffe, quare
" etiam ipfofmet *Principes fupremos*, fi eadem caufa
" occurrat dominijs fuis temporalibus priuare non
" poterit.

        3   Huic autem obiectioni, quæ falfò fuppo-
nit, *Summum Pontificem* habere poteftatem aliorum *Principum* fubditos dominijs temporalibus
abfque fuorum *Principum* confenfu fpoliandi,
b Nu.47.   hanc Refponfionem eo loco his verbis adhibui[b].
"   Ad hanc obiectionem varias *Refponfiones* in mea
c Nu.454. " *Apologia* breuiter indicaui[c], quas hîc ad verbum
"   referre necefsarium effe duco. *Prima erat*, tam
" *Pontifices*, quàm *Concilia* fæpe multa ftatuere, quo-
-   rum ordinatio potiùs ad poteftatem politicam,
                                                        quàm

quàm ad Ecclesiasticam spectat, ex expresso vel ,,
tacito *Principum* consensu, qui per seipsos, aut ,,
per suos Legatos præsentes adsunt, vel ex præ- ,,
sumpta, aut saltem sperata Principum rati habi- ,,
tione. *Et hoc dicunt Expositores Iuris Canonici*, ait ,,
Ioannes Parisiensis. *Quærit enim* Hostiensis, ,,
Extra de hæreticis, cap. *Ad abolendam, vbi man-* ,,
dat Dominus Papa hæreticorum confiscari bona, ,,
Quid ad Papam de temporalibus? Et respondet cum ,,
Domino suo Innocentio *, quòd reuera nihil ad eum,* ,,
sed hoc fecit de assensu Imperatoris, qui tunc Paduæ ,,
præsens consensit. ,,

4   Nunc videamus, quàm fraudulenter pariter
ac indoctè *Lessius*, pace eius dixerim, hanc meam   d Nu.9.pag.
Responsionem impugnare contendat. *Facilè vi-*   27.
derunt Aduersarij, ait ille [d], *supradictam solutio-*
nem non subsistere, ideoque tandem concedunt, etiam
supremos Principes hîc comprehendi potuisse. Quia
si Summus Pontifex ex sententia Concilij potest sub-
ditos Principum Dominys temporalibus absque ip-
sorum Principum consensu ob crimen hæresis spo-
liare, cur non etiam supremos Principes? Itaque
eo posito hanc esse mentem Concilij, adhibent tres
vel quatuor solutiones. Prima est, tam *Pontificem,*
quàm *Concilia* sæpe multa statuere &c.

5   Sed falsum et fraudulentum est, quod *Les-*
sius hîc nimis impudenter affirmat. Nusquam
etenim ego concessi, *Principes supremos* in hoc *La-*
teranensis Concilij decreto, quatenus pænam temporalem, vt est Prouinciarum aut Ciuitatum de-
populatio, & Vasallorum à temporali fidelitate
absolutio, infligendam decernit, comprehendi
potuisse; aut *Summum Pontificem* ex sententia
Concilij

Concilij poſſe ſubditos *Principum* Dominijs temporalibus abſque ipſorum *Principum* conſenſu ob
crimen hæreſis ſpoliare. Sed hæc conſtans,& ſta-
bilis ſemper hîc & vbique mea ſententia eſt, Prælatos Eccleſiaſticos nullam pœnam ciuilem , vt
ſunt mors, exilium, bonorum (multo minùs Regnorum) priuatio, &c. ex diuina inſtitutione infligere poſſe , & *Principes ſupremos* , quorum duntaxat authoritate pœnæ ciuiles infliguntur, ſuis legibus , quod attinet ad vim coercentem , omnino
ſolutos eſſe.

    6 Obſeruet itaque Lector craſſiſſimam *Leſſij*
fraudem, qui perſpiciens, me illud, quod mihi falſò impoſuit, per modum quidem objicientis , ſed
non aſſerentis dixiſſe , obiectionem prædictam,
in qua quidem illud aſſerui, meam eſſe aſſertio-
nem Lectori imperito perſuadere ſtudet. Sed verba illa mea, *Obijciunt ſecundò, eſto Reges, & Principes ſupremi,* &c. me non ex propria, ſed ex Aduerſariorum ſententia ibi locutum eſſe, hancque
nimis palpabilem impoſturam Doctore Catholico pariter ac Religioſo indignam eſſe apertiſſimè
oſtendunt , adeo vt ipſiuſmet verba, *Sed multi
hoc tempore ita diſputant , vt ſuſque deque ferant
quid dicant , modo imperitis aliquid dicere videantur,* de nullo alio meliùs quàm de ſeipſo verificari
ipſemet ſatis manifeſtè demonſtret.

    7 *Deinde* , prædictam meam Reſponſionem
ita *Leſſius* impugnat. *Sed hæc ſolutio*, ait ille, e *facilè refutatur, tanquam quæ aſſumit , quod manifeſtè
falſum eſt. Nunquam enim Pontifex , aut Concilium
facit aliquod decretum pertinens ad totam Eccleſiam
niſi ex propria authoritate; tum quia non facit talia*
                                   decre-

e pag.28.

lcreta nisi in ordine ad bonum spirituale &c.

8 Sed *imprimis* perspicuè constat, me in hac solutione non assumere quod manifeste falsum est, vti *Lessius* falsissimè affirmat. Cum enim *plærique Doctores*, quorum sententiam manifestè falsam esse ipse nunquam conuincet, asserant, *potestatem Ecclesiasticam nullam pænam ciuilem, vt sunt mors, exilium, bonorum priuatio &c. ex institutione diuina infligere posse, immo nec incarcerare, sed ad solam pænam spiritualem extendi, vt puta Excommunicationem, reliquas autem pænas, quibus vtitur, ex iure purè positiuo,* seu, vt loquitur *Gerson, ex concessione Principum esse,* hinc consequens est, vt quando *Pontifex,* aut *Concilium* pænam aliquam temporalem infligit, decretum illud non ex *propria,* id est, propriè Ecclesiastica, & spirituali & authoritate sibi ex *Christi* institutione debita, sed vel ex ciuili potestate, qua Prælati Ecclesiastici ex iure purè positiuo, & *Principum* concessione pollent, vel ex *Principum* consensu, aut ratihabitione vim obligandi habeat.

9 *Deinde* obseruet Lector, quàm dolosè *Lessius* verba illa [*pertinens ad totam Ecclesiam*] de industria in sua Responsione addiderit, vt ita me manifestæ falsitatis faciliùs, & cum maiori veritatis colore insimularet; ac si ego in mea solutione affirmassem, tam *Pontifices* quàm *Concilia* sæpe multa statuere *ad totam Ecclesiam* pertinentia & non *propria* authoritate, cum tamen clarum sit verba illa [*ad totam Ecclesiam pertinentia*] non à me dicta, sed ex suo cerebro conficta esse.

10 Si igitur per *totam Ecclesiam* intelligat,

F omnes

omnes & singulos Christi fideles, tam Clericos,
quàm Laicos, tam Principes, quàm subditos,
quacunque dignitate siue spirituali, siue temporali præditi sunt, nunquam mihi in cogitationē venit asserere , *Concilia generalia* (nam de *Summo
Pontifice*, qui ex doctissimorum sententia etiam in
generalibus tam fidei quàm morum decretis, atque ad totam Ecclesiam pertinentibus errare potest, iam non disputo) aliqua statuere ad *totam
Ecclesiam pertinentia* , & non ex *propria* authori-
thoritate . Etenim quotiescunque Prælati Ecclesiastici, siue in generali , siue in Prouinciali
Concilio congregati, aliquid statuunt, & non
ex *propria* illa , qua iure diuino præditi sunt authoritate, sed ex ciuili illa, seu temporali potestate, quam Ius purè positiuum, & *Principes
supremi* illis concesserunt (quæque in aliquo sensu
propria eorum potestas, Ecclesiastica, sacra, &
spiritualis, vt optimè declarauit *Gerson*, dici potest , sicut Ecclesiasticorum bona, *propria* ipsorum bona , Ecclesiastica , sacra, & spiritualia dici
solent) decretum illud, quâ pœnale est, non ad
totam Ecclesiam, sed ad inferiores tantùm Dominos, Magistratus, & subditos, ex supremorum
consensu, & non ad *Principes supremos*, qui legibus authoritate ciuili sancitis, saltem quoad
vim *coercentem* soluti sunt, iuxta sententiam, quæ
Plærisque Doctoribus placet, pertinere confidenter
affirmo.

   11   Si verò per *totam Ecclesiam* solùm intelligat vniuersos Christi fideles , qui Principibus
Christianis temporaliter subditi sunt , nullum inconueniens esse aio, quòd tam *Concilia* quàm *Pontifices*

tifices aliquid temporale statuant, & non ex *propria*, id est, spirituali potestate sibi iure diuino debita, sed ex authoritate sibi à Christianis *Pincipibus* vel expresse, vel tacitè communicata; sicut etiam nullum planè incommodum est, vel quod *Lucius* 3. in Can. *Ad abolendam* generale decretum contra hæreticos ad totum Imperium spectans ex assensu, & authoritate *Imperatoris* iuxta sententiam quorundam Canonistarum, quos *Innocentius, Hostiensis, & Ioannes Andreas* referunt, ediderit, vel quòd Concilia Prouincialia, vt plura *Toletana* de quibusdam temporalibus ad Regnum *Hispaniæ* pertinentibus ex assensu & authoritate *Regis Hispaniarum disposuerint*. Neque rationes, quas *Lessius* ad solutionem meam vt manifestè falsam euincendam adducit, vllius planè momenti sunt.

12   *Tum quia nec Pontifex nec Concilium*, ait ille, *facit talia decreta nisi in ordine ob bonum spiritale, hoc autem modo Ecclesia iure diuino, non Principum delegatione potestatem habet etiam de temporalibus statuendi, vt omnes Doctores docent.*

13   Sed præterquam quòd *Lessius* in hac ratione principium petat, et accipiat, vt concessum quod in quæstione est, cum tota inter me, & Aduersarios controuersia sit, an Prelati Ecclesiastici possint iure diuino de temporalibus in ordine ad bonum spirituale *statuere*, seu *disponere* (vt *statuere* seu *disponere* ab *imponere*, & *infligere* ab *imperare* distinguuntur)illud etiam assumit, quod manifestè falsum est, nempe *omnes Doctores docere,* Ecclesiam iure diuino, non *Principum* delegatione potestatem habere de temporalibus in ordine

ad bonum fpirituale ſtatuendi , ſeu diſponendi,
vel quod in idem recidit , pœnas ciuiles infligendi : quandoquidem *plærique Doctores* exiſtimant, vt *Almainus* refert , *poteſtatem Eccleſiaſticam nullam pœnam ciuilem , vt ſunt mors , exilium, bonorum priuatio, &c. ex inſtitutione diuina infligere poſſe , ſed ad ſolam pœnam ſpiritualem
extendi* ; & *de hac re certant Scholaſtici , & adhuc ſub Iudice lis eſt* , ait Trithemius , *an Papa
poſſit Imperatorem deponere* ; & *magna fuit ſemper*, ait Azorius (vt alios Authores alibi à me
relatos nunc taceam) *Inter Imperatores Regeſque
ex vna parte , & ex altera parte inter Romanos
Pontifices controuerſia , an certis in cauſis ſit ius, &
poteſtas Summo Pontifici priuandi Reges Regno ſuo.*
Neque ordo ad bonum ſpiritale pœnas ciuiles
in ſpirituales tranſmutat, aut actus, officia, & obiecta poteſtatis Eccleſiaſticæ , & ciuilis confundit , atque non ſolum ipſemet *Summus Pontifex* ,
quâ *Princeps* temporalis eſt , verùm etiam reliqui
Principes Chriſtiani ex Chriſti lege tota ſua poteſtate ciuili , ſeu gladio temporali in ordine ad
bonum ſpirituale , ſeu æternam ſui ſuorumque
ſubditorum ſalutem , vti debent : Et Prælati e-
tiam Eccleſiaſtici per decreta pœnaſque Eccleſiaſticas temporali Reipublicę bono, quotieſcunque
pax publica , & temporalis ciuium tranquillitas
id neceſſariò poſtulauerit , conſulere obligantur.

14   *Tum quia* , ait *Leſſius* , *alioquin à ſingulis
Principibus Orbis Chriſtiani facultatem petere deberet : Tum quia alioquin decreta illa poſſent tutò
contemni , donec conſtaret de Principum conſenſu ,
& delegatione. Delegato enim potes non parere, do-*
                                                    nec

Trithemius in
Chronico
Hirſaugienſi
ad an. 1106.
Azor. tom. 2.
lib. 12. cap. 5.
quæſt. 8.

nec sufficienter probet suam delegationem, cap.
cum in iure. De officio, & potestate delegati.
Tum quia in huiusmodi decretis, & sententijs lici-
tum esset appellare ab Ecclesia ad Principes Se-
culares, quia licitum appellare à delegato ad dele-
gantem, vt patet ex multis Iuribus, estque per se
manifestum : Quæ omnia absurda sunt, & aliena
ab vsu tot seculis in Orbe Christiano recepto.

15   Sed hęc omnia eidem falso principio innituntur.   Nihil enim horum absurdum est, nisi *Lesius* demonstrare queat, quod sanè nunquam poterit, absurdam esse sententiam à *plæris-*
que Doctoribus approbatam, & in Regno *Franciæ*
Christianissimo per plurima secula vsu receptam,
quæ asserit potestatem Ecclesiasticam ex Christi
institutione non posse de temporalibus disponere,
poenas ciuiles, vt sunt mors, exilium, bonorum
priuatio, &c. infligere, aut Principes Christianos principatu priuare, sed poenas omnes ciuiles
quibus Ecclesia vtitur, ex iurè purè positiuo
& concessione *Principum* esse, & proinde non
obstantibus quibuscunque mónitionibus Excommunicationibus, vel Interdictis, quæ à Papa ferri
possunt, subditos tamen ad obedientiam pro temporalibus debitam *Regibus* præstandam teneri,
neque in ea per *Papam* dispensari , aut absolui
posse.

16   Cum igitur predicta sententia, quæ *plæ-*
risque Doctoribus placet, atque in Regno *Franciæ*
per tot secula vsu recepta est, siue extrinseca illius
principia, & authoritatem asserentium, siue in-
trinseca, & rationes, quibus innititur, respiciamus, absurda non sit, neque etiam absurdum erit,

quin potiùs ea poſita neceſſariò aſſerendum, quod
ſi Prẹlati Eccleſiaſtici in vnum congregati aliquid
temporale ad vniuerſos fideles *Chriſtianis Principibus* ſubiectos ſpectans de nouo ſtatuere, aut pœnas temporales illis infligendas decernere velint,
à ſingulis *Principibus* Orbis Chriſtiani, qui in temporalibus ſupremi ſunt, & Eccleſiæ Paſtoribus ſolùm in rebus ſpiritualibus ſubiecti, facultatem pe-
tant,atq; vt decretum illud vniuerſos *Principũ* ſubditos vim obligandi habeat,à ſingulis *Principibus*
authoritatem accipiant.

17   Neque proinde abſurdum eſt, quod *Principum* ſubditi, qui Eccleſiẹ, ſeu Prælatis Eccleſiaſticis in temporalibus non ſubijciuntur, Eccleſiẹ decretis quæ temporalia ſtatuunt, obedire
non ſtatim teneantur, donec conſtet, *Principes*
ſuos ſupremos, quos ſolos in temporalibus Superiores recognoſcant, ſuo conſenſu atque authoritate decreta illa confirmaſſe. Atque ob eandem
rationem licitum eſt in huiuſmodi decretis, & ſententijs quẹ temporalia ſtatuunt, & pœnas temporales infligunt, à Prælatis Eccleſiaſticis appellare
ad *Principes Seculares*, vtpote in temporalibus ſupremos, & à quibus Prẹlati Eccleſiaſtici totam
ſuam authoritatem temporalem, & pœnas temporales infligendi poteſtatem accipiunt, quamdiu non conſtat, talia decreta authoritate &
conſenſu *Principum* approbata eſſe.   Quapropter nihil horum abſurdum eſt, vt *Leſſius* nimis ab-
ſurdè aſſerit, aut ab vſu in Orbe Chriſtiano, &
præſertim Chriſtianiſſimo Franciæ Regno tot ſeculis recepto alienum, vt cuilibet, qui Codicem
libertatum Eccleſiæ Gallicanẹ à *à Petro Pithao*, viro,

f in verbo *Pe-
trus Pithæus.*

ro, vt ait, *Poſſeuinus,* ᶠ *verè erudito,* & *antiquita-*
tis ſedulo perquiſitore colleċtum, & authoritate Senatus Pariſienſis anno 1594. editum vel curſim
perleget, clariſſimè apparebit.

18   *Vnde quod addunt,* ait *Leſſius,* ᵍ *Eccleſiam* ᵍ Pag. 29.
aliquando condere decreta ex præſumpta, vel ſperata
Principum ratihabitione, merè fiċtitium eſt, nec
vllo exemplo probare poteſt. Etſi enim Eccleſia inter-
dum requirat opem Principum ad exequutionem, &
ea ſpe aliqua decreta condat, nunquam tamen men-
dicat ab illis Iuriſdiċtionem, qua talia decreta con-
dat. Hæc enim multum diſtinguuntur, etſi Aduerſarij
ea libenter confunderent.

19   Sed nullatenus fiċtitium eſt, quin potiùs
iuxta ſententiam,   quæ *plæriſque Doċtoribus* placet,
veritati maximè conſentaneum,   quòd, cum Prælati Eccleſiaſtici nullam habeant iure diuino Iuriſdiċtionem temporalem, aut poteſtatem de temporalibus diſponendi, & pœnas ciuiles infligendi, ſed ſolùm ex conſenſu, & conceſſione *Prin-*
cipum, ſi talia decreta ſancire velint, neceſſe ſit,
vt a *Principibus* poteſtatem, & Iuriſdiċtionem, qua
ea condant, emendicent. Ex quo etiam conſequens eſt, talia decreta, in quibus expreſſus *Prin-*
cipum conſenſus non habetur, non habere vim
obligandi, niſi ex preſumpta, vel ſperata *Prin-*
cipum rati habitione. Neque enim talia decreta
ex conſenſu *Oratorum* aut Miniſtrorum *Princi-*
pum, qui vel in *Concilijs* generalibus, vel Pro-
uincialibus præſentes adſunt, niſi *Principum* ſuorum inſtruċtiones ſequantur, ſufficiens robur, firmitatem, ac vim ſubditos talium *Principum* obligandi habere poſſunt.

                                        20 Ex-

20   Ex quibus omnibus perſpicuum eſt, iſtud *Lateranenſis* Concilij decretum (ita enim nunc illud appellabimus) in quo pœnæ temporales *Dominis temporalibus*, & *Principalibus* infligendæ decernuntur (& idem de ſimilibus decretis tam generalium, quàm Prouincialium Synodorum cum proportione dicendum eſt) nullam omnino vim obligandi habere, niſi vel expreſſus *Principum* conſenſus antea interuenerit, vel eorum approbatio, & ratihabitio poſtea ſequuta fuerit. Vide inter cætera Concilia, *Toletana* omnia antiqua præter primum, in quibus de conſenſu *Principis*, cuius iuſſu congregata erant, eiuſque ratihabitione nonnunquam etiam publicis ſuis literis confirmata, ſatis conſtat, atque etiam Concilium *Turonenſe*, *Cabilonenſe*, *Moguntiacum* ſub *Carolo Magno*, *Moguntinum* ſub *Leone* quarto, vt alia taceam, in quibus *Concilij* Patres, *Principis* conſenſum, ratihabitionem, & confirmationem petunt.

21.   Scio etiam Iuriſdictionem ab exequutione plurimum diſtingui, nequę eos confundere cupio: ſed Aduerſarij poteſtatis Eccleſiaſticæ & ciuilis actus, officia, atque obiecta, & quaſcunque ferme difficultates, quæ inter me, & illos verſantur, ne Lector, quem in tenebris ambulare deſiderant, verum controuerſiæ ſtatum clarè atque diſtinctè intelligat, libenter confundunt. Itaque *Reges* & *Principes ſupremi* non ſunt Miniſtri ſeu Officiales Paſtorum ſpiritualium, eorumque decreta pœnas temporales infligentia, non proprio, ſed authoritate tantùm Eccleſiaſtica freti, exequuntur, eo modo quo inferiores

res Magiſtratus ſunt *ſupremorum Principum* Officiales, ac Miniſtri, & non *propria*, ſed *Principum*tantùm authoritate fulti,eorum leges quę pœnas ciuiles infligendas decernunt exequutioni
mandare poſſunt. In qualibet etenim lege propriè dicta, tā Eccleſiaſtica, quàm ciuili, duo diſtinguere oportet. *Primum* eſt, *praeceptum* Superioris, ex quo reſultat obligatio in ſubdito adimplen-
di id quod lege præcipitur, quam Theologi *vim
directiuam* ſeu *praeceptiuam* vocant, & in hoc lex
Eccleſiaſtica non ſemper à ciuili diſtinguitur, cum
eadem planè actio, veluti furtum, homicidium,
periurium, &c. quam lex Eccleſiaſtica vetat, à
Principe Chriſtiano in ordine etiam ad eundem finem, nempe bonum ſpirituale, & æternam ſubditorum ſalutem prohiberi poteſt & debet. *Secundum* eſt pœna,quæ tale præceptum violanti in-
fligenda decernitur, quæque a Theologis *vis
coercitiua*, ſeu *punitiua* dici ſolet, atque in hac
ſemper poteſtatem propriè Eccleſiaſticam à ciuili
diſtinctam eſſe iuxta ſententiam, quæ *plæriſque
Doctoribus* placet, omnino contendimus.

22 Quando igitur Paſtores Eccleſiæ decreta
ſiue ad fidem, ſiue ad diſciplinam ſpectantia con-
dunt,& brachij Secularis ſiue poteſtatis ciuilis auxilium ad ea exequenda à *ſupremis Principibus* petunt, non tribuunt ipſis *Principibus*, aut eorum
Officialibus ac Miniſtris vllam planè poteſtatem,
aut Iuriſdictionem eos, qui decreta illa infringunt,
pænis temporalibus caſtigandi, ſicut *Principes* ipſi ſuis Officialibus & Miniſtris talem poteſtatem
atque iuriſdictionem concedunt eos, qui leges ſuas
tranſgrediuntur, pænis ciuilibus coercendi. Sed
ideo

ideo *Principum Secularium* opem ad decreta illa
feu præcepta faciliùs exequenda expofcunt, vt quæ
ipfi authoritate Ecclefiaftica, præceptis nempe, &
pænis Ecclefiafticis decreuerunt, *Principes* etiam
temporales authoritate ciuili ipfis *propria* , & non
à Paftoribus Ecclefiafticis delegata, præceptis
nempe , & pænis ciuilibus eadem fancire velint.
Quare Patres Concilij *Maguntini* rogant à *Ca-*
rolo Magno, vt capitula ab illis fancita *eius authori-*
tate firmentur , fi tamen pietas illius ita dignum effe

Vide hæc   *iudicauerit* : & Patres etiam alterius Concilij *Ma-*
Concilia a-   *guntini* petunt ab Imperatore *Lothario* , vt decreta
pud *Binnium.*   ad illum transmiffa *eius authoritate firmentur.* Adeo
vt mirum fit, qua fronte viri eruditi fcriptis publi-
cis tam confidenter veluti rem certiffimam affirmare audeant, *Principes Seculares* effe *Miniftros*
tantùm Paftorum fpiritualium , & *authoritate* ab
ipfis *delegata* , & non fua *propria* ac *ciuili* decreta
Ecclefiaftica pænas temporales infligentia exequi
folitos effe.

  23   Nunc quid *Leffius* ad *Ioannem Parifienfem,*
& *Hoftienfem* a me citatos refpondeat, audiamus.

h nu. 11.p.29. *Citant* , inquit, [h] Ioannem Parifienfem, *forte ex*
aere , quia locum non notant. Sed nifi *Leffius* vel
aere nimis caliginofo , vel oculis parum attentis
locum illum infpexiffet, vidiffet vtique citatum in
margine numerum 454. meæ *Apologiæ*, ad quem
locum Lectorem remifi, vbi caput decimum Tractatus *Ioannis Parifienfis* de Poteftate Regia & Papali notatum in quo verba illa habentur , reperire
potuiffet.

  24   *Verùm parum intereft*, ait *Leffius* , *quid ille*
dicat, quia plurimas alias citationes & Hiftorias fal-
fa

sas profert, & erroribus scatet, vtpote Schismaticus.
Sed optimè quidem fecisset *Lessius,* si vnam saltem
vel alteram ex plurimis illis citationibus, & Historijs falsis, atque erroribus, quibus scatere ait *Pa-*
risiensem , in medium protulisset, vt ita in reliquis
aliquam illi fidem adhiberemus. Verùm frequens
hic est calumniatorum mos, Aduersarijs, quos
rationibus vincere non valent, verbis generalibus
falsa, & ficta crimina imponere, vt ita facilius apud
Lectorem fidem illis detrahant. Sed cum suspicio   De Inuenti-
inimicitiarum, vt ait Cicero, fidem, & authori-   one.
tatem deroget in testimonio dicendo, parum refert,
quid *Lessius* non ea charitate, qua decet Doctorem Catholicum & Religiosum , qui charitate
religiosa alijs prælucere debet, contra *Parisiensem*
virum pariter Religiosum, atque doctissimum dicat, nisi melius probet, quod dicit. Et tametsi
Lessius, Card. *Bellarminum* D. *Schulckenij* persona
indutum sequutus, dicat, *Ioannem Parisiensem er-*
roribus scatere, & in cap. 14. *sui Tractatus de pote-*
state Regia & Papali multos admiscere errores, (sunt
verba D. Schulckenij , [i] *& alios eius errores ab Ec-*   i Ad num. 201.
clesia damnatos esse in Extrauaganti communi, Vas e-   pag. 394. 395.
lectionis, & proinde non esse magnam habendam ratio-
nem quicquid dicat ; ego tamen in toto illo Tractatu, quem accuratè legi, & relegi, nullam planè
propositionem , quæ verè erronea dicenda sit, vt
error ab hæresi a Theologis distingui solet, inuenire possum, quantumuis Doctores isti ex nouæ
suæ fidei Catholicæ *scilicet* officina, nouos etiam
errores atque hæreses circa absolutam, præsertim
Summi Pontificis in temporalibus & spiritualibus
Monarchiam procudere, eosque viris verè Catholicis

licis non abfque graui ignominiæ nota imponere
non pertimefcant.

25   Neque etiam certum eft, vt alias contra D.
Schulckenium annotaui, [k] *Ioannem istum Parisien-*
sem fuisse Ioannem illum de *Poliaco*, cuius errores
in Extrauagantiilla cómuni condemnati funt. Sed
efto, non fit ille *Ioannes* a noftro diuerfus, illa tamé
eius errorum condemnatio fidem illi, quod ad noftrum inftitutum fpectat, detrahere non debet,
quin potius validum ex hoc ipfo capite argumentum ad noftram doctrinam confirmandam deduci poteft. Nam (præterquam quòd prædicta condemnatio nullum plane vel fanctitati, vel eruditioni illius *Ioannis de Poliaco* præiudicium afferre debeat, quandoquidem eam, quàm primùm condemnata eft, confeftim retractare, & contrariam
publicè prædicare paratiffimus eſſet, atque etiam
plurimi viri eruditi eo tempore, vt *Henricus* de
Gandauo, *Durandus* a *S. Porciano*, jmo & tota
Parisiensis Schola, vt teftatur *Ioannes Maior*, eandem
doctrinam a *Pontifice* tunc condemnatum antea
propugnauerint) ſi *Papa*, & *Cardinales* pro certo
exiftimaffent, erroneum eſſe afferere, non eſſe in
Summo Pontifice poteftatem *Principes* hæreticos
per fententiam depriuationis abdicandi, aut Vafallos à iuramento fidelitatis verè abfoluendi, &
totam Cenfuram Ecclefiafticam eſſe fpiritualem,
& Iudicem Ecclefiafticum non debere homines
in Deum reducere, & à peccato retrahere, niſi
fecundùm viam à Deo ſibi datam, quæ eft fepa-
rando à Sacramentis, & participatione fidelium,
neque poſſe Iudicem Ecclefiafticum ratione de-
licti *imponere*, id eft infligere pœnam corporalem,
vel

k In Confut.
Thomæ Fitzher-
terti part. 1.
cap. 3. nu. 7. 9.

Henricus quod.
2. q. 126. &
quodl. 10. q. 1.
Durand. in 4.
dift. 17. q. 2.
Maior in 4.
dift. 17. q. 6.

vel pecuniariam, ſicut facit Iudex Secularis, ſed
ſolùm ſi ille velit eam acceptare : Si enim non
vult eam acceptare, compellet eum Iudex Eccleſiaſticus, per Excommunicationem , vel aliam pœnam ſpiritualem , quæ eſt vltima quam poteſt inferre, & plura ſimilia, quæ *Ioannes Pariſienſis* in
dicto Tractatu affirmat, ſi, inquam, prædictas aſ-
ſertiones *Papa* & *Cardinales* erroneas eſſe tunc
temporis iudicaſſent , proculdubio ad eas etiam
retractandas, cum prætenſæ *Summi Pontificis* , in
temporalibus monarchiæ tam manifeſtè repug-
nent, eundem *Ioannem* coegiſſent.

26 Quod vero addit *Leſſius*, Ioannem Pariſienſem *fuiſſe Schiſmaticum* , apertiſſima calumnia
eſt, atque è proprio ſuo cerebro nimis impudenter, ac religioſè abſque vllo prorſus fundamento
conficta. Idem etiam Schiſmatis crimen Card.
Baronius, & *Bellarminus Sigeberto*, monacho Gem-
blanenſi, viro ſanè pio ac erudito quondam ha-
bito, atque *morum probitate, & ſcientiæ multiplicita-
te laudabili, & ſapientibus ſui temporis grato &c.* [k] vt
fidem illi detrahant, falſò, & per iniuriam, vt alibi
[l] contra eos obſeruaui, imponunt. *Schiſmatici propriè dicuntur,* ait S. *Thomas, qui propria ſponte , &
intentione ſe ab vnitate Eccleſiæ ſeparant, & qui ſubeſſe renuunt Summo Pontifici, & membris Eccleſiæ ei.
ſubiectis communicare recuſant. Nolle enim pertinaciter obedire Summo Pontifici non eſt Schiſma,* ait
Caietanus eo loco , *ſed nolle ſubeſſe illi vt capiti totius
Eccleſiæ eſt Schiſma ; ſicut non credere eſt hæreſis.
Nam aduerte diligenter* , ait idem *Caietanus* ad ſecundum, *quòd recuſare præceptum, vel iudiciũ Papæ
contingit tripliciter;* Primò *ex parte rei iudicata, ſeu
præcepta:*

k *Author* libri
de geſtis *Ab-
batum Gembla-
cenſum.*
l In confutat.
*Tho. Fitzher-
berti* patt. 1.
ca. 6.nu.20. &
ſeq.
S. *Thom.* ſe-
cunda ſecun-
dæ q 19.ar.ĸ

præceptæ: Secundò, *ex parte perſonæ iudicantis*
Tertiò, *ex parte officij ipſius Iudicis.* Si quis enim
etiam pertinaciter contemnat ſententiam Papæ, quia
ſcilicet non vult exequi quæ mandauit, puta abſti-
nere à tali bello, reſtituere talem ſtatum &c. licet
grauiſsimè erret, non tamen eſt ex hoc Schiſmati-
cus. Contingit namque & ſæpe nolle exequi præcepta Superioris, retenta tamen recognitione ipſius
in Superiorem. Si quis verò perſonam Papæ ſu-
ſpeĉtam rationabiliter habet, & propterea non ſolum præſentiam eius, ſed etiam immediatum iudicium recuſat, paratus ad non ſuſpectos Iudices
ab eodem ſuſcipiendos, nec ſchiſmatis, nec alterius vitij crimen incurrit. Naturale namque eſt
curare nociua, & cauere à periculis. Poteſtque perſona Papæ tyrannicè gubernare, & tanto faciliùs, quanto potentior eſt, & neminem in terris timet vltorem. Cum quis autem Papæ præceptum,
veluiudicium ex parte ſui officij recuſat, non recog-
noſcens eum vt Superiorem, quamuis hoc credat;
tunc præcipuè ſchiſmaticus eſt. Et iuxta hunc ſenſum intelligenda ſunt verba literæ huius, & ſimilium. Inobedientia enim, quantumcunque perti-
nax, non conſtituit ſchiſma, niſi ſit rebellio ad officium Papæ, vel Eccleſiæ, ita vt renuat illi ſubeſſe,
illum recognoſcere vt Superiorem &c. Haĉtenus
Caietanus.

27 Proferat igitur *Leſſius* vel vnum *Autho-*
rem, qui aſſerat, *Ioannem* iſtum *Pariſienſem* Schiſmaticum fuiſſe, & rebellem in aliquo contra officium *Papæ,* aut Eccleſiæ, ita vt renuerit illi ſubeſſe, illumque vt Superiorem recognoſcere, aut
etiam in aliquo fuiſſe *Papæ* pertinaciter in obe-
dientem

dientem, vel plurimùm erubescat, se tam egregium calumniatorem egisse, qui viri Catholici,
Religiosi, atque etiam Doctoris celeberrimi, &
in cælo, vti credibile est, æterna quiete fruentis famam, bonamque nominis existimationem tam
enormiter lacerare, & quantum in se est, eum in
profundum inferni barathrum vnà cum schis-
maticis & hæreticis detrudere non veretur, atque pro certo intelligat, se similesque detractores,
qui nec viuis nec mortuis parcunt, sed quoscunque, qui eorum opinionibus tanquam oraculīs
non applaudunt, per summam vim opprimere,
licet sub colore pietatis, non pertimescunt, ex-
actissimam in tremendo iudicij die rationem reddituros, & quantacunque nunc potentia præpolleant, nisi pænitentiam egerint, & famam iniustè
ablatam restituerint, potentes potenter tormenta
perpessuros esse.

28 *Si tamen*, ait *Lessius*, *illius* Parisiensis *sententia placet, fateantur Aduersarij*, Summum *Pontificem* posse *Principem* Secularem propter crimina contra Ecclesiam excommunicare; & si
sit hereticus, ac contemptor Ecclesiæ censuræ,
posse populo præcipere sub pæna Excommunicationis vt non obediat: vnde fieret, vt populus
eum deponeret, & Papa etiam, sed per accidens:
Idem repetit infrà. Ita docet in terminis iste Ioannes Parisiensis, *cap.* 14. *sui Tractatus de potestate
Regia & Papali. Et insinuat rursus cap.* 16. *vbi dicit*, Papam posse declarare, si *Princeps* sit hæreticus, eius vasallum non teneri eum sequi, & posse
subditos liberare ab obligatione iuratoria, qua
Principi sunt obstricti, modo causa sit rationabilis
&

& euidens. *Quæ planè euertunt fundamenta Ad-uerfariorum.*

29   Sed apertè fallitur *Lefsius*, vel Lectorem fallere nimis fraudulenter contendit. Neque enim hæc vllatenus noftræ fententiæ fundamenta euertunt, quin potiùs ea plurimùm confirmant. Noftra enim fententia eft, poteftatem Ecclefi-afticam duplicem effe, vnam *directiuam* feu præ-ceptiuam, & alteram *coercitiuam* feu punitiuam, atque Prælatos Ecclefiafticos per poteftatem fuam *directiuam* habere ex *Chrifti* inftitutione au-thoritatem quæcunque etiam temporalia, quæ ex lege Dei aut naturæ ad æternam falutem necef-faria funt, præcipiendi, & quæ legi diuinæ, aut naturali aduerfantur, prohibendi: fed per pote-ftatem fuam *coercitiuam* non poffe eos, iuxta fen-tentiam, quæ *plærifque Doctoribus* placet, vllam pænam ciuilem, vt funt mors, exilium, bonorum priuatio &c. fed pænas tantùm fpirituales ex in-ftitutione diuina infligere, de rebus temporalibus difponere, aut *Principes* temporales per fenten-tiam depriuationis deponere, id eft, iure fuo temporali priuare. Hæc eft fententia noftra de poteftate Ecclefiaftica. De poteftate autem ci-uili, ad quæ fe extendat, & in quibus refideat, an fcilicet in *Principe* duntaxat, vel in aliquo cafu etiam in *Republica*, feu populo fubiecto, differere non eft mihi inftitutum, cum, vt fæpiùs diximus, ad quæftionem hanc de poteftate Summi *Pontificis* (quam duntaxat examinandam fufcepimus) pæ-nas temporales infligendi explicandam parum, aut nihil conducat

30   Iam in ijs quæ ad fpiritualem Summi
                                                     Ponti-

Pontificis pœnas temporales infligendi , & *Principes* temporales dominijs suis temporalibus priuandi potestatem spectant , quantum præsenti inter me & Aduersarios controuersiæ sufficit , *Ioannes Parisiensis* meæ sententiæ nequaquam aduersatur. Ait enim , ^m *posse Papam ius diuinum declarare , cum sit vniuersalis informator fidei & morum, & in bonis exterioribus Laicorum non habere dominium, immo nec in illis esse dispensatorem , nisi forte in vltima Ecclesiæ necessitate , in qua etiam non est dispensator, sed iuris declarator. Nam quia in casu summæ necessitatis fidei & morum omnia bona fidelium sunt communicanda , & Calices Ecclesiarum, Papa quia est caput non solùm Clericorum , sed generaliter omnium fidelium, vt fideles sunt , tanquam generalis informator fidei , & morum in casu summæ necessitati fidei , & morum habet bona fidelium dispersare, & exponenda decernere , prout expedit necessitati communi , quæ alias subuerteretur propter irruptionem Paganorum , aut aliud eiusmodi , & huius Papæ ordinatio non est nisi Iuris declaratio. Et posset etiam rebelles & contradictores compellere per Censuram Ecclesiasticam, quæ ex sententia Parisiensis, vt supra vidimus , est vltima, quam Iudex Ecclesiasticus inferre potest, qui non habet homines in Deum reducere,& à peccato retrahere,nisi secundum viam à Deo sibi datam, quæ est separando à Sacramentis , & participatione fidelium.* Similiter à *Iuramento fidelitatis* potest Papa secundùm *Parisiensem* nonnunquam absoluere , vt habetur 15. q. 6. Alius. *sed illud,* ait ipse , *magis fuit declaratio Iuris, quòd, scilicet, Iuramentum in tali casu non ligabat, quàm absolutio à iuramento fidelitatis.* Vide eum

m in eodem tract. cap. 7.

ibi cap 16. hoc latius tractantem. Quare ex sententia *Pariſienſis*, quam fuſiùs explicat *Almai-*
nus, ⁿ non poteſt *Papa Principes* hæreticos per sententiam deponere, id eſt, aliquo ſuo Iure Regali,
quod antea habebant, priuare, ſed ſolùm
depoſitos,ſeu priuatos, aut per Rempublicam deponendos,ſeu priuandos eſſe declarare.

n de poteſt.
Ecclef.& Lai-
ca q.2.cap.8.

31   Atque hinc conſtat, *Ioannem Pariſien-*
ſem, quod attinet ad quæſtionem principalem,
nimirum de poteſtate Eccleſiaſtica, ne latum
quidem vnquam à mea ſententia diſcedere; Ait
enim poſſe *Papam* per poteſtatem Eccleſiaſticam, vt eſt *directiua*, declarare ius diuinum, &
nonnunquam temporalia præcipere, atque iubere fidelibus, vt legem Dei obſeruent, & deſuis
temporalibus diſponant, & bona ſua communicent, quotieſcunque neceſſitas fidei, aut morum
id poſtulauerit;ſed per poteſtatem Eccleſiaſticam,
vt eſt *coercitiua*, non poſſe eos cópellere,niſi ſepa-
rando eosà Sacramétis & participatione fidelium,
& infligendo Cenſuram Eccleſiaſticam, quæ eſt
vltima, quam Iudex Eccleſiaſticus inferre poteſt.

32   In hoc tamen *Pariſienſis* à nobis diſcedit,
quòd ipſe non ſolùm de poteſtate Eccleſiaſtica ſeu
ſpirituali, prout in Summo *Pontifice*, atque in *Ec-*
cleſia exiſtit, ſed de poteſtate etiam ciuili, ſeu temporali, prout in *Principe*, & in *Republica* reſidet,
diſſerere gratum habeat; atque exiſtimat, poſſe
Rempublicam, ſeu totum populum *Regem* ſuum
hæreticum & incorrigibilem per ſententiam deponere, id eſt, regnandi iure ſeu poteſtate
Regali priuare, & conſequenter aliquando
etiam teneri; & proinde poſſe Summum *Pontifi-*
cem

cem præcipere populo, seu Reipublicæ, & si
opus est per Censuras Ecclesiasticas compellere,
vt illum deponat, atque ita *Papa* eum deponit *per
accidens*, quia aliquid facit in populo, vnde ille
Seculari honore priuatur, & deponitur à populo, quia nimirum per potestatem Ecclesiasticam
vt *directiua* est, declarat ius diuinum, nempe
Rempub. in tali casu esse absolutam à iuramento
fidelitatis, & præcipit illi, vt seruet ius diuinum,
quo tenetur in tali casu necessitatis fidei ad talem
Principem doponendum, & per eandem potestatem vt *coercitiua* est, censuris tantùm Ecclesiasticis Rempublicam compellat, vt legi diuinæ,
eiusque declarationi & directioni obediat. Atque hoc solum est, quod in cap. 14. affirmat, &
similiter in cap. 16. docet, posse *Papam* declarare,
non teneri Vasallos sequi *Principem* hæreticum, &
subditos talis *Principis* absolutos esse à Iuramento
fidelitatis, *sed hæc est magis declaratio Iuris*, ait
ille, *quia scilicet Iuramentum in tali casu non ligat,
quàm absolutio à Iuramento fidelitatis.*

33 Veruntamen ego de potestate *Reipublicæ*
ciuilis in *Principem* suum supremum, cum quæstio sit periculosa, & populo effrenato, atque ad
rebelliones præcipiti facilè ad tumultus, & sedi-
tiones in Republica concitandas viam muniens,
neque ad controuersiam, quæ inter me, & Aduersarios est, explicandam necessaria, agere non
intendo, sed solum an Prælatis Ecclesiasticis pœnas temporales infligendi, & *Principes* supremos
abdicandi potestas competat, discutere mihi est
institutum. Ex quo perspicuum est, doctrinam
Ioannis Parisiensis, quod attinet ad potestatem Ec-
cle sia-

G 2

clesiasticam, fundamenta meæ sententiæ non euertere, sed stabilire. Nam si quis semel supponat,
posse *Rempublicam*, & aliquando etiam teneri
Principem suum hæreticum, atque incorrigibilem deponere, consequenter etiam asserere tenetur, posse Summum *Pontificem* illi præcipere, &
per Censuras Ecclesiasticas compellere, vt legem
Dei adimpleat, & debitum suum officium exe-
quatur. Sed *Lessius* D. *Sculckenium* imitatus Le-
ctorum oculis, ne verum controuersiæ statum clarè dispicere valeant, càliginem offundere studens,
has duas quæstiones de potestate *Ecclesiæ* & *Reipublicæ* politicę, atq; etiã de potestate Ecclesiastica
quatenus *directiua*, & *coercitiua* est respectu temporalium, artificiosè confundit: sicut etiam Illustrissimum *Cardinalem Peronium* eas callidè per-
miscere, vt Iuramentum illud fidelitatis Christianissimo *Francorum* Regi in publicis Comitijs pro-
o part. 3. sec.   positum faciliùs impugnet, inferiùs ° ostende-
vit.   mus. Atque hæc de *Ioanne Parisiensi* dicta sufficiant.

    34 Nunc *quod ad Hostiensem attinet*, ait *Les-*
p nu. 12. pag. *sius*, p *Ego nihil tale apud ipsum inuenio. Immo ipse*
30.   *in cap.* Ad abolendam *de hæreticis non scripsit, vt
Aduersarius iudicat, sicut nec in alios textus.* Sed
mirum non est, quòd *aliquando bonus dormitet*
Homerus, quandoquidem *Leonardus Lessius*, vir
tam immensæ, vt vulgò creditur, lectionis, vtpote Scriptor huius temporis celeberrimus, atque
in Academia *Louaniensi* publicus per multos iam
annos S. Theologiæ Professor, scriptis tam publicis tametsi sub alterius Doctoris nomine persona-
tus, tam confidenter absque vlteriori inquisitio-
ne

ne affirmare auſus ſit, *Immo* Hoſtienſis *in cap. Ad*
abolendam, *tit. de Hæreticis non ſcripſit, vt Ad-*
uerſarius iudicat, ſicut nec in alios textus ; cum vix
aliquis liber ſit in Scholis apud *Summiſtas* præſertim, & *Canoniſtas*, eoſque Theologos, qui
de temporali dominio *Chriſti* Domini, atque
Summi *Pontificis* tractant, tam tritus, celebratus,
atque ab ijſdem tam frequenter citatus, atque eſt
Lectura Hoſtienſis *ſuper Decretales.* Vnde ſi *Leſ-*
ſius, vel aliquem ex Authoribus, qui de Scriptoribus Eccleſiaſticis tractant, vt *Trithemium*, *Poſſe-*
uinum, *Bellarminum*, vel aliquē ex illis *Doctoribus*,
quos ipſemet paulo inferius citat, nempe vel *Pa-*
normitanum, vel *Ioannem Andream*, vel *Sil-*
neſtrum, vel *Couarruuiam* ijſdemmet in locis quos
ipſe refert, perlegiſſet, vel aliquem Bibliopolam
interrogaſſet, an *Hoſtienſis* in libros *Decretalium*
ſcripſiſſet, ignorare non poterat, *Hoſtienſem* in
Canonem, *Ad abolendam* de hæreticis, & in alios
textus *Decretalium*, commentarios edidiſſe, adeo
vt egomet ſanè tam craſſam *Leſſij*, Scriptoris alioquin celeberrimi ignorantiam, vel ſtupendam nimis negligentiam ſatis demirari, & abſque rubore
recenſere vix poſſim.

35 *Verùm tantùm abeſt*, ait *Leſſius*, *vt* Hoſtienſis *ſentiat*, *Papam non poſſe diſponere de tem-*
poralibus abſque Principum conſenſu, *vt expreſſè*
contrarium doceat, *& tradat noſtram ſententiam.*
Nam lib. 5. Rubr. de Hæreticis § Qua pœna nu. 11.
ita ſcribit : Nota quòd Domini temporales non
ſolùm propter ſuam hæreſim, ſed etiam aliorum,
quòd cum poſſint admoniti exterminare, negli-
gunt, excommunicari poſſunt, & terræ ipſorum

exponi

exponi Catholicis occupandæ , cap. *Excommu-*
nicamus §. *Si verò Dominus temporalis.* Idem si
Princeps negligens inueniretur circa regimen, &
iustitiam faciendam 17. q. 4. *Si quis deinceps, &c.*
Vnde *Zacharias* Papa deposuit *Childericum* Regem Francorum, &c. *Eandem doctrinam* tradit
num. 4. vbi etiam probat , Ecclesiam ratione peccati
habere Iurisdictionem puniendi in temporalibus ; &
vult decreto Concilij *etiam supremos Principes com-*
prehendi. Idem planè sensisse Innocentium *ostendit*
clarè ipse Innocentius *in* Concilio Lugdunēsi, *cum*
deposuit Imperatorem Fredericum *Secundum ,*
vt patet cap. Apostolicæ *de sententia , & re iu-*
dicata.

   36   Sed quænam fuerit vel *Hostiensis* , vel *In-*
nocentij sententia de potestate Summi *Pontificis* in
temporalibus, non magni interest. Scio enim eos,
præsertim *Hostiensem* acerrimè tueri directum
Summi *Pontificis* in temporalibus dominium, *quod*
Glossatores Iuris , ait *Victoria* , *dederunt Papæ, cum*
ipsi essent pauperes rebus & doctrina , & quod *me-*
rum commentum esse asserit in adulationem & assen-
tationem Pontificum : Sed sufficit mihi, eos hanc
quoque *Responsionem* inter cæteras , quam vt improbabilem non reijciunt, recensere ; quòd nimirum *Canon* ille *Ad abolendam,* quantum ad pœnas
temporales spectat, ex Imperatoris consensu obligandi vim habuerit ; vt hinc satis perspicuum sit,
verissimum esse quod nos respondimus , *Exposito-*
res Iuris Canonici in ea esse sententia , vt ex Hostiensi
atque Innocentio constat , *quod Pontifices, &* eadem
de *Concilijs* ratio est , *quædam aliquandò statuant,*
quorum ordinatio potiùs ad potestatem politicam, quàm
                                                    ad

Victoria in Re-
lect. de potest.
Eccles. non
longè à prin-
cipio.

ad Ecclesiasticam spectat, ex expresso vel tacito Principum consensu, qui per seipsos, vel per suos Legatos praesentes adsunt, vel ex praesumpta, vel saltem sperata Principum ratihabitione.

37 *Hostiensis* enim explicans verba illa Canonis, *Ad abolendam,* de hæreticis, *Statuimus insuper, vt Comites, Barones, Rectores, & Consules ciuitatum, & aliorum locorum iuxta commonitionem Episcoporum praestito corporaliter iuramento promittant, quòd fideliter & efficaciter, cum ab eis fuerint requisiti, Ecclesiam contra hæreticos, & eorum complices adiuuabunt bona fide iuxta officium & posse suum. Si vero id obseruare noluerint, honore, quem obtinent, spolientur* &c. Varias adhibet *Responsiones,* quomo. do decretum istud valorem, seu robur, ac firmitatem, & vim obligandi habuerit. *Prima* est, *non potuisse Papam hoc Statuisse Laicis, nisi ratione immanitatis criminis. Secunda* est, *alios dicere quòd ideo valuit, quia Imperator* praesens fuit, *siue consensit secundum Dominum nostrum,* scilicet *Innocentium.* Neque *Hostiensis* hanc Responsionem *secundam* vt improbabilem impugnat, quantumuis alia sibi magis arrideat. Et ipsemet *Innocentius* verba illa huius canonis, *Vt Comites* &c. exponens similiter respondet, *Nota,* inquit, *Papam posse statuere de Laicis, sed hoc est propter crimen, sicut supra de Iudaeis,* Ita. *Alij dicunt, ideo hoc Statutum valere, quia Princeps praesens fuit. Ioannes* etiam *Andreas* in verbum, *Comites,* simile prorsus responsum affert: *Nota,* inquit, *quòd Papa statuit de Laicis, sed hoc est propter crimen, sic supra de* Iudaeis, *Ita quorundam. Alij dicunt, ideo haec statuta valuisse, quia Princeps consensit, & praesens fuit.*

38 Ex

38 Ex his igitur *Hoſtienſis*, *Innocentij*, atque *Io-annes Andreæ* responſionibus perſpicue conſtat, Canonem *Ad abolendam*, quantum ad pænas tem-porales Laicis infligendas attinet, iuxta *Canoni-ſtarum* ſententiam ex *Imperatoris* conſenſu ſuum valorem, ac firmitatem, ſeu totam obligandi vim & robur habuiſſe. Atque idem de ſimilibus decretis, in quibus pænæ temporales à *Pontificibus*, aut *Concilijs* infligendæ decernuntur, cum propor-tione debita reſpondere tenentur.

q 13. pag. 31.   39 *Addo*, ait *Leſſius*, ¶ *Etiamſi ea, quæ hic ad-feruntur, vera eſſent, tamen nihil facerent ad propoſi-tum, niſi Aduerſarij dicant, Imperatores & Reges de-diſſe Eccleſiæ poteſtatem & Iuriſdictionem ipſos ex-communicandi, & priuandi ſuis dominijs, ſi id mere-rentur. Sed, ſi nemo in ſeipſum Iuriſdictionem co-actiuã habet, quomodo eam poteſt dare alteri* &c. *Ex quibus apparet refutationem noſtram ſolidam aſſe.* ʳ

r Pag. 33.   40 Sed mirum profecto eſt, vel adeo inſcien-tem eſſe *Doctorem* iſtum, vt verba mea non intel-ligat, vel adeo fraudulentum, vt ea in contrarium plane ſenſum, quàm a me prolata ſint, detorquere velit: quaſi vero hæc *prima* mea ad præfatam ob-iectionem *Reſponſio*, nempe, quòd decreta Eccle-ſiaſtica quando pænas temporales infligunt, ex *Principum* temporalium conſenſu, ac ratihabitione obligandi vim habere, nihil faceret ad propoſitum, aut ex ea ſequeretur, *Imperatores* & *Reges* dediſſe *Eccleſiæ* poteſtatem ipſos excommunicandi & pri-uandi ſuis dominijs, ſi id mererentur; cum ex præ-dicta mea Reſponſione hoc ſolum colligi poſſit, decretum *Lateranenſis* Concilij & ſimilia decreta quæ pænas temporales infligunt, ex *Principum* ſu-
premo-

premorum consensu, & non ex potestate spirituali prælatis Ecclesiæ iure diuino communicata totam suam obligandi vim habere, & consequenter
inferiores tantum Dominos ex supremorum consensu, & non ipsosmet *Principes* supremos nominibus *Dominorum temporalium principalium*, aut similium in eiusmodi decretis comprehendi; quandoquidem nemo in seipsum, vt *Lessius* rectè asserit, potestatem coactiuam habeat, & iuxta sententiam, quæ *plerisque Doctoribus* placet, potestas
Ecclesiastica nullam pænam ciuilem, vt sunt mors,
exilium, bonorum priuatio &c. ex institutione
diuina, sed ex consensu tantum, & concessione
Principum infligere queat : Nam quod attinet ad
pænas spirituales, vtputa Excommunicationem,
Principes supremos nominibus generalibus *Dominorum temporalium, principalium*, & similium in
Ecclesiasticis decretis nequaquam comprehendi,
non ex consensu *Principum*, cū talibus pænis subiecti sint, sed ex *Regulis* vtriusque Iuris, ex priuilegijs *Pontificum*, atque ex communi *Iurisprudentium* sententia superius comprobauimus. Ex quibus
apparet hanc meam *Responsionem* solidissimā esse,
& refutationem *Lessij* infirmissimam.

SECTIO.

Sectio VI.

In qua ſecunda Authoris *Reſponſio ad præfatam obiectionem à ſe propoſitam confirmatur,& quæ* Leſsius *in contrarium obijcit refelluntur.*

1 PRimum & principale reſponſum, quod prædictæ obiectioni adhibuimus, ſolidiſſimum eſſe iam comprobauimus, nunc quàm firma etiam ſit *ſecunda reſponſio,* quæ *primam* vti *principalem* ſupponit, quæque his verbis continetur, diſcutiemus.

    " Aliam expoſitionem adhibet *Gloſſa* in cap. *Ha-*
    " *drianus,* diſt.63. vbi Papa *præcipit eorum confiſcari*
    " *bona, qui eius decretum violant,* & in cap. *Delatori*
    " 5. q. 6. vbi ſtatuit *Delatoribus linguam capulan-*
    " *dam, aut conuictis caput amputandum eſſe.* Reſpon-
    " det enim *Gloſſa, hîc docere Eccleſiam quid facere*
    " *debeat Iudex Secularis.* Quæ eius Reſponſio ad
    " ſimilia decreta, in quibus ſacri Canones pænas
    " temporales infligunt accommodari poteſt. Huic
    " etiam Reſponſioni fauent verba *Silueſtri,* [a] qui
    " ſic ait ; *Sentit* Ioannes Andreas *poſt* Hoſtienſem,
    " *quòd Epiſcopus non poſſit imponere pænam pecuniariam*
    " *Laico ſibi temporaliter non ſubiecto, ſed eam debet fa-*
    " *cere infligi per Iudicem Secularem.* Hæc erat ſecunda mea *Reſponſio,* nunc quàm friuolis rationibus *Leſsius* eam refellere conetur, expendamus.

    2 *Poſſem hîc Reſpondere,* ait *ille,* [b] *fictitium eſſe illum Canonem,* Adrianus, *vt fuſè à* Baronio & Gretzero

a Ih *Summa* verbo pæna. nu.9.

b Nu.14.p.34. Baron. tom. 9. ad annum 774.

Gretzero *demonstratum*, *ac proinde vanum quod*
illi superstruitur.

Et ego etiam respondere possem, si de hac re
quæstionem instituere necessarium esset, neque à
Baronio, neque à *Gretzero* demonstratum, canonem illum, *Hadrianus*, qui iam per quingentos ferme annos in corpore *Iuris Canonici* est collocatus,
& a nemine, quod scio, ante infælix hoc seculum
in controuersiam vocatus, fictitium esse. Et tametsi & Canon, *Hadrianus*, & canon etiam, *Delatori*, fictitij essent, attamen *Glossas* illorûm canonum fictitias esse *Lessius* affirmare non audet,
(quantumuis glossam *Hostiensis* in canonem *Ad
abolendam*, fictitiam esse inscitè admodum, vt suprà vidimus, asserere ausus fuerit) At ego neque
canonem *Hadrianus*, neque canonem *Delatori*, sed
Glossas, seu *Glossatores* horum canonum in confirmationem meæ *Responsionis* produxi.

3 *Verum vt germinus sit canon ille*, Hadrianus,
ait *Lessius*, *Glossa nobis non aduersatur*, *immo expressè
ibi probat nostram sententiam his verbis* : Hic Ecclesia publicat bona Laicorum, & quandoque deponit Laicos à dignitatibus.

Sed neque ista responsio *Glossatoris*, neque hæc
Lessij Replicatio nostram Responsionem euertunt, aut infirmiorem reddunt. *Glossa* enim exponens canonem *Hadrianus*, in quo Papa *præcipit eorum bona publicari*, *qui illud decretum violant*,
duas Responsiones ad verba ista explicanda adhibet : *Prima* est, quam *Lessius* retulit, nempe, *Hic
Ecclesia publicat bona Laicorum*, *& quandoque deponit Laicos à dignitatibus* 3 2. q. 5. *præceptum in fine.*
Altera his verbis continetur, *Vel dic*, *quòd hic docet
Eccle-*

Ecclesia quid fieri debeat, nempe à Iudice vel Principe Seculari. *sic* 24. *q.* 3. de illicita, *&* 5. *q. ultima, Delatori*, vbi ita respondet, *Hic docet Papa quid facere debeat Iudex Secularis,* sic 27. q. 1. *Si quis rapuerit.*

4   *Inprimis* igitur respondere possumus, verba illa *Glossæ*, *Hic Ecclesia publicat bona Laicorum, & quandoque deponit Laicos à dignitatibus,* in eo sensu accipienda esse, in quo idem *Glossator* verbum, *deponere*, in can. *Alius* 15. q. 6. exposuit: nam, vt rectè ait *Nauarrus*, *generale dictum vnius Authoris debet intelligi secundùm quod ipsemet alibi specialius dixit.* In eo autem canone, *Alius*, dicitur, quòd *Zacharias Papa Regem Francorum à Regno deposuit,* id est, ait *Glossa*, *deponentibus consensit.* Pari modo dicere possumus, eundem *Glossatorem* hîc docere, quòd *Ecclesia publicat bona Laicorum, & quandoque deponit Laicos à dignitatibus,* id est, publicantibus, & deponentibus consentit : seu eorum publicationem & depositionem approbat, & licitam esse declarat. Atque ita *Glossa* illa nobis nullo modo aduersatur, quin potiùs expressè nostram sententiam confirmat; neque *prima* Responsio *Glossatoris secundæ* repugnat, quin potius *secunda* est magis clara *primæ* explicatio : nam consentire publicantibus & deponentibus, & docere quid facere debeant, re quidem ipsa non differunt.

5   *Secundò*, tametsi *Glossator* huius Canonis, *Hadrianus*, expressè dicat, *Hic Ecclesiam,* seu potiùs *Summam* Pontificem, *publicare bona Laicorum, & quandoque deponere Laicos à dignitatibus,* non tamen dicit, *Ecclesiam,* seu *Pontificem* per spiritualem,

Nauar, Comment. in can. *Non liceat* 12. q. 2. §. Tertiò nu. 3.

ritualem, seu Ecclesiasticam potestatem , qua ex
Christi institutione fungitur, *bona Laicorum pub-*
licare, & quandoque Laicos à dignitatibus deponere;
at *Ecclesiam*, seu Summum *Pontificem* posse & so-
lere ex consensu *Principum* , & potestate ciuili
sibi ex priuilegijs,& concessione *Principum* communicata *bona Laicorum publicare , & quandoque*
Laicos à dignitatibus deponere nemo inficiatur.
Quinimò hanc esse *Glossatoris* mentem ex canone
illo,*Præceptum* 3 2. q.5. quem in confirmationem
suæ sententiæ *Glossa* adducit, satis perspicuè colligitur ; quandoquidem Canon ille , *Præceptum*,
sit decretum Concilij *Toletani* duodecimi, quod
non solùm Regis *Eringij* iussu conuocatum est,
verùm & eius authoritate confirmatum , & cui
decreto , sicut & cæteris illius Concilij decretis
non tantùm *Episcopi* , sed quindecim etiam ex
viris Illustribus *Officij Palatini* subscripserunt, vt
mirum sit , quomodo *Lessius* vir alioquin o-
culatissimus in re tam dilucida adeo cæcutire
posset.

6 *Tertiò* , etiamsi concederemus, *Glossatorem*
illius Canonis, *Hadrianus* , communem *Canoni-*
starum (qui, vt *Pius* Papa quintus dixit *Nauarro*,
soliti sunt plus satis potestatis Papæ tribuere) opinionem sequutum in prima sua Responsione, affir-
masse, *Ecclesiam*, seu Summum *Pontificem* per potestatem spiritualem sibi iure diuino debitam *bona*
Laicorum publicare , & quandoque Laicos à digni-
tatibus deponere , hoc tamen nihil obstat , quin
secunda eius *Responsio, vel dic, quòd Ecclesia hic do-*
cet , quid fieri debeat , scilicet à Iudice vel Principe Seculari,probabilis etiam sit, cũ in ea sequatur

Nauar.in
Com. can.
Non liceat
Papæ 12.q.2.
§.3 nu.6.

tur contrariam fententiam, quæ *plerifque Docto-*
ribus placet, nempe non poffe poteftatem Eccle-
afticam vllam pænam ciuilem, vt funt mors, exilium, bonorum priuatio &c. fed pænam duntaxat fpiritualem ex inftitutione diuina infligere,
ficut antea *Innocentius*, *Hoftienfis*, & *Ioannes An-*
dreas duas contrarias Refponfiones iuxta diuerfas
Canoniftarum fententias Canoni *Lucij* Papæ, *Ad*
abolendam, adhibuerunt.

7   Et propterea quocunque fe vertat *Leffius*,
& quomodocunque hanc primam *Gloffam* exponendam effe velit, nunquam tamen fententiam
noftram, quæ *plerifque Doctoribus placet*, vt improbabilem impugnare poterit. Vniuerfi enim
canones, in quibus Ecclefia de rebus temporalibus ftatuere videtur, iuxta hanc fententiam
probabiliter exponi poffunt, vt vel temporalia
tantum *præcipiant*, & non de illis *difponant*, pæ-
nafque temporales *imponant*, non *infligant*, ficut
ieuinia, cæterafque afflictiones corporales publicis pænitentibus iniungere in Ecclefia primitiua
mos erat; vel tantùm doceant, & declarent
quòd à Principe, vel Iudice Seculari infligi debeant, & quòd eorum inflictioni vt licitæ, aut ne-
ceffariæ, Ecclefia confenfum fuum præbeat, vti
Gloffa *Ioannis Teutonici* canonem, *Adrianus*, Canonem *Delatori*, & canonem *Alius* fuperiùs
expofuit : vel denique vt talia decreta, quæ
pænas temporales infligunt, non ex poteftate
verè fpirituali, fed ex confenfu *Principum*, aut ex
authoritate illa ciuili, quam Prælati Ecclefiaftici
ex priuilegijs, & donatione *Principum* acceperunt, rata fint, & totam vim obligandi habeant vt
alij

alij Doctores ab *Innocentio*, *Hoſtienſi*, & *Ioanne Andrea* relati canonem, *Ad abolendam* intelligendum eſſe volunt.

8 Quapropter hoc quod *Leſſius* proximè ſubiungit, *Vnde dico*, *illis gloſsis ſolùm ſignificari, exequutionem iſtarum pænarum (præſertim quæ cum ſanguinis effuſione infliguntur, debere fieri à Iudice Seculari, quod nemo negat:* falſiſſimum eſſe ex eo ſatis conuincitur, quod *Gloſſa* in Canonem *Delatori*, non de executione tantùm *Iuris*, ſeu *Canonis*, ſed de ipſo etiam *Iure*, & *Canone* expreſſe loquatur. *Sed qualiter*, inquit Gloſſa, *dat Papa iura de pænis ſanguinis contra illud* 23. q.8. *His à quibus*, qui eſt canon Concilij *Toletani* 11. & ita reſpondet, *Sed hic docet quid facere debeat Iudex Secularis*, ſic. 27. q.2. *Si quis rapuerit*, qui Canon ex *Nouellis Iuſtiniani* Imperatoris deſumitur. Sentit igitur *Gloſſa*, non poſſe *Papam* non tantùm *exequi*, ſed nec *dare iura* in cauſa ſanguinis, & proinde non de exequutione tantùm, ſed etiam de legibus ferendis, & quid in ijs Iudex, aut *Princeps* Secularis facere debeat, eum loqui ſatis perſpicuum eſt. Conſtat autem *Gloſſam* illam eodem modo intelligere Canonem, *Hadrianus*, in quo bonorum publicatio per *Papam* decernitur, quo Canonem *Delatori* intellexit, cum eandem prorſus Reſponſionem ad vtrumque canonem adhibeat, atque pro meliori intelligentia Canonis, *Hadrianus*, Lectorem ad Canonem *Delatori*, vti vidimus, remittat.

9 Atque hoc etiam conſonum eſt doctrinæ eiuſdem *Gloſſatoris* in Canonem, *Alius*. 15. q.6. vbi *Gregorius* Papa 7. refert, *Zachariam Pontificem*

ficem Childericum *Regem Francorum à regno de-poſuiſſe*; *dicitur enim*, ait Gloſſa, *depoſuiſſe qui de-ponentibus conſenſit*: conſentire namque deponen-tibus, aut bona publicantibus, idem eſt, quod ad rem ipſam attinet, atque docere ſeu declarare, quid facere debeant illi, qui poteſtatem deponendi aut bona publicandi habent, ſeu talem depoſitionem, aut publicationem, vt licitam vel neceſſariam ſuo conſenſu approbare.

10 Clara igitur & aperta huius *ſecundæ Gloſſa*, in canonem *Hadrianus*, ſententia eſt, non poſſe *Papam* ex *Chriſti* inſtitutione ferre leges pænam continentes temporalem, & reos facere Laicos illius pænæ, ſed tantùm docere & declarare, quid *Principes*, & Iudices Saculares ea in re facere de-beant, & eorum leges vt iuri diuino & naturali conſentaneas ſuo conſenſu approbare, vel vt iniquas, & rectæ rationi aduerſantes impro-bare. Neque enim *Gloſſa* vnquam negauit, poſſe *Papam*, vt eſt *Princeps* Secularis, & ex indulgen-tia *Principum* temporali gaudet authoritate, pæ-nas quaſcunque temporales infligere, tametſi fortaſſe peccet, ſi contra ſacros canones ſenten-tiam mortis in malefactorem aliquem immedi-atè per ſeipſum edicat. Nihilominus non contra iuſtitiam delinquunt Prælati Eccleſiaſtici, qui, cùm *Principes* etiam temporales quandoque ex-iſtant, per ſeipſos immediatè, vel leges ferunt, vel iuſtitiam ſecundùm leges in cauſa ſanguinis exercent, quandoquidem illud faciendi plenam & legitimam habeant Iuriſdictionem tempora-lem, quam ſacri Canones, quatenus à ſpirituali poteſtate procedunt, neque illis dare, neque auferre

ferre poſſunt, ſed ſolùm contra religionem peccant, quia Iuriſdictionem ſuam temporalem contra Eccleſiæ præceptum in cauſa ſanguinis immediate per ſeipſos, & non per ſuos Miniſtros, atque
Officiales exercent : Clarum enim eſt, totam authoritatem ciuilem, quam eiuſmodi Prælatorum
Miniſtri, & Officiales ſiue ad leges in cauſa ſanguinis ferendas, ſiue ad exequendas habent, ab ipſi-
ſiſmet Prælatis qui Domini temporales ſunt, & in
quibus proinde eiuſmodi authoritas principaliter
reſidet, deriuari.

11   Quod verò *Leſſius* poſtea addit, eſt ipſamet res, quæ in quæſtione verſatur. *Satis eſt* ait
ille, *quòd Eccleſia poſſit ferre leges pænam continentes
temporalem, & reos efficere Laicos iſtius pænæ, ita vt
ad executionem non requiratur, niſi ſententia declato-
ria criminis. Hoc enim abundè declarat eius poteſtatem in temporalibus.*

Satis quidem eſſet *Leſſio*, ſi iſtud demonſtrare poſſet, at parum illi eſt rationes qualiter-
cunque probabiles ad rem fidei certò demonſtrandam proferre, ſed nimium profectò illi eſt
rationes conuincentes producere, quibus clarè &
apertè demonſtrari poſſit, vel quòd Eccleſia, ſeu
Prælati Eccleſiaſtici, quâ tales, abſque *Principum*
conſenſu ferre queant leges pænam continentes
temporalem, & reos efficere Laicos illius pænæ,
ita vt ad executionem non requiratur niſi ſententia
declaratoria criminis. Hoc enim abundè declararet eius poteſtatem in temporalibus : Vel quòd
Gloſſa in ea ſit ſententia quòd *Eccleſia* abſque *Principum* conſenſu, tales leges ferre poſſit, *& reos efficere Laicos illius pæna, ita vt ad executionem non re-*

H   *quiratur,*

quiratur, niſi ſententia declaratoria criminis, cum,
iuxta ſententiam *Gloſſæ*, Ecclesia *non det iura in cauſa ſanguinis, nec bona Laicorum publicet*, *aut Laicos
a dignitatibus deponat*, niſi publicantibus. & deponentibus conſentiendo, & docendo, atque declarando quid *Principes*, aut Iudices Seculares in cauſis ciuilibus fecerunt, aut facere debeant.

12 Si enim quando Iudices Ecclesiaſtici hæreticum hominem poſt ſententiam declaratoriam
criminis brachio Seculari tradunt, vt à Iudicibus
Secularibus pænis temporalibus caſtigetur, exiſtimat *Leſſius*, non opus eſſe authoritate & conſenſu
Principis temporalis, ſed Iudices Seculares in ijs
pænis temporalibus, poſt criminis declarationem,
infligendis, eſſe *Miniſtros* & *Officiales* Summi
Pontificis, ſeu *Ecclesiæ*, & authoritate tantùm Ec-
clesiaſtica ſeu ſpirituali fretos, & nó tanquâ *Princi-
pů* Seculariů Miniſtros, & authoritate ciuili ab ipſis *Principibus* delegata talem hæreticum pæna
temporali afficere manifeſtè fallitur. Non etenim
Iudices Seculares, ſeu brachium Seculare pænas
temporales hæreticis infligunt, veluti *Miniſtri &
Officiales* poteſtatis Ecclesiaſticæ, quaſi à Prælatis
Ecclesiaſticis quâ tales ſunt, poteſtatem eiuſmodi
pænas ciuiles infligendi accipiant, ſed tanquam
Miniſtri, & Officiales *Principum* Secularium, qui
vel tales leges pænam ciuilem infligentes ſuis decretis ſanxerunt, vel ſuo conſenſu & ratihabitione
eas approbarunt. *Rex enim*, vt optimè ait *Domini-
cus Bannes*, *punit hæreticos, vt hoſtes ſeditioſiſſimos
contra pacem Regni, quæ ſine vnitate Religionis ſerua-
ri non poteſt.* Et paulo inferius, *Ex quo*, inquit, *ſequitur, quòd Rex Secularis poſſit aliquando condona-
re pænam*

Bannes ſecun-
da ſecundæ q
11.ar.4.q.1.in
fine.

re pœnam capitis, *& punire hæreticos alio modo*, quod
vtique facere non poſſet, ſi executio tantùm ad
eum tanquam ad Eccleſiæ *Miniſtrum*, & *Officia-*
lem pertineret,ſicut neque illi, qui leges *Principum*
exequuntur, pœnam lege ciuili ſtabilitam abſque
Principis conſenſu vel condonandi, vel relaxandi
poteſtatem habent.

13 *Sed eſto*, ait *Leſsius*, *ſit verum*, *quod ait*   c Nu. 15.
Gloſſa etiam ſenſu Aduerſarij, *quomodo hoc poteſt*   Pag 35.
aptari propoſito? Quis enim erit Iudex, *cuius autho-*
ritate ſtatuatur pœna temporalis in delinquentem,
quando agitur contra Principem ſupremum non ha-
bentem Superiorem in temporalibus? De talibus
enim modò eſt quæſtio : Vnde & manifeſtè falſum
eſt, quod ipſi aiunt, iſtam Reſponſionem Gloſſæ ad
quoſuis canones, in quibus pœna temporalis ſtatuitur,
accommodari poſſe.

14 Sed mirum eſt, quòd tam celebris Theologiæ profeſſor tam parum intelligens ſit, aut ſaltem videri velit, vt non perſpiciat, quonam modo prædicta *Gloſſa* etiam in ſenſu à me intellecto
poſſit aptari propoſito. Si enim *Gloſſa* exiſtimat,
Prælatos Eccleſiaſticos quâ tales, non poſſe iura
dare, & leges ferre in quibus pœnæ temporales
infliguntur, ſed tantùm docere quid facere debeat
Princeps, aut Iudex Secularis, neque Laicos à dignitatibus verè deponere, ſed tantùm deponentibus
conſentire, ſeu depoſitos aut deponendos eſſe docere, & declarare, qui eſt ſenſus *Gloſſæ* à me inten-
tus, quis vel mediocriter eruditus clariſſimè non
videat, *Principes* ſupremos, à quibus Iudices Seculares totam ſuam authoritatem tales leges exequendi deriuatam habent, in eiuſmodi legibus ex

ſententia *Gloſſæ* comprehendi nequaquam poſſe,
ſed cum à Deo ſint ſecundi, & ſolo Deo in temporalibus minores, ab ipſo ſolo pænis temporalibus
caſtigandos eſſe.

15   *At de Principibus ſupremis, ait Leſsius, modo
eſt quæſtio, quis erit eorum Iudex, cuius authoritate
ſtatuatur pæna temporalis in ipſos delinquentes.* Et ego
huic quæſtioni ex communi *Sanctorum* omnium

d In illud
Pſal. 50. Tibi
ſoli peccaui.

Patrum d ſententia ſæpiùs reſpondi, *Principes* ſupremos, cum in temporalibus neminem habeant
Superiorem in terris, non poſſe ſi deliquerint à
quoquam mortalium pænis temporalibus caſtigari.   Nemo enim in ſeipſum poteſtatem coactiuam
habet, nec *Principes* ab Eccleſia, quam in ſpiritualibus duntaxat, & non in temporalibus Superiorem recognoſcunt, temporaliter plecti poterunt,
cum Prælati Eccleſiaſtici pænas temporales infligendi authoritatem iure diuino non habeant, ſed
ſolùm ex ſententia *Gloſſæ* docendi quid facere debeat Iudex aut *Princeps* Secularis, neque Laicos à
dignitatibus deponendi, ſed deponentibus conſen-
tiendi, eoſque *Principum* Secularium authoritate
depoſitos, aut deponendos eſſe docendi, ſiue declarandi. Itaque *Gloſſa* in ſenſu à me intellecto optimè aptatur propoſito, & plurimùm ad rem facit:
Vnde & veriſſimum eſt quod diximus, iſtam Reſponſionem *Gloſſæ* ad ſimilia decreta, in quibus ſacri Canones pænas temporales infligunt, accommodari poſſe.

e Nu.15.p.35.

16   *Nec obſtat,* ait Leſſius, e *quod Ioannes Andreas, &* Hoſtienſis *ſenſerint, Epiſcopum non poſſe
imponere mulctam pecuniariam Laico ſibi temporaliter non ſubiecto. Quia hîc agimus de poteſtate non*
                                                      ſimplicis

simplicis Episcopi , sed Summi Pontificis , de qua quid
sentiat Hostiensis *, paulo antè ostendimus. Quid* Ioannes Andreas,*patet,quia ex primarijs Canonistis,&*
Canonum Lucerna.

17   Agimus quidem hîc primariò de potestati *Summi Pontificis* pœnas temporales infligendi ,
sed quę illi iure diuino , atque ex Christi institutione debetur,& non de ea, quæ illi vt Princeps
est temporalis, aut ex gratuita Principum concessione , aut consensu competit , & consequenter
etiam agimus de potestate *simplicis Episcopi* tales
pœnas infligendi , atque contendimus, non posse *Summum Pontificem* iure diuino pœnas temporales infligere , si *Episcopi* eodem etiam iure pœnas
tēporales infligere nò queant. Et ratio est,quia *id*
quod est Papa in Ecclesia vniuersali ,est quilibet Epis-
copus in particulari , quod est principium Card.   *Bellar.lib.5. de*
Bellarmini, ex quo ipse contra *Canonistas* probare   *Rom.Pont.*
contendit, singulos Episcopos esse *Principes* tem-   *cap.3.*
porales in oppidis suo Episcopatui subiectis, quod
tamen ipse apertè falsum esse dicit, si *Papa* esset supremus totius Orbis Christiani in temporalibus   *Ledesm. prim.*
Dominus : Ex quo etiam principio *Martinus* Le-   *quarti q.13.*
desmius concludit , posse *Episcopum* in sua prouin-   *ar.11.dub.*
cia committere semplici Sacerdoti, quòd conferat   *vnico.*
Sacramentū Confirmationis stando in iure diui-
no,nisi *Papa* prohiberet,*quia ,*inquit*,habet tantam*
potestatem in sua Prouincia ,sicut Papa in toto Orbe.

18   Atque ex hoc eodem principio probabiliter concludi potest , eos etiam qui sentiunt,*Epis-*
copum non posse in sua diocęsi imponere pœnam
pecuniariam Laico sibi temporaliter non subiecto , sed eam debere facere infligi per Iudicem Se-
cula-

cularem, sicut sentire *Ioannem Andream*, & *Ho-*
stiensem ait *Siluester* , consequenter etiam dicere
debere, nisi præfatum principium negare velint,
neque *Papam* posse in toto orbe imponere, seu
infligere pænam pecuniariam Laico sibi temporaliter non subiecto , sed eam debet facere infligi
per Iudicem , vel *Principem* Secularem ; nomine
enim Iudicis Secularis in materia fauorabili venire *Principem* , seu Iudicem supremum , nullum
inconueniens est , vt antea diximus. Vtrùm autem prædicti Authores ex propria, an ex aliorum
sententia præfatam solutionem attulerint , non
multum refert : Sufficit mihi *Siluestrum* asserere,
quòd ipsi ita sentiant : & propterea de industria
dixi , *verba* Siluestri *nostræ Responsioni fauere* , siue
ipsemet illi faueat siue non.

19   Et tametsi tum *Hostiensis* , tum fortasse *Io-*
annes Andreas probabiliorem existiment eorum
sententiam , qui dicunt, posse *Papam* Laicos ratione peccati à dignitatibus deponere , atque ita ex-
ponant Canonem, *Ad abolendam*, fatentur tamen,
vt suprà ostendimus, alios Doctores dicere, decretum *illud ideo valuisse* , seu vim obligandi habuisse,
quia Imperator præsens fuit , & consensit : quod
nostro instituto satis est. Nunc enim solùm contendimus , probabilem esse sententiam , quæ *ple-*
risque Doctoribus placet , eamque absque vlla hæ-
resios , erroris , temeritatis , alteriusue criminis
nota à quouis Catholico sustentari posse , nempe,
potestatem Ecclesiasticam iure diuino nullam pœnam ciuilem , vt sunt mors, exilium, bonorum priuatio &c. infligere posse , sed hoc tantùm Prælatos Ecclesiasticos sua doctrina , cósilio, præceptis,
                                                    atque

atque etiam Censuris Ecclesiasticis efficere posse,
vt talis pœna ciuilis, quotiescunque Ecclesiæ necessitas postulauerit, per Iudicem vel Principem
Secularem infligi queat.

    20 *Addo*, ait *Lessius*, ^f *Illud quod de Epis-*   f nu. 16 pag.
copo dicunt, solum intelligendum est, quando alia   36.
pœna crimini iure est constituta. Tunc enim non po-
test Episcopus, nec Archidiaconus imponere mul-
ctam pecuniariam, quia non potest mutare legem
Superioris. Secus quando nulla pœna iure est statuta,
aut cum ipse potest in ea dispensare, vt docet Glossa
& communiter Doctores in cap. Licet, *extra, de pæ-*
nis. Vide ibidem Panormitanum. *Alioquin si ge-*
neraliter intelligatur, constat falsum esse & erro-
neum.

    21 Fateor equidé, doctrinã à *Lessio* hîc traditã
esse posterioris *Glossæ* in cap. *Licet*, de pænis, si de
Archidiacono, aut *Iudice Ecclesiastico* sermo sit, de
quibus *Glossa* solùm loquitur (nam de *Episcopo*
ne verbum quidem, nisi nomine *Archidiaconi*,
aut *Iudicis Ecclesiastici* in materia odiosa Episco-
pum comprehendere velimus) Sed quod *Hosti-*
ensis, & *Ioannes Andreas* ex mente *Siluestri* ita sentiant, penitus inficiamur, tametsi eorum sententia ex mente *Siluestri* Panormitano non placeat;
Sed hoc ait Siluester, non placet Panormitano. Quin
etiam prior *Glossa* nostræ Responsioni satis fauet;
quæ exponens verbum illud canonis, *à Laicis,*
quærit : *sed quare à Laicis ?* & respondet, *quia*
forte sunt de sua Iurisdictione temporali, vel de con-
suetudine hoc habent, atque idem etiam *Hostiensis*
in cap. illud, *licet*, de pænis exponens idem verbum *à Laicis*, insinuat, *quia forte*, inquit, *de sua*
                                           iuris-

iurifdictione temporali erant fecundum quofdam,
fed confuetum eft *Leffio* diuerfas *Gloffas,* & *Gloffa-*
torum fententias confundere.

22   Quid autem communiter Doctores, aut
Panormitanus in cap. *Licet* de pænis, fentiant,
(quos, fi *Leffius*, qui Lectorem ad eos remittit,
ibidem perlegiffet, non adeo infcitè pronuncial-
fet, Hoftienfem, in cap. *Ad abolendam, neque*
in alios textus fcripfiffe) non eft ad propofitum,
cum *Almainus, Ioannes Parifienfis,* & *plerique Do-*
ctores communiter etiam contrarium teneant; neque enim repugnat duas planè contrarias effe de
eadem re fententias communes, tametfi vna al-
têra communior effe queat.   Et propterea, quod
Leffius in fine fubiunxit, *Alioquin fi generaliter in-*
telligatur, conftat falfum effe & erroneum, falfiffimum eft, & non abfque magna temeritate prolatum; cum *plerique Doctores* optimis rationibus nixi (quos proinde manifeftè falfitatis & erroris arguere, fumma temeritas eft,) exiftiment,
poteftatem Ecclefiafticam nullam pænam ciuilem, vt
funt mors, exilium, bonorum priuatio, &c. ex infti-
tutione diuina infligere, immo nec incarcerare quenquam poffe, *fed ad folam pænam fpiritualem exten-*
di, vt puta Excommunicationem, reliquas autem
pænas, fcilicet temporales, *quibus vtitur, ex iure*
purè pofitiuo, feu conceffione Principum effe.

g pag. 36.

23   Sed ecce quàm infcitè *Leffius* probet,g doctrinam hanc, quæ *plerifque Doctoribus placet,*
effe *manifeftè falfam & erroneam. Repugnat enim,*
ait ille, *communi Theologorum fententiæ.* Pulchrum
fanè argumentum, & Doctore tam celebri dignum *fcilicet.* Repugnat communi Theologorum

rum sententiæ, igitur constat falsum esse & erroneum. Quasi verò communis Theologorum sententia, quando alij contrà pugnant viri docti, satis sit ex *Lessij* mente ad illam doctrinam, vt manifestè veram, aut de fide certam, & contrariam, quæ *plerisque Doctoribus* placet, vt manifestè falsam, aut in fide erroneam conuincendam.

24 *Sed repugnat etiam*, ait *Lessius*, *praxi tribunalium Ecclesiasticorum per totum Orbem receptæ.* Hoc quidem ait *Lessius*, sed non probat, neque ex praxi tribunalium Ecclesiasticorum per totum orbem recepta probare potest, posse *Episcopos*, & multo minùs alios inferiores Ecclesiasticos Iudices per potestatem, quam iure diuino habent, vllam pœnam ciuilem infligere; de hac enim potestate Ecclesiastica duntaxat, quæ ex iure diuino originem ducit, iam quæstio est: Neque enim dubitamus, quin ex praxi tribunalium Ecclesiasticorum per totum orbem recepta satis probari queat, *Episcopos*, & eorum Ministros ex priuilegijs, & indulgentia *Principum* pœnas ciuiles infligere solitos esse.

25 *Sed & repugnat*, ait Lessius, [h] *ipsi Concilio* Tridentino, *quod sess* 25.*cap.*3.*de Reformat. inter cætera ita statuit*: In causis Iudicialibus mandatur omnibus Iudicibus Ecclesiasticis, cuiuscunque dignitatis existant, vt quandocunque executio realis, vel personalis in qualibet parte Iudicij propria authoritate ab ipsis fieri poterit, abstineant se tam in procedendo, quàm in definiendo à Censuris Ecclesiasticis seu Interdicto. *Hic apertè Conci-*

h pag. 36.

Concilium fupponit , Iudices Ecclefiafticos propria authoritate poffe quafdam pænas temporales non folùm ftatuere , fed etiam exequi in res & perfonas Laicorum. Idem clarius verbis fequentibus. Sed liceat eis, fi expedire videbitur, in caufis ciuilibus ad forum Ecclefiafticum quomodolibet pertinentibus, contra quofuis etiam Laicos per mulctas pecuniarias (quæ pijs locis ibi exiftentibus eo ipfo quo exactæ fuerint , affignentur) feu per captionem pignorum , perfonarumque diftrictionem per fuos proprios , aut alienos exequutores faciendam . aliaque Iuris remedia procedere , & caufas definire. *Eandem fententiam refutat* Panormitanus *in cap.* Licet, *de pænis.*

26   Veruntamen prędicta Concilij *Tridentini* verba noftræ fententiæ nullatenus aduerfantur. Neque enim inficiamur, poffe Epifcopos aliofque Ecclefiafticos Iudices quandoque *propria* authoritate pænas temporales infligere, ficut etiam *propria* bona temporalia habere dicuntur : Attaınen ficut bona illa temporalia quę poffident, **non** iure diuino , fed ex gratuita aliorum donatione, atque *Principum* confenfu illis competunt, & nihilominus *propria* ipforum bona , id eft, fua, immo Ecclefiaftica & fpiritualia bona , poftquam illis donata fuerint,dici poffunt: ita etiam authoritatem temporalem , feu poteftatem pænas temporales infligendi , quam ex conceffione *Principum* acceperunt , *propriam* ipforum authoritatem, id eft , fuam , immo Ecclefiafticam & fpiritualem authoritatem recté dici poffe cum *Ioanne Gerfonio* affirmamus. Attende enim quid

scrip-

scripserit *Gerson* : Et sunt , inquit , *qui dicunt,*
*pœnam hanc,*scilicet coercitionem pœnalis Excommunicationis , *Esse vltimam quam infligere possit*
Ecclesiastica potestas Iurisdictionis ex institutione
Christi sola primaria , sic quòd non extenditur ad in-
carcerationem , nec vt aliquis adiudicetur morti,
vel flagello corporali, sed facit hoc Ecclesiasticus, dum
facit ex concessione Principum quemadmodum mul-
tam ob eorum deuotionem Iurisdictionis temporalis
authoritatem Clerus accepit , quæ nihilominus Iu-
risdictio, vel Censura dicitur spiritualis , sicut &
Ecclesiasticorum bona temporalia propter dedicatio-
nem & applicationem ad eos , qui ministrant Ec-
clesiæ, sicut panes propositionis , primitiæ, & decimæ,
vasa insuper templi, vestes & similia dicebantur
in lege veteri sacra , vel sancta , sic & noua lex hoc
retinet.

27 In hoc igitur sensu verba illa [*propria au-*
thoritate] quibus Concilium *Tridentinum* loco
citato vtitur , intelligenda esse dicimus ; neque
aliam esse Concilij mentem ex toto illius capitis discursu, fine, & scopo colligi potest. Nam
præcipuus illius decreti finis est , vt Excommunicationis gladius, qui est Ecclesiasticæ disciplinæ neruus, & pæna quacunque temporali
atrocior, sobriè, & cum magna circumspectione
exerceatur, cum experientia doceat, si temerè aut
leuibus ex rebus incutiatur, magis contemni,
quam formidari , & perniciem potiùs parere,
quàm salutem : Et proinde mandatur omnibus
Iudicibus Ecclesiasticis, vt quandocunque in causis iudicialibus *propria sua authoritate* (siue ex expresso siue tacito *Principum* consensu hanc authoritatem

ritatem ſibi comparauerint) pænas ciuiles imponere, atque vel per ſuos *proprios*, aut alienos
Exequutores, vel in perſonis, vel bonis delinquen-
tium infligere poſſunt, abſtineant ſe tam in procedendo, quàm in definiendo à Cenſuris Eccleſiaſticis ſeu interdicto. Quem etiam ſenſum à
nobis explicatum illa Concilij verba [*vt quando-*
cunque propria authoritate &c.]ſatis indicant: ſig-
ficant enim non ſemper in cauſis Iudicialibus
executionem realem vel perſonalem à Iudicibus
Eccleſiaſticis, cuiuſcunque dignitatis extiterint,
propria ſua authoritate fieri poſſe , propterea
quòd Principes Seculares ex quorum conceſſione Iuriſdictionem ſuam temporalem Clerus
accepit, non omnimodam atque illimitatam,
ſed determinatam tantùm authoritatem ciuilem,
pænaſque ciuiles infligendi poteſtatem Prælatis
Eccleſiaſticis conceſſerunt. Vide etiam de hoc
Concilij *Tridentini* decreto plura inferius part. 3.
ſec.6.nu. 1 1.& ſeq.

    28   Neque *Panormitanus* in illud cap. *Licet*
de pænis affirmat , *Epiſcopum* poſſe pænam pecuniariam imponere Laico ſibi temporaliter non
ſubiecto ex authoritate, quæ illi iure diuino competit, de qua ſola nunc diſputamus , tametſi
parum referat , quid de hac re ſentiat vel *Panor-*
mitanus, vel alij *Canoniſtæ*, qui *plus ſatis authoritatis*,
teſte *Pio* 5. Papæ *tribuunt* , & directum Prælatorum Eccleſiaſticorum in temporalibus dominium rationibus infirmiſſimis freti nimis vehementer propugnant.

Sec.

Sectio VII.

In qua alia Authoris Responsio confirmatur, & quæ Lessius contra eam producit refelluntur.

1 POstquam testimonium *Glossæ* in can. *Hadrianus*, & *Delatori*, ad præfatam obiectionem à me propositam dissoluendam produxeram, aliam *Responsionem*, quam *Lessius tertiam* appellat, quæ tamen potius prioris confirmatio est, his verbis adiunxi [a]. His adde. quotiescunque *Summus Pontifex* generali constitutione aliquid temporale statuit, quod iuri alterius sibi in temporalibus non subiecti præiudicat, ad sola Romanæ Ecclesiæ territoria, seu B. *Petri* patrimonium, *in quo*, vt ait Papa *Innocentius*, [b] *& summi Pontificis authoritatem exercet, & Summi Principis exequitur potestatem*, constitutionem illam extendi, nisi contrarium exprimatur, quidam non improbabiliter existimant. Quibus fauere videtur *Glossa* in dictum cap. *Per venerabilem*, vbi affirmat, quòd *Dominus Papa non possit legitimare aliquem, quantum ad hoc, vt succedat in hæreditate paterna tanquam legitimus hæres, qui non sit de sua Iurisdictione temporali, sic enim esset mittere falcem in messem alienam, & vsurpare alienam Iurisdictionem, & priuare aliquem iure succedendi, quod non debet, & propterea quoad forum seculare non potest legitimare, nisi Princeps ei permiserit. Si autem Pontifex nequeat ex non legitimo facere legitimum, aut priuare aliquem iure succedendi,*

a Nu.49.
„
„
„
„b In cap.
Per venerabilem, Qui filij sint legitimi.
„
„
„
„
„
„
„
„
„
„

di,

“ di, non video quonam iure ex hęrede, & *Principe*
“ legitimo illegitimum efficere, aut aliquem
“ hæreditate, quam legitimè poſſidet, priuare
“ queat.

c Nu.18.
pag.38.

2   Iam aduerſus hanc Reſponſionem *Leſſius*
ita inſurgit ᶜ. *Sed neque hæc Reſponſio applicari
poteſt propoſito, niſi dicamus decretum* Concilij
*loqui de ſolis poteſtatibus Secularibus in ditione Pon-
tificis conſtitutis, quod eſt ridiculum, & apertè contra mentem, & verba* Concilij. *Cur enim re-
ſtringeret ad anguſtias ditionis* Pontificiæ, *quod in
alijs & remotioribus erat magis neceſſarium? Quid
opus ibi Synodo Epiſcoporum? Quid opus exponere
terram alijs occupandam, cum ipſe* Pontifex *ſuam
ſibi malit vindicare? Itaque nihil iſta ad rem faciunt, cum contrarium ex verbis decreti liqueat.*

3   Sed *inprimis*, nunquam mihi animus erat
hanc reſponſionem decreto *Lateranenſis* Concilij applicare, ſed alijs tantùm *Summorum Pontificum* decretis, vt Canoni *Nos ſanctorum*, *Abſolutos*, *Ad abolendam*, *Vergentis*, *Hadrianus*, *Delatori*, & ſimilibus, quæ pro poteſtate Papali bona
Laicorum confiſcandi, eoſque à dignitatibus deponendi, pænas temporales infligendi, & ſubditos à fidelitate abſoluendi communiter vrgeri
ſolent; Ad *Lateranenſe* Concilium ſatis antea
reſponderam, nempe *inferiores* tantùm *Dominos*
ex *ſupremorum* conſenſu, & non ipſoſmet *Principes ſupremos* in eo decreto, quod ad pænas temporales attinet, comprehendi.

4   *Deinde*, neque argumenta, quæ *Leſſius* adducit, adeo clarè demonſtrant, vt ipſe imaginatur, ridiculum eſſe, & apertè contra mentem &

verba

verba *Concilij* dicere, decretum illud de solis *Potestatibus Secularibus* in ditione *Pontificis* constitutis intelligendum esse, si semel supponamus, vti *Lessius* supponit, decretum illud non ex *supremorum Principum* consensu, sed ex sola *Summi Pontificis* authoritate totum suum robur, & obligandi vim habere.

5 *Cur enim*, ait *Lessius*, *restringeret ad angustias ditionis* Pontificiæ, *quod in alijs, & remotioribus erat magis necessarium?* Respondeo: Ideo necesse erat decretum illud ad angustias ditionis *Pontificiæ* restringere, nisi *Principum supremorum* authoritas ad illud condendum interuenerit, quia leges omnes iuxta potestatem *Principis*, qui eas condit, necessario extendendæ, vel restringendæ sunt, & *Summus Pontifex* nullam legem purè ciuilem, & quæ merè temporalia statuat, sancire potest, nisi in terris sibi temporaliter subiectis, in quibus *non solùm Summi* Pontificis *authoritatem exercet, sed Summi etiam Principis exequitur potestatem*: Cum igitur probabile admodum sit, potestatem Ecclesiasticam nullam pœnam ciuilem, vt sunt mors, exilium, bonorum priuatio &c. ex institutione diuina infligere posse, immo nec incarcerare, vt *plerisque Doctoribus placet*, vnde consequitur inflictionem pœnæ temporalis esse rem merè ciuilem, seu purè temporalem (nomine enim purè ciuilis illud nunc intelligo, quod tantùm per potestatem ciuilem, & non per Ecclesiasticam, fieri potest) hinc fit, vt non magis ridiculum sit dicere, decretum *Lateranensis* Concilij, in quantum pœnas temporales infligit, ad angustias ditionis *Pontificiæ*, nisi aliorum *Principum* Secularium

rium authoritate firmetur, restringendum esse,
quam sit ridiculum cum *plerisque Doctoribus* asserere, potestatem Ecclesiasticam nullam pænam
ciuilem ex institutione diuina, sed solùm ex *Principum* concessione, aut consensu infligere posse.

6 Duo siquidem decreta de hæreticis exterminandis in *Lateranensi* Cócilio distingui possút:
Vnum spirituale & merè Ecclesiasticum, v pote à
potestate merè Ecclesiastica procedens, in quo
pæna Excommunicationis aduersus Dominos
temporales decernitur qui requisiti & moniti ab
Ecclesia terras suas ab hæreticâ sæditate purgare
neglexerint, & hoc decrètum, cum pænas tantùm spirituales infligat, & proinde merè spirituale sit, ad quascunque prouincias absque supremorum *Principum* consensu extendi posse nequaquam inficiamur; *alterum* est, in quo pænæ ciuiles aduersus eiusmodi Dominos infligendæ decernuntur, & hoc decretum, cum merè ciuile
sit, neque à potestate Ecclesiastica quâ talis, ferri
possit, vt *plerisque Doctoribus placet*, ad sola Ecclesiæ territoria restringendum, & non ad cæteras Christiani Orbis Prouincias extendendum
esse adeo manifestum est, vt contrarium asserere,
præfata posita hypothesi quæ *plerisque Doctoribus
placet*, planè ridiculum esse affirmare non dubi-
temus.

7 Secundò, ait *Lessius, quid opus ibi Synodo Episcoporum ?* Respondeo. Non erat quidem ibi opus
Synodo Episcoporum, vt *Pontifex* Potestatibus,
aut Dominis temporalibus illi temporaliter subiectis pænas temporales infligendas decerneret,
neque ad talem legem ferendam Synodum con-
gregare

gregare neceſſarium erat, ſed cum Synodus
Epiſcoporum iam ob alias cauſas congregata eſſet, nullum erat incommodum, necdum ridiculum, quod *Summus Pontifex*,vt populo ſibi temporaliter ſubiecto plenius ſatisfaceret,legem illam
tam graues pænas temporales continentem, cum
conſilio & conſenſu Prælatorum, qui tuncade-
rant, ſanciendam & promulgandam curaret:
Sicut etiam non eſt opus Collegio Cardinalium, vt *Pontifex* ſimile decretum contra quoſcunque Dominos ſibi temporaliter ſubiectos
condat, non tamen eſt inconueniens, quòd, cum
Cardinales alias ob cauſas iam congregati ſint,
decretum illud in pleno Conſiſtorio cum conſilio & conſenſu omnium Cardinalium ſanci-
atur.

8 Tertiò, *quid opus*, ait *Leſſius*, *exponere terram*
alijs occupandam, *cum ipſe Pontifex ſuam ſibi malit*
vindicare? Reſpondeo. Et quid opus erat *Impe-*
ratori, qui idem planè decreuit, exponere terram
alijs occupandam, cum ipſe *Imperator* ſuam ſibi
malit vindicare? Adeo vt quàm ridicula ſit hæc
ratio, ipſemet *Leſſius* ex *Imperatoris* Edicto clarè
perſpicere queat. Itaque prædicta noſtra Reſponſio multùm ad rem faceret, tametſi illam *La-*
teranenſis Concilij decreto applicaremus, neque
ex verbis decreti impugnari poſſet, dummodo
ſupponamus, quòd *pleriſque Doctoribus placet*,
poteſtatem Eccleſiaſticam nullam pænam ciuilem ex diuina inſtitutione, ſed ex ſola *Principum*
conceſſione atque conſenſu infligere poſſe, atque
præfatum *Concilij* decretum (quod ad pænas
temporales attinet) ex ſola *Summi Pontificis*, aut

I

Eccle-

Ecclesiæ,& non Secularium *Principum* authoritate
ratum & validum eſſe.

9   Ad Confirmationem ex *Gloſſa Leſſius* ita
reſpondet. *Admitto Gloſſam, quia tantùm vult
dicere, Papam ordinariè non poſſe extra limites ditionis ſuæ temporalis ad temporalia legitimare, ſicut
poteſt ad Spiritualia, quæ eſt communior ſententia
Doctorum. Et ſatis apertè colligitur ex cap.* Per
venerabilem, *Qui filij ſint ligitimi. Hinc tamen non
ſequitur, quin poſſit in certo caſu, quando Eccleſiæ
neceſſitas id poſtularet: Vt ſi alioquin Regnum deuolueretur ad hoſtes Eccleſiæ, vt paſſim Doctores
ibidem tradunt: Et* Couar. *in* 4.*decretal.* 2.*p.*§.8.
*nu.*16. Molina *tom.* 1. *de Inſtitia diſp.*137. *Et inſinuat* Innocentius *tertius dicto cap.* Per venerab.
cum ait, Rationibus inducti, Regi gratiam feci-
mus requiſiti ; cauſam tam ex veteri, quàm ex
nouo Teſtamento trahentes, quòd non ſolùm
in Eccleſiç patrimonio (ſuper quo plenam in
temporalibus gerimus poteſtatem) verùm etiam
in alijs regionibus, certis cauſis inſpectis temporalem Iuriſdictionem caſualiter exercemus. Non
quòd alieno iuri præiudicare velimus, ſed quia,
ſicut in *Deuteronomio* continetur &c. *Vbi probat hanc poteſtatem ex veteri & nouo Teſtamento.
Ex quibus patet ſolutio argumenti Aduerſarij: Sicut
enim Papa abſque neceſſitate Eccleſiæ ex illegitima
prole non poteſt facere legitimam ad temporalia, ita
nec ex legitimo Principe illegitimum. Quando verò
neceſſitas, & merita cauſæ id poſtulauerint, vtrumque poteſt.*

10   Sed quòd *Gloſſa* illud dicere voluerit, cuius contrarium verbis expreſſis aſſerit, dicit
Leſſius,

d Nu.19.
pag.39.

Lessius, sed nullatenus probat, & proinde dictum
eius, sicut gratis & absque ratione asseritur, ita
meritò, cum textum ipsius *Glossæ* corrumpat, reij-
citur. *Glossa* enim apertè dicit, *non posse Papam
legitimare aliquem quoad forum seculare, & quantum ad hoc, vt succedat in hæreditate paterna, qui non
sit de sua Iurisdictione temporali, nisi Princeps ei
permiserit*, id est, nisi in casu quo *Princeps* id ei
permittet, *Hoc enim esset mittere falcem in messem
alienam, & vsurpare alienam Iurisdictionem quod
non debet*, & *Lessius* ait, hoc *Glossam* velle dicere,
quòd *Papa possit aliquem legitimare quoad forum
Seculare qui non est de sua Iurisdictione temporali,
etiam in casu quo Princeps id ei non permittet*, quæ
est manifesta verborum *Glossæ* corruptio; qualis
interpretatio, seu potius textus euersio absque
ratione admitti non debet, & eo magis, quòd
alij etiam *Glossatores* prædictam *Glossæ* sententiam amplectantur, vt constat ex *Hostiensi*, qui exponens hunc Canonem *Per venerabilem* (tametsi
Lessius imperitè admodum dicat, *Hostiensem* neque in Canonem *Ad abolendam* scripsisse, neque
in alios textus) ita scribat: *Sed & in cæteris mundi partibus inter Christianos vbique in certis causis
hanc potestatem legitimandi quoad temporalia Papa
habet, quicquid glosassent Magistri contrarium
asserentes & definientes, sed salua pace ipsorum
huic dicto suo non adhæremus &c.* Et proinde in-
concussum manet argumentum, quod ex horum
Glossatorum & *Magistrorum* (de quibus *Hostiensis*
honorificè & cum reuerentia loquitur, *salua*, inquit, *pace ipsorum*) doctrina confecimus, nempe
si *Pontifex* ex horum sententia nequit ex non le-

gitimo facere legitimum, aut priuare aliquem ſibi
temporaliter non ſubditum iure ſuccedendi, *niſi
in caſu quo Princeps id permiſerit*, conſequenter
etiam, neque ex hærede aut *Principe* legitimo illegitimum efficere, neque aliquem ſibi temporaliter non ſubditum hæreditate. quam legitimè poſſidet, priuare etiam poteſt.

11   Neque ad rem facit, quòd *communior
Doctorum ſententia* vt *Canarruuias*, *Molina*, &
paſsim Doctores tradant, poſſe *Papam* in certo caſu,
vt ſi alioquin Regnum deuolueretur ad hoſtes
Eccleſię, extra limites ſuæ ditionis temporalis
legitimare ad temporalia, ſicut poteſt ad ſpiritualia ; Iam enim non quæritur, an Doctores paſſim, communiter, aut etiam communiſſimè id
doceant, ſed ſolùm an Magiſtri & Expoſitores
Iuris Canonici contrariam ſentétiam amplectantur, nempe quòd *Papa* non poſſit aliquem, qui
non ſit de ſua Iuriſdictione temporali, ad temporalia legitimare, niſi in caſu quo *Princeps* id permiſerit, quique ideo nulla hæreſeôs, erroris,
aut temeritatis nota meritò aſpergi debent, quod
adeo manifeſtum eſſe ex *Gloſſa* & *Hoſtienſi* iam
oſtendimus, vt nemo qui ſe *Doctorem* profitetur, abſque ſumma impudentia id inficiari
queat.

12   Et tametſi *Innocentius* tertius in dicto capite per *Venerabilem*, contrariam *ſententiam* vt ait
*Leſſius, inſinuare videatur, quando ait, verùm etiam
in alijs regionibus. certis cauſis inſpectis temporalem
Iuriſdictionem caſualiter exercemus* ; hæc tamen
verba optimè in eo ſenſu quo *Gloſſa* expoſuit, intelligi poſſunt, vt ſcilicet *Papa* etiam in alijs regionibus

onibus certis causis inspectis temporalem Iurisdictionem *casualiter*, id est, in casu, quo *Princeps*
id permiserit, exerceat. Neque certè in alio sensu, iuxta Aduersariorum doctrinam, qui totam
authoritatem seu Iurisdictionem, quam *Pontifici*
iurediuino concedunt, spiritualem non temporalem esse contendunt, verba illa commodè exponi possunt, cum ipsi fateantur, *Summum Ponti-*
ficem, etiamsi in Ecclesiæ quidem patrimonio &
temporalem & spiritualem potestatem seu Iurisdictionem exerceat, in alijs tamen regionibus
temporalem Iurisdictionem non nisi *casualiter*,
id est, in casu quo *Principes* id permittent, exercere posse. Sed Aduersarij, & præsertim
Cardi. *Bellarminus*, vt alias monumus, in hac
re non satis sibi constant, dum doctrinæ *Cano-*
nistarum de directo *Summi Pontificis* in temporalibus dominio fundamenta iaciunt, & nihilominus eorum doctrinam vehementer impugnare prætendunt; Asserunt enim aliquando,
Ecclesiam, cuius caput est Summus Pontifex,
ex potestate temporali & spirituali constatam esse,
& Rempublicam politicam, & Ecclesiasticam v-
nam totalem Rempublicam, quæ est Ecclesia, cuius caput est Summus Pontifex, *constituere.*
Et nihilominus alibi affirmant, *Summum Pon-*
tificem ex institutione Christi *nullam habere pro-*
priè temporalem potestatem, neque Ecclesiam ex tem-
porali potestate, quæ formaliter temporalis est, sed ex
sola spirituali potestate constitui.

13 Neque *Innocentius* tertius ex veteri aut nouo *Testamento* aliud probàt, quàm non repugnare
statui Sacerdotum, quòd spiritualem Iuris-

I 3   dictionem

Bell. lib. 5. de
Rom Pont.
cap 7. et in
Tract. contra.
Barcl. cap. 13.
et in *Schulck.*
pag 195. 199.
Idem *Bell.* in
Tract contra
Barcl. cap 12.
pag 137. & in
Schulcken. pag.
203.

dictionem ex *Christi* inftitutione, & temporalem
ex *Principum* ac populi conceffione exerceant,
adeo vt Dominatio temporalis & fpiritualis in eadem perfona fimul aliquando refideant. *Primò*
enim affert textum illum *Deuteron.* 17. *Si difficile*
& *ambiguum apud te iudicium effe perfpexeris* & c.
Sed *Gloffa* ibidem illum textum ita intelligit, *vt in*
caufis fpiritualibus recurrendum fit ad Sacerdotes, in
temporalibus ad *Iudices* vel *Principes* Seculares, &
in mixtis quæ non poffunt determinari ab vno fine alio
ad vtrofque vt in ædificatione templi, quæ non poterat
fieri fine poteftate Regia, nec difponi abfque Sacer-
dotali ordinatione: Et in comburendis hæreticis fimile iam in nouo *Teftamento* contingit: Spectat
enim ad Prælatos Ecclefiafticos declarare quid
fit hærefis, & quinam fint hæretici, & ad *Principes*
feculares petinet eos morti adiudicare, pænifque
temporalibus coërcere.

14   *Deinde* vrget verba illa Matth. 18. *Quod-*
cunque ligaueris fuper terram & c. Sed hunc locum
antiqui Patres, & Doctores paffim, vt alibi [e] explicauimus, interpretantur de ligatione, & folutione
fpirituali non temporali, de poteftate peccatorum
non debitorum vincula relaxandi, atque fpiritualem anathematis mucronem, non gladium materialem aduerfus delinquentes exerendi.

Poftremò, illud 1. Cor. 6. producit, *Nefcitis quo-*
niam Angelos iudicabimus, quanto magis fecularia?
Sed hunc locum, quem alibi [f] ficut & priora fufè
examinauimus, de *Arbitris*, & qui ex confenfu
partium litigantium Iudices eliguntur, intelligendum effe Doctores cómuniter tradunt. [g] Adeo
vt verba illa hoc tantùm oftendant, Chriftianos
etiam

[e] In Apolog.
n. 35. 36. et in
Confutat.
Anglicana
Tho. Fitzherb.
part. 3. c. 5.
fec. 3.
[f] In *Apolog.*
nu. 270. et feq.
in *Append.*
contra *Sua-*
rez. part. 1.
fec. 8, nu. 3. et
fufius in *Con-*
futat. Anglic.
Tho. Fitzh.
part. 3. c. 2.
[g] S. *Chryfoft.*
Iuftinianus,
Cornel. a Lapi-
de, et *Eftius* in
hunc locum
Abulenf. q. 96.
in cap. 20.
Matth. *Al-*
m. in. de poteft.
Ecclef. et
Laica q. 1. cap.
10. *Salmeron*
tom. 14. difp.
49. et alij.

etiam Ecclesiasticos non esse indignos, qui de temporalibus iudicent, sed posse eos licitè. vel ex *Principis*, vel ex Partium litigantium consensu secularia iudicia, aut tanquam *Iudices legitimos*, si à *Principe* potestatem accipiant, aut tanquam *Arbitros*, si à partibus legitantibus constituantur, exercere.

Atque hinc Aduersarij satis perspicere possunt, nisi penitus cæcutire velint, quòd quo magis sententiam nostram improbabilem esse probare satagunt, eo magis probabiliorem atque certiorem reddant, suæque causæ imbecillitatem manifestiùs prodant. Iam *tertiam*, & vltimam *Responsionem* discutiamus.

Sectio VIII.

In qua tertia & vltima Authoris *Responsio expenditur*, & quæ Lessius *contra eam obijcit, refutantur.*

1	REstat nunc, vt *tertiam*, & vltimam *Responsionem* nostram, quæ his verbis continetur, [a] examinemus. *Tertia Responsio est*, decretum illud Concilij *Lateranensis* non esse *rem fidei*, sed *facti* duntaxat, in quo tam *Papa*, quàm *Patres* illi proprias sequuti opiniones errare poterant, neque *Concilium* determinasse talem depositionem futuram, vel à potestate indubiè legitima processisse, vel à sola Ecclesiastica absq; *Principum* consensu authoritate dimanasse. Et propterea non affert illorum *Patrum* opinio maiorem certitudinem pro authoritate Papali *Principes* deponendi, quàm

[a Nu. 50.]

" quàm fi extra *Concilium* fententiam fuam declaraf-
" fent, cum hoc folùm ex certa Ecclefiæ Catholicæ
" doctrina colligi poffit, infallibilem fancti Spiritus
" afsiftentiâ non factis, & probabilibus *Pontificum,*
" aut *Conciliorum* opinionibus, fed definitionibus
" duntaxat à *Chrifto* Domino promiffa-effe.

" Mitto nunc verba illa, *vt extunc ipfe Vafallos ab*
" *eius fidelitate denunciet abfolutos,* nonnullam diffi-
" cultatem continere, quæ fi in illis vim facere veli-
" mus, folùm significare videntur, proprium effe
" *Pontificis* fubditos à fidelitate non verè abfoluere,
" fed abfolutos tantùm declarare.

2 Hæc erat *tertia,* & vltima Responfio, quam
de induftria idcirco adiunxi, vt inde *Lector* clarè
perfpiceret, non poffe ex ifto *Lateranensis* Concilij
decreto (ita enim illud iam appellabimus, nam
non effe verè, & propriè decretum ex Aduerfariorum fententia paulo infra b oftendemus) sufficienter demonftrari (vti *Lessius* prætendit) *certum*
effe & de fide, penes Summum *Pontificem* effe ex
inftitutione diuina poteftatem, pænas ciuiles infligendi, *Principes* fupremos fuis dominijs priuandi,
aut eorum fubditos à temporali fidelitate abfoluendi. Et quantumuis *Lessius* in hac Responfione
impugnanda me imperitiæ, & meræ defperationis
accufet, in ea tamen ipfemet miram fraudem, &
ignorantiam, ne dicam, defperationem non minùs quàm in præcedentibus prodit: Ita enim incipit. c

3 *Sicut in cæteris folutionibus Aduerfarij fe parum*
intelligentes rerum, de quibus difputant, oftendunt,
ita & in hac quarta (quam tertiam appellare debu-
iffet) *Primo, dum ita loquuntur : Non effe rem fidei,*
fed

b nu. 18.

c nu. 21.
pag. 41.

sed facti, quasi hæc duo se mutuo excludant, cum in-
numera quæ sunt facti, sint fidei. Res facti distin-
guitur contra rem Iuris, non contra rem fidei.

Sed *imprimis*, quare *Lessius* adeo intelligens rerum de quibus disputat, tam fraudulenter omisit
particulam illam [*duntaxat*] quam ego de instituto apposui ? Dixi enim decretum illud *non esse*
rem fidei, sed facti duntaxat, id est, esse talem *rem*
facti, quæ *non est fidei.* Nam tametsi *res fidei*, &
facti non se mutuo excludant, cum innumera quæ
sunt *facti*, sint etiam *fidei*, attamen *rem fidei*, &
rem facti duntaxat non se mutuò excludere, aut a-
liqua quæ sint *facti duntaxat*, esse *fidei*, illi soli
qui parum intelligentes sunt rerum de quibus disputant,
affirmare queunt. *Deinde*, an non obsecro, *res fi-*
dei sunt *res iuris* ? res enim fidei de iure diuino
esse omnes norunt ; qui igitur *rem facti duntaxat*,
distinguit contra *rem fidei*, eum etiam *rem facti*
duntaxat contra *rem iuris diuini* distinguere adeo
clarum est, vt nemo, nisi *qui parum intelligentes sunt*
rerum de quibus disputant, id inficiari possit.

4 *Secundò, dum decretum Concilij*, ait *Lessius*,
volunt esse rem facti. Quamuis hoc dicere non tam
videatur imperitia quàm mera desperatio. Quis enim
ignorat decreta vniuersalia ad omnes pertinentia non
esse res facti, sed ad ius commune pertinere ? Quæstio facti est, v. g. *An Henricus 4. Imperator legiti-*
mè fuerit excommunicatus, & depositus ? Quæstio
Iuris est, *An Principes Ecclesiæ persequutores, &*
grauissimorum scelerum rei possint à Summo Ponti-
fice excommunicari & deponi, si sint incorrigibiles ?
In illa potest committi error, si nimirum crimina
falso imponantur, & testes per calumniam deponant;

in hac

in hac verò re Concilium errrare non poteſt, quia agi-
tur de poteſtate Eccleſiæ, & neceſſaria doctrina; neque
deciſio pendet à teſtibus aut factis humanis, ſed ex
verbi diuini partim ſcripti, partim traditione accepti
interpretatione, in qua Eccleſia errare non poteſt, vt
modò ſuppono. Nam infra de ea re paulo fuſius. Ita-
que luce meridiana clarius eſt, decretum Concilij, cum
de nullo Principe particulari agat, ſed de Principibus
in genere, qui hæreticos fouent, eſſe rem Iuris, non
facti. Sed placuit Aduerſarijs vocare rem facti, vt
abſque manifeſta hæreſis nota, poſſent dicere, Concilium
in eo decreto erraſſe. Sed ſiculneum planè hoc præſidi-
um, vt poſtea domonſtrabitur.

    5 Sed *imprimis* placuit *Leſsio* particulam illam
[*duntaxat*] fraudulenter omittere, vt ita aliquo
quæſito colore clarum & apertum illius diſtincti-
onis inter *rem fidei*, & *facti duntaxat* ſenſum in-
uertere, meque non ſolum imperitia, verùm mera
etiam deſperatione faciliùs notare poſſet, cum tamen particula illa [*duntaxat*] diſtinctionem
quam adhibui, inter decretum, ſeu *rem fidei*, &
decretum, ſeu *rem facti duntaxat*, manifeſtam reddat. Conſtat enim decretum *fidei* illud eſſe, in quo
aliquid à fidelibus credendum decernitur, & decretum *facti duntaxat* eſſe illud, in quo aliquid non
credendum, ſed faciendum, vel non faciendum
proponitur. Notum quoque eſt, decretum *Late-*
ranenſis Concilij de hæreticis ab Eccleſia notatis
ſub pæna priuationis bonorum temporalium exterminandis, eſſe decretum *facti*, cum in eo aliquid
faciendum, nempe hæreticorum exterminatio, &
temporalium Dominorum depoſitio decernatur;
Et quoniam decretum illud non à poteſtate Eccleſiaſtica

siastica quæ sola res *fidei* certò definire poteſt , ſed
à ciuili , atque ex *Principum* conſenſu totum ſuum
robur, & vim obligandi habet,vt nunc contendo,
cùm poteſtas Eccleſiaſtica, vt *pleriſque Doctoribus
placet* , nullam pænam ciuilem, vt ſunt mors , exilium, bonorum priuatio &c. ex inſtitutione diuina infligere poſſit, neque in eo decreto aliquid
credendum proponitur, aut illud à poteſtate propriè, ſeu verè Eccleſiaſtica ſancitum eſſe declaratur, idcirco decretum illud, non eſſe decretum, ſeu
rem fidei, ſed facti duntaxat in dicta Reſponſione
affirmaui. Sed placuit *Leſſio,* qui non parum intelligens rerùm de quibus diſputat,haberi vult, decretum *fidei* , in quo aliquid credendum proponitur, à decreto *facti duntaxat*,in quo nimirum aliquid faciendum duntaxat, & non credendum decernitur , nequaquam diſtinguere , vt ita me tanquam parum intelligentem rerum de quibus diſputo, liberiùs increpare poſſet.

    6   Sed obijciunt aliqui , in quolibet decreto
Eccleſiaſtico, in quo aliquid faciendum præcipitur, præſertim ſi decretum generale ſit , impliciti-
tè ſaltem inuolui decretum *fidei,* in quo nimirum
implicitè ſaltem credendum decernitur , decretum illud *facti* ab authoritate verè legitima dimanaſſe , neque enim neceſſarium eſt, vt *Concilium*
declaret, quanam authoritate decretum aliquod
generale, in quo aliquid faciendum decernitur,
ſancitum fuerit , ſed ſupponendum ab omnibus
Catholicis eſt,decretum illud , ſi generale ſit, &
ad totam Eccleſiam pertinens, ab authoritate verè legitima dimanaſſe. Certum enim eſt , *Eccleſiam* , ſeu *Concilium* generale in generalibus morum

rum decretis, & quæ ad totam Ecclesiam pertinent, errare non poſſe.

7 Reſpondeo *primùm*. Quanam certitudine credendum ſit, *Eccleſiam* in generalibus morum decretis, & quæ ad totam Ecclesiam pertinent, errare non poſſe, inferiùs cum *Leſſio* examinabimus, quomodo autem decretum *Lateranenſis* Concilij, quod ad pænas temporales attinet, ad totam Ecclesiam non pertineat, ſuperiùs
à nobis explicatum eſt.

8 Reſpondetur *ſecundò*. Tametſi non ſit
abſolutè neceſſarium, vt *Concilium*, ſeu *Eccleſia*
declaret, quanam authoritate, Eccleſiaſtica nimirum, & ſibi diuinitus conceſſa, an ciuili & ab
hominibus deriuata, decreta ſua generalia, quæ
pænas præſertim infligunt, ſancita fuerint, quamdiu apud omnes Catholicos conſtat, ea authoritate Eccleſiaſtica condita eſſe, attamen quamdiu
controuerſia eſt inter Catholicos, an poteſtas Eccleſiaſtica ex *Chriſti* inſtitutione pænas ciuiles infligere poſſit, ad hoc vt Catholici credere teneantur, decreta alicuius *Concilij* quæ pænas ciuiles verbis generalibus infligendas decernunt, à
poteſtate verè Eccleſiaſtica tetum ſuum robur &
obligandi vim accipere, neceſſarium eſt vt *Concilium* declaret, ſe authoritate Eccleſiaſtica, &
non ciuili talia decreta condidiſſe. Alioquin in
promptu ſemper erit Reſponſio, quæ *pleriſque
Doctoribus placet*, nempe poteſtatem Eccleſiaſticam nullam pænam ciuilem ex inſtitutione diuina, ſed ſolùm ex conceſſione, & conſenſu *Principum* infligere poſſe, & proinde eiuſmodi decre-

ta

ta non authoritate Ecclesiastica , sed ciuili , & ex consensu *Principum* facta esse.

9 Illa deinde , quæ *Lessius* postremo addit , *nempe luce meridiana clarius esse , decretum concilij agere de Principibus in genere , qui hæreticos fouent,* & me *decretum illud rem facti vocasse , vt absque manifesta hæresis nota dicere possem , Concilium in eo decreto errasse ,* falsissima sunt , & manifeste ostendunt , vel *Lessium* dormitantem hæc scripsisse , vt lucem meridianam aspicere non posset , vel rerum de quibus disputat , parum intelligentem esse ; Neque enim mihi vnquam in mentem venit asserere , *Concilium* in eo decreto errasse , vt ipse comminiscitur , neque meridiana luce clariùs est , *Concilium* in eo decreto de *Principibus* in genere locutum esse , cum de *inferioribus* tantù n *Dominis* ex Supremorum *Principum* consensu decretum illud intelligendum esse ex probabilissima plurimorum Doctorum sententia clarissimè euicerimus.

10 Ex his igitur perspicuum est , decretum *Lateranensis* Concilij , tametsi vniuersale sit , & non de particulari aliquo Domino agat , sed de Dominis temporalibus in genere qui hæreticos fouent , esse decretum *facti duntaxat* , in quo scilicet aliquid faciendum decernitur , & non esse decretum *fidei* , in quo nimirum aliquid credendum proponitur , aut aliqua quæstio *fidei* , seu iuris diuini definitur. *Quæstio iuris est,* ait *Lessius,* An *Principes Ecclesiæ persequutores , & grauissimorum scelerum rei possint , si incorrigibiles sint , à Summo Pontifice ,* authoritate nimirum propriè Ecclesiastica *deponi.* Iam nemo, qui intel-

telliges est rerum de quibus disputat, affirmare potest, isto *Lateranensis* Concilij decreto definitum esse, Dominos temporales qui hæreticos fouent, (nam de *Principibus* supremis *Concilium*, vt supra comprobauimus non loquitur) authoritate Ecclesiastica deponi posse. *Concilium* enim solummodo decernit, Dominos temporales qui hæreticos fouent, deponendos, seu potius depositos esse, sed quanam authoritate, Ecclesiastica nempe, an ciuili, deponendi, seu potiùs depositi sint, indefinitum relinquit.

d nu.22.pag. 43.

11   *Tertiò patefaciunt imperitiam* ,ait *Lessius,* d *cum ostendunt , se non intelligere illa verba Concilij;* Vasallos denunciet absolutos. *Non enim ibi significatur , Pontificem non posse subditos à fidelitate absoluere , sed Excommunicationem hanc vim habere , vt simulatque per Synodum in Principem publicè lata fuerit , subditos ab obligatione parendi soluat ,* iuxta cap. *Nos Sanctorum* 15. q.6. *ac proinde vt id omnibus constet , solùm opus esse sententia declaratoria , quæ tamen sententia declaratoria non satis est , vt alijs Principibus Ius sit illius Regni occupandi , sed opus est ad hoc peculiari sententia , qua id ius tribuatur. Vnde Concilium vtrumque distinctè ponit, & Summo Pontifici vtrumque tribuit.*

12   Sed nemo profectò, nisi qui manifestam imperitiam patefaciet, affirmare potest, verissimum non esse id quod ego asserui, nempe, verba illa , *Vasallos denunciet absolutos* , nonnullam difficultatem contineri ; et si in illis vim facere velimus, solùm (propriè loquendo) significare, *Pontificem* ex vi illius decreti Vasallos à fidelitate non verè absoluere, sed absolutos tantùm declarare.

rare. Veluti si Concilium *Tridentinum* hoc solum statuisset, quòd *omnis vtriusque sexus fidelis poʒʔquam ad annos discretionis peruenerit, omnia sua peccata confiteatur fideliter semel in anno proprio Sacerdoti, vt extunc ipse eum denunciet à peccatis absolutum*, quis, obsecro, vir peritus ex illis verbis propriè acceptis concludi posse contenderet, propriū esse Sacerdotū noui Testamenti, non tantùm à peccatis absolutos denunciare, verùm etiam & à peccatis verè absoluere. Pari igitur ratione ex illis *Lateranensis* Concilij verbis propriè acceptis (verba autem legum semper in proprio sensu accipienda sunt, nisi quidpiam impediat) concludi nequit, posse Summum *Pontificem* Vasallos à fidelitate verè absoluere, sed absolutos tantùm denunciare.

13 *Sed ibi significatur*, ait *Lessius*. *Excommunicationem eam vim habere, vt simulatque per Synodum in Principem lata fuerit, subditos ab obligatione parendi soluat*, iuxta cap. *Nos sanctorum*. 15. q. 6. Sed esto, verum sit istud (tantùm disputationis gratia) quod tamen omnino falsum est: verum etiam sit, quod temerariè & falsissimè docuit *Philopater, certum esse, & de fide, quemlibet Principem Christianum, si à Religione Catholica manifestè deflexerit, & alios auocare voluerit, excidere statim omni potestate, ac dignitate ex ipsa vi etiam Iuris diuini, &c.* Vera etiam sit illa *Wiclefsi* doctrina in Concilio *Constantiensi* condemnata, *nullum esse Dominum ciuilem in peccato mortali existentem*, in his inquam casibus, tantùm ex hypothesi veris, fateor, posse Summum *Pontificem* tales *principes* & Dominos denunciare depositos,

&

& eorum Vaſallos à fidelitate abſolutos , cum
denunciare, ſeu declarare Ius diuinum , naturale,
& Eccleſiaſticum res ſpiritualis ſit , & ad poteſtatem Eccleſiaſticam , vt *directiua* eſt , de qua iam
non agimus , ſpectet , ſed qui inde interri poſſe
contenderet, eſſe idcirco in Summo *Pontifice* poteſtatem *Principes* hæreticos , aut excommunicatos , verè deponendi , eorumque Vaſallos à fidelitate verè abſoluendi, cum res temporalis ſit,
& *inflictio* pænæ ciuilis , atque ad poteſtatem tantùm ciuilem , vt *coercitiua* eſt , pertineat , manifeſtam vtique imperitiam patefaceret. Non igitur ex illis Concilij verbis propriè acceptis , *Vaſallos denunciet abſolutos* , ſed aliunde peti debent
argumenta ad probandum , penes *Pontificem* eſſe
poteſtatem Vaſallos à fidelitate verè abſoluendi,
& non ſolùm abſolutos denunciandi.

14 Deſinat igitur *Leſſius* prædicta *Concilij*
verba aduerſùs noſtram doctrinam deinceps vrgere, nam ad poteſtatem Eccleſiaſticam Vaſallos
a fidelitate verè abſoluendi communiendum ſiculneum planè præſidium eſt , & ad alia præſi-
dia magis firma, veluti ad Canonem, *Nos ſanctorum* ſi placuerit , confugiat , vt inde nouam
ſuam Catholicam *ſcilicet* fidem ſtabiliat , atque
demonſtret , poteſtatem Eccleſiaſticam , vt *coercitiua* , ſeu punitiua eſt , ad pænas temporales ex
Chriſti inſtitutione , & non tantùm ex *Principum
conceſſione* infligendas extendi ; & poſſe Summum *Pontificem* iure diuino Vaſallos à temporali fidelitate non abſolutos tantùm declarare,
verùm etiam reuera abſoluere , & Dominos temporales non tantùm depoſitos , ſeu dominijs ſuis

priua-

priuatos denunciandi, sed verè etiam deponendi,
seu dominijs, quibus ante sententiam eius non
erant priuati, priuandi potestatem habere.

15   Quod verò ait *Lessius*, *Excommunica-*
tionem hanc vim habere, *vt simulatque per Syno-*
dum in Principem publicè. lata fuerit, *subditos ab·*
obligatione parendi soluat, iuxta cap.   *Nos sancto-*
rum, 15. quæst. 6. & falsum est, & Theologis
suæ Societatis, nempe *Francisco Suarez*, &
Martino Becano repugnans, vt alibi ᵉ fusiùs
commonstraui.   Nam tametsi in Canone *Nos*
sanctorum, qui à *Gregorio* septimo in Synodo-
Prouinciali Romana est editus, illi, qui excommunicatis fidelitate, aut Sacramento constricti
sunt, à Iuramento absoluantur, sicut etiam per
Constitutionē Imperatoris *Frederici*, illi, qui per
annum in Excommunicatione permanent, banno.
subijciantur, non tamen hinc sequitur, pœnas
illas esse ipsius Excommunicationis effectus, aut
ipsam Excommunicationem vim habere tales pœnas temporales inferendi, sed *solùm esse speciales*
pœnas, vt rectè dixit *Suarez*, *simul cum Excommu-*
nicatione impositas, *sicut cum hæreticus excommuni-*
catur, *& priuatur Domino rerum suarum*, *non est*
hæc priuatio, ait *Suarez*, *effectus excommunicatio-*
nis, *sed pœna quædam simul cum illo coniuncta.*

16   Neque Canon ille, *Nos Sanctorum*, de
Principibus loquitur, vti *Lessius* falsò affirmat,
neque editus est à Summo *Pontifice*, quâ propriè
spirituali præditus est potestate, quæ, vt *plerisque*
Doctoribus placet, nullam pœnam ciuilem, vt
sunt mors, exilium, bonorum priuatio, &c. ex
institutione diuina infligere potest, sed vel per

K   ciui-

ᵉ In *Apolog.*
nu. 348.
In *Disputat.*
*Theolog.cap.*4.
sec.1.
In *Appendice*
aduersus *Sua-*
rez part 2.
sec. 4. & in
Cōsutat. Angl.
Thom. Fitzber.
part 3.c.1. &
c.5.sec.2.nu.
131.et seq.

ciuilem *Pontificis* , quâ *Princeps* eſt temporalis,
poteſtatem conditus eſt , & proinde non niſi in
Eccleſiæ territorijs,ſeu B. *Petri* patrimonio obligat, vel, ſi *Canonem* illum ad alias etiam Prouincias extendere velimus , non niſi ex *Principum*
conſenſu vim obligandi habet ; Sicut etiam Canonem illum, *Ad abolendam , in quo Comites, Ba-*
rones , Rectores, & Conſules ciuitatum,& aliorum
locorum honore , quem obtinent,ſpoliantur , ex *Im-*
peratoris conſenſu vim obligandi habuiſſe Expoſitores Iuris Canonici , vt ſupra ex *Innocentio , Ho-*
ſtienſi , & *Ioanne Andrea* vidimus , interpretantur.

17 Denique *Leſſius* pro extrema primæ partis ſuæ *Diſcuſsionis* coronide , vt ſe non minùs
Grammaticæ , quàm Theologiæ peritum oſtendat , verba illa , *futuram proceſsiſſe , futuram di-*
manaſſe , vt incongrua repræhendit. *Omitto* , inquit ſolœca,& ἄκυρα *ſermonis,futuram proceſsiſſe,fu-*
turam dimanaſſe, &c. Quaſi verò cuiuis Gram-
matiſtæ perſpicuum non ſit , me per futuram depoſitionem ipſam ſententiam , ſeu decretum *La-*
teranenſis Concilij de futura Dominorum temporalium depoſitione intellexiſſe. Quis autem, qui
Grammaticam vel mediocriter callet , eum ſolœ-
ciſmi, aut incongrui ſermonis arguere poteſt, qui
diceret , ſententiam illam , ſeu decretum *Concilij*
de futura depoſitione à poteſtate verè Eccleſiaſtica nequaquam dimanaſſe? Sed quòd rigidus iſte
rerum & verborum Cenſor, quique ſe rerum de
quibus diſputat , intelligentem eſſe iactat , & Aduerſario manifeſtam imperitiam , & meram deſ-
perationem exprobrat,tam imperitas , ne dicam,

                                              pueri-

puerilescauillationes, quas profecto vel recensere me pudet pigetque, ad nouam suam Catholicam *scilicet* fidem communiendam attulerit,
non tam imperitiæ illius, cum se Doctorem, &
Theologiæ Professorem nuncupet, sed merę des-
perationi tribuendum esse censeo, quòd scilicet
malam causam, quę non nisi malis artibus defendi potest, propugnandam susceperit. Igitur
melius meo iudicio suæ famæ in posterum consu-
leret, si vel tam malæ causæ patrocinium omnino relinqueret, vel eam magis solidè, si poterit,
aut saltem magis sincerè, vti poterit, deinceps
discuteret. Atque hęc de *prima* huius *Discussionis*
parte dicta sufficiant.

18 Sed quoniam Aduersarij in isto *Lateranensis* Concilij decreto, tanquam in firmissimo
nouæ suæ Catholicæ *scilicet* fidei propugnaculó
mirificè, sed vanissimè triumphant, priusquam vlteriùs progrediamur, non abs re erit in gratiam
studiosi Lectoris paucis examinare, an decretum
illud sæpiùs inculcatum verè & propriè decretum
ex Aduersariorum sententia dici debeat. Notum
enim est cuilibet, siue Theologiæ, siue Iurispru-
dentiæ perito, quodlibet decretum propriè dictum, sicut & quamlibet legem propriè dictam,
præceptum aliquod siue iussionem in se complecti, qua Superior subditum suum ad id, quod suo
decreto conceditur, precipitur, aut prohibetur,
obligare intendit. Iam in toto illo *Lateranensis*
Concilij decretode, quo Aduersarij tantopere ia-
ctitant, plura particularia decreta continentur.

19 *Primò* enim statuitur, quòd *potestates* se-
K 2   *cula-*

culares, quibuſcunque fungantur officijs, pro defenſione fidei præſtent publicè Iuramentum , & ad hoc, ſi neceſſe fuerit , per Cenſuram Eccleſiaſticam compellantur , quòd de terris ſuæ Iuriſdictioni ſubiectis vniuerſos hæreticos ab Eccleſia denotatos bona fide pro viribus exterminare ſtudebunt , ita quòd amodo quandocunque quis fuerit in poteſtatem ſiue perpetuam , ſiue temporalem aſſumptus hoc teneatur capitulum Iuramento firmare: Atque hoc eſſe verè & propriè decretum, in ſe præceptum continens, quo Poteſtates Seculares ad tale Iuramentum præſtandum , & ad hæreticos pro viribus exterminandos obligantur , nemo ambigere poteſt.

20 *Secundò* ſtatuitur, quòd *ſi Dominus temporalis requiſitus , & monitus ab Eccleſia terram ſuam purgare neglexerit ab hæretica fœditate , per Metropolitanum , & cæteros comprouinciales Epiſcopos Excommunicationis vinculo innodetur.* Atque hoc etiam eſt verè & propriè decretum, atque præceptum , quo Metropolitanus , & cæteri Epiſcopi comprouinciales talem Dominum temporalem Excommunicationis vinculo innodare tenentur.

21 *Tertiò* ſtatuitur , quòd *ſi Dominus temporalis ſatisfacere contempſerit infra annum ſignificetur hoc Summo Pontifici.* Atque hoc etiam eſt propriè decretum, quo Epiſcopis præcipitur , vt ſi Dominus temporalis, poſtquam ab illis excommunicatus fuerit , ſatisfacere contempſerit infra annum, illud Summo *Pontifici* ſignificent.

22 *Deinde* hæc verba immediatè adduntur, *vt extunc ipſe Vaſallos ab eius fidelitate denunciet abſo-*

absolutos, & terram exponat Catholicis occupandam,
&c. Atque hæc verba, de quibus tota inter me
& Aduersarios controuersia existit, cum ex illis
demonstrare contendant, posse Summum *Ponti-*
ficem iuxtà *Lateranensis* Concilij decretum Vasallos *Principum* temporalium à fidelitate absoluere,
& terras hæreticorum prædæ exponere, non possunt iuxtà eorum principia aliquod verè, & propriè decretum, iussionem, aut priuilegium continere : cùm iuxta eorum doctrinam Summus
Pontifex Concilio generali non subijciatur, neque
Concilio inferior sed Superior existat, & proinde neque *Concilium* præceptum aliquod Summo
Pontifici imponere, nec aliquod priuilegium, aut
vllam authoritatem, quam antea non habuit, illi
concedere queat. Et propterea verba illa, iuxta
eorum principia, non decretum aliquod, aut
præceptum, sed rationem tantùm & finem prioris decreti, in quo Episcopi iubentur Summo
Pontifici significare, si Dominus temporalis per
annum in Excommunicatione permanserit, in se
continere possunt : vt nimirum *Pontifex* pro ea
qua præditus est potestate, siue spirituali & ex
Christi institutione, siue ciuili & *ex Principum*
concessione illi debita (neque enim Concilium definiuit, an illa *Pontificis* authoritas spiritualis vel
temporalis erat, sed omnino indeterminatam reliquit) Vasallos talis Domini temporalis, siue principalis fuerit, siue *Dominum principalem* non habuerit (nam de *Domino supremo* seu *principalissimo*
Concilium nihil loquitur) à fidelitate, si id expedire iudicaret, absolutos denunciaret.

23   Iam quàm certa fidei doctrina ex hoc decreto colligi poffit, Lector eruditus facillimè perfpiciet , fi præfertim meminerit , quod Card.

f lib. 2. de
Concil. c. 12.

Bellarminus tradidit, ⨍ nempe, *in Concilijs maximam*
partem actorum ad fidem non pertinere. Non enim
funt de fide difputationes quæ præmittuntur , neque
rationes quæ adduntur , neque ea , quæ ad explican-
dum, & illuftrandum adferuntur, fed tantùm ipfa nu-
da decreta , & ea non omnia , fed tantùm quæ præpo-
nuntur tanquam de fide.   Sed nos etiam de hoc infra in *fecunda* parte fufiùs difputabimus.

PARS

Pars Secvnda:

IN QVA TRES OB-IECTIONES A *LESSIO* AL-latæ diſſolvuntur, & tres ſimiles Inſtantiæ *ab Authore ad eas diſſol-*uendas adduct&æ; confir-mantur.

Sectio Prima:

In qua tres obiectiones Leſsij *proponuntur,*
& primum exemplum, quo tres Authoris
Inſtantiæ nixæ ſunt, confirmatur.

 Actenus varijs cauillationi-bus conatus eſt *Leſſius* noſtras ad *Lateranenſis* Concilij de-cretum, ſi propriè decretum vocari debeat, reſponſiones refutare, ſed fruſtra. Nunc conatur refellere alia quædam reſponſa noſtra ad tres obiectiones ſeu rationes ab eo relatas, & non tantùm in *Lateranenſis* Concilij, aliorumque Conciliorum decretis, ſed in conſtitutionibus ētiam ātque ſententijs iudicialibus *Summorum Pontificum* fundatas, quibus demonſtrare præ-tendit, *certum* eſſe, & *de fide* penes *Summum Pon-tificem* eſſe poteſtatem *Principes ſupremos* de-ponendi, eorumque ſubditos à temporali fide-litate *Principibus* iure diuino debita abſoluendi.

Prima

Prima autem eius *ratio, seu obiectio* hæc est.

Prima ob-
iectio Lessij.

2   *Illa doctrina ad fidem pertinet , quam Summi
Pontifices , Concilia , & Doctores tanquam
certum fundamentum suarum constitutionum , &
sententiarum vel proponunt , vel supponunt : atqui
hæc doctrina de potestate Papali Principes deponendi,
& subditos ab eorum fidelitate absoluendi proponitur,
vel supponitur à Pontificibus Concilijs , & Doctoribus tanquam fundamentum multorum Canonum, &
sententiarum iudicialium, ergo doctrina hæc ad fidem
pertinet.*

2 Obiectio
Lessij.

3   *Secunda* eius *ratio* hæc est. *Deinde, si Concilium generale expresse definiret , Ecclesiam habere hanc potestatem, nemo Catholicus dubitare
potest , quin ea res ad fidem pertineret , atqui cum
supponit illud tanquam certum fundamentum suarum
constitutionum , & sententiarum , non minùs illud
censetur asserere , ergo non minùs certum censeri
debet.*

3 Obiectio
Lessij.

4   *Tertia* eius *ratio* est huiusmodi. *Denique,
de fide est , Ecclesiam non posse errare in doctrina,
& præceptis morum , docendo generatim aliquid
esse licitum , quod est iniquum , aut iniquum , quod
licitum , aut etiam aliquid per se iniquum præcipiendo : Talis enim error non minùs perniciosus est fidelibus , quàm error in fide ; atqui si Summus Pontifex
non haberet illam potestatem Principes temporales
suis dominijs priuandi , Ecclesia erraret in doctrina
morum , & quidem circa res grauissimas. Docet
enim , Principe per sententiam Summi Pontificis abdicato , omnes subditos ab eius obedientia esse solutos,
& ditione eius ab alio posse occupari , vt ex Concilijs constat. Item, Principe publicè excommunicato,
subditos*

Vt passim
Doctores tra-
dunt. Canus
lib. 5. c. 5. pag.
333. Bannes
22.q.1.ar.10.
et alij.

subditos à Iuramento fidelitatis esse absolutos, ita vt non teneantur ei parere, donec reconcilietur, immo prohibet, ne illi pareant, si censura est denunciata. Quæ omnia falsa erunt, neque solùm falsa, sed etiam perniciosa, quia per ea subditi ad rebelliones, & periuria incitabuntur, & vel inuiti, & reluctantes compellentur. Errat ergo Ecclesia *in doctrina morum,* & *præcipit rebelliones,* & *periuria,* & *Censuris suis ad illa adigit, atqui hoc asserere est hæreticum, ergo* & *illud vnde sequitur, nimirum Ecclesiam non habere potestatem subditos à vinculo Iuramenti,* & *ab obedientia liberandi.*

5 Hæ sunt *rationes* illæ, quibus *Leonardus Lessius* in libro à se edito, sed postea suppresso, cui titulus est, *Disputatio Apologetica pro potestate Summi Pontificis,* demonstrare se putat, esse vsque adeo certum, potestatem *Principes* deponendi, & subditos a fidelitate absoluendi *Summo Pontifici ex Christi institutione* competere, vt contrarium absque hæreseôs, aut saltem manifesti erroris nota defendi non possit. Vt autem rationes istas valde infirmas, & ad rem fidei demonstrandam omnino ineptas esse commonstrarem, tres alias *rationes,* seu *instantias* hisce non omnino absimiles in tribus etiam Summorum Pontificum *exemplis* fundatas in *Præfatione* Responsionis meæ *Apologeticæ* illis opposui. Sic itaque eas refellere exorsus sum [a].

a Nu. 55.

6 Sed caueant isti Doctores alioqui sanè ,,
doctissimi, ne peculiares, & incertas suas collecti- ,,
ones, pro vniuersalibus, atque indubitatis Catho- ,,
licæ fidei conclusionibus imperito populo di- ,,
vulgare præsumant; neque enim hæc argumenta ,,
tam

Margin notes:

Primum *Authoriis* exemplum.

b Vt cóstat ex S. *Grego.* lib. 3. epist. 26. et habetur in can. *Peruenit* dist. 95. et plurimi Abbates hodierna die hanc facultatem habent.

c In fine, in decreto Eugenij.

d *Hadrianus* Papa in 4. in q. de Cófirmat. ar. 3. *Durand.* dist. 7. q 3. et 4. Bonau. ibid. *Alph. de Castro* lib. de hæref. verbo Confirmatio *Petrus Soto* lec. 2. de Confirmat. et alij.

Main text:

« tam solida esse, vt isti imaginantur, facillimè ex
« *Ecclesiæ* praxi, & *Summorum Pontificum* decretis
« commonstrari potest. Atque *inprimis*, an non
« debita Sacramentorum administratio res magni
« momenti est, atque ad *Summi Pontificis* officium
« maximè spectans, errorque circa eam perniciosis-
« simus censendus est? Atqui *Summus Pontifex* Sa-
« cerdoti simplici licentiam sæpe impertitus est[b]
« Sacramentum Chrismatis administrandi, cum
« tamen inter Theologos magna controuersia ex-
« istat, an ex concessione *Summi Pontificis* admi-
« nistratio huius Sacramenti Sacerdoti simplici
« committi possit. Cum igitur *Sacramenta nouæ*
« *legis*, vt docet Concilium *Florentinum*, [c] *tribus*
« *perficiantur, materia, forma, & Ministro, quorum*
« *si aliquid desit, non perficitur Sacramentum*; &
« materiam, ac formam debitam Sacramenti à Mi-
« nistro indebito seriò applicari maximum sit sacri-
« legium, si *Summus Pontifex*, (in quo solo se-
« cundum istos Theologos tota potestas Ecclesi-
« astica, & authoritas res fidei certo definiendi prin-
« cipaliter residet) potestatem hoc Sacramentum
« conficiendi simplici Præsbytero concedere ne-
« quit, vt doctissimi Theologi[d] absque vlla hære-
« seôs, aut erroris nota opinantur, an non grauissi-
« mus error est, tales licentias concedere, vnde pe-
« riculum est, ne grauissima sacrilegia, vtputa, in-
« ualidæ Sacramentorum administrationes perpe-
« trentur?

7 Postquam igitur *Lessius* primum meum
exemplum de *Summo Pontifice* concedente Simplici Præsbytero facultatem Sacramentum Chrismatis administrandi breuiter recensuerat, ita protinus

tinus subiungit : ᵉ *Hinc volunt inferri : Non esse*
absurdum , neque contra fidem , si dicamus potesta-
tem Summi Pontificis ad Reges deponendos esse in-
certam, vel etiam nullam , etiamsi ea sæpiùs vsi sint
cum magna Regum , & subditorum iniuria. Ita-
que satis apertè indicant, sæpe Pontifices & Concilia
in suis decretis , & sententijs Iudiciarijs perniciosè
errasse.

  8　Sed ex hoc exemplo nihil planè contra potestatem *Summi Pontificis* ad *Reges* deponendos
ego in præsenti infero , quid autem ex eo infero,
& vtrùm *Concilia* in suis decretis seu præceptis
tam fidei quàm morum errare possit necne, inferiùs * declarabimus; nam Summos Pontifices
in decretis tam fidei quàm morum etiam generalibus , Si absque Concilio generali decreta
condat, errare posse. Theologi *Parisienses* sequuti
doctrinam in Concilo *Constantiensi* , atque etiam
Basiliensi, quando ex omnium sententia legitimum
& verè Oecumenicum erat , definitam, affirmare
non dubitant , quorum doctrinam si *Lessius* vel
absurdam , vel contra fidem esse asserere voluerit , quando ad id probandum peruenerit,
se absurdissimum demonstrabit. Interim ego
etiam confidenter assero, non esse absurdum,
neque contra fidem, si dicamus, potestatem *Summi*
Pontificis ad *Reges* deponendos , iuxta sententiam
quæ plerisque Doctoribus placet, esse incertam, vel
etiam nullam , etiamsi ea sæpe *Pontifices* vsi fuerint cum magna Regum , & subditorum iniuria. Itaque apertissimè dico, nec esse absurdum,
neque contra fidem si iuxta sententiam hanc,
quæ *plerisque Doctoribus placet* , dicamus, sæpe
Pon-

e Part.1.nu.
24.pag 48.

* Sec. 4.

Pontifices (nam de *Concilijs* nunc non loquor) in talibus decretis & sententijs iudiciarijs perniciose, id est, in re grauissima saltem per ignorantiam errasse, tametsi eos scientes & volentes, seu de industria, & contra conscientiam in talibus decretis & sententijs iudiciarijs perniciose errasse (vt infra f *Lessius* mihi falsissimè imponit) nequaquam affirmauerim.

f Part.3. sec.
1.nu.6.

9   Neque enim ex eo quòd *Pontifices* saepe *Reges* deposuerint, rectiùs inferri potest, idcirco esse absurdum, aut contra fidem si dicamus, potestatem Summi *Pontificis* ad *Reges* deponendos esse incertam, vel etiam nullam, quàm ex eo quòd *Pontifices* in solenni castitatis voto, atque in matrimonio rato non consummato saepe dispensauerint, atque Sacerdoti simplici Sacramentum Chrismatis conficiendi facultatem saepiùs concesserint, concludi queat, esse idcirco absurdũ, aut contra fidem, si dicamus, potestatem Summi *Pontificis* ad taliter dispensandum, aut talem facultatem concedendam esse incertam, vel etiam nullam.

g In *Apologia*
num. 444. et
seq.

10   Nam vt alias g obseruaui, quae hìc denuo repetere non à re alienum censeo, Ad haec & similia Summorum *Pontificum* facta atque exempla eadem planè Responsio adhiberi potest, qua ipse Card. *Bellarminus* in re non dissimili vsus est, lib. 2. de Rom. *Pontif*. cap. 30. ad quartum argumentum, in quo obijciebatur, Christianos *Imperatores* saepe etiam iudicasse *Pontifices*, eosque deposuisse. *Respondeo*, inquit, *haec quidem facta sunt, sed quo iure ipsi viderint.* Et paulo infra ; *Ab Othone primo*, inquit, *satis constat bono zelo, sed nõ secundùm scientiam depositum esse* Ioanem. 12. *fuit enim iste* Ioannes
omnium

omnium Pontificum fere deterrimus. Atque ideo „
non mirum, si pius Imperator qualis fuit Otho *pri-* „
mus, sed minus peritus rerum Ecclesiasticarum iudi- „
cauerit, eum potuisse deponi, prasertim cum multi „
Doctores idem senserint. „

11 Simili prorsus ratione *Responderi* poterit, „
nonnullos *Pontifices* priuasse *Principes* suis do- „
minijs, Imperia transtulisse & de rebus temporali- „
bus Christianorum disposuisse, sed quo iure ipsi „
viderint. *Neque enim oportet ex talibus factis singu-* „h De potest.
laribus, ait Ivannis Parisiensis, h *qua interdum ex de-* „Reg. & Pa-
uotione ad Ecclesiam vel personam vel ex fauore, „pali cap.15.
addi etiam potest vel ex odio, *vel ex alia causa, &* „ad 5.
non ex debito iuris (ad potestatem probandam)*ar-* „
gumenta sumere. Et Gregorius Tholoſanus, *Illud,* „
inquit, i *tantum ex his colligo, difficile esse quastionem,* „i Lib.26. de
num Summi Pontifices deponere Imperatorem vel „Repub.cap.5.
Regem possint, qui olim habuerit instituendi Sum- „nu.11.
mum Pontificem potestatem. Quin & inueniuntur „
plures destitutiones & depositiones facta ab Impera- „
tore Summorum Pontificum, non secus quàm desti- „
tutiones facta Imperatorum à Summo Pontifice, vt „
vicissitudo in his maxima inueniatur ; vnde dispu- „
tare de facto & de exemplo depositionum perperam est. „
Et paulo infra. *Ex quibus omnibus,* inquit, *innoua-* „
tores ambitiosi Rerumpublicarum, & vsurpatores „
Regnorum rebellesque Principibus legitimis colligere „
possunt ; primùm, non ideo omnem depositionem Prin- „
cipum iustam esse quod reipsa facta sit, nam non om- „k In Respons.
nia facta iusta sunt; de hinc, non ideo consequentiam „ad Apolog.
fieri debere, quod eius exemplo simile tentandum sit. „pro Iura-
Aliud enim est, ait Card. *Bellarminus,* k *facta* „mento fide-
Regum, addo ego, etiam *Pontificum, referre,* „litatis. pag.
                                                         „157.

aliud

aliud authoritatem potestatemque probare.

12 Quare etiam *Siluester* neque absurdum, neque contra fidem esse iudicauit, si quis diceret, potestatem Summi *Pontificis* ad dispensandum in voto solenni religiosæ castitatis esse incertam vel etiam nullam, etiamsi *Pontifices* ea sepe vsi fuerint: Vnde ad obiectionem eorum qui dicunt, *se vidisse Papam sic fecisse de facto*, ex quo inferunt eum talem dispensandi habere potestatem, Respondet, *se etiam vidisse Pontificem facientem maiora cum scandalo totius Christianitatis, vnde aliud est facere de facto, aliud determinare quòd ita possit fieri de iure.* Et Theologi communiter [l] existimant, non esse absurdum neque contra fidem, si quis diceret, potestatem Summi *Pontificis* ad dispensandum in matrimonio rato non consummato esse incertam vel etiam nullam, etiamsi *Pontifices* ea multoties vsi fuerint. Itaque satis apertè iudicant, *Pontifices* in eiusmodi dispensationibus, quæ res maximi momenti sunt, sæpissimè errasse. Immo *Sotus* ingenuè fatetur, *salua semper Ecclesiæ censura, quòd opinio Canonistarum nullam probabilitatis effigiem repræsentet*, Et ad authoritatem eorum *Pontificum*, qui ita dispensarunt, respondet, *se ea tanquam Ecclesiæ determinatione nullatenus moueri, quia factum Pontificum non facit fidei articulum, sed opinionem Canonistarum sunt sequuti.*

13 Quòd si *Lessius* adhuc iudicat esse absurdum, aut contra fidem si dicamus, posse Summos *Pontifices* in factis, & decretis particularibus perniciosè errare, & multoties etiam errasse, legat *Hadrianum* Pontificem, cuius verba inferiùs referemus, [m] & *Altarum Pelagium* acerrimum alioquin

quin

Siluest. verbo votum. 4 q. 5.

l Vide Zanches. lib. 2. de matrim. disp. 14.

Sot. in 4. d. 27. q. 1. ar. 4.

m nu. 13.

quin potestatis Pontificiæ propugnatorem, qui in plurima recentiorum fere omnium *Pontificum* facta vehementiùs inuehitur , eosque inter alia reprehendit, quòd *aurum cumulent absque mensura, Parentes ditent & exaltent , consanguineos atque indignos promoueant, amicos dignificent , plurimumque alios conculcent, bona Ecclesiarum dissipent , Temporalium dominorum aliquoties terminos inuadant , de salute animarum parum curent, & quid plura ? quæ carnis sunt sapiant &c.* Igitur neque absurdum, neque contra fidem est, vt *Lessius* insinuat, si dicamus , Summos *Pontifices* non habere potestatem aliquid faciendi aut decernendi, etiamsi ea sæpenumero vsi fuerint, sed in suis decretis, sententijs, concessionibus, aut dispensationibus , quæ in tali potestate fundantur, grauiter & perniciose, id est, in materia graui & perniciosa per ignorantiam, & vel propriam vel aliorum opinionem sequutos sæpenumerò errare , quando præsertim inter Doctores Catholicos controuersia est, an *Papa* talem potestatem, qua sepe ipse de facto vtitur , re quidem vera & de iure habeat. Nam an *Pontifex* quispiam effrænata quadam , vtputa dominandi, aut vlciscendi cupiditate, aliaue immoderata animi passione ductus, potestatem quam non habet sciens & volens , aut contra conscientiam sibi arroget, non ab Ecclesiæ filijs temere iudicandum, sed propriæ ipsius conscientiæ, & solius Dei, qui corda & renes scrutatur, iudicio relinquendum esse censeo.

14 Iam ad *primum* illud *exemplum* , quod de Sacramento *Confirmationis* attuli, *Lessius duas solutiones* adhibet. *Respondet primò* [n] *hanc potestatem*

Aluar. pelag. de plan. Eccl. lib. 2. ar. 5.

[n] nu. 24. p. 48.

tem committendi Sacerdoti adminiſtrationem Confir-
mationis in caſu nceceſsitatis , non fuiſſe ipſis Pontifici-
bus qui ea vſi ſunt, incertam, etiamſi aliqui Doctores
de ea dubitauerint, vel eam etiam negauerint. Non
enim credibile S. Gregorium, *qui hanc facultatem*
conceſsit Præsbyteris Sardiniæ, id facturum fuiſſe,
niſi ſciuiſſet eam ſibi competere.

15 *Neque dici poteſt ; eum ſequutum opinionem*
probabilem. Quia cum nuſquam legamus eo tempore
fuiſſe diuerſas ea de re ſententias in Eccleſia , id ex
aere diceretur ; præsertim cum ipſe non dubitanter,
ſed tanquam certus loquatur. Idem colligitur ex Con-
cilio Florentino *in inſtructione Armenorum, vbi*
dicitur ; Ordinarius miniſter eſt Episcopus ; *Di-*
cit Ordinarius *inſinuando alium eſſe extraordina-*
um, nempe ex commiſsione. Quod magis explicat in-
fra, cum ait ; Legitur tamen per *Apostolicæ Sedis*
dispensationem, ex rationabili & vrgente admodum cauſa ſimplicem Sacerdotem Chriſmate per
Episcopum confecto , hoc adminiſtraſſe *Confirma-*
tionis Sacramentum.

16 Sed hæc *Responſio* friuola eſt, & falſo fundamento nititur, nempe hanc poteſtatem committendi Sacerdoti adminiſtrationem Confirmationis fuiſſe ipſis *Pontificibus*, qui ea vſi ſunt, certam , etiamſi aliqui Doctores de ea dubitauerint,
vel eam etiam negauerint ; hoc enim fundamentum & falſum & friuolum eſſe, nihilque ad rem
facere tametſi verum eſſet, paulo infrà oſtendemus.
Deinde, ratio illa, quam ad id comprobandum de
S. *Gregorio Leſsius* adducit , partim infirma eſt,
partim etiam falſa , & abſque vllo probabili fundamento conficta. *Primò* quia incertum eſt , &
apud

apud Doctores Catholicos controuersum , an S.
Gregorius facultatem Sacramentum Chrismatis
administrandi Presbyteris *Sardiniæ* concesserit.
Nam *Gulielmus Estius*, in Academia Duacensi pri-
marius Sacræ Theologiæ quondam professor,
soluit omnia argumenta, quibus probari solet,vel
S. *Gregorium* hanc facultatem Præsbyteris *Sardiniæ* concesisse, vel Summis *Pontificibus* talém potestatem competere.

Estius in 4:
sent. dist. 7. §.
22.

17 *Respondet* enim *primò , verba S.* Gregorij
*non de Sacramento Confirmationis, sed de cærimoniali
quadam vnctione, qua Presbyteri Sardiniæ vel bapti-
zandos (ita enim in quibusdam Codicibus legitur)
vel batizatos Chrismate in frontibus tangere , vel
signare solerent, cum alioquin non frontem , sed ver-
ticem, vel vt alia exemplaria habent , pectus Chrismate signare iuberentur.* Atque hanc eandem Responsionem inter alias antea *Hadrianus* Papa loco
citato ad hanc S. *Gregorij* authoritatem adhibuit.
*Deinde,*ad priora Concilij *Florentini* verba , quæ
Lessius vrget , *Estius* respondet, *idcirco sic locutos
esse tam* Tridentinú *quàm* Florentini *Concilij Patres, quòd quæstionem inter Doctores controuersam
definire nollent, quomodo & locuti sunt de Ministro
Sacramenti Ordinis propter controuersiam de Mino-
ribus Ordinibus.* Ad posteriora autem verba ait,
*Concilium non affirmare id aliquando factum esse, nam
reuera factum esse probari non potest* (sed in hoc
deceptus est *Estius* , vt infrà patebit) *sed id legi
vel in decreto* Gratiani, *vel apud Scholasticos Doctores , qui factum* Gregorij *iuxta suam opinionem
sunt interpretati , eamque ob causam addidisse* Ordi-
narium, *quòd ita opinantibus præiudicare nollet.*

L   18 Sed

18 Sed quantumuis verum esset, S. *Gregorium*
hanc facultatem Chrismatis Sacramentum conficiendi Presbyteris *Sardiniæ* concessisse, nulla tamen ratione verisimili probare potest *Lessius*, eum
vel certitudine fidei, vel certitudine conclusionis
Theologicæ sciuisse, talem potestatem sibi competere, cum præsertim Doctores Theologi, inter
quos etiam vnus est Summus *Pontifex*, & Sacræ
Theologiæ non mediocriter peritus, posteriori-
oribus seculis contrarium senserint.   Etenim ad S.
Gregorium ab omni culpa excusandum satis est,
quòd ipse existimauerit, tametsi non certò sciuerit,
talem sibi competere potestatem. Et licèt nusquam
legamus, eo tempore fuisse diuersas ea de re sententias in Ecclesia, quia tunc forsan non erat de hac re
inter Doctores Catholicos exorta controuersià,
hinc tamen non sequitur, quin potiùs ex acre diceretur, sententiam, quam sequutus est S. *Gregorius*, fuisse reuera certam, etiamsi fuisse sua opinione veram, aut saltem sibi veriorem visam esse, libenter concessrim; hoc tamen non impedit quin
a parte rei contraria sententia veritati consona fuerit.   Vnde *Durandus* non veretur affirmare S. *Gregorium* talem licentiam Præsbyteris *Sardiniæ* con-
cedentem de facto errasse.

19 Quin etiam *Hadrianus* Papa, tametsi id factum *Gregorij* aliter excuset, non tamen aut absurdum, aut contra fidem esse existimat, si dicamus,
Summos *Pontifices* in suis determinationibus aut
decretis aliquando errasse: Ita enim scribit: *Ad
secundum principale de facto* Gregorij, *dico primò,
quòd si per Ecclesiam Romanam intelligatur caput
eius, puta Pontifex, certum est quòd possit errare,*
                                                    etiam

etiam in ijs quæ tangunt fidem, hæresim per suam de-
terminationem aut decretalem asserendo. Plures e-
nim fuerunt Pontifices Romani hæretici. *Item & no-*
uissimè fertur de Ioanne 22. *quòd publicè docuit,*
declarauit, & ab omnibus teneri mandauit, quòd ani-
mæ purgatæ ante finale iudicium non habent stolam,
quæ est clara & facialis visio Dei : & vniuersita-
tem Parisiensem *ad hoc induxisse dicitur, quòd nemo*
in ea poterat gradum in Theologia adipisci, nisi pri-
mitus hunc errorem pestiferum iurasset se defensurum,
& perpetuò ei adhæsurum : Item patet hoc de errore
quorundam Pontificum, de quo in cap. Licet, *de sponsa*
duorum. Item de errore quem ediderat Cælestinus
circa matrimonium fidelium, quorum alter labitur in
hæresim, cuius error olim habebatur in alia Compilati-
one, in cap. Laudabilem, *de conuers. coniugat. vt re-*
fert Hostiensis *in cap.* Quanto, *de diuortijs : Non*
tamen dico Grægorium *hîc errasse, sed euacuare in-*
tendo impossibilitatem errandi, quam alij asserunt.
Hæc Hadrianus in 4. de Sacramento *Confirmati-*
onis circa finem. Neque enim hoc alicuius vel san-
ctitati, vel eruditioni quidquam derogat, quòd
per ignorantiam, & absque pertinacia aliquando
erret, cum res plurimas ignorare congenita humani ingenij infirmitas, & non nisi raro vitium sit, &
S. *Cyprianum, Iustinum, Irenæum, Chrysosto-*
mum, aliosque sanctissimos, atque doctissimos
Ecclesiæ Patres in aliquibus per ignorantiam errasse Doctores Scholastici affirmare non pertimescunt.

20   *Nec obstat*, ait *Lessius*, ° *quòd aliqui Do-*   ° pag.49.
ctores hanc potestatem Pontifici denegent, vt Durandus, Bonauentura, Adrianus, *& quidam*
                L 2   *recentiores.*

recentiores. Primo, *quia multa in ſe ſunt certa, &*
nituntur certa traditione, vel ſcriptura , quæ ta-
men apud quoſdam Doctores ſunt ambigua vel falſa;
vt patet de baptiſmo hæreticorum, quem Cyprianus
cum 200. *Africæ Epiſcopis volebat eſſe inualidum,*
cum Sedi Apoſtolicæ *certa traditione conſtaret eſſe*
validum.

   De Sacramento Confirmationis, *quod quidam*
Doctores voluerunt eſſe inſtitutum à Concilio Mel-
denſi, *vel alijs Epiſcopis inſtinctu Spiritus Sancti,*
cum tamen fide certum ſit , eſſe inſtitutum à Chriſto
Domino, vt patet ex Concilio Tridentino ſeſſ. 7.
can. 1.

   " *De Sacramento* Extremæ vnctionis, *quod qui-*
dam dixerunt eſſe inſtitutum à S. Iacobo, *tamen fide*
certum eſt, eſſe inſtitutum à Chriſto Domino, & à
S. Iacobo *tantum promulgatum.Concil.* Trident.*ſeſſ.*
14.*can.* 1.

   De abſolutione Sacerdotis in Sacramento Pænitentiæ, *quam quidam putarunt eſſe tantum declara-*
toriam, non efficacem remiſsionis ; cum tamen contra-
rium certum ſit , tum ex Scripturis tum ex Concilio
Trident.*ſeſſ.*14.*can.*9. *Similia multa adferri poſſent.*
Itaque hæc ratiocinatio, qua Aduerſarij ſæpe vtuntur,
non valet ; Aliqui Doctores dubitarunt, vel tenue-
runt contrarium ergo ea res non eſt certa.

   21   Immo hæc ratio qua vtimur optima eſt :
Aliqui Doctores Catholici , vt *Adrianus, Bona-*
uentura , Durandus , & quidam recentiores, qui
rem totam diligenter examinârunt, exiſtimant,
non poſſe Summum *Pontificem* facultatem ſimplici Præsbytero concedere , vt Sacramentum
Confirmationis adminiſtret, nec propterea tanquam
                           doctrinam

doctrinam aliquam hæreticam , erroneam , aut
temerariam tenentes ab Ecclesia notantur ; ergo
contraria doctrina non est certa quoad Ecclesiam , id est , adeo certa , vt Doctores Catholici
eam licitè , & tuta conscientia impugnare non
queant. Quapropter quod *Lessius* ait , *multa in
se , & Summis Pontificibus sunt certa , & nituntur
certa traditione , vel scriptura , quæ tamen apud
quosdam Doctores sunt ambigua , vel falsa , & falsum est, & etiamsi verum esset , ad præsentem inter me , & ipsum controuersiam nihil saceret.*

    22 Nam *imprimis certitudo* propriè dicta vt à
*probabilitate,*de qua iam sermo est,distinguitur, nó
est in re ipsa ,sed in intellectu, vnde *multa falsa,*vt
rectè dixit *Bannes* , *sunt probabiliora veris*, & omnia præterita, ac præsentia *in se certa* sunt , tametsi *quoad nos* sæpe incognita , aut incerta . Itaque
licèt in se certum sit , & certa traditione vel
scriptura nixum , *Christum* Dominum tantam in
particulari & non maiorē nec minorem, sed *certissimam* authoritatem S. *Petro* , cæterisque Apo-
stolis,eorumque Successoribus concessisse,tamen
vt optimè dixit *Almainus* illud ex *Occamo* desu-
mens , *tanta est inter Doctores controuersia de pleni-
tudine Ecclesiasticæ potestatis , & ad quæ se extendat,
vt pauca sint in ista materia secura* , seu certa : ita
quòd his temporibus summè necessarium foret, quòd
per sapientes iuramentis , & horribilibus commina-
tionibus ad veritatem ducendam arctatos declararen-
tur , quæ ad plenitudinem potestatis Ecclesiasticæ spectant. *Quidam enim eam nimiùm ampliant , & ai-
latant forsitan adulationis causa , & ab aliquibus mirum in modum restringitur hæc potestas,&c.* Et proinde

*Bannes secun-
dà secundæ
q.1.ar.4.dub.
3.ad quintum*

*Almainus in li-
bello de au-
thoritte Ec-
clesiæ c.3.4.*

inde quantumuis *in fe certum* fit , quanam fcrip-
tura,veltraditione tota Ecclefiæ poteftas nixa fit,
non tamen hoc adhuc *quoad Ecclefiâ* , aut *Doctores
Catholicos certum* efle,quifquam,qui vel parü intel-
ligenseft rerü,de quibusdifputat,affirmare poteft.

23 *Secundò* , omnis *vera certitudo* de rebus à
Deo reuelatis (iam enim de *putata* , aut *opinata
certitudine* , feu quam aliquis opinatur fe habere,
non loquimur , cum hęc tantùm *opinio* , quæ incerta eft , & errori obnoxia , non *vera certitudo*
fit) non nifi per diuinam reuelationem acquiri
poteft : hæc autem vel eft *priuata*, per quam Deus
priuato alicuius fpiritui rem aliquam reuelat , ficut olim in veteri Teftamento Patriarchis , &
Prophetis , atque in nouo Apoftolis , alijfque
nonnullis viris fanctis plura reuelauit; vel *publica*,
& quæ verbo Dei publicè fcripto , vel tradito , atque vt tali per Ecclefiam acceptato tanquam primo ac potiffimo fundamento innititur.

24 Quando igitur *Lefsius* ait, *quædam efse
certa Sedi Apoftolicæ, feu Summis Pontificibus, quæ
alijs Doctoribus funt incerta , vel etiam falfa*, aut
intelligit , illos Pontifices fuam *certitudinem* ex
publicis Dei reuelationibus , nempe ex verbo Dei
publicè fcripto vel tradito , atque vt tali *publicè* per
Ecclefiam declarato , accepifse ; & hoc dici non
poteft,quandoquidem *publicæ* reuelationes, *publicæ* fcripturæ & traditiones , *publicæ* Ecclefiæ definitiones , *publica* Sanctorum Patrum doctrina,&
vox Ecclefiæ *publica*, non folùm *Sedi Apoftolicæ*,
feu *Summis Pontificibus* , verùm alijs etiam *Doctoribus* manifeftæ funt. Et propterea Doctores Catholici , qui in verbo *Dei* fcripto , ac tradito , in
Sanctorum Ecclefiæ *Doctorum* voluminibus , *Con-
cilio-*

ciliorum generalium definitionibus, & *Summo-rum Pontificum* decretis euoluendis, non minùs, quin magis, quàm illi *Pontifices* versati sunt, & in *Sacra Theologia* longè peritiores, de rebus à Deo *publicè* reuelatis tam *certi*, atque illi *Pontifices*, vel potiùs *certiores* esse possunt.

25   Immo quod attinet ad hanc quæstionem de Sacramento Chrismatis à Præsbytero cum Summi *Pontificis* licentia administrando, & in alia de potestate ipsius Summi *Pontificis* in matrimonio rato non consummato dispensandi, ipsemet *Hadrianus* & *Summus Pontifex*, & alioquin etiam valde eruditus existimat, *Sedem Apostolicam* non habere authoritatem vel simplici Sacerdoti, vt Sacramentum Chrismatis conficiat, licentiam concedendi, vel in matrimonio rato, non consummato dispensandi, tametsi Summi *Pontificis* tali potestate sæpenumero vsi fuerint. *Adrianus* enim *sextus*, ait *Sotus*, *vir tum vtriusque Iuris peritissimus*, *tum & rei Theologicæ non infimè doctus*, *cùm ab illo huiusmodi dispensatio in matrimonio rato*, *non consummato fuisset postulata*, *oblataque fautrix sententia* Caietani, *demiratus est*, *virum Theologum hoc sibi in animum inducere potuisse*, *& ideo improbis precibus succumbens*, *respondit*, *se dare quid potuit*, *sed tamen credere nihil posse*. Adeo vt hinc etiam constare possit, quam egregium figmentum sit asserere, res quasdam, quę per *publicas* Dei reuelationes, siue scriptas, siue traditas, atque vt tales ab Ecclesia approbatas notę fiunt, *certas* esse Summis *Pontificibus*, quæ ab alijs Doctoribus, & forsan non minùs, sed magis in omni sacrę doctrinę genere peritis, quique
                                                                   rem

*Sot.*in 4.dist. 27.q.1.ar.4.

rem totam diligentiſſimè examinarunt, *incerta*, vel
etiam falſæ iudicantur.

26   Vel *ſecundò* intelligit *Leſsius* , *Sedem*
Apoſtolicam , ſeu *Summos Pontifices* illam ſuam
certitudinem non ex *publicis* , ſed ex *priuatis* reuelationibus , & ſecretis atque occultis inſpiratio-
nibus accepiſſe; Sed hoc etiam vanum eſſe commentum , & meram diuinationem , *quæ*, vt re-

Hadrianus q.
vltima de Có-
firmat.

ctè ait idem *Adrianus* , *in ijs quæ fidem , aut bo-*
nos mores concernunt , periculoſiſsima eſt , ſatis manifeſtum eſt , quandoquidem certum non ſit, *Chri-*
ſtum Dominum *publicis* Summorum *Pontificum*
ex Cathedra definitionibus , ſi abſque *Concilio* generali definiant , & multo minùs *priuatis* eorum
iudicijs , aut ſecretis cogitationibus infallibilem
Sancti Spiritus aſſiſtentiam promiſiſſe. Et quod
attinet ad *priuatas* reuelationes , cum hæ & rariſ-
ſimæ ſint , & alijs etiam Doctoribus , ſanctiſque
hominibus communes , tam facilè ipſi *Doctores*,
qui contra *Pontifices* ſentiunt, atque ipſi *Pontifices*,
qui ſe meliùs ſentire exiſtimant , tales reuelationes , & inſpirationes ſecretas prætendere
poſſunt.

27   Sed demus diſputationis tantùm gratia ,
quòd quędam per *priuatas* reuelationes , aut ſecretas illuminationes ſint *certa* Summis *Pontificibus*,
quæ alijs *Doctoribus* pijs ac eruditis ſunt *incerta*
vel etiam falſa , num proinde *Leſsius* affirmare
audeat , *Doctores* illos *priuatum* Summi *Pontificis*
iudicium , quod *certum* eſſe ipſemet ait, ſequi omnino oportere , niſi ſufficienter illis probet , &
manifeſtum reddat , quibus rationibus nixus ita
certò ſciat , ſuum de tali re iudicium , quod ipſi
fal-

falsum iudicant, reuera *certum* esse? Hæc enim
periculosissima procul dubio doctrina esset, &
apertam hæresibus, atque erroribus ianuam ape-
riret. Nam facillimum esset Summis *Pontificibus*
asserere, quamcunque doctrinam, quam *Canonistæ ius diuinum*, ait *Sotus*, *non callentes*, ad potestatem *Pontificiam*, forsan adulationis causa dila-
tandam excogitarunt, sibi *certissimam* esse, &
proinde illi Theologi, qui eam nec *vmbram quidem probabilitatis habere* existimant, illi subito &
absque alia ratione, propria opinione relicta (quod
sane absurdissimum est,) adhærere tenerentur.

Sot.in 4.d.18.
q.1.ar.1 ad 5.

   28   Clarum igitur & perspicuum est, tam
Summum Pontificem contra alios *Doctores* Catholicos sentientem, quàm *Doctores Catholicos* qui
à sententia Summi *Pontificis* dissentiunt, errare
posse, quantumuis vtrique sibi *certò* persuadeant,
doctrinam quam sequuntur veritati consonam
esse. Sed quinam ex ipsis re quidem vera errent,
quando inter ipsos *Summos Pontifices*, & alios
Doctores Catholicos talis opinionum diuersitas reperitur, vt vnusquisque suam sententiam veram
esse sibi firmiter persuadeat, non nisi ex euentu
cognosci *certò* potest. Si enim doctrina, quæ
Summo Pontifici certa, alijs vero *Doctoribus incerta*, aut etiam falsa videtur, postea in *Concilio*
aliquo *Generali* per publicam aliquam definitionem confirmata, aut per generalem *Ecclesiæ* consensum & acceptationem approbata fuerit, signum est euidens, iudicium *Papæ* verissimum fuisse, & alios *Doctores* à veritate aberrasse. Ob
quam causam dicimus, S. *Cyprianum* cum 200. A-
fricæ Episcopis circa baptismum ab hæreticis collatum

latum erraffe, & Summos Pontifices *Cornelium*,
& *Stephanum*, qui fe S. *Cypriano* opponebant, nequaquam erraffe, cum horum *Pontificum* fententia generali *Ecclefiæ* confenfu poftea approbata
fuerit. Et idem de inftitutione Sacramenti *Confirmationis*, atque *Extremæ vnctionis*, & de abfolu-
tione Sacerdotis in *Sacramento Pœnitentiæ*, quæ
hîc à *Leffio* recenfentur, dicendum eft, cùm iam
per Concilij *Tridentini* decreta tota inter *Doctores
Catholicos* de prædictis côtrouerfia extincta fuerit.

   29 Atq; ob eandê caufam dicimus, erraffe Sû-
mos Pontifices *Cæleftinum* tertium, qui in Epiftola
Decretali publicè docuit, per hærefim ita Matrimonium folui, vt liceat ei aliud coniugium inire, cuius prior coniûx in hærefim lapfus eft, cum
ea doctrina iam in Concilio *Tridentino* condemnata fit; & *Nicolaum* primum, qui in Epiftola
etiam decretali palàm docuit, Baptifmum in nomine tantùm Chrifti collatum abfque expreffio-
ne trium perfonarum ratum effe, cùm eius doctrina generali Theologorum confenfu iam reie-
cta fuerit : & *Ioannem* 22. qui publicè etiam docuit, animas Beatorum non vifuras effe Deum ante refurrectionem, cùm hęc eius doctrina à Suc-
ceffore eius *Benedicto*, & ab omnibus Doctoribus
Scholafticis reprobata fuerit, & denique *Bonifacium* octauum, qui *Philippo Pulchro* Francorum
Regi fcribens, ait, *Scire te volumus*, *quòd in fpiritualibus & temporalibus nobis fubes. Aliud creden-
tes hæreticos reputamus*, cùm illi, qui contrarium
tenent, à nemine hæretici iudicentur, & eius
doctrina à nullo iam Theologo vix vllo modo probabilis reputetur : Et ob eandem caufam

sam dicimus, *Doctores* illos, qui contra prædictos *Pontifices* sentiebant, nequaquam errasse. Veruntamen, quamdiu *Summus* Pontifex & alij *Doctores Catholici* de re aliqua certant, nemo *Pontificis* sententiam sequi tenetur, neque potest ipse, quantumuis rem illam *certam* esse sibi persuadeat, dummodo alij *Doctores*, non obstante hac eius *opinata certitudine*, eam falsam arbitrantur, aliquem cogere, vt propriam suam sententiam ad verbum Summi *Pontificis* derelinquat, tametsi Summi *Pontificis* de re quauis iudicum, cum Pater, & Pastor noster spiritualis sit, non nisi summa cum reuerentia, & verbis decentissimis, ab vllo Ecclesiæ Catholicæ filio impugnari debeat.

30 Atque hinc perspicuũ est tum falsum esse, tum nihil etiam ad pręsens institutum referre, quòd res aliqua vel *in se certa* sit, vel Summo *Pontifici certa* esse videatur, ad hoc vt omnes Catholici sententiam Summi *Pontificis* sequi teneantur. Si enim res illa *quoad Ecclesiam certa* non sit, sed à Doctoribus Catholicis tum antiquis, tùm recentioribus falsa iudicetur, ea Summi *Pontificis certitudo*, siue vera sit, siue tantùm apparens, si ab alijs Doctoribus improbetur, non satis est, ad hoc vt reliqui omnes Catholici Summo *Pontifici* ratione talis *certitudinis*, quæ ab alijs *Doctoribus* non *certitudo*, sed *falsitas* iudicatur, fidem indubiam adhibere teneantur. Optima igitur, & præsenti instituto accommodata est hæc ratiocinatio. *Aliqui Doctores tum antiqui, tum recentiores tenuerunt & tenent contrarium, ergo ea res nec est certa Summo Pontifici etiamsi certa esse ei*

vide-

videatur,nec eft certa quoad Ecclefiam,adeo vt nul-
lus fidelium Summi *Pontificis* fententiæ, quam
ipfe *certam* effe opinatur, abfque aliqua hærefeôs , erroris , aut temeritatis nota repugnare
queat. Atque hæc de *prima Leffij Refponfione*
dicta fint.

p Nu.26.
pag.51.

     31 *Refpondeo*, ait *Leffius*, **P** *fecundò. Etiamfi
concederemus, rem non effe omnino certam, nihil
tamen hinc incommodi. Quia communis fententia
Doctorum eft, eaque certiffima, in adminiftrati-
one Sacramentorum, quando cafus neceffitatis po-
ftulat,licitum effe vti opinione probabili, idque communis Ecclefiæ vfus confirmat ; vt patet, cum infans
baptizatur in manu duntaxat, eo quòd aliæ partes
non exerantur. Cum is qui dedit figna contritionis in
abfentia Sacerdotis abfoluitur amiffo vfu rationis:
Cum Sacramentum Extremæ Vnctionis confertur in
dubio, an expirauerit æger, &c. Neque hic eft
vllum periculum formalis facrilegij, aut alicuius peccati, fed propter animæ bonum (quæ fortaffe alioquin
periret, & hac ratione faluanda fperatur) id abfolutè eft licitum & fanctum. Pari modo nec gens
aliqua facramento Confirmationis (quod magnum
habet momentum ad fidem conftanter retinendam,
& profitendam) careat, poffet Pontifex inopia Epifcoporum, qui id præftent, concedere Præsbyteris
hanc poteftatem, etiamfi non effet omnino certum,
an Sacramentum validè conferatur, modò fit valde
probabile. Satius eft eos hoc modo percipere, quàm
omnino eo priuari. Id enim in nullius cedit iniuriam,
& inde fperatur magnum bonum fpiritale illi regioni
obuenturum, quo alioquin deberet carere. Itaque hæc
inftantia nihil facit ad propofitum, vbi de grauiffimis*
iniu-

iniurijs, & periurijs agitur.

32 Sed si *Lessius* semel concesserit, vti necessariò debet, non esse omnino certum, sed ad summum probabile, posse Summum P*ontificem* sua constitutione simplici Præsbytero licentiam impertiri, vt Sacramentum Confirmationis administret, cùm plures Catholici Doctores tam antiqui, quàm recentiores contrarium asserant, aliqua hinc nasci incommoda nimis manifestum est. *Primum incommodum*, atque à me in hoc primo *exemplo* præcipuè intentum, est, propositionem illam vniuersalem, cui *prima*, & *secunda Lessij* obiectio, tanquam principio generali innititur, nempe *illa doctrina debet esse certissima atque ad fidem pertinere, quam Summi* P*ontifices supponunt vel proponunt, tanquam fundamentum suarum constitutionum, & sententiarum iudicialium*, falsam esse: Non enim fundamentum istud Constitutionis P*ontificiæ*, qua simplici Præsbytero facultas conceditur Sacramentum Chrismatis administrandi, certum est, & ad fidem pertinet, sed incertum, immo & falsum à pluribus doctissimis Theologis iudicatur: falsam etiam esse propositionem illam, in qua *tertia* eius *obiectio* fundatur, nempe *non posse Summum* Pontificem (in quo *Lessius* totam Ecclesiæ infallibilitatem collocat) *errare, docendo generatim aliquid esse licitum quod iniquum, aut iniquum quod licitum*, nam generatim docet, Sacramentum Confirmationis à Præsbytero cum eius licentia collatum esse validum, & absque sacrilegio, falsitate, aut iniquitate collatum: neque enim nos in præsenti de errore, iniquitate, aut sacrilegio *formali*, sed tantùm de

mate-

materiali,atque de vera & valida huius Sacramenti administratione, neque de tali licentia solùm tempore necessitatis concessa,sed extra etiam tempus necessitatis simplici Præsbytero communicata potissimùm agimus, vt statim clariùs apparebit.

33   *Deinde*, inter exempla à *Lessio* allata, de licita administratione illorum Sacramentorum ex opinione probabili, quando casus necessitatis postulat, & inter primum istud de Sacramento Confirmationis à simplici Sacerdote ex commissione Summi *Pontificis* licitè administrando, exemplum à me adhibitum, magnum discrimen reperitur (nam de vera & valida Sacramentorum omnium administratione etiam in casu necessitatis,quando de eorum veritate, & validitate certant Scholastici Doctores, eandem esse rationem nec *Lessius* negare poterit.) Communis enim sententia Doctorum est, eaque verissima & communi etiam Ecclesiæ vsu confirmata,in administratione illorum Sacramentorum, nempe *Baptismi,* *Pænitentiæ,* & *Extrema Vnctionis*,non solùm licitum non esse vti opinione probabili, nisi quando necessitas postulat propter animæ bonum, quæ fortasse alioquin periret, & hac ratione saluanda speratur,verùm etiam eadem Sacramenta,quando necessitas illa iam præterijt, iuxta eam opinionem quæ certa est, & absque vllo periculo aut controuersia, denuo,si fieri potest, saltem sub conditione repetere, esse omnino necessarium, propter idem animæ bonum, quæ fortasse alioquin periret ; cum incertum sit, an in prædicto casu necessitatis prædicta Sacramenta, non dico licitè,

                            &

& absque sacrilegio formali, sed verè, validè, & cum effectu administrata fuerint. Vnde infans qui in manu duntaxat baptizatur, eo quòd aliæ partes non exerantur, si totum corpus postea exierit, iterum sub conditione baptizari debet, vt etiam habetur can. *Parvulos*, & can. *Placuit*, de Consecrat. dist.4.

34 Iam tametsi S. *Gregorius* (vt quidam Theologi, sed non omnes opinantur) Præsbyteris *Sardiniæ* facultatem concesserit, vt in casu necessitatis, & vbi desunt Episcopi, Sacramentum Chrismatis conficerent, constat tamen, alios etiam Præsbyteros extra talem necessitatem, & vbi Episcopi non desunt, idem Sacramentum ex concessione *Sedis Apostolicæ* administrare solitos esse, nempe aliquos *Abbates* ab Episcoporum Iurisdictione exemptos, & inter alios *Abbatem* sacri Cænobij *Cassinensis*, vbi tanta Episcoporum copia est, vt intra viginti ferme milliaria quatuor vel quinque Episcoporum Sedes sint: Neque illarum Prouinciarum mos est, vt qui ab illis *Abbatibus* Sacramentum Confirmationis acceperunt, denuo ab Episcopis, tametsi id commodè fieri posset, saltem sub conditione confirmentur, vt ita de effectu Sacramenti, de quo antea meritò dubitare poterant, iam certi & securi maneant.

35 Quamuis igitur ex administratione huius Sacramenti, sicut & cæterorum, vti opinone probabili in casu necessitatis, & quando alio tutiori modo administrari non potest, nullum animarum saluti periculum immineat, neque vlla formalis irreuerentia, aut iniuria vel Sacramento,

vel

vel personæ illud suscipienti fiat, quia tutius est
hoc modo, quàm non omnino illud suscipere, vti
tamen opinione probabili in administratione
Sacramentorum extra casum necessitatis, &
quando absque vlla controuersia validè administrari possunt, atque etiam quando necessitas iam
præterijt, ea denuo non repetere quando commodè id fieri potest, valdè periculosum esse nemo
inficias ibit. Quare licèt error perniciosus non
sit, illud Sacramentum administrare vt dubium,
quod iuxta probabilem Doctorum sententiam
dubium est, non video tamen quomodo error
perniciosus dici non debeat, Sacramentum ex
se non iterabile vt certò habiturum effectum administrare, quod tamen Doctores Catholici probabiliter existimant non fore validum, nisi iuxta
sententiam omnino certam & indubitatam iterum, si commodè fieri potest, saltem sub conditione administretur. Constat itaque, hoc *primum
exemplum*, quod *Lessius primam* meam *instantiam*
non rectè appellat, & multùm facere ad propositum, & *Lessium* non minùs imperitè quàm dolosè illud in vtraque sua Responsione impugnare
conatum esse; Quomodo autem tribus *Lessij* obiectionibus, tertiæ præsertim, in qua de grauissimis iniurijs & periurijs agitur, optimè accommodari possit, inferiùs ostendemus. Atque hæc
de *primo exemplo* satis, nunc *secundum* expendamus.

                                    SEC.

SECTIO II.

In qua secundum Authoris *exemplum expenditur, & quàm imperitè ac dolosè* Lessius *illud impugnare contendit, commonstratur.*

1 SEcundum *exemplum*, cui veluti fundamento tres meæ *Instantiæ* seu argumenta inferiùs recensenda, partim etiam innituntur, quodque *Lessius secundam* meam *Instantiam* malè appellat, his verbis continetur [a]. Præterea *Sixtus* quartus ,, in honorem immaculatæ Conceptionis *B. Virginis Mariæ* Constitutionem edidit, de festo Conceptionis eius celebrando, *Vt vniuersi Christi fideles de ipsius immaculatæ Virginis mira Conceptione*, quam etiam immaculatam appellat, *gratias & laudes referant*; & nihilominùs incertum est, & apud Theologos absque vlla hæreseôs, erroris, aut peccati mortalis macula hinc inde disputatum, vtrùm *B. Virgo* in sua Conceptione peccatum originale contraxerit, vel peculiari Dei prouidentia ab eo præseruata fuerit. An non igitur hinc constat, doctrinam illam, quę à Summo *Pontifice* tanquam fundamentum constitutionis, & decreti Apostolici, etiam ad religiosum Dei cultum pertinentis, vel proponitur, vel supponitur, non esse tam certę, atque indubitatæ veritatis, vt absque grauis peccati periculo oppugnari nequeat?

,,[a] Nu. 57.
,,
,,Habetur
,,tom. 4. Concil. post vi-
,,tam Sixti. 4.
,,
,,
,,
,,
,,
,,
,,
,,
,,
,,
,,
,,
,,

2 Iam videamus quàm parum eruditè, pariter ac sincerè *Lessius* prædictum exemplum infirmare

M firmare

firmare conetur. Reſpondeo, inquit, [b] *primò: Negando illam doctrinam ſupponi tanquam fundamentum poteſtatis Pontificiæ inſtituendi tale Feſtum; aut etiam vt fundamentum talis decreti, & conſtitutionis, quamuis fuerit nonnulla occaſio illius Decreti. Ratio eſt, quia etiam ſepoſita illa Doctrina Pontifex habet poteſtatem decernendi tale Feſtum, eo quòd Conceptio Virginis ſit ingens Dei beneficium, & exordium ſalutis generis humani. Vnde in honorem Virginis conceptæ (non conſiderando, vel curando an in primo inſtanti fuerit ſanctificata, an paulo poſt) & ad gratiarum actionem Deo pro tanto beneficio referendam, tale Feſtum decerni potuit. Et hoc intuitu Feſtum iſtud fuiſſe inſtitutum apertè indicat* Sixtus 4. *illis verbis*, gratias & laudes referant. *Simili modo olim in veteri Teſtamento feſti quidam dies in commemorationem quorundam beneficiorum, & gratiarum actionem à Synagoga ſunt inſtituti, vt pro liberatione à cæde, quam inſtruxerat Aman, tempore Heſter: pro beneficio reſtituti ignis ſacri poſt captiuitatem: pro beneficio repurgati templi, ſub* Machabæis. *Si Synagoga id potuit, cur non poſſit Eccleſia?*

3   *Nec obſtat, quod Conceptio à* Sixto 4. *vocetur in collecta* immaculata; *tum quia nomen* Conceptionis, *non ſemper reſtringitur ad primum inſtans infuſionis animæ, vt ſtatim dicetur; tum quia in Liturgicis precibus, & canticis, quæ ſequentiæ vocantur, poſſunt interdum aliquæ circumſtantiæ poni ex probabili ſententia, cum in illis non conſtituatur momentum cauſæ, nec Eccleſia velit illas accipi tanquam certas; vt ſi pro obtenta in loco remotiſſimo ingenti victoria indicatur Feſtum, & offeratur Sacrificium*

Eccle-

Ecclesiasticum, *& in Collecta erretur in die ; error
prorsus est innocuus , nec officit Ecclesiæ authoritati.
Quia non vult hoc accipi vt planè certum, sed solùm
vt credibile ex literis quæ ex castris datæ. Pari modo
potuit vocari Conceptio* immaculata *ob plurimas rationes valde probabiles, absque animo id determinandi,
relicta cuilibet libertate sentiendi de illa circumstantia prout visum fuerit.*

4   *Huic Responsioni solidæ addo aliam etiam solidam, nimirum Conceptionis festo non coli præcisè
ipsum punctum Conceptionis, sed diem totum quo
Virgo concepta. Atqui eo die secundùm omnium
sententiam sanctificata est ; ac proinde nullum hîc
subest falsitatis, aut superstitionis periculum. Confirmatur, Quia Conceptio non solùm includit primum punctum temporis, quo anima creatur, &
infunditur, sed totum illud quo extenditur per omnia
corporis membra, illaque incipit non solùm animare,
sed etiam vitaliter regere, & in illis vim suam
exercere. Nam probabilissima sententia est, quam
& Doctissimi Medicorum tenent, animam non
simul informare, & animare omnia corporis membra in conceptione. sed sensim & ordine quodam,
primùm cor, deinde hepar, postea cerebrum (nam
hæc viscera primùm informantur) ab his sensim
diffundi, & extendi ad arterias, venas, neruos,
musculos, ossa. Diffundi inquam & extendi non
per partes sui quibus caret, sed miro, & ineffabili
modo per suas ὁλότητας, seu (vt sic loquar) totalitates.
Vnde etiamsi fortè B. Virgo in primo Conceptionis
momento sanctificata non fuisset, non tamen idcirco eius Conceptio non esset sancta & immaculata,
quia durante adhuc Conceptione sanctificata, &*

ab

ab omni labe mundata extitisset.

5   *Nec obstat , quòd Ecclesia in eam sententiam inclinet , quæ statuit illam in primo instanti sanctificatam. Quia in eam non inclinat tanquam certam, sed solùm vt probabiliorem ; neque vult illam pro certa haberi, sed solùm pro magis probabili. Vnde sub graui censura vetat contrariam damnari. Ex quibus patet illam non statui ab Ecclesia tanquam fundamentum decreti illius , quo festum indixit , sed solùm vt occasionem quandam , quæ illam ad hoc excitauit. Cuius signum est, quòd etiam illi qui contrarium tenent , non minùs hoc Festum celebrent, quàm alij Ex quibus perspicuum est hanc instantiam nihil facere ad rem propositam, neque illi posse accommodari.* Hæc *Lessius.*

6   Ex quibus constat , totam substantiam huius Responsionis in *duobus* consistere. *Primum* est, doctrinam illam de immaculata B. *Virginis* Conceptione non supponi tanquam fundamentum potestatis *Pontificiæ* instituendi tale Festum. Sed de hoc in præsenti non agimus : Non enim modò disputamus de potestate instituendi dies festos, an scilicet Summus *Pontifex* habeat potestatem instituendi Festum Conceptionis B. *Virginis* tantum in gratiarum actionem, & commemorationem tam ingentis beneficij, quod exordium erat salutis generis humani, etiam si supponamus eam in peccato originali conceptam fuisse ; sed de ipsomet *decreto* , & non de *potestate decernendi*, de modo quo Festum hoc Conceptionis ex decreto *Pontificis* de facto institutum est, & non de modo, quo institui potuisset , iam inquirimus . Quare quod *Lessius* ait, & multis probat,

probat, Festum Conceptionis in gratiarum actionem & commemorationem tanti beneficij per authoritatem *Pontificis* institui potuisse, tametsi B.
Virgo à peccato originali praeseruata non fuerit,
sicut olim in veteri Testamento festi quidam dies
in commemorationem quorundam beneficiorum, & gratiarum actionem à Synagoga sunt in-
stituti friuolum est, & nihil ad propositum facit,
neque *secundum* hoc *exemplum*, in quo agitur de
decreto ipso *Sixti* 4. & de modo quo Festum hoc
de facto institutum est, & non quo institui potuisset, vlla ratione impugnat.

7 *Secundum Lessij* desponsum est, doctrinam illam de praeseruatione B. *Virginis* non supponi tanquam fundamentum ipsius decreti, &
constitutionis *Pontificiae* de Festo Conceptionis
B. *Virginis* celebrando. Atque haec Responsio,
quam ipse solidam vocat, sicut & praecedentem,
secundum illud *exemplum* à me positum directè
primo intuitu impugnare videtur, sed reuera
non impugnat, si verum controuersiae inter me
& Aduersarios statum, atque in hac ipsa Prae-
fatione, cuius postremam partem *Lessius* confutandam suscepit, à me propositum in mentem reuocemus. Ne igitur de verbis otiosè liti-
gemus, si *Lessius*, quando hanc suam Responsionem *solidam* esse affirmat, per *solidam* intelligit non improbabilem, vtpote à doctissimis Ordinis *Dominicani* Theologis, qui cum S. *Tho-
mae* sentiunt, B. *Virginem* peccatum originale
contraxisse, propugnatam, & proinde *secundum*
illud *exemplum* à me allatum non improbabiliter impugnari posse, haec eius *solida* Responsio

non eſt ad propoſitum, neque exemplum illud
ſecundum,& reſponſa mea, atque argumenta in eo
fundata non eſſe etiam *ſolida* vllatenus common-
ſtrat. Etenim cùm Aduerſarij, vt ibidem fuſius
annotaui, doctrinam ſuam de poteſtate *Pontificis*
Principes deponendi *de fide certam* eſſe demonſtrare prætendant, non ſufficit illis rationes, aut Reſponſiones tantùm probabiles in medium proferre, ſed oportet tam *ſolidas* producere, vt illis
nulla reſponſio, aut refutatio probabilis adhiberi
queat.

    8 *Secundò* igitur, ſi *Leſſius* per Reſponſio-
nem *ſolidam* intelligat eam, quæ ab vniuerſis
Theologis *ſolida* iudicatur, neque ab vllo Catholico abſque nota temeritatis, ſeu improbabilitatis impugnari poteſt, in quo ſenſu Reſponſionem *ſolidam* accipere eum oportet, ſi ad propoſitum loqui, & *ſecundum* illud meum *exemplum* re-
futare velit, neſcio ſanè vtrùm in imperitiæ, an
malitiæ, & meræ deſperationis reprehenſionem
i curriſſe cenſendus ſit, quem malæ cauſæ, quam
propugnandam ſuſcepit, patrocinium in tales
anguſtias redegit, vt communem doctiſſimorum ſuæ Societatis Theologorum, nempe
Alphonſi Salmeronis, *Franciſci Suarez*, & *Gabrie-*
lis Vaſquez doctrinam vt parum *ſolidam*, id
eſt, in hoc ſenſu *temerariam*, ſeu *improbabilem*
ſatis temerè reijciat, & ad communia *Thomiſta-*
rum effugia, quæ prædicti *Doctores* & viderunt
& confutarunt, abſque vlla prorſus illarum re-
ſponſionum, quas ipſi adhibuerunt, facta
mentione, confugere ſit coactus. Docent e-
nim *Doctores* illi, rationem fundamentalem, ob
                                   quam

Salmeron ad
Rom. diſp. 51.
Suarez tom 2.
diſp. 3. ſec. 5.
Vaſquez in 3.
part. tom. 2.
diſp. 117.c.5.

quam *Sixtus* quartus Festiuitatem Conceptionis
B. *Virginis* celebrandam decreuit, fuisse hanc doctrinam, quòd B. *Virgo* à peccato originali omnino præseruata fuerit.   Quod vt magis perspicuum faciamus, non abs re erit, quæ de hac re
scribit *Franciscus Suarez* (à quo *Salmeron,* & *Vas-*
quez, quod ad rem ipsam attinet, non dissentiunt)
ad verbum referre.

9   *Tandem verò*, ait *Suarez, Romana Ecclesia*
ante ducentos annos celebritatem hanc generaliter
amplexa cultoribus eius singulares indulgentias im-
pertit. Vnde quodāmodo videtur Conceptionem Vir-
ginis canonizasse. Non est ergo pium credere, Ec-
clesiam in re tam graui decipi, aut falso fundamento
vti.   Dicetur fortasse non celebrari hanc Conceptio-
nem eo quod sancta sit, sed quia magnum fuit Dei
beneficium, initiumque maiorum. Sed hoc nulla ra-
tione probandum est, quia (vt ex sensu fidelium con-
stat) Ecclesia non celebrat hoc Festum tantùm in
gratiarum actionem respectu Dei, sed etiam in hono-
rem Virginis; non esset autem Virgo honore digna
propter Conceptionem suam, nisi in illa sancta fuisset.
Deinde D. Thomas, Bernardus, *&* Ildefonsus
putant satis probari, Virginem tempore Natiuitatis
suæ fuisse sanctam, quia Ecclesia Natiuitatem cele-
brat, ergo idem iudicium ferrent de Conceptione si
Festum celebrari conspicerent. Denique Galatinus
lib.7.cap.5. dicit, in quibusdam Martyrologis ex-
presse poni Festum Conceptionis propter summam
puritatem, & sanctitatem illius, & ex dicendis hoc
fiet euidentius.

10   *Iam verò dicunt alij, non celebrari Festum*
Conceptionis, sed Sanctificationis, *quocunque*
tempore

tempore ſit facta, vel certè (ſi celebratur dies Conceptionis *) non ideo eſſe , quia in primo inſtanti, ſed
quia illo fortaſſe die ſanctificata fuit. Sed hoc etiam
eſt contra Eccleſiæ mentem quæ ſemper intendit ſpe-
ciale Virginis priuilegium, & immunitatem hoc Feſto
celebrare , cuius rei manifeſta ſunt ſigna. Primò
quia* Bernardus *dicta epiſtola* 174. *hoc ſenſu intellexit mentem Eccleſiarum , quæ hoc Feſtum colere
incipiebant. Nam ſi ſolam ſanctificationem celebra-
rent, non eſſet cur illas reprehenderet. Deinde,* Concilium Baſilienſe *ſeſſ.*36. *diſertè dicit, antiquam eſſe
Eccleſiæ conſuetudinem celebrandi hoc Feſtum in honorem immaculatæ Virginis Conceptionis. Tertiò,
in quodam officio Romano de hoc Feſto, quod* Sixti 4.
*authoritate confirmatum eſt , ſæpe hoc expreſſè dici-
tur, & intentio huius Feſti declaratur. Et eodem modo loquitur* Sixtus 4. *in* Extrauag. Cum præ excel-
ſa , & *Extrauag.* Graue nimis *de Reliquijs & ve-
nerat.* Sanctorum, *vocans* Conceptionem *puram
& immaculatam , & concedens indulgentias hoc piè
credentibus , & colentibus. Et ita etiam intellexit
hæc decreta Concilium* Tridentinum *ſeſſ.*5. *vbi illa
confirmat. Vnde idemmet* Sixtus 4. *dicit, non peccare eos, qui ſentiunt B.* Virginem *fuiſſe conceptam
ſine peccato, & propterea Feſtum eius celebrant. Eſt
ergo hæc ſine dubio intentio , & ratio huius Feſtiui-
tatis. Adde, eodem modo dicere aliquem poſſe, cum
Eccleſia celebrat Natiuitatem Virginis, non ideo eſſe,
quia in ipſamet Natiuitate ſacta fuerit, ſed quia intra illum diem fuit ſanctificata, at hoc planè falſum
eſt, & abſurdum, vt ex dictis conſtat ergo idem eſt
in præſenti. Et ratio generalis eſt , quia Eccleſia
propriè colit, & celebrat ipſa myſteria, & priuilegia*
Conceptionis,

Conceptionis, & Natiuitatis &c.

11 Igitur *Suarez* non tantùm dicit, verùm etiam probat, intentionem, rationem, & fundamentum huius decreti de Festo Conceptionis B. Virginis celebrando fuisse doctrinam illam, quòd in primo instanti suæ Conceptionis, seu animæ in aliquam corporis partem infusionis, sancta, immaculata, & ab omni peccati originalis labe præseruata fuerit. Easdem rationes. quod ad substantiam earum attinet, *Vasquez* affert, sed aliam insuper rationem quam nos etiam attigimus, ex verbis ipsius decreti desumptam vrget; quia nimirum *Sixtus* 4. ibidem indulgentijs inuitat fideles, vt pro *ipsius immaculatæ Virginis mira Conceptione gratias & laudes Deo referant, & instituta propterea in Ecclesia Dei Missas & alia diuina officia dicant, & illis intersunt;* atqui *miram Conceptionem eam non vocaret, nisi præter morem consuetum in gratia & sanctitate* Virgo *concepta esset: Nihil enim aliud mirum eius* Conceptio *haberet, cùm more aliorum hominum, quod attinet ad naturam, concepta fuerit.* Igitur siue anima rationalis simul atque in eodem puncto temporis informet, seu animet totum corpus organizatum, & omnia eius membra. siue sensim & ordine quodam, per puncta quædam interpollata; primò cor, deinde hepar, postea cerebrum &c. de quo certant Philosophi, ac Medici, & adhuc sub Iudice lis est, parum aut nihil ad rem præsentem facit. Sentiunt enim prædicti Theologi, animam B. *Virginis* in primo instanti quo creata est, atque corpori infusa, fuisse sanctam & ab omni peccato liberam; atque in hoc sensu dicunt, Conceptionem B. *Virginis*

B. *Virginis* fuiſſe ſanctam, & in honorem huius
ſanctæ Conceptionis ſeu à peccato præſeruatio-
nis feſtiuitatem Conceptionis illius fuiſſe à *Sixto*
4. inſtitutam.

12 Ex quibus perſpicuum eſt, ſecundum iſtud
exemplum a me allatum eſſe ſolidiſſimum, & horum Societatis Ieſu Theologorum doctrinæ
omnino conſonum, nempe, intentionem, rationem, & fundamentum decreti *Pontificij* dé Feſto
Conceptionis B. *Virginis* celebrando fuiſſe doctrinam illam, quòd B. *Virgo* in primo inſtanti
Conceptionis à peccato præſeruata fuerit, atque
in eum finem *Sixtum* 4. hoc Feſtum inſtituiſſe,
vt vniuerſi Chriſti fideles omnipotenti Deo de ipſius
immaculatæ Virginis mira, ſeu ſancta Conceptione
gratias & laudes referrent, & vt Feſtum eius eo fine
celebrantes fierent eiuſdem Virginis meritis & in-
terceſſione diuinæ gratiæ aptiores, atque indulgentias
eo fine à Pontifice conceſſas conſequerentur.

13 Sed forſan *Leſſius* horum Theologorum
libros vel non perlêgit, & tunc non video, quomodo à magna temeritate, ne quid grauius dicam, excuſari poſſit, qui in re tam graui alios
non tantùm docere, verum etiam tanquam ad
propoſitum non loquentes, & parum intelligentes rerum de quibus diſputant, tam acriter repre-
hendere audeat, cùm tamen ipſemet alioquin celebris Sacræ Theologiæ Profeſſor, quid de hac re
Theologica celeberrimi ſuæ *Societatis* Theologi
ſcripſerint, penitus ignoret; vel ſi eos perlegerit,
maiorem vtique reprehenſionem meretur, dum
adeo fraudulenter rem tanti momenti tractet , &
ad ipſorum doctrinam refellendam eadem planè
argumenta

argumenta afferat, quæ ipsi confutarunt, & nihilominùs eorum confutationes dolosè admodùm dissimulet. Constat igitur, exemplum istud *secundum* plurimùm facere ad rem propositam, & optimè illi accommodari posse, cùm ex eo perspicuè demonstretur, eam doctrinam, quæ tanquam fundamentum constitutionis, decreti *Apostoli* à Summo *Pontifice* supponitur, ex sententia doctissimorum suæ Societatis Theologorum non esse omnino certam, aut ad fidem pertinere. Quomodo autem *tribus* illis *obiectionibus* à *Lessio* allatis & suprà commemoratis accommodari queat, inferius apparebit.

Sᴇᴄᴛɪᴏ III.

In qua tertium *exemplum* Authoris *defenditur*, & quæ Lessius *contra illud obijcit refutantur*.

1 TErtium Exemplum à me in dicta *Præfatione* allatum, quod *Lessius tertiam* meam *Instantiam* haud rectè appellat, his verbis continetur. a *Demum* Summi *Pontifices* sæpissimè dispensarunt cum *Principibus*, qui in Religionibus approbatis solenne castitatis votum emiserunt, vt matrimonium contraherent, sicut de *Constantia* Rogerij Siciliæ Regis filia, de *Casimiro* Poloniæ, & *Ramiro* Aragoniæ Regibus, de *Nicolao Iustiniano* nobili Veneto,b alijsque pluribus historiæ produnt: Atqui si Summus *Pontifex* in voto solenni castitatis dispensandi authoritatem non habeat

Tertiũ Authoris exemplum. ,,
a nu. 58. ,,
,,
,,
,,
,,
,,
,,
b Vide Azorium to. ,,
l. 12. ,,

beat

c Negant
S. *Thom.* ſe-
cundæ ſe-
cundæ q.88.
ar.11.et om-
nes fere
Thomiſtæ, et
plures alij
quos refert
Zanchez l.8.
de Matrim.
diſp.8. qui e-
tiam ait hãc
*ſententiam
eſſe probabi-
lem.*
d nu. 29. pag.
58.

beat, de quo inter Doctores contrauertitur, ᶜ e-
iuſmodi profectò diſpenſationes plurimorum ſce-
lerum cauſæ eſſent, & in grauem aliorum *Principum* iniuriam cederent, qui ſuo iure regnandi,
atque in hæreditate ſuccedendi per illas diſpenſationes iniuſtèſpoliarentur.

2   Iam ad iſtud exemplum *Leſſius* reſpondet
primò, *Non ſatis conſtare de iſtis diſpenſationibus.*
Nam Baronius *tom.* 12. *ad annum Domini* 1189.
*oſtendit falſumeſſe, quod de Conſtantia fertur ip-
ſam Monialem fuiſſe.* De Nicolao Iuſtiniano (*cui
cæteris omnibus ex Iuſtiniana familia extinctis, ne
tam illuſtris ſtirps periret, cum eſſet Monachus*, Alexander 3. *dicitur nuptias conceſſiſſe*) *ſolùm refertur
ab Authoribus paucis, qui duobus ſeculis fuère po-
ſteriores, nempe à* Volaterrano *lib.* 4. *geographiæ,
qui multa alia falſa, vel dubia commemorat,& ſcrip-
tore vitæ* Laurentij Iuſtiniani, *qui* Volaterranum
*fortè ſequutus, & alia parum ſolida aliorum fide
ſcribit, vt de* Conſtantia *quadragenaria,&c. Nullus verò Author, qui tempore* Alexandri *vixerit, id
ſcribit.* De Hamiro *Aragoniæ Rege, res vi potiùs
peracta eſt, & Regni totius impetu, quàm Pontificis
diſpenſatione. Quia Author non meminit huius diſpenſationis, quamuis credibile ſit, poſtea Pontificem præbuiſſe conſenſum. Vide* Marianam *in Hiſtoria Hiſpanica ad annum* 1134.

3   Sed tametſi de iſtis diſpenſationibus quoad rei veritatem non ſatis conſtet, cùm quidam
Doctores, vt *Baronius*, & alij perpauci (ob rationes parùm efficaces, & maiori ex parte ab authoritate negatiue ductas, quas nunc examinare
ad quæſtionem principalem parum aut nihil faceret)

ret,) eas in dubium vocent, attamen quantum
praesenti inter me, & aduersarios controuersiae
satis est, de istis dispensationibus satis superque
constat. Constat enim plurimos *Doctores*, tam
Theologos, quam *Historicos* e tales dispensationes
vt à *Pontificibus* factas supponere, & proponere,
ex quo consequens est, doctrinam illam, quae est
fundamentum harum dispensationum, & constitutionum quibus conceduntur, ex probabili
Theologorum sententia non esse *certam*, aut *ad fidem* pertinere, quod sanè meo instituto satis est,
& *Lessij* principia in tribus suis obiectionibus posita funditus euertit: Adeo vt hinc perspicuè constet, illa argumenta, quae *Lessius* ad nouam suam
Catholicam *scilicet* fidem de potestate *Papali*
Principes deponendi propugnandam affert, ad
rem *de fide* certò comprobandam nequaquam sufficere, neque tam solida esse vt illis nulla Responsio probabilis adhiberi queat.

4 *Deinde*, quantumuis de istis dispensationibus quoad rei veritatem non satis, sed quantum
meo instituto deseruit, satis superque constet, attamen de alijs dispensationibus *Pontificijs*, quarum fundamentum incertum est, nempe in matrimonio rato non consummato etiam quoad rei
veritatem satis constare nec *Lessius* negabit. Constat enim ex S. *Antonino*, *Caietano Nauarro*, *Hen-
riquez* & alijs, Summos *Pontifices* in tali matrimonio saepissimè dispensasse, & nihilominus incertum est, & probabilissimam esse sententiam,
quâ communiter tenent Theologi, ait *Zanchez*,
penes Summum *Pontificem* non esse potestatem
in matrimonio rato non consummato dispensandi,

e Vide *Azo-
rium* vbi supra
et *Sayrum* in
Claui Regia
lib 6.cap.11.
dub. 1.

Anton. 3 part.
tit. 1.c. 21.§.3.
Caiet. tom 1.
opusc. tract.
28.de Matri.
Nauar. in Ma-
nual. c.22. nu.
21, *Henricq.*
lib.11. de Ma-
trim c. 8. n. 1.
Zanchez l. 2. de
Matrim. disp.
14.

di , vt hinc ſatis conſtet, doctrinam illam , quæ
eſt fundamentum talium diſpenſationum, & decretorum, quibus diſpenſationes illæ innituntur,
non eſſe *certam* aut *ad fidem* pertinere.

5   Quapropter *Leſſius* hanc ſuam Reſponſionem non eſſe ſolidam ſatis perſpiciens , *reſpondet*
ſecundò , *Sed ponamus* , inquit , ᶠ *verum eſſe Pon-*
tifices ea in re aliquando diſpenſaſſe , non tamen idcir-
co conficitur , hanc diſpenſationem incerta opinione
ſubnixam , quia aliquid poteſt eſſe certum Sedi Apo-
ſtolicæ (adhibito examine Cardinalium & Docto-
rum, quibus ordinariè vtitur) quod quibuſdam alijs
Doctoribus eſt incertum , vt patet de quibuſdam li-
bris Canonicis , de inſtitutione & vi quorundam Sa-
cramentorum, de baptiſmo hæreticorum , de celebra-
tione Paſchatis , & multis alijs. Vnde quando orta
eſt quæſtio in Eccleſia de re aliqua ad Religionem per-
tinente , & cogendum eſt Concilium generale ad rei
diſcuſſionem , & determinationem , Summus Ponti-
fex ſolet ſuis Legatis , qui nomine ipſius Concilio
erant præfuturi , dare inſtructionem , quam & Con-
cilio proponant , & ipſi ſequantur , ex traditione an-
tiqua in Eccleſia Romana acceptam & obſeruatam.
Et ſanè in præſenti cauſa tam firmæ & claræ ratio-
nes ſuppetunt pro hac poteſtate diſpenzandi , vt vi-
deatur certa , et ſi contrariæ non ſit omnino improba-
bilis ob Doctorum quorundam authoritatem. Con-
ſtat enim ſolennitatem voti caſtitatis ab Eccleſia , &
ſolo Iure humano introductam , vt apertè habetur
cap. vnico de Voto in 6. Et in conſtitutione Gregorij 1 3. Aſcendente Domino, *&c. Fundamenta con-*
trariæ ſententiæ faciliſſimè ſolui poſſunt.

6   Sed quam infirma ſit hæc Reſponſio iam
ſuprà

f nu. 30. pag. 59.

suprà ostendimus. Nam *primò*, etiamsi aliquid
possit videri *certum Sedi Apostolicæ* adhibito examine Cardinalium & Doctorum , & considerata ratione aliqua desumpta ex antiqua traditione
in Ecclesia *Romana* obseruata , aut in aliquo Sacræ Scripturæ textu fundata , attamen quòd aliquid possit esse *Sedi Apostolicæ* , prædicto etiam
examine adhibito , re quidem vera , & non eius
tantùm opinione *certum* , quod alijs doctissimis
Theologis, qui & Romæ vixerunt , vt *Hadrianus*
Papa, *Bonauentura* , *Turrecremata* , *Syluester*, &
omnes rationes pro tali doctrina allatas , & siue
in Scriptura , siue in publica aliqua traditione *Romana* fundatas , diligenter expenderunt , *incertum* atque etiam falsum videtur, hoc *Lessius* , nisi
secretas reuelationes , & *priuatas* non *publicas* traditiones *Romanas* gratis ; & absque fundamento
confingere velit , nulla ratione probabili commonstrare potest. Mos autem ille , quo vti solent *Pontifices* , dando suis Legatis qui Concilio
præfuturi sunt , instructiones , quas non solùm
Concilio proponant, (hoc enim vituperandum
non est) sed quas etiam ipsi omnino sequantur,
an reprehensionem magis quàm laudem merea-
tur , alibi forsan examinabimus : Neque enim
Christus Dominus , ex doctissimorum sententia,
infallibilem Sancti Spiritus assistentiam generalibus suis decretis, multo minùs priuatis suis instru-
ctionibus, promisit sed generalibus duntaxat decretis ac definitionibus *Concilij* verè *Oecumenici*
& liberi , ad quod spectat tam instructiones *Romani Pontificis* suis Legatis datas , quàm traditiones antiquas in *Romana* Ecclesia approbatas, si de
ijs

ijs inter Doctores Catholicos controuersia oriatur, examinare,& vtrùm approbandæ,vel impro-
bandæ à Catholicis sint, determinare.

7 *Deinde* , tametsi ponamus disputationis
gratia, verum esse, posse aliquid esse reuera *certum*
Pontifici , quod alijs doctissimis Theologis est
incertum, aut etiam falsum , non tamen idcirco
conficitur, illud esse *certum quoad Ecclesiam* , seu
ita *certum* vt à viris Catholicis absque vlla hæreseôs, erroris, aut temeritatis nota tanquam incertum , aut etiam falsum impugnari nequeat.
Nos autem in præsenti non agimus de *priuata*
Summi *Pontificis* , aut aliorum paucorum *certi-*
tudine , quæ, vt diximus , & ficta est , & licèt
vera esset , ad propositum non faceret, sed de
publica certitudine,& quæ toti Ecclesiæ innotescit,
quamque nemo Catholicus absque nota saltem
temeritatis reijcere, aut in controuersiam vocare
potest. Et cum *Lessius* vt verum supponat, *Pon-*
tifices in ea re aliquando dispensasse , & simul
concedat non esse omnino improbabile, quod talem dispensandi potestatem non habeat, ex ipsiusmet principijs consequitur, illam doctrinam quæ
est fundamentum talium dispensationum , atque
decretorum , quibus nituntur , iuxta satis probabilem Doctorum sententiam , non esse *certam,*
aut *ad fidem* pertinere , sicut ipse in suis obiectionibus frustra contendit ; Atque idcirco , quod
Lessius vltimò addit , nempe *argumenta contrariæ*
sententiæ facillimè solui posse , nihil ad rem facit,
nam & argumenta etiam pro sua sententia quantumcunque firma & clara ei videantur , facillimè
solui possunt , & ab *Estio* soluuntur , & sufficit
nostro

nostro instituto, quòd contraria sententia non
sit improbabilis, vt *Lessius* ingenuè fatetur, neque absque temeritate inficiari potest.   Hac igi-
tur *Responsione* satis conuulsâ, videamus quid *tertiò*   g nu.31.pag.
Respondeat.   60.

8   *Tertiò, verum esto*, ait *Lessius, Non sit om-*
nino certum hanc potestatem Pontifici competere; ni-
hil inde absurdi sequitur.   Quia quando agitur de
dispensationibus in impedimentis matrimonij & votis,
non requiritur absoluta certitudo potestatis, sed suf-
ficit magna probabilitas : vt cum agitur de Matri-
monio inter Nouercam, & priuignum, inter nep-
tem & tritauum, si cui tantum æui suppeteret:
inter eos, quorum alter certo modo videtur impotens.
Idem cernitur in conferendis certa quantitate In-
dulgentijs.   Non enim est certum, tantam mensu-
ram dari posse pro tantillo opere in talem vel talem
finem.   Ratio est, quia tales dispensationes, &
Indulgentiæ sunt gratia & beneficia, nec quisquam
tenetur illas acceptare, sed cuique libertas relinqui-
tur ; neque super istis, aut super potestate talia con-
cedendi fundantur canones, aut gubernatio genera-
lis Ecclesiæ.

9   Sed *inprimis* istud incommodum & absurdum, si illud *Lessius* absurdum vocare velit, hinc
sequitur, quòd iuxta hanc eius suppositionem illa
doctrina quæ est fundamentum harum dispensationum, & decretorum *Pontificiorum* inde con-
surgentium, non sit *certa* neque *ad fidem* pertineat, quod vtique *Lessius*, iuxta principia ab
eo posita, veluti absurdum meritò reputare debet.
Vtrùm autem alia præterea incommoda sequan-
               N   tur

tur necne ad rem præſentem parum refert, & infra clariùs apparebit.

10   *Deinde*, tametſi quando agitur de diſpenſationibus in impedimentis matrimonij, & in
votis, atque in conferendis certa quantitate Indulgentijs non requiratur *abſoluta certitudo* poteſtatis, ſed ſufficit magna probabilitas, quando
eiuſmodi diſpenſationes, & conceſſiones alterius
iuri non præiudicant, hæc tamen probabilitas
non ſufficit, vt quis é legitima temporalis ſui iuris poſſeſſione per Summi *Pontificis* authoritatem, quamdiu tantùm probabilis manet, detur-
betur, cùm iuxta notiſſimam Iuris regulam, *In
cauſa dubia, ſiue incerta*, & quæ vtrinque rationes probabiles habet, *melior ſit conditio poſſidentis*, quique proinde, quamdiu non conſtat de iniuſtitia ſuæ cauſæ, ius ſuum defendere, talibuſ-
que diſpenſationibus in opinione tantùm probabili fundatis reſiſtere licité poteſt. Quòd verò in
huiuſmodi diſpenſationibus, & conceſſionibus,
canones, decreta, & ſententiæ iudiciales fundari
poſſint, non minùs quàm in particularibus *Principum* depoſitionibus adeo manifeſtum eſt, vt
nullus vir eruditus id inficiari queat. Atque hinc
patet, falſum eſſe quod *Leſſius* immediaté ſubiungit.

h nu.32.pag.
61.   11   *Nec obſtat*, ait ille, [h] *quòd per diſpenſationem voti caſtitatis & conceſſionem nuptiarum videatur fieri iniuria ijs, qui alioquin in regno, vel hæreditate erant ſucceſſuri, quia reuera ſi quis penitiùs
rem introſpiciat, nulla eis fit iniuria, etſi lucro ſpera-
to priuentur. Ratio eſt, Quia Iure naturæ cuilibet*
                                    ſum-

summum Ius ad Matrimonium competit, adeo vt nisi constet de impedimento, non possit vlla potestate humana prohiberi. Atqui facta dispensatione impedimenti per Summum Pontificem non constat esse impedimentum, cùm valde probabile sit illud per dispensationem esse sublatum, & præsumatur amplius non extare, Ergo non potest ei matrimonium prohiberi: Immo fieret ei grauis iniuria, si quis vel priuata vel publica authoritate eum impedire conaretur, quia impediret eum ab eo statu, ad quem Ius habet, quique omnibus non habentibus certum impedimentum, iure naturæ debet esse liberrimus. Ex quo manifestè sequitur, nullam fieri iniuriam ei qui erat in bona eius successurus; quia, qui vtitur iure suo, nemini facit iniuriam. Quòd si is, qui cum tali dispensatione nuptias init non facit hæredi aliàs successuro iniuriam contrahendo, cùm tamen ex eo contractu proximè damnum illius sequatur; multò minùs iniuriam facit ei Summus Pontifex dispensando, seu impedimentum tollendo, quia solùm remotè, & per accidens damnum illi obuenit.

12   Veruntamen qui hæc penitiùs introspiciet, ea partim falsa esse & erronea, partim friuola, & magis artificiosè quàm solidè dicta, facillimè deprehendet. Nam *imprimis*, per eiusmodi dispensationes hæres legitimus non solùm *lucro sperato*, *vt Lessius* ad hanc iniuriam hæredi indubiè legitimo illatam mitigandam artificiosè loquitur, verùm etiam *præsenti* suo, & non tantùm *sperato* ad Regnum iure, & hæreditate legitima spoliatur. *Deinde*. *maior* illa propositio sui argumenti, *Iure naturali cuilibet summum Ius ad matrimonium competit*, *nisi constet de impedimento*.

N 2   falsis-

falſiſſima eſt : Si enim de dubio aut probabili impedimento conſtat, non ſummum ius, ſed dubium tantùm, aut probabile ius ad Matrimonium, quod iure ſummo longé minus eſt, iure naturæ illi competere nimis manifeſtum eſt.
Nemo autem ob ius tantùm probabile, aut dubium alterius è legitima certi ſeu indubij ſui ad
Regnum iuris poſſeſſione niſi per iniuriam detur-
bari poteſt.

13   Et proinde, quod ad *Minorem* propoſitionem attinet, tametſi facta diſpenſatione per
Pontificem in impedimento Matrimonij non
conſtet de impedimento certo atque indubitato,
manet tamen adhuc impedimentum probabile,
cùm probabile tantùm ſit, poſſe Summum *Pontificem* in illo impedimento diſpenſare. Atque
idcirco non ſequitur aliquam ei iniuriam inferri,
ſi vel *Princeps* publica authoritate, vel hæres legitimus priuata, Matrimonium illud impedire conaretur, ſaltem quoad hunc effectum, vt is qui
ius indubiè legitimum ad Regnum, vel hæreditatem temporalem habet, iure ſuo temporali ex
tali diſpenſatione ſpolietur; quandoquidem ille,
cum quo *Papa* in tali impedimento diſpenſat, non
habeat ius indubium ad matrimonium contrahendum, ſaltem quoad prædictum effectum, vt
in temporali hæreditate cum veri & indubitati hę-
redis præiudicio ſuccedat. Vnde propoſitio illa,
quam *Leſſius* hic vti veram ſupponit, *Status Matrimonij omnibus non habentibus certum impedimentum iure naturæ debet eſſe liberrimus, nec proinde
poteſt vel priuata vel publica authoritate impediri,*
falſa eſt, atque erronea, & communi Theologorum

gorum omnium conſenſu reprobata.

14 Nam iuxta *Leſſij* principia ita liceret argumentari. Iure naturæ cuilibet ſummum ius ad Matrimonium competit, adeo vt niſi conſtet de impedimento certo, non poſſit vlla humana poteſtate impediri, cùm ſtatus Matrimonij omnibus non habentibus certum impedimentum iure naturæ debeat eſſe liberrimus; ſed quamdiu aliquis dubitat, aut probabiles tantùm rationes habet de impedimento aliquo Matrimonij, puta affinitatis, aut conſanguinitatis in gradu prohibito, aut de morte propriæ coniugis, non conſtat de impedimento certo, cùm probabile ſit tale impedimentum non eſſe; verbi gratia, coniugem eſſe mortuam, ergo quando aliquis dubitat, aut probabiles tantùm rationes habet, coniugem, verbi gratia, eſſe mortuam, poteſt nihilominus tuta conſcientia matrimonium contrahere, neque à contrahendo in tali caſu poteſt vlla poteſtate humana prohiberi. Imrno fieret ei grauis iniuria, ſi quis vel priuata, vel publica authoritate eum impedire conaretur; quia impediret eum à ſtatu Matrimonij ad quem Ius habet, quique omnibus non habentibus certum impedimentum, iure naturæ debet eſſe liberrimus. Quàm autem falſa, erronea, & pernicioſa ſit hæc ratiocinatio ex *Leſſij* principijs conflata, quilibet Theologiæ vel mediocriter peritus clare perſpicere poteſt.

15 Vtrùm autem ſufficiat probabilitas, vt *Pontifex* diſpenſet in impedimento Matrimonij, quantum ad aliquos eius effectus, veluti

ad petendum & reddendum debitum coniugale , in remedium concupiscentiæ ; atque ad liberos procreandos, &c. dummodo nullum præiudicium iuri alterius inde obueniat , iam non
difputo , cum ad quæftionem propofitam nihil omnino faciat ; Sicut etiam parum refert ,
quòd *Pontifex* poffit aliquem fibi temporaliter non fubditum ad fpiritualia legitimare ,
dummodò non poffit eum legitimum facere ,
ad hoc vt in temporali hæreditate fuccedat , nifi
in cafu quo *Princeps* ei permiferit , vt fuprà fufè declarauimus. Iam enim folùm contendo ,
non fufficere probabilitatem , vti *Lefsius* prætendit , vt *Pontifex* in aliquo impedimento Matrimonij difpenfet, quantum ad hunc effectum,
vt talis difpenfatio probabilitati tantùm innixa
vero & indubio alterius in temporalibus iuri, ipfo inuito , præiudicare debeat. Vnde tam *Pontifex* ita difpenfando , quàm ille cum quo dif-
penfatur , occafione talis difpenfationis tertiam
perfonam renitentem , iure fuo temporali , quod
legitimè poffidet , fpoliare conando , iniuriam
illi irrogaret. *Denique* quod *Lefsius* ait , *Qui
vtitur iure fuo nemini facit iniuriam* , verum eſt
de eo qui vtitur iure fuo cèrto & indubitato,
nam qui vtitur iure tantùm dubio , aut probabili facit iniuriam alteri , fi eum proinde è certa atque indubia iuris fui legitimi poffefsione extrudere conaretur.

i nu. 3 3. pag.
6 2.
    16   *Ex his perfpicuum eft*, ait Leffius, [1] *falfum
effe*, *quod in argumento affumitur* , *nimirum* , Huiufmodi difpenfationes fore caufas multorum
fcelerum, & in grauem aliorum *Principum* iniuriam

riam cessuras. *Nam quod ad scelera attinet, non peccat is, qui huiusmodi dispensatione (quæ non nisi rarissimè, & ob grauissimas causas, re diligenter & multo tempore discussa concedi solet, non obtrudi) vtitur contrahendo nuptias, isque vtendo. Ratio est; quia vel Christus Dominus supplet eo casu defectum potestatis sui Vicarij (si fortè ea reipsa ei desit) diuina authoritate tollendo impedimentum, & consequenter efficiendo, vt Matrimonium sit validum (sicut multi Doctores tradunt fieri in dispensatione voti simplicis perpetuæ castitatis, quando non subest legitima causa, tamen bona fide præuio examine debito causa iudicatur legitima) vel certè excusantur ab omni culpa propter bonam fidem, & sententiæ probabilitatem. In rebus enim humanis non semper requiritur certitudo absoluta, sed sufficit probabilitas, vt passim Doctores tradunt. V. g. vt talis forma contractus mihi sit licita, & absque peccato possit celebrari, satis est iudicio Doctorum probabile esse, eam esse licitam. Sic permissi census personales, contractus Societatis triplex cum mercatore, varij Contractus Cambiorum, retrouenditionis, emptionis anticipata solutione, &c. Sic licitum adire hæreditatem, & capere legatum ex Testamento minùs solenni, aliaque innumera.*

17 *Neque solùm in temporalibus id locum habet, sed etiam in spiritualibus, & sacratissimis: vt in Baptismo, cùm vrgente necessitate datur solùm ad manum, vel digitum alijs membris non comparentibus: In pænitentiæ Sacramento, cum absoluitur is, de cuius dispositione meritò potest dubitari, vel qui solùm signa pænitentiæ dedit in absentia Sacerdotis: In extrema Vnctione, cùm similiter dubia dispositio,*

vt

vt alia multa omittam. Quòd ſi in his omnibus abſque
vllo peccato poſſum procedere, & operari ex ſententia
probabili, cur non etiam in matrimonio, ad quod iure
naturæ quiſque per ſe ſummum ius habet? Nullum
itaque hîc ſceleris periculum.

18 *Dices ; eſt ſaltem periculum materialis pec-*
cati, nimirum , ſi reipſa fortè & coram Deo matri-
monium non eſſet validum. Reſpondeo, Id nihil re-
ferre, vt patet in alijs Sacramentis, & contractibus
iam commemoratis. Immo ſæpe tenemur aliqua fa-
cere, vbi tale periculum ſubeſt; vt cùm infans non
poteſt baptizari niſi ad manum, vel digitum : cùm
infirmus vocato Sacerdote amiſit vſum rationis, pri-
uſquam ille veniat, & multis alijs euentis. Quando
enim tanti momenti cauſa ſubeſt, non eſt curandum
periculum illud materialis ſacrilegij, vel iniuſtitiæ,
ſed tenemur probabili modo (et ſi tenuis ſit illa pro-
babilitas) præſenti ſuccurrere neceſſitati. Quod ad
iniuriam attinet, iam oſtenſum eſt, nullam iniuriam
fieri ei, qui expectabat ſucceſſionem.

18 Sed *imprimis* obſeruandum eſt, me neque
in his *tribus exemplis* , neque in *tribus* illis *inſtan-*
tijs, quæ in his exemplis fundantur, quas infrà referemus , de errore, peccato , ſcelere, iniquitate,
iniuria, &c. *formaliter* ſuptis, ſed in genere tantùm
loquutum eſſe, non applicando ea in particulari
ad errorem, iniquitatem, iniuriam &c. vel *forma-*
lem vel materialem, ſicut neque *Leſſius* in *tertia*
ſua obiectione errorem, iniquitatem, rebelliones,
periuria, vel ad *materialia,* vel ad *formalia* periuria, errores , rebelliones , & iniquitates accom-
modauit , ſed in genere tantùm de illis loquutus
fuerat. Solùm enim mihi tunc temporis inſtitutum

tum erat, *tres Instantias* in prædictis *tribus exemplis* fundatas aduersùs *tres* illas *obiectiones* à *Leßio* allatas retorquere, vt ita Lector eruditus facilè perspiceret, qua ratione ex ijsdemmet solutionibus, quas Aduersarij *tribus* meis *Instantijs* afferrent, siue eas obiectiones de errore, & iniquitate *formali,* siue tantùm de *materiali* intelligendas esse vellent, facilimè dissolui possent, vt infrà magis declarabitur.

19 Namtametsi ponamus, neque *Summum Pontificem* tales dispensationes concedendo, neque eum, cum quo dispensatur illis vtendo, *formaliter* peccare, parum aut nihil ad propositum refert: non enim de internis eorum conscientijs, quas *Deus* solus nouit, sed de externis eorum operationibus iuxta Theologiæ regulas iudicare intendimus, secretas ipsorum cogitationes & affectiones, solius *Dei,* scrutantis corda & renes, iudicio relinquentes. Nostro etenim instituto satis est, quòd iniquitatem *materialem* perpetrent, siue à peccato *formali*, & coram Deo, ratione opinionis probabilis, quam prætendunt, excusentur siue non. Hinc enim consequitur; tum illam doctrinam, quæ est fundamentum talium dispensationum, non esse *certam*, aut *ad fidem* pertinere, quantumcunque probabilis esse prætendatur; tum etiam, cùm contraria doctrina sit probabilis, non teneri eos, in quorum præiudicium temporale tales dispensationes conceduntur, cedere iuri suo, sed posse illis resistere, & nihilominus ratione opinionis probabilis quam sequuntur, & legitimi Iuris quod possident, resistendo à *formali* scelere, peccato & iniquitate excusari.

20 Sicut

20 Sicut etiam in hac quæſtione de *Principum* depoſitione, & ſubditorum à temporali fidelitate abſolutione, parum aut nihil refert, quòd vel *Pontifex* deponendo, vel alij tali abſolutione vtendo, à peccato & iniuſtitia *formali,* ſeu quoad *Deum* & internam conſcientiam, atque forum animæ, ratione opinionis probabilis quam prætendunt, ſed non à peccato & iniuſtitia *materiali,* ſi illa opinio reipſa falſa ſit, neque quoad forum externum & ſeculare, excuſentur. Hinc enim *duo* conſequuntur, quæ meo inſtituto ſatis ſunt. *Primum* eſt, illam doctrinam, quæ eſt fundamentum taliũ depoſitionum, & abſolutionum non eſſe *certam,* aut *ad fidem* pertinere, cùm contraria ſit probabilis, quod ſanè fundamentum Aduerſariorum de certitudine nouæ ſuæ Catholicæ *ſcilicet* fidei de poteſtate *Papali Principes* deponendi penitus euertit.

21 *Alterum* eſt, tam *Principem* qui deponitur, quàm ſubditos qui abſolvuntur, poſſe tuta conſcientia, cùm contraria ſententia quæ illis fauet, ſit probabilis, eiuſmodi depoſitionibus, & abſolutionibus reſiſtere : & licitum eſſe *Principi,* non obſtante tali depoſitionis ſententia, in foro externo & Seculari aduerſus omnes, qui illum è Regno, quod legitimè & indubiè poſſidet, extrudere conarentur, tanquam externos & publicos hoſtes, & ſi ſubditi ſunt, tanquam contra proditores publicos, & *læſæ Maieſtatis* reos procedere; nam vtrùm quoad *Deum,* & in foro conſcientiæ veri hoſtes & proditores ſint, necne, *Princeps* non iudicat, ſufficit illi quòd in foro externo & Seculari veri hoſtes, & proditores reputandi

putandi sint : Ad eundem ferme modum , quo
Rex & eius subditi in bello , quod quoad Deum,
& in foro conscientiæ tantùm ratione opinionis
probabilis ex vtraque parte iustum est , potest aduersùs eos, qui eum eiusque Regnum aggrediuntur , tanquam contra publicos hostes , & ini-
micos capitales tutâ conscientiâ in foro suo externo & Seculari procedere , tametsi forsan pars
illi aduersa ratione opinionis probabilis à *formali*
iniustitia coram Deo , & in conscientia (de qua,
vtpote foro externo , & seculari incognita) & ad
illud non pertinente *Rex* iste non iudicat , fortas-
sis excusentur. Nihilominus quod ad meam sententiam attinet , non video , vt alibi sæpiùs obseruaui, qua ratione probabili , quandiu certant
Scholastici, an *Papa* possit *Principes* deponere, vel
ipsemet *Pontifex* , vel alij quicunque à peccato,
& iniustitia *formali* coram Deo , & in foro conscientiæ excusari queant, qui *Principem* quemcunque etiam hæreticum è Regni, quod legitimè possidet , possessione, sub prætextu potestatis *Pontificiæ Principes* deponendi , deturbare conarentur,
cùm iuxta notissimam *Iurisprudentium* regulam , & in lege naturali fundatam , In *causa
dubia* , *incerta* , & quæ vtrinque rationes habet
tantùm probabiles, *melior & potior sit conditio possidentis.*

22   Atque hinc patet ratio discriminis , ob
quam in illis Sacramentis administrandis , illisque operationibus exercendis , in quibus nullum
temporale præiudicium fit tertiæ personæ , quæ
inde nulla re temporali , quam legitimè possidet,
spoliatur , possit quis ratione opinionis probabi-
                                                      lis

lis ab iniuftitia & peccato *formali* coram *Deo*, &
in foro animæ excufari, neque ab ijs in foro etiam externo, & Seculari prohiberi, aut impediri
debet ; & nihilominus in ijs actionibus exercendis, in quibus alter è Regni, alteriufue rei temporalis, quam legitimè tenet, poffeffione detur-
batur, non poffit quis ratione opinionis *fpeculatiuè* probabilis ab iniuftitia & iniuria *formali*
coram Deo & in foro animæ excufari, atque in
foro etiam externo, & Seculari ab ijs exercendis
impediri atque prohiberi, & ab eo cui fit iniuria, licitè refifti queat, quamdiu de iure illius,
qui alterum aggreditur, atque inuadit, *certò* non
conftet, fed folum probabilitas de iure illius, &
non certitudo appareat.

2 3   Illud denique, quod *Leffius* ait, *Chriftum
Dominum fupplere eo cafu defectum poteftatis fui Vicarij (fi fortè re ipfa ei defit) diuina authoritate tollendo impedimentum, & confequenter efficiendo vt
Matrimonium fit validum, ficut multi Doctores
tradunt fieri in difpenfatione voti fimplicis perpetuæ
caftitatis, quando non fubeft legitima caufa tamen
bona fide præuio examine debito caufa iudicatur legitima*, gratis & abfque fundamento fufficienti
dicitur, viamque aperit ad miracula abfque fufficienti ratione contra ftatutam *Chrifti* legem in facra Scriptura expreffam confingenda, & ad fententiam *Caietani* de falute infantium, qui in
vtero matris moriuntur, & alias fimiles opiniones, fub pietatis zelo, fed contra expreffum,
doctiffimorum iudicio, *Dei* verbum defenden-
das, & cùm ad fummum probabile tantùm fit,
ad præfens inftitutum nihil facit, & ad rem *de
fide*

fide certò demonstrandam nihil omnino valet.
Atque hæc de *tribus* istis *exemplis* à me positis
dicta sufficiant. Iam ad *tres Instantias* in his *tribus exemplis* fundatas discutiendas propiùs ac-
cedamus.

Sectio IIII.

*In qua quid Doctores Catholici de infallibili
tam* Ecclesiæ, *quàm* Romani Pontificis
*iudicio in decretis fidei & morum stabi-
liendis sentiant, declaratur.*

1 A Ntequam ad *tres* supradictas *Lessij obiectiones*, & *tres* meas *Instantias* in præfatis *tribus
exemplis* fundatas, quas illis opposui, examinan-
das, accedam, non à re alienum fore arbitror, si
quid Doctores Catholici, & præsertim *Melchior
Canus*, ad quem *Lessius* in tertia sua obiectione
Lectorem remisit, de infallibilitate tam *Conciliorum* generalium, quàm Summi *Pontificis*, in decretis fidei & morum sanciendis sentiant, paucis
exponam. Ex hac enim infallibilitate, in qua Aduersarij plurimùm gloriantur, *Lessius* firmissimum argumentum trahi posse, ad doctrinam
suam de potestate Summi *Pontificis Principes* deponendi, & subditos à temporali fidelitate absoluendi, vt rem *de fide certam* comprobandam
imaginatur.

2 Inprimis igitur *Melchior Canus*, cum quo
Romani Theologi, & qui spirituali Summi *Pontificis* Monarchiæ fauent, vt plurimùm consen-
tiunt, hanc conclusionem circa doctrinam fidei,
seu

Canus lib. 5. de locis cap. 4. conclus. 3.

seu res à populo fideli credendas ponit. *Concilium generale confirmatum authoritate Romani Pontificis certam fidem facit Catholicorum dogmatum. Quam quidem conclusionem ita exploratam habere opus est, vt eius contrariam hæreticam esse credamus.* Vt autem Concilium in rebus fidei certò definiendis non erret, *duo* requiruntur, vt alias [a] etiam annotauimus: *primum;* vt illud fidei decretum non ad particulares tantùm Ecclesias, aut Episcopos, sed ad totam vniuersalem Ecclesiam referatur: *secundum;* vt proponatur tanquam *de fide,* seu vniuersos fideles ad id credendum obliget.

[a] *Disputat. Theolog.* cap. 10. sec. 2. nu. 33. 34.

Canus lib. 5. cap. 5. q. 4.

3   *Intelligendi enim sunt Iudices,* seu Concilij Patres, ait *Canus, eo tantùm casu de fide pronunciare, vbi iudicium in omnes Christi fideles spectat, omnes ligat. Certitudo quippe fidei Iudicibus à Deo constitutis non propter Ecclesias priuatas promissa, & concessa est, quæ singulæ errare possunt, sed propter Ecclesiam vniuersalem, quæ errare non potest. Itaque Summorum Pontificum, Conciliorumque doctrina si toti Ecclesiæ proponatur, si cum obligatione etiam credendi proponatur tum verò de fidei causa iudicium est. Nam in decretis Pontificijs duo distinguenda sunt, vnum est, tanquam intentio conclusioque decreti; alterum, quasi ratio, & causa à Pontifice reddita eius rei quam constituerit. Atque in conclusione Pontifices Summi errare nequeunt, si fidei quæstionem ex Apostolico tribunali decernant. Sin verò Pontificum rationes necessariæ non sunt, ne dicam, aptæ probabiles, idoneæ, in his nihil est videlicet immorandum. Non enim semper Patres in fidei quæstione causas afferunt necessarias, sed interdum verosimiles.*

Canus lib. 6. cap. 8. ad 4.

4 *In Concilijs enim*, ait Card. *Bellarminus,* Bell.lib.2.de
maxima pars Actorum ad fidem non pertinet. Non Conc.cap.12.
enim sunt de fide disputationes quæ præmittuntur, ne-
que rationes quæ adduntur, neque ea quæ ad expli-
candum, & illustrandum afferuntur, sed tantùm
ipsa nuda decreta, & ea non omnia, sed tantùm quæ
proponuntur tanquam de fide. Facile est autem ag-
noscere, aiunt præfati Authores, *ex verbis Concilij,*
aut Pontificis, quando decretum aliquod de fide cre- Canus lib. 5.
dendum fidelibus proponitur, vt si contrarium sen- cap.5.q.4.&
tientes excommunicentur, vel pro hæreticis iudicen- Bell.lib 2.de
tur; vel si quicquam expressè & propriè à fidelibus Rom.Pont.
firmiter credendum, aut tanquam dogma fidei Ca- c.12.
tholicæ accipiendum dicatur, vel alijs similibus ver-
bis, aliquid esse Euangelio, doctrinæque Apostolorum
contrarium, dicatur, inquam, ait *Canus, non ex opini-*
one, sed certo & firmo decreto; quando autem nihil
horum dicitur, non est certum rem esse de fide.

5 *Secundò,* quod ad decreta, seu præcepta mo-
rum attinet, idem *Canus* supponens *primo,* dupli- Canus lib.5.
cem esse Theologicam quæstionem, *vnam,* cuius cap.5.q.4.
cognitio ad salutem est necessaria, *alteram,* cuius
ignoratio sine pietatis salutisque iactura esse potest, hanc *primam conclusionem* statuit: *Ecclesia*
in morum doctrina eorum, qui ad salutem necessarij
sunt errare non potest. Itaque si quid necessariò vel
agendum vel vitandum firmo iudicio definit, in hoc
errare nequit, sicut ne in fide quidem. Deus enim
non deficit in necessarijs. In doctrina ergo morum eo-
rum, qui sunt ad salutem necessarij, Iudices &
Doctores Ecclesiæ à Deo dati errare non queunt. Hu-
ius verò Conclusionis, ait *Canus, & altera consecta-*
ria esse videtur, Ecclesiam, cùm in re graui, &
quæ

quæ ad Christianos mores formandos apprimè condu-
cat, leges toti populo dicit, non posse iubere quicquam,
quod aut Euangelio, aut rationi naturæ contrarium
sit. Quarè quemadmodum Concilium falsa plebi
credenda proponere nequit, sic nec mala proponere
potest facienda, proponere, inquam, firmo certo-
que decreto, quo omnes & ad id credendum, & ad fa-
ciendum sub æterna pæna obligentur. Sed an hæreti-
cum sit asserere, vel aliquam Ecclesiæ consuetud-
inem esse malam, vel aliquam ipsius legem esse
iniustam non ausim definire. Ita Canus.

6   Atque hinc primò ab hęreſi excufat eos,
qui affirmarent, *Ecclesiam errare in more commu-*
nicandi plebem sub vna specie tantùm. Atque ad
Concilium Constantiense, quod ſtatuit, *eos pro hæ-*
reticis condemnandos, qui asserunt, Ecclesiam in hoc
errare, reſpondet *Canus, Concilium eo tempore illud*
statuisse, quo sine capite erat, cùm inter multos, quis-
nam esset verus Pontifex dubium esset ; Concilij au-
tem dogmata non sunt firma, ait ille, *nisi à Romano*
Pontifice confirmentur. Quando ergo Concilium
sine capite est, non habet dogmatum certitudinem.
Neque Martinus 5. *in literis, quibus Concilium pro-*
bat, simpliciter probat illum articulum, sed solùm de-
finit, eos, qui docuerint, Ecclesiam in eiusmodi consue-
tudine errare, esse vel hæreticos, vel vt sapientes hæ-
resim condemnandos. Quod ergo Martinus *Con-*
cilio præsidens non ausus est hæreseòs nomine condem-
nare, id ego grauiore censura condemnare non audeo.
Quòd si in more ad salutem necessario, qualis ille vi-
detur esse, de quo in Concilio Constantiensi *erat con-*
trouersia, tanta fuit Martini *modestia, quanto nos*
modestiores esse oportet in alijs erroribus condemnan-
dis;

dis . qui consuetudini Ecclesiæ minimè ad salutem necessariæ refragantur ?

7 *Secundò*, ab hæresi excusat *Lutheranos, qui morem circumgestandi solenni processione per vias publicas Euchariſtiæ Sacramentum reprobant. Si originem*, inquit, *erroris & principium ſpectes, hæresis tibi erit. Nam ideo illi morem hunc circumferendi Sacramentum rident, quia veram Chriſtipræſentiam in Sacramento negant. Sed ſi ipſam in ſe errorem contempleris, hæreſim ſapit, temeritas & imprudentia eſt. Quamuis enim multis nominibus hic error eſt notandus, non tamen eſt hæreſis, cùm etiamſi in hac conſuetudine erraret Eccleſia, non proinde in grauioribus rebus eius periclitaretur authoritas. Quæ cauſa Concilio* Tridentino *fuit, vt canonem ſextum de Euchariſtiæ Sacramento cautè formârit in hac verba. Si quis dixerit, in ſancto* Euchariſtiæ Sacramento Chriſtum non eſſe cultu latriæ, etiam externo adorandum, & ideo nec feſtiua peculiari celebritate venerandum, nec in proceſſionibus ſecundùm laudabilem Eccleſiæ conſuetudinem ſolenniter circumgeſtandum, anathema ſit. *Non enim eos anathemate ſimpliciter pellit Synodus, qui ritum illum Eccleſiæ reprehenderint, ſed qui idcirco hoc faciunt, quia nec præſentiam corporalem Chriſti in Euchariſtia admittunt, atque adeo ne ipſius quidem adorationem & cultum.*

8 *Tertiò* ab hæresi exculat eos, qui sentirent *Eccleſiam in canonizatione ſanctorum, ſeu homini*bus in diuos referendis *errare poſſe. Intelligendum enim eſt,* ait ille, *Eccleſiæ mores quoſdam à* Chriſto *& Apoſtolis Eccleſiæ traditos, in quibus qui Eccleſiam errare diceret, hic erroris eius* Chriſtum *&*

O   Apoſtolos

Apoſtolos *authores faceret : Alij verò mores ſunt
poſt Apoſtolos inducti, in quibus, quamuis Eccleſia
erraret, non propterea fides periclitaretur. Sine periculo igitur hæreſeòs teneri poteſt, Eccleſiam in aliqua lege & more errare poſſe. Cuius veram & idoneam rationem,* ait Canus, *Innocentium* 3. *in cap.
A nobis de ſentent. Excommunicationis reddidiſſe
in hæc verba.* Iudicium *Dei* veritati, quæ nec
fallit, nec fallitur, ſemper innititur, Iudicium autem *Eccleſiæ* nonnunquam opinionem ſequitur,
quam & fallere ſæpe contingit & falli, propter
quod contingit interdum, vt qui ligatus eſt apud
Deum, apud *Eccleſiam* ſit ſolutus, & qui liber eſt
apud *Deum, Eccleſiaſtica* ſit ſententia innodatus.
Hactenus Innocentius.

9 *Atque hinc liquet,* ait *Canus, id quod eſt ani-
maduerſione digniſsimum, certa & firma Eccleſiæ
decreta eſſe non poſſe, quæ non certis & firmis principijs ac fundamentis innitantur. Quocirca, ſi vel v-
num ex his, à quibus Eccleſiæ iudicium pendet, incertum eſt, certum Eccleſiæ decretum eſſe non poteſt, ſiue
quæſtio ſpeculatiua ſit, ſiue practica. Conclusio quippe, vt in Dialecticorum prouerbio eſt, debiliorem
partem ſequitur, & ſi vnum quodlibet principiorum
claudicat, eam quoque ex illa parte debilitari neceſſe
eſt. Qua ex re facile intelligitur, Eccleſiæ iudicia,
quæ ab incertis hominum teſtimonijs proficiſcuntur,
infirma eſſe ad certam & exploratam faciendam fidem. Quale illud eſt, quo ſanctum aliquem diuorum catalogo adſcribendum cenſet. Nec tamen im-
purè licet huiuſmodi decreta in dubium reuocare.
Quin temerarium & irreligioſum eſt in diuis conſe-
crandis Eccleſiæ abrogare fidem. Iniuriam enim
                                                    facit*

facit Martyri, *qui orat pro* Martyre, *vt* cap. cum
Martha *de celebrat.* Missar. Innocentius *tradit;*
Iniurius ergo est, ac multo etiam magis, qui Marty-
rum catalogo ascriptum è diuorum numero reijcit. Id
quoniam temerè & inconsideratè faciet, iure profectò
ab Ecclesia punietur. Ita Canus.

*Canus lib. 12.
cap. 1.*

10   Demum *ab hæresi excusat eos, qui dice-*
rent, B. *Virginem non esse in cælos cum corpore assum-*
ptam : quod licet fidei aduersum non sit, quia tamen
communi Ecclesiæ consensioni repugnat, petulanti te-
meritate diceretur. Suarez *etiam tametsi affirmet,*
nunc tam receptam esse sententiam, vt à nullo pio,
& Catholico possit in dubium reuocari, aut sine
temeritate negari, ait tamen, non esse de fide, quia
neque est ab Ecclesia definita, nec est testimonium
Scripturæ, aut sufficiens traditio, quæ infallibilem
faciat fidem. At Sotus *solùm ait, esse prudentissimè*
credendam, nondum tamen inter fidei articulos cre-
ditu necessarios relatam esse. Et Caietanus *non ne-*
cessario, sed probabiliter & piè credendam esse asse-
rit. Duplex enim, ait ille, via est decernendi, &
duplex modus, quo credendum esse aliquid decerni po-
test. Nam quædam decernuntur credenda, ita quòd
contrarium sentiens est hæreticus, quædam verò tan-
quam probabiliter & piè credenda, ita quòd contra-
rium sentiens non est hæreticus, vt de Assumptione
B. Virginis *cum corpore, &* Sanctificatione *eius in*
vtero Matris, & alijs huiusmodi communi Eccle-
siæ pietas probabiliter credit. Abulensis *etiam ait,*
non esse necesse hoc tenere, quia non est de articulis fi-
dei, neque etiam est aliquid definitum per Ecclesiam,
vt teneri debeat, ideo licet cuilibet, sicut voluerit o-
pinari. Rationes autem quæ ad probandam illius Re-

*Suarez tom. 2.
disp. 21. sect. 2.*

*Sot. in 4. d. 43.
q. 2. ar. 1.*

*Caiet. tom. 2.
Opusc. tract.
2. de Concep.
cap. 1.*

*Abul. in cap.
22. Matt. q. 230*

surrectionem sumuntur, sunt suasiones quædam, & non conuincunt, & tamen quia communiter tenetur quòd surrexit, rationabilius est hoc tenere : *Si quis tamen contrarium asserat, non contendimus.* Et nihilominus præfati Authores optimè norunt, doctrinam hanc de corporali B. *Virginis* Resurrectione esse fundamentum *decreti*, & moris Ecclesiastici ab omnibus Catholicis obseruati, de *Festo Assumptionis* B. *Virginis* celebrando.

11 Atque hinc *Lessius* clarè perspicere potest, quàm incertum sit, ne dicam falsum, doctrinam illam, quæ est fundamentum *decreti*, & moris Ecclesiastici ab omnibus Catholicis generaliter obseruati, debere esse *certissimam*, atque *ad fidem* pertinere. Nam quod ad *decreta particularia*, & mores non toti Ecclesiæ communes spectat, idem *Canus*, à quo *Card. Bellarminus* non dissentit, expressè asserit, *in moribus non toti Ecclesiæ communibus, sed qui ad priuatos homines, vel Ecclesias referuntur, Ecclesiam errare per ignorantiam posse, non in iudicio solùm rerum gestarum, sed in ipsis etiam præceptis & legibus: & posse id præcipere homini, quod rationi, Euangelioque aduersatur.* Et huius rei veram, idoneamque rationem ex verbis *Innocentij* superius relatis reddit ; *quia nimirum iudicium Ecclesiæ non semper innititur veritati, quæ non fallit, nec fallitur, sed opinionem nonnunquam sequitur, quam & fallere sæpe contingit & falli.*

Canus lib. 5 ca. 5. q. 5. concl. 3. *Bell.* lib. 4. de Rom. Pont. cap. 2. & 5.

12 Hæc sunt præcipua capita, quæ Theologi *Romani*, & qui spirituali *Romani Pontificis* monarchiæ fauent, de infallibilitate tam *Romani Pontificis*, quàm *Ecclesiæ*, seu *Concilij generalis*, in decretis fidei & morum sanciendis communiter tradunt,

tradunt. Inter hos autem, & Theologos *Parisien-*
ses, qui spiritualem *Romani Pontificis* Monarchiam negant, eumque generali Concilio subditum
esse aiunt, quorum sententiam *Hadrianus* Papa,
Cardinalis Zabarella, *Panormitanus, Cusanus, A-*
bulensis, & alij sequuntur, eamque probabilem
esse affirmat *Victoria,* hæc discrepantia est, quòd
Romani Theologi certum atque infallibile iudicium *Romano* Pontifici concedant etiamsi absque
Concilio generali definiat, & decreta morum toti
Ecclesiæ communia condat ; *Parisienses* verò decreta *Romani* Pontificis, nisi à *Concilio* generali
confirmentur, errori obnoxia esse confidenter
doceant, quorum doctrinam non esse improbabilem, aut aliqua temeritatis vel alterius criminis
nota ab vllo Catholico absque graui temeritate
aspergendam, siue extrinseca illius doctrinæ principia, nempe authoritatem asserentium, siue in-
trinseca, nimirum rationes & argumenta quibus
innititur, spectemus, quandocunque ad id probandum prouocatus fuero, me, Deo volente,
perspicuè demonstraturum non dubito.

13 Sed obseruandum *imprimis* est, prædictos Theologos tam *Romanos* quàm *Parisienses,*
quando de infallibili Pastorum spiritualium iudicio in decretis sanciendis agunt, loqui de Prælatis Ecclesiasticis, quatenus Ecclesiastica tantùm,
seu spirituali ex institutione *Christi* primaria, &
non temporali potestate ex beneficio *Principum,*
aut Christiani populi consensu præditi sunt ; Nemo enim dubitat, quin Prælati Ecclesiastici, quâ
vel *Principes* temporales sunt, vel ex *Principum*
priuilegijs temporali potestate gaudent, in de-
                    O 3   cretis

Adrian. in q.
de Confirmat.
Zabarella in
cap. signifi-
casti *extra* de
electione.
Panormitan.
ibidem.
Cusanus lib.2.
de Concord.
Catholica
cap. vlt.
Abulensis in ca.
18. Matth. q.
108. & in *de-*
fensorio par.2.
cap.69.

cretis morum ftabiliendis non minùs quàm *Principes* ipfi temporales, quantacunque diligentia vfi fuerint, aliquando per ignorantiam errare queant.

14   *Secundò* obferuandum eft, *aliud* effe, *Ecclefiam* in decretis morum, qui ad falutem necef-farij non funt, condendis, errare poffe, & *aliud* eam de facto errare, ficut etiam *aliud* eft, decretum aliquod *Ecclefiæ* effe licitum, & *aliud* effe infallibile. Fieri enim poteft, vt aliquod *Ecclefiæ* decretum ad mores pertinens licitum & iu-ftum fit, quod proinde à fidelibus donec conftei illud effe illicitum, obferuari debet, non tamei fit infallibile : vt patet in *Principum* temporaliun legibus, quæ tametfi non fint infallibiles, cùn in ijs ferendis errare poffint, à fubditis tamen quoadufque non conftat eas effe iniuftas, obfer uandæ funt. Et qui abfque fufficienti ratione af fereret, *Principem* in lege aliqua condenda erraf-fe, & quod iniuftum eft, & bono publico dif-fentaneum præcepiffe, tametfi certiffimum fit, *Principem* in ea fancienda errare potuiffe, tan-quam temerarius, & pacis publicæ perturbator meritò caftigari poffet.

15.   Atque ita decretum illud, quo *Ecclefia* diligenti inquifitione præhabita aliquem in San-ctorum catalogum referendum effe ftatuit, fideli-bus diftrictè præcipiens, vt diem eius feftum fo-lenniter celebrent, licitum eft, & à quolibet ob-feruandum, donec conftet *Ecclefiam* de illius fanctitate male informatam effe, cùm talis Fefti celebratio, quamdiu probabile eft, eum verè fanctum effe, ficut *Ecclefia* cenfuit, licitè fieri pof-

poffit, quandoquidem in nullius tertiæ perſonæ
præiudicium cedat. *Præſumitur enim de iure, ait*
Caietanus, pro Iudice ſemper, niſi manifeſtè appa-
reat error, & ſupponens ex cauſa legitima datam
tantam Indulgentiam, veritatem prædicat, ſicut
abſque falſitate prædicat talem ſanctum, ſupponens
ritè canonizatum. Ita quòd dato quòd iſte canoni-
zatus non eſſet ſanctus, ſed damnatus, Eccleſiæ do-
ctrina, aut prædicatio non eſſet mendax aut falſa,
* quia hîc non pertinentia ad fidem non intelliguntur
affirmari, & prædicari, niſi cum grano ſalis, hoc
eſt, ſtantibus communiter præſumptis. Præſumit
enim Eccleſia canonizationem ritè factam, & ſi-
militer indulgentiam ritè datam. Sed ſicut inter-
uenire poteſt error humanus in canonizatione alicu-
ius ſancti (vt Sanctus Thomas dicit) ita poteſt inter-
uenire error humanus in collatione Indulgentiæ. Si
quis autem putet Romanum Pontificem non poſſe er-
rare in iſtis particularibus actionibus (quales ſunt
diſpenſationes bonorum tam temporalium quàm ſpi-
ritualium) putet quoque ipſum non eſſe hominem.
Ita Caietanus

16 *Tertiò* obſeruandum eſt, quòd ſicut ille,
qui rationibus vérè probabilibus ductus aſſereret, Prælatos Eccleſiæ, quatenus ſpirituali poteſtate præditi ſunt, in aliquo decreto morum,
qui ad ſalutem neceſſarij non ſunt, veluti aliquem
in Sanctorum numerum referendo erraſſe, nulla
temeritate notari deberet, cùm vera probabilitas
temeritatem excludat, ita etiam qui argumentis
verè probabilibus perſuaſus affirmaret, Prælatos
Eccleſiaſticos non ſpirituali poteſtate ſibi à *Chriſto*
conceſſa, ſed temporali illis ex conceſſione *Prin-*
cipum

Caiet. tom. 1.
Opuſc. tract.
15. de Indulg.
cap. 8.

* intellige,
mendax aut
falſa *practicè*,
non *ſpeculati-*
uè.

cipum communicata, decretum aliquod, vtputa
in quo pænæ temporales infliguntur, condidisse,
ab omni etiam temeritatis culpa excusandus esset,
cùm *potestas Ecclesiastica*, *vt plerisque Doctoribus
placet*, *nullam pænam ciuilem*, *vt sunt mors, exilium, bonorum priuatio,* &c. *ex institutione diuina
infligere possit*, *sed ad solam pænam spiritualem vt
puta Excommunicationem extendatur*, *reliqua autem pænæ*, *quibus vtitur*, *ex iure purè positiuo seu
concessione Principum sint.*

17   Ex quo manifestè sequitur, quotiescunque *Ecclesia* suo decreto pænam aliquam ciuilem
non solùm imponit, verùm etiam infligit, neque declarat, an *propria* sua spirituali sibi à *Christo* concessa, vel *propria* temporali sibi ex indulgentia *Principum* data id faciat, decretum illud
non spirituali, cùm probabile admodum sit, vt
diximus, eam nullam pænam ciuilem ex institutione diuina infligere posse, sed temporali potestate, & ex *Principum* consensu sancitum esse, à
viris Catholicis absque vlla temeritatis nota, iuxta sententiam, quæ *plerisque Doctoribus placet*,
optimè responderi posse. Adeo vt hinc perspicuè
constet, quàm infirmum argumentum ad potestatem Summi *Pontificis Principes* deponendi, vt
rem *de fide* certam comprobandam, vel ex *Lateranensis* Concilij decreto (quod neque propriè
decretum ex aduersariorum sententia esse potest,
neque *Principes* supremos, sed inferiores tantum Dominos, ex supremorum consensu comprehendit, vt suprà ostendimus) vel ex decreto
Innocentij quartj in Concilio *Lugdunensi*, aut aliorum *Pontificum, Reges,* atque *Imperatores* depo-
nen-

nentium peti possit, cùm in particularibus morum decretis, qualia sunt eiusmodi depositionum sententiæ, non solùm *Pontificem*, verùm & *Concilia generalia*, errare per ignorantiam posse, paulo superiùs ex doctrina *Cani*, & Card. *Bellarmini* tradiderim.

SECTIO V.

In qua prima *Instantia* Authoris *discutitur*, & quæ Lesius *contra eam adducit. refutantur.*

1 PRima mea instantia, quam ad primam *Lessij* obiectionem refellendam proposui, hæc erat. [a] An non igitur iuxta Aduersariorum principia ita liceret argumentari? Summi Pontifices doctrinam hanc, quòd B. Virgo in peccato originali concepta non fuerit; quòd Papa in solenni castitatis voto dispensare, & simplici Sacerdoti, vt Sacramentum Confirmationis administret, licentiam dare queat, supponunt tanquam fundamentum multorum decretorum, dispensationum atque sententiarum iudicialium, atqui oportet eam doctrinam, quæ est fundamentum tantarum rerum esse certissimam, & *ad fidem pertinere.*

,, [a] in *Præfat.* ,, tit. nu. 59.
,,
,,
,,
,,
,,
,,
,,
,,
,,
,,
,,
,,

2 Ad hanc, & cæteras etiam Instantias *Lesius* primò respondet, [b] *Ex his patere friuolum esse conatum Aduersariorum, quo rationes supra allatas, quibus certitudo potestatis Pontificiæ in temporalibus*

b nu. 34. pag. 65.

libus aftruitur , *ex illatis inftantijs* (prædicta tria exempla intelligit) *retorquere nituntur* , *cùm nullam*
probabilem earum folutionem inuenire poffent.

3 Sed quàm vana fit hæc *Leſſij* oftentatio iam
fuprà oftendimus , & infrà etiam manifeftius apparebit. Neque enim idcirco rationibus eius nullam in forma refponfionem adhibuimus , quòd
nullam probabilem earum folutionem , vt ipfe
imaginatur , inuenire poſſemus , cum clariffi-
mum fit, vel *maiorem* , vel *minorem* propofitionem omnium fuarum rationum falfam eſſe.   Sed
idcirco *tres* fimiles *Inftantias* retorquere acceptius
habuimus , vt quilibet clarè perfpiceret , quomodo ex ijfdem folutionibus modo folidæ eſſent,
quas *Leſſius* , aut quiuis alius noftris *Inftantijs* ad-
ferret , fuis etiam rationibus refponderi poſſet , vt
ex verbis illis in fine à me additis fatis perfpicuum
‹‹ eſt, Expediant igitur Aduerfarij has difficultates,
‹‹ & ego quoque nodos illos , quos putant indiſſo-
‹‹ lubiles , ex ipforum folutionibus fubinde diſſol-
‹‹ uam.ʼ Neque enim tam parui libelli *Præfatio*, quę
iam vltra menfuram ipfi libro confonam excre-
uerat , commodè permitteret, vt tres illas *Leſſij*
rationes magis accuratè difcuteremus.

4 Igitur fecundò ad hanc *primam inftan-*
tiam fpeciatim ita refpondet : *Refpondeo* , in-
ɔ nu. 35. pag.
quit , ‹ *Non licere fic iuxta noftra principia ar-*
66.
gumentari. Nam maior propofitio magnam
partem falfa eft , & minor fimiliter. Falfum
enim eſt, quòd Summi Pontifices illam doctrinam
de fanctificatione Beatæ Virginis in primo Con-
ceptionis momento fupponant tanquam fundamen-
tum multorum decretorum , difpenfationum ,
                                                        &

*& sententiarum Iudicialium : vt suprà osten-
sum est.*

5 Sed neque *maiorem*, neque *minorem* propositionem huius *primæ Instantiæ* falsam esse *Lessius* aut hactenus ostendit, aut ostendere poterit.
Verissimum enim est, quòd ex sententia doctissimorum suæ *Societatis* Theologorum, quos de-
serere mera desperatio eum coegit, *Sixtus* quartus illam doctrinam de sanctificatione B. *Virginis*
in primo *Conceptionis* momento supponat tanquam fundamentum decreti & constitutionis suæ
de Festo *Conceptionis* eius celebrando, vt suprà o-
stentum est ; Neque enim mihi animus erat asserere, quòd sola illa doctrina de sanctificatione B.
Virginis in primo instanti *Conceptionis* sit fundamentum multorum decretorum, dispensationum,
& sententiarum, vt *Lessius* hîc fraudulenter insinuat, sed quòd illa doctrina, cum cæteris ibi
commemoratis, sit fundamentum multorum decretorum, dispensationum, & sententiarum iudicialium, & quòd sola hæc doctrina de tali sanctificatione *Virginis*, sit fundamentum decreti &
constitutionis Apostolicæ de Festo Conceptionis
B. *Virginis* instituendo ; ex quo manifestè consequitur, maiorem illam propositionem sui argumenti, *Illa doctrina ad fidem pertinet, quam Summi Pontifices, Concilia, & Doctores supponunt, vel
proponunt, tanquam fundamentum suarum constitutionum, & sententiarum*, ex sententia doctissimorum suæ *Societatis* Theologorum falsam
esse.

6 *De potestate dispensandi* ait *Lessius* [d], *in voto
solenni castitatis, fateor eam doctrinam* (*etsi fortè*

non

non omnino certa fit) *fupponi vt fundamentum non multarum, fed paucifsimarum quarundam difpenfationum, idque grauifsimis caufis vrgentibus, non tamen decretorum præfertim totam Ecclefiam concernentium, aut fententiarum Iudicialium, quibus decidatur tale coniugium ex parte rei effe legitimum & firmum. Nulla enim huiufmodi decreta aut fententia reperiuntur. Sufficit enim haberi in praxi pro legitimo, cùm de contrario non conStet, quod etiam in alijs innumeris matrimonij contractibus locum habet. Et illud meritò Summus Pontifex poffet decernere iubendo vt tale matrimonium cenfeatur, feu habeatur legitimum nimirum in ordine ad praxim. Neque vlla hîc eSt falfitas aut deceptio, quia reuera pro tali habendum, quamdiu de contrario non eSt moralis certitudo.*

7 Sed plura hîc *Lefsius* fraudulenter, atque imperitè permifcet. Atque *inprimis* parenthefin illam [*etfi fortè non omnino certa fit*] fruftra omnino addidit. Neque enim ignorare poterat, eam doctrinam *certifsimè*, & abfque *fortè* effe omnino *incertam quoad Ecclefiam* (nam fiue doctrina illa *in fe certa*, feu potiùs vera fit, fiue non, omnino impertinens eSt) vt videre licet apud omnes ferme Doctores, qui de hac re tractant, & præfertim *Thomam Zanchez* fuæ etiam *Societatis* Theologum, qui tametfi eam doctrinam pro poteftate difpenfandi vt probabiliorem amplectatur, contrariam tamen etiam *probabilem* effe affirmare non dubitat, & viginti ad minimum Doctores celeberrimos refert, quibus plures alij addi poffunt, qui talem poteftatem *Pontifici* non competere longè probabilius effe docent.

8 *Deinde*

8 *Deinde* certum est , & negari non potest, hanc doctrinam de potestate dispensandi in voto solenni castitatis , quæ *quoad Ecclesiam* omnino *incerta* est, vt diximus, supponi, ex sententia quamplurimorum Theologorum , tanquam fundamentum quatuor saltem dispensationum, quod & meo instituto satis est, & sufficienter probat , non semper doctrinam illam , quam *Pontifices* , & Doctores supponunt tanquam fundamentum suarum constitutionum , per quas eiusmodi dispensationes conceduntur , & sententiarum iudicialium , quibus licitas esse declaratur, debere esse *certam*, aut *ad fidem* pertinere , ex quo consequitur tum *maiorem* primæ suæ rationis propositionem falsam esse , tum *minorem* primę meæ Instantiæ illi oppositam esse veritati valde consentaneam. Et quantumuis *quatuor exempla* dispensationum respectu multitudinis copiosæ, non multa sed pauca dicenda sint, constat tamen & *quaternarium numerum* multitudinem propriè dictam conficere , & posse *Pontifices*, si in paucis, etiam in multis errare, & incerta fundamenta suarum constitutionum supponere; & clarum est *Petrum Aragonam* celebrem nostri temporis Theologum asserere, *Summum Pontificem de facto dispensasse cum multis*, immo & *cum ordinibus de Alcantara, & Calatraua*, & *tandem cum Magistro de Montesa*, Qui omnes sunt verè monachi vt docet *Sotus* lib. 7. de Iustitia q. 5. ar. 3. ad. 3. Qui etiam dicit , *prudenter cum illis fuisse dispensatum, quia absque dubio non poterant seruare castitatem* propter rationes quas ibi enumerat. Veuntamen si *Lessius* prædictis *quatuor* dispensationum

num

Petrus de Aragon z. z. q. 88. ar. 11. Vide etiam Azor. tom. 1. lib. cap. 7. dub. 1.

num exemplis, & alijs, quæ recensuimus, con-
tentus non sit, sed plura adhuc desideret, legat suū
Zanchez lib.
2. de matrim.
disp. 14. Vide
etiam supra
sec.
Zanchez, qui ex diuersis Authoribus fide dignis-
simis refert, Summos *Pontifices* in matrimonio
rato non consummato multoties dispensasse: &
nihilominus doctrinam illam, quæ harum dispensationum fundamentum est, valdè incertam esse,
neque ad fidem'pertinere (cùm contraria sententia communis Theologorum sit, atque, vt ait
Zanchez, *probabilissima*) adeo manifestum est , vt
nullus Doctor Theologus absque summa impudentia id inficiari poterit.

9 *Tertiò*, *Lessius* ait, *doctrinam istam de pote-*
state dispensandi in voto solenni castitatis esse fun-
damentum paucissimarum quarundam dispensati-
num, non tamen decretorum præsertim totam Ec-
clesiam concernentium, aut sententiarum iudiciali-
um quibus decidatur tale coniugium ex parte rei esse
legitimum & firmum: Nulla enim huiusmodi decreta,
aut sententiæ reperiuntur. Quasi verò *inprimis*,
vel huiusmodi dispensationes si publicæ sint, &
quoad forum externum concedantur, absque Bullis, decretis, seu constitutionibus *Pontificijs* con-
*Azor.*tom.1.
li. 12.c.7. dub.
1. *Sayr.*lib.6.
cap.11.dub. 1.
cedi soleant (vnde *Azorius*, & *Sayrus* affirmant,•
diplomata, & decreta Cælestini tertij dispensan-
tis cum Constantia *monacha hucusque in Archiuio*
Romano asseruari, & S. *Antoninus* ait , *se vidisse*
Anton. 3. part.
tit.1.cap.21.
§.
Bullas Martini 5. & Eugenij 4. *dispensantium in*
matrimonio rato non consummato) vel ipsamet
dispensationes , cùm quædam Iuris relaxationes
sint, in se decretum aliquod, & præceptum saltem
implicitè non contineant, quo decernitur, vt ipse
impunè & sine molestatione vti possit dispensatione

tione; quod idem in priuilegijs, & legibus per-
miffiuis cernitur, quæ alijs necessitatem imponunt, ne illi, cui priuilegium conceditur, negotium faceffant. Fruftra enim dispenfatio, feu legis relaxatio alicui conceditur, aut permittitur,
faltem in foro externo, nifi impune, abfque mo-
lestia, aut resistentia ea vti poffit. Vnde difpenfatio, ficut & priuilegium, tametfi non refpectu
illius cui conceditur, refpectu tamen aliorum præceptum feu obligationem inducit, vt Doctores
tractantes de Legibus communiter docent. Et
propterea quando Summus *Pontifex* difpenfat
cum Religiofo, vt matrimonium in foro externo
contrahat, non folùm poteft decernere iubendo
vt tale matrimonium cenfeatur, feu habeatur legitimum in ordine ad praxim, quod *Leffius* concedit, fed etiam id de facto faltem implicitè iubet,
alioquin enim cum eo quoad forum externum
non difpenfaret, neque talem religiofum ab obligatione non nubendi, quam promiffio illa fo-
lemnis Deo facta induxit, & à pæna votum fran-
genti per legem impofita quoad forum externum
relaxaret.

9 *Deinde Leffius* à decretis feu præceptis morum, de quibus in *minori* propofitione primæ fuæ
rationis loquitur, iam ad doctrinam, feu decreta
fidei fatis dolofè transfugit illis verbis [*aut fententiarum iudicialium, quibus decidatur tale coniugium ex parte rei effe legitimum, & firmum*] Quafi
verò ipfe aut in *maiori* propofitione primæ fuæ
rationis de decretis & fententijs generatim non fit
locutus, aut in *minori* per decreta & fententias,
non etiam intelligat ea decreta & fententias iudiciales,

diciales, quibus *Fredericus* ſecundus depoſitus eſt
ab *Innocentio* 4. in Concilio *Lugdunenſi*, & *Henricus* quartus à *Gregorio* 7. in Concilio *Romano*,
& plures alij *Reges*, ac *Principes* per decreta &
ſententias Romanorum *Pontificum* ſuis Regnis,
& dominijs priuati ſunt : Quæ tamen decreta
& ſententiæ neque totam Eccleſiam, ſed Regna
tantùm particularia concernunt, neque eiuſmodi
ſunt, quibus decidatur, tales depoſitiones ex
parte rei eſſe legitimas & firmas. Quòd vero
Lateranenſe Concilium nihil tale decreuerit,
neque in eo decreto ſæpiùs inculcato (quod tamen neque propriè decretum ex Aduerſariorum
ſententia eſſe poteſt, vt diximus) loquatur de
Principibus ſupremis, ſed ſolùm de *inferioribus
Dominis* ex *ſupremorum* conſenſu, & proinde
qualecunque decretum illud ſit, non ſpirituali
ſed temporali authoritate conditum fuerit, ſuperiùs copioſe admodum commonſtrauimus. An
verò, & quando eiuſmodi coniugium diſpenſatione *Pontificis* nixum, de cuius validitate Doctores Catholici certant, in praxi cenſeri & haberi
debeat aut non debeat pro legitimo, & quomodo
error, deceptio, & iniuſtitia materialis, quicquid
ſit de formali, in eo reperiatur, ſi *Pontifex* re quidem vera talem diſpenſandi poteſtatem non habeat,iam ſuprà etiam declarauimus.

10 Denique, *de licentia data Sacerdoti*,
ait *Leſſius*, * *ad miniſtrandum Sacramentum Confirmationis, admitto illam doctrinam ſupponi vt
fundamentum illius conceſſionis & miniſterij,
poſita neceſſitate alicuius pepuli. Verùm nihil
hic inordinati admitti ſuprà oſtenſum. Nulla
tamen*

e Nu. 35.
pag. 67.

tamen decreta vidi hactenus, vel sententias Iudicia-
rias huic doctrinæ tanquam fundamento innixas. Non
nego tamen quin Pontifex posset statuere ne sic con-
firmati secundò confirmentur : quia Sacramentum
istud non est omnino necessarium ; & tanta est proba-
bilitas fuisse primò validè collatum, vt possit vitari
repetitio. Posset etiam permitti repetitio cum tacita
vel expressa condicione, præsertim si sententia illa po-
natur esse incerta.

11   Sed *imprimis* vtrùm aliquid inordinati
ex hac concessione sequatur, necne, supra etiam
ostensum est.   Hoc saltem hinc sequitur, *maio-*
rem propositionem primæ meæ *Instantiæ* ex hac
parte veram esse, & *maiorem* primæ suæ rationis
falsam.   Continet enim in se hæc concessio saltem implicitè decretum quoddam, constitutionem, & præceptum obligationem imponens alijs,
ne eum, cui tale priuilegium conceditur, ab eo
vtendo impediant.   Hæc etenim licentia comple-
ctitur in se priuilegium quoddam, vt perspicuum
est : *Priuilegium* autem est *lex priuata aliquid spe-*
ciale concedens, & vt rectè ait *Suarez*, & alij Doctores qui de Legibus tractant, *si absolutè & non*   *Zuarez lib. 8.*
ad determinatum tempus feratur, est lex propriè di-   *de Legibus*
cta, vtpote perpetuitatem habens, nec finitur morte   *cap. 1. nu. 2.*
concedentis, in quo excedit vim præcepti, & conue-
nit cum lege, & in cæteris etiam seruat proportio-
nem ad legem, & quamdiu durat per modum legis
obseruari debet.

12   Ex quo consequitur, non esse vniuersa-
liter verum, quod *Lessius* in *prima* sua ratione
asserit, nempe *doctrinam illam, quam Pontifices*
supponunt tanquam fundamentum suarum constitu-

P   *tionum*

tionum eſſe certam, *atque ad fidem pertinere*. Quòd
ſi *Leſſius*, qui in *maiori* ſua propoſitione de con-
ſtitutionibus, ſeu decretis, atque ſententijs generatim, & abſque limitatione loquutus eſt, velit ea nunc difficultate preſſus reſtringere, vti videtur, ad decreta, conſtitutiones, & ſententias
Iudiciarias, quibus decidatur, tales licentias &
conceſsiones eſſe ex parte rei veras, firmas, & licitas; vt nunc de *Maiori* eius propoſitione nihil
dicamus, quod attinet ad Summos *Pontifices*, qui
ex ſententia doctiſsimorū Theologorum in generalibus tam fidei quàm morum decretis errare
poſſunt, negamus *Minorem* propoſitionem ſui
argumenti, quia nullum reperitur decretum, quo
decidatur, depoſitiones *Principum* ſupremorum
authoritate *Pontificis* factas ex parte rei eſſe legitimas & iuſtas : Atque ita de depoſitionibus, &
diſpenſationibus atq; conceſsionibus & licentijs
prædictis par omnino eſt ratio.

13 *Deinde*, quod *Leſſius* ait. *poſſe Pontifi-*
cem ſtatuere, ne ſic confirmati ſecundo confirmentur,
quia Sacramentum iſtud non eſt omnino neceſſarium,
& tanta eſt probabilitas faiſſe primò validè collatum,
vt poſſit vitari repetitio, mihi ſatis durum videtur, & valde incerto fundamento nititur : *Tum*
quia non eſt adeo certum, vt ipſe prætendit, Sacramentum iſtud non eſſe iure diuino neceſſarium
neceſsitate precepti ſaltem tempore perſequutio-
nis ſi commodè haberi poſsit; *Tum* etiam *quia,*
cùm vtriuſque partis ſit æqua ferè probabilitas, vt
ſuprà oſtendimus, non video, quo iure poſsit
Summus *Pontifex* prohibere, ne ſic confirmati
denuo ſub conditione confirmentur, quamdiu
incer-

incertum eſt & admodum probabile, eos neque
fructum Sacramenti , neque Sacramentum ipſum , ad quod ſuſcipiendum quando commodè
poſſunt, poſita eius inſtitutione ius habent li-
berrimum s, re quidem vera ſuſcepiſſe ; neque
enim fideli quiſpiam non ſolùm bono ſpirituali
neceſſario, ſed etiam valde vtili abſque ſua culpa,
vel alia vrgentiſſima cauſa , quam *Leſſius* hîc
aſſignare non poteſt, priuari debet.

14 *Minor quoque propoſito*, ait *Leſſius*, *falſa eſt , nimirum* eam doctrinam quæ eſt fundamentum diſpenſationum debere eſſe certiſſimam ; *vt
ſuprà ſatis oſtenſum*. Scio *Minorem* propoſitionem meæ *Inſtantiæ* non ſolùm quoad hanc partem, quantum attinet ad diſpenſationes , ſed e-
tiam quoad cæteras eius partes falſam eſſe. Neque enim ea de cauſa illam adduxi, vt oſtende-
rem , illam quoad aliquod eius membrum ve-
ram eſſe, ſed vt *Leſſius* ex eius falſitate perſpiceret,
maiorem propoſitionem ſui argumenti ita generaliter, vt ab eo profertur, acceptam etiam falſam
eſſe. Nulla ſiquidem ſufficiens ratio aſſignari
poteſt, ob quam doctrina illa, quæ eſt fundamentum deſpoſitionum particularium, atque ad
totam Eccleſiam non pertinentium, *certiſſima*
eſſe debeat, & doctrina, quæ eſt fundamentum
particularium diſpenſationum, & ad particulares
perſonas aut Prouincias ſpectantium, *incerta* eſſe
queat. Quod ſi *Leſſius* nunc, vt difficultatem effugiat, *maiorem* ſuam propoſitionem ad decreta
tantùm generalia, & ad totam Eccleſiam pertinentia reſtringendam eſſe velit, cùm antea abſq;
reſtrictione loquutus fuerit, fateor, *Concilium ge-*

nera-

nerale (nam de *Romano Pontifice* alia eſt ratio
vt ſuprà oſtenſum) in decretis morum qui ad ſalutem neceſſarij ſunt, & ad totam Eccleſiam ſpectant, errare non poſſe: Sed tunc nego *Mino-*
rem eius propoſitionem, nempe doctrinam hanc
de poteſtate *Papali Principes* deponendi , aut pœnas temporales infligendi ſupponi vel à *Concilijs*,
vel etiam à *Pontificibus* tanquam fundamentum
alicuius eiuſmodi generalis decreti authoritate verè Eccleſiaſtica & non ciuili conditi, àtque ad totam Eccleſiam pertinentis.

15   Atque hinc facilè ſoluitur quod *Leſſius*
immediatè ſubiungit. *Addo*, inquit , f *parum*
bona fide in hoc argumento retorquendo videri Ad-
uerſarios verſari , quia omittunt id in quo præcipua
vis ponebatur : *nimirum* , Quòd multa Concilia generalia hanc doctrinam (*de poteſtate Pontifi-*
cis in temporalibus bono Spirituali exigente) tradunt,
& tanquam fundamentum multorum cano-
num, & ſententiarum Iudicialium ſtatuunt. *Vi-*
debant enim id non habere locum in exemplis à ſe
allatis. Non enim vlla Concilia generalia tradunt,
aut Beatam Virginem in primo inſtanti Conceptionis
ſanctificatam , aut Summum Pontificem poſſe hoc
momentum Conceptionis, tanquam immaculatum iube-
re coli; aut poſſe ſimplici Sacerdoti poteſtatem ad-
miniſtrandi validè Confirmationis Sacramentum
concedere (Etſi enim Concilium Florentinum *in in-*
ſtructione *Armenorum id videatur inſinuare , non*
tamen clarè & abſolutè aſſerit eſſe validum) aut poſ-
ſe cum Religioſo profeſſo diſpenſare vt nuptias ineat.
Nihil horum aſſeritur à Concilijs , aut ſupponitur
tanquam fundamentum decretorum & Canonum.
                                              Vnde

f nu.37.pag.
68.

*Vnde apparet magnum discrimen inter doctrinam_
de potestate Ecclesiæ in temporalibus . & inter doctrinam de potestate ad supradictos actus. Illa enim
apertè, absolutè , & sine ambiguitate asseritur à
multis Concilijs Oecumenicis ; hæc minimè. Illa
statuitur fundamentum & basis plurimorum_ decretorum , & sententiarum iudicialium maximi momenti , & totius pene Ecclesiasticæ gubernationis ;
huic verò nihil tale competit. Multum verò interest
vtrùm à Concilio Oecumenico aliquid asseratur an
priuatim à Summo Pontifice aliquo casu occurrente.
Quanquam (vt supradictum est) nec ipsi Summi
Pontifices potestatem. sibi ad actus supradictos , quos
Aduersarij obijciunt , tanquam indubitatam arro-
gent , aut eam sibi competere absolutè asserant.*

16 Sed profectò *Lessius* parum bona fide
me in hoc argumento retorquendo tanquam o-
mittentem id, in quo præcipua vis ponebatur, reprehendit. Tota enim vis sui argumenti, vt antea visum est, in hoc consistit, quòd *hæc doctrina de potestate Papali Principes deponendi , & subditos à fidelitate absoluendi proponatur , vel supponatur à Pontificibus , Concilijs , & Doctoribus tanquam fundamentum multorum Canonum , seu constitutionum , & sententiarum iudicialium , & proinde ad fidem pertinere debeat ,* Sed cùm iam *Lessius* vidisset , hoc argumentum habere locum in
exemplis à me allatis , primam illam suam rationem in hac sua *Discussione* correxit , seu potius
mutauit , & hanc loco eius pessima fide substi-
tuit , nempe quòd *multa Concilia generalia vt*
Lateranense, *& alia, hanc doctrinam (de potestate
Pontificis in temporalibus bona spirituali exigente)*

P 3 *tra-*

tradant, *& tanquam fundamentum multorum Ca-*
nonum & fententiarum ftatuant , & proinde hæc
doctrina debeat effe certifsima : Videbat enim , fe
hac ratione *primam* meam *Inftantiam* aliquo colore eludere potuiffe.   Cùm tamen in illo argumento , quod in *Difputatione* fua *Apologetica* ,
ex qua illud defumpfi , adduxit, neque de *Con-*
cilijs tantùm generalibus , fed de *Concilijs* inde-
finitè , & indifcriminatim , atque etiam de *Pon-*
tificibus , & *Doctoribus* loquutus fuerit , neque
etiam dixit , quòd *multa Concilia generalia hanc*
doctrinam tradunt , fed folùm quòd *Pontifices,*
Concilia , & Doctores hanc doctrinam proponant,
vel fupponant tanquam fundamentum multorum
Canonum , & fententiarum iudicialium.   Si enim
ibi dixiffet multa Concilia generalia , & præfertim *Lateranenfe*, hanc doctrinam tradidiffe,quòd
Papa poteftatem habeat *Principes* deponendi,
hanc propofitionem , cùm potiùs ad doctrinam
fidei , quàm ad decreta morum pertineat, protinus abfque vlla hæfitatione negaffem. Neque enim vel Concilium *Lateranenfe*, vel aliud
Oecumenicum vnquam hanc doctrinam tradidiffe, aut eam apertè , dilucidè , & fine ambiguitate afferuiffe , *Lefsius*, quicquid hîc dicat,
demonftrare poterit, vt partim ex dictis conftat,&
ex dicendis clariùs apparebit.

17 *Deinde* eadem planè ratione , iuxta Aduerfariorum principia, de infallibilitate *Summi*
Pontificis, atque *Conciliorum generalium*, debita
proportione feruata, philofophandum eft : cùm
ipfi totam infallibilitatem Ecclefiæ in *Romano*
Pontifice confiftere opinentur ; adeo vt *Conci-*
lium

lium generale sine *Romano* Pontifice non nisi fallibiliter, *Romanum* verò Pontificem absque *Concilio* generali infallibiliter definire posse imaginentur. Et consequenter docent, in ijsdem decretis tam fidei, quàm morum stabiliendis, & in ijsdem dispensationibus, Indulgentijs, licentijs, & priuilegijs concedendis, in quibus, & eodem planè modo, quo *Concilia* generalia à *Pontifice* confirmata errare poterunt vel non poterunt, *Romanum* etiam Pontificem, in quo solo tota Ecclesiæ infallibitas, ex eorum sententia, residet, pariter errare posse, vel non posse, si solus absque *Concilio* generali definiat. Atque hæc causa erat, ob quam ego *tria* prædicta *Lessij* argumenta ex eius principijs retorquens, *tria* exempla de decretis & constitutionibus *Summorum Pontificum*, tresque Instantias in illis fundatas illis opposuerim, cùm ex eius sententia, definitiones, decreta, assertiones, indulta, dispensationes, concessiones, & priuilegia *Summorum Pontificum*, atque *Conciliorum generalium*, si eodem modo, ijsdemque seruatis conditionibus fiant, quod ad eorundem certitudinem, vel incertitudinem spectat, æquiparentur, eademque infallibilitas, idemque erroris periculum pariter in vtrisque, si casus non sit dispar, reperiatur. Et nihilominus ex doctrina superiùs tradita *Francisci Suarez*, qui vult, Concilium *Tridentinum* suo decreto constitutionem *Sixti* quarti de Festo Conceptionis B. *Virginis* celebrando approbasse, apertissimè colligitur, doctrinam, quam *Summi Pontifices*, & *Concilia generalia* supponunt tanquam fundamentum suarum Constitutionum, non semper certam esse, atque ad fidem pertinere. 18 Facile

18   Facile igitur est ex dictis, ad primam *Lessij* obiectionem supra à me relatam in forma respondere.   Constat enim *Maiorem* illam propositionem, *Illa doctrina ad fidem pertinet, quam Summi Pontifices, Concilia, & Doctores vel proponunt, vel supponunt, tanquam certum fundamentum suarum constitutionum, & sententiarum*, falsam esse. Nam neque constitutiones, & sententiæ particulares etiam *Conciliorum generalium*, neque omnia earum fundamenta ad fidem pertinent, vt ex dictis perspicuum est; neque etiam constitutiones, & sententiæ generales *Summorum Pontificum*, omniaque earum fundamenta ex probabili *Parisiensium*, aliorumque doctissimorum Theologorum, & Iurisconsultorum sententia ad fidem spectant.

19   Neque etiam *Lessius* per *certum fundamentum* intellexit *fundamentum infallibile*, & quod errori obnoxium non est, sed per *certum fundamentum* intellexit determinatum quoddam fundamentum, in quo sensu à *Cicerone* & alijs vocabulum illud [*certum*] sæpissimè vsurpatur : Et propterea *Lessius* tùm in *minori* sua propositione, tum etiam in tota *prima* ratione, quam in hoc Tractatu artificiosè concinnauit, vocabulum illud [*certum*] penitus prætermisit, vt ita ostenderet, se nullam planè vim in eo vocabulo [*certum*] posuisse, sed per *certum* fundamentum *determinatum* quodcunque fundamentum, seu *aliquod* fundamentum intellexisse. Sin autem per *fundamentum certum, fundamentum infallibile*, & doctrinam *de fide certò credendam* intelligere quis velit, tunc & *Maior* propositio quantum spectat ad solos *Pontifices*, vel falsa, vel incerta est, siue particularia eorum

eorum decreta, constitutiones & sententias, siue
generalia & ad totam Ecclesiam spectantia respiciamus, & *Minorem* etiam si de constitutionibus,
& sententijs generalibus sola authoritate spirituali absque necessario *Principum* consensu siue à
Pontifice siue à *Concilio* generali editis, non esse, ex
sententia quæ *plerisque Doctoribus placet*, veritati
consonam iam supra comprobauimus.

20 Quid autem Doctores etiam plurimi proponant vel supponant tanquam doctrinam de fide certam, si alij tametsi multo pauciores repug-
nent, ad certam & infallibilem faciendam fidem
parum vel nihil interest. Nam *Theologorum etiam
multorum testimonium*, vt rectè dixit *Canus*, *si alij
contrà pugnant viri docti, non plùs valet ad faciendam fidem*, *quàm vel ratio ipsorum*, *vel grauior
etiam authoritas comprobarit. Vnde in Scholastica
disputatione plurium authori as obruere Theologum
non debet, sed si paucos viros modò graues secum habet; poterit sanè aduersùs plurimos stare.*

Canus lib. 8. de
locis. cap. 4.

Sectio VI.

In quà secunda Authoris *Instantia defenditur*, & quæ Lessius *contra eam obijcit
diluuntur.*

1 S Ecunda *Instantia*, quam ad secundam
Lessij obiectionem infirmandam attuli,
hæc erat. a *Deinde*, si Summus Pontifex expressè
definiret, Ecclesiam habere talem potestatem
(nempe concedendi Presbytero ministerium
confirmationis, dispensandi in voto solenni castitatis,

,,
,,
,,a In Præ-
fat.cit.nu.60
,,
,,
,,

" ſtitatis,& indicendi Feſtum,quo honoretur ipſum
" primum momentum Conceptionis B. *Virginis*
" tanquam immaculatum) nemo Catholicus (ex
" ijs præſertim qui *Papam* abſque *Concilio* generali
" definientem non poſſe errare defendunt) dubi-
" taret , quin ea res ad ſidem pertineret : atqui
" cùm ſupponit illud tanquam certum fundamen-
" tum ſuarum conſtitutionum , & ſententiarum,
" non minùs illud cenſetur aſſerere, quàm ſi ex-
" preſſè definiret, ergo non minùs certum cenſeri debet. Nomine antem *certi* fundamenti
non intellexi *infallibile*, ſed aliquod determinatè
fundamentum,vt antea dictum eſt.

b Nu.38.
pag.71.

2 Iam ad hanc Inſtantiam *Leſſius* [b] ita reſpondet: *Omiſſa propoſitione (de qua multa dici poſ-*
ſent) Reſpondeo , falſam eſſe ſubſumptionem , vt ex
ijs quæ ſuprà diximus clarè conſtat : Falſum enim
eſt , Pontificem ſupponere illam poteſtatem, tanquam
fundamentum conſtitutionum , & ſententiarum pæ-
nalium , quibus immediatè irrogetur pæna , & pri-
uetur quis bonis poſſeſſis , & fiat incapax & inhabi-
lis ad actus legitimos , & acta eius reddantur irrita,
& ſubditi liberentur ab obedientia , & vinculo Iu-
ramenti , quo erant illi obſtricti &c. De hac enim
poteſtate agitur in noſtro argumento. Poteſt qui-
dem poteſtas , quæ non omnino certa, ſed probabilis,
eſſe fundamentum alicuius diſpenſationis in aliquo
impedimento , vel conceſſionis in Sacramentis admi-
niſtrandis , quia inde nihil incommodi , cùm agatur
de fauore & beneficio , & nemo cogatur , nemo iure
propinquo , ſeu in re obtenta ſpolietur. Non tamen
poteſt eſſe fundamentum , quo immediatè aliquis
puniatur,& iure ſuo ac dominio priuetur , & gene-
                                            rales

rales canones pænales statuantur &c. Sed talis po-
testas certissimè, non dubiè debet competere. Nul-
lus enim Iudex potest irrogare pænas adeo graues, aut
condere decreta, quibus irrogentur, nisi constet illi
talem potestatem concessam. Si enim id ullo modo es-
set dubium, posset reus excipere, & ei non parere.
Hinc neque delegatis creditur in alicuius præiudi-
cium, nisi authentico instrumento ostendant suam
potestatem, ita ut nulla amplius relinquatur iusta du-
bitandi ratio.

3 Sed *inprimis*, tametsi de propositione multa
dici possent ab ijs Catholicis, qui Summum *Pon-*
tificem Concilio generali subijciunt, tamen à *Lessio,*
qui supremam & solam res fidei infallibiliter definiendi authoritatem in Summo *Pontifice* collocat, nihil dici potest, quod contra nos faciat.
Deinde optimè noui, *subsumptionem* meam quoad
aliquam eius partem falsam esse, vt ex ijs quæ supra diximus perspicuè constat, non tamen quoad
eam partem quam ipse impugnat. Verissimum
enim est, & meam *subsumptionem*, & *maiorem*
primæ suæ rationis propositionem, & consequenter *subsumptionem* secundæ suæ rationis, si verborum proprietatem spectemus, ad pænales tantùm constitutiones, & sententias non esse re-
stringendas, vti nunc eas restringit, sed de constitutionibus & sententijs absolutè, generaliter,
& illimitatè, siue pænales, siue fauorabiles sint,
(dummodo verè & propriè constitutiones &
sententiæ *Pontificum*, aut *Conciliorum* sint) intelligendas esse. *Illa*, inquit, *doctrina ad fidem*
pertinet, quam Pontifices, Concilia, & Doctores tan-
quam certum fundamentum suarum constitutionum,

&

& sententiarum vel proponunt , vel supponunt : Nulla hîc conftitutionum reftrictio , nulla fententiarum limitatio ; & propterea *secundum eius argumentum* ita etiam intelligi debet , vt *illa doctrina, quæ supponitur tanquam fundamentum conftitutionum & sententiarum Pontificiarum, & Conciliorum generalium* in genere, *non minùs certa censeri debeat, quàm si Summus Pontifex , vel Concilium generale eam expressè definiret :* ex qua propofitione generali deinde confequitur , doctrinam illam , quæ eft fundamentum conftitutionum , & fententiarum pœnalium , veluti depofitionum, relegationum , confifcationis bonorum , incarcerationum &c. debere etiam eſſe certiſſimam , atque ad fidem pertinere.

4   Veruntamen, cùm pæniteat *Lessium* , vti videtur, tam abfolutè , & abfque vlla reftrictione locutum eſſe, & iam verba fua , quantumcunque illimitata fint , ad conftitutiones , & fententias tantùm pænales reftringenda eſſe velit, nihil morabimur : Nam tametfi ita intelligantur , falfa tamen eft *subsumptio* vtriufque fuæ rationis, quod attinet ad *Concilia generalia.* Neque enim vllum *generale Concilium* doctrinam hanc de poteftate *Summi Pontificis Principes* deponendi fupponit tanquam fundamentum alicuius decreti generalis , in quo pænæ temporales vel *Principibus* vel fubditis authoritate verè fpirituali , atque à *Christo* Domino Prælatis Ecclefiafticis conceſſa (de qua fola iam quæftio eft) iuxta fententiam, quæ *plerisque Doctoribus placet,* infligendæ decernuntur, vt ex dictis conftat , & ex dicendis magis manifeftum fiet : Nam in decretis morum particula-

ticularibus *Concilium generale* non tantùm in fundamento decreti, sed etiam in decreto ipso, ex sententia *Melchioris Cani,* per ignorantiam errare posse superiùs commonstrauimus. Vnde si *Lessius* de decretis istis particularibus loquatur, falsa etiam est *postrema* pars propositionis, quam in *secunda* sua ratione subsumit, cùm perspicuum sit, doctrinam illam, quæ est fundamentum decreti & sententiæ particularis, non ita certam esse oportere, atque si ipsamet doctrina à *Concilio* generali expresse definita esset: Tametsi etiam *Lessius* demonstrare non poterit, reperiri aliquod omnino *Concilij* generalis decretum, aut sententiam particularem, quæ *Principibus* supremis pænas temporales infligendas esse decernit : nam decreta *Conciliorum* etiam generalia reperiri, in quibus pænę temporales inferioribus Dominis ex supremorum consensu, seu authoritate ciuili illis ex *Principum* priuilegijs concessa, non spirituali illis à *Christo* Domino communicata infligendæ decernuntur, nullum planè inconueniens esse, sæpiùs affirmauimus.

5 Quòd igitur *Minor* propositio huius secundæ meæ Instantię quoad secundam eius partem, nimirum, quòd *doctrina quæ est fundamentum illorum decretorum, dispensationum, &* concessionum *debeat esse tam certa, ac si expresse definita esset,* falsa sit, nihil omnino contra me facit. Non enim eam alia de causa proposui, quàm vt ex illius falsitate Lector perspiceret, falsum etiam esse, quod *Lessius* in secunda parte suæ rationis subsumit, nempe quòd *doctrina illa quam Pontifices supponunt, vt fundamentum suarum constitutionum*

*tionum, ſententiarum , & depoſitionum tam certa eſſe
debeat, ac ſi expreſſè deſinita fuiſſet.*

6 In eo autem quod *Leſsius* ait , *poteſtatem,
quæ non omnino certa ſed probabilis eſt, non poſſe eſſe
fundamentum quo immediatè aliquis puniatur , &
iure ſuo, ac Dominio priuetur , & bonis poſſeſsis ſpolietur &c. Sed talis poteſtas certiſsimè , non dubiè
debet competere ,* libenter cum eo conuenimus.
Et propterea viderit *Leſsius* quo iure , quaue iniuria *Pontifices* illos , qui *Reges* ac *Imperatores* ſuis
Regnis & Dominijs priuarunt , ab iniuſtitia excuſet, illoſque *Principes* , eorumque ſubditos vt
inobedientes & Sedi Apoſtolicæ rebelles con-
demnet , qui eiuſmodi depriuationum ſententijs
non obtemperarunt, quandoquidem *Pontifices* illi
non adhuc authentico aliquo inſtrumento oſten-
derint talem ſuam depriuandi *Principes* poteſtatem , quam ſibi à *Chriſto* Domino delegatam
eſſe prætendunt; *Nullus autem Iudex poteſt irrogare pænas adeo graues , aut condere decreta quibus
irrogentur , niſi conſtet certiſsimè illi talem poteſtatem conceſſam. Si enim id vllo modo eſſet dubium
poſſet reus excipere , & ei non parere. Hinc neque
delegatis creditur in alicuius præiudicium , niſi authentico inſtrumento oſtendant ſuam poteſtatem,
ita vt nulla ampliùs relinquatur iuſta dubitandi
ratio.*

7 Quòd autem poteſtas hæc *Principes* deponendi , & pœnas temporales infligendi Summo
Pontifici certiſſimè non competat , ſed de ea tum
*Azor.*tom. 2.
lib. 12.cap. 5.
q 8. *Principibus* tum ſubditis adhuc relinquatur iuſta
dubitandi ratio , nimis manifeſtum eſt ; *cùm magna fuerit ſemper , teſte Ioanne Azorio* Ieſuita, *inter
Impe-*

*Imperatores Regesque ex vna parte, & ex altera
parte inter Romanos Pontifices controuersia, an in
certis causis sit ius, & potestas Summo Pontifici priuandi Reges Regno suo:* cùm *de hac re certent Scholastici, & adhuc sub Iudice lis sit,* ait Trithemius,
an Papa possit Imperatorem deponere: cùm *potestas
Ecclesiastica,* vt inquit *Almainus, nullam pænam ciuilem, vt sunt mors, exilium, bonorum priuatio &c.
ex institutione diuina infligere possit, immò nec incarcerare, vt plerisque Doctoribus placet, sed ad,
solam pænam spiritualem extendatur, vtputa Excommunicationem, reliqua autem pænæ quibus vtitur,
ex iure purè positiuo sint:* cùm, teste *Petro Pithæo,
viro,* vt ait *Posseuinus,* c *verè erudito, & antiqui-
tatis sedulo perquisitore,* in libro, quem collegit
libertatum Ecclesiæ Gallicanę authoritate Senatus in lucem edito anno 1594. (vt alios plurimos Authores à me alibi d citatos nunc taceam)
Regnum Francię semper hanc maximam vt certam approbauit, quòd *Papa Regnum Franciæ
eiusque pertinentias dare in prædam non possit, neque
eo Regem priuare, & non obstantibus quibuscunque monitionibus, excommunicationibus, vel Interdictis quæ per Papam ferri possunt, Subditi tamen
obedientiam pro temporalibus debitam Regi præstare
teneantur, neque in ea per Papam dispensari, aut absolui queant.*

8 Ex his *duo* satis perspicuè colligi possunt.
Primum est, non posse Summum *Pontificem,* iuxta principia *Lessij* iam posita, quę tamen non
satis consona sunt ijs quæ antea docuerat, vel licentiam concedere Religioso professo vt nuptias
ineat,

Trithem. in
Chron mo-
nast. Hirsaug.
ad annum.
1106.

Almain. in lib.
de Dominio
naturali ciuili
& Eccles.in
probatione 2.
conclusionis.
*Petrus Pithæ-
us, & Regnum
Franciæ.*

c Verbo *Pe-
trus Pithæus.*

d In *Apolo-
gia* nu. 4. &
seq. & in *Dis-
putat.* Theolog.
cap. 3. sec. 2. &
in Confutat.
Anglic. *Tho.
Fitz.* part. 1.
per totum.

ineat , vel in matrimonio rato non consummato diſpenſare, in præiudicium tertiæ perſonæ, quæ
per talem conceſſionem , aut diſpenſationem
iure ſuo ac dominio, quod legitimè poſſidet, inuita & reluctans ſpoliatur, quamdiu probabile
eſt, talem concedendi, & diſpenſandi poteſtatem Summo *Pontifici* non competere , nec teneri
eum, qui iure ſuo ex tali diſpenſatione priuatur,
parere Summo *Pontifici* , ſed poſſe eum excipere,
niſi authentico inſtrumento oſtendat *Pontifex*
ſuam poteſtatem , ita vt nulla ampliùs relinquatur iuſta dubitandi ratio : tametſi non negauerim, vt antea dictum eſt, poſſe quidem poteſtatem , quæ non omnino certa ſed probabilis eſt,
eſſe fundamentum alicuius diſpenſationis in aliquo impedimento, vel conceſſionis in ſacramen-
tis adminiſtrandis , & ſimilibus , in quantum nemini præiudicium affert , & agitur de fauore &
beneficio, & nemo cogitur, nemo iure ſuo, ac dominio ſpoliatur.

9   *Alterum* eſt, *ſubſumptionem* ſecundæ rationis *Leſsij* falſam eſſe, neque enim verum eſt, *Concilium* aliquod generale ſupponere doctrinam illam de poteſtate Eccleſiæ *Principes* ſupremos deponendi tanquam fundamentum alicuius conſtitutionis , aut ſententiæ ſiue pænalis ſiue fauorabilis , & propterea negando *minorem* illam
propoſitionem quoad hanc partem , ad illam in
forma reſpondendum eſſe ; In quo autem ſenſu altera pars *minoris* vera & falſa ſit , nempe,
quòd doctrina illa , quæ ſupponitur tanquam
fundamentum conſtitutionis , aut ſententiæ
                                                    Eccle-

Ecclesiasticæ debeat esse non minús certa, quàm
si *Concilium* generale illam doctrinam expressè definiret, antea etiam declaratum est.

Sectio VII.

In qua tertia Authoris *Instantia defendi-*
tur, & quæ Lesius *contra eam adducit*
refelluntur.

1 **T**Ertia *Instantia* , quam ad tertiam *Lessij*
rationem confutandam adduxi, hæc erat.
[a] *Præterea , de fide est , ut Aduersarij supponunt,* ,, [a] in *Præfat.*
Summum *Pontificem* non posse errare in doctri- ,, cit.nu.61.
na , & præceptis morum , docendo generatim ,,
aliquid esse licitum quod est iniquum , aut ini- ,,
quum quod licitum , aut etiam aliquid per se ini- ,,
quum præcipiendo ; talis enim error non minús ,,
perniciosus est fidelibus , quàm error in fide; at- ,,
qui si Summus *Pontifex* non haberet potestatem ,,
in solenni religionis voto dispensandi , aut non ,,
posset simplici Presbytero facultatem tribuere, ut ,,
unctione Chrismatis baptizatos confirmet , erra- ,,
re posset in doctrina & præceptis morum, & qui- ,,
dem circa res grauissimas. Docet enim Sacra- ,,
mentum *Confirmationis* a simplici Presbytero ,,
confectum verum Sacramentum esse. Item, ,,
Principe Monialem professam ex dispensatione ,,
Pontificis in vxorem accipiente , matrimonium ,,
illud esse ratum & validum , & liberos ex illis ,,
nascituros legitimos esse , atque in Regno succe- ,,
dere oportere. Et non obstante, quòd proximi ,,
Q   Regis ,,

" Regis consanguinei ius in Regnum ob defectum
" hæredis legitimi sibi vendicarent , posset procul
" dubio Summus *Pontifex* , iuxta Aduersariorum
" doctrinam , subditis præcipere, atque Censuris
" constringere, vt prolem ex tali matrimonio , vt-
" pote legitimo, susceptam pro vero, indubitato,
" & legitimo suo *Principe* agnoscant : Quæ omnia
" falsa erunt , neque solum falsa , sed etiam perni-
" ciosa, quia per ea subditi ad iniurias inferendas
" incitabuntur, & vel inuiti , & reluctantes com-
" pellentur, & *Principes* incestus, & sacrilegia per-
" petrandi liberam à Summo *Pontifice* licentiam ob-
" tinebunt. Errat ergo Ecclesia in doctrina mo-
" rum , & consulit sacrilegia, atque præcipit in-
" iustitiam , & Censuris suis ad illam adigit ; atqui
" hoc asserere est hæreticum , ergo illud vnde sequi-
" tur , nimirum Summū *Pontificem* non habere
" potestatem in solenni Religionis voto dispensandi,
" & simplici Presbytero , vt Sacramentum Con-
" firmationis conficiat, facultatem impertiendi.

    2   Iam ad hanc Instantiam *Lessius* ita respon-
det. [b] *Respondeo, Sicut reliquas obiectiones clarè &*
facilè suprà expediuimus, ita quoque & has nullo ne-
gotio ex ijs quæ dicta sunt , expediemus. Falsum
enim est quod subsumitur. Etsi enim ex parte rei
non conueniret ei illa potestas dispensandi , tamen vt
ea licitè vtatur , sufficit magna probabilitas, vt suprà
ostensum.

    3   Sed vtrùm ipse meas *obiectiones* clarè & fa-
cilè expediuerit necne , Lector eruditus iudicet;
eadem enim facilitate ego assero, me eius etiam
rationes , & *obiectiones* clarè , & facilè expediuis-
se, & hanc quoque nullo negotio ex eius principijs,

b nu.40.pag.
74.

cipijs, atque ex ijs quæ dicta sunt, expediam. Si
enim falsum est quod in mea *Instantia* subsumitur,
falsum similiter est, quod ipse in sua ratione subsumit. Nam si sufficit magna probabilitas, vt
Pontifex licitè vtatur potestate dispensandi in solenni castitatis voto, quantumuis cedat in gra-
uissimum alterius præiudicium, & priuet eum
regno, Dominio, alioue iure temporali quod legitimè possidet, etiamsi ex parte rei talis potestas
Pontifici non competeret; ex ijsdem etiam principijs sequitur, sufficere magnam probabilitatem,
vt *Pontifex* licitè vtatur potestate *Principes* deponendi, & in iuramento fidelitatis dispensandi,
etiamsi ex parte rei non conueniret illi talis potestas. Et proinde nec clarè, nec facilè, nec omnino *Lessius* hanc partem meæ *Instantiæ* expediuit,
aut expedire poterit.

4 Sed, iuxta meam sententiam sæpius relatam, non sufficit magna probabilitas vt *Pontifex*
licitè vtatur potestate dispensandi, vel in temporali fidelitate iuramento firmata, vel in solenni
voto religiosæ castitatis, vel in matrimonio rato non consummato, ad hunc effectum, vt quis
ea re quam legitimè possidet, inuitus spolietur.
Et si sufficeret magna probabilitas, vt quis licitè
alium aggrediatur, illumque è Regno, & dominio
quod legitimè possidet, vi & armis exturbare conetur, à fortiori sufficiet magna probabilitas, vt
ille qui inuaditur, vijs licitis se defendat, tametsi
alioquin homo priuatus sit, & si *Princeps* est vt in
eos, qui illum inuadūt, tanquā in hostes publicos,
& Regni sui perturbatores manu hostili, & armis

secufecularib? authoritate publica vtēdo licitè infurgat.

5   *Neque inde fequitur*, ait *Leſſius*, *ipſum Pontificem poſſe errare in doctrina*, *& præceptis morum*, *idque circa res grauiſsimas.* Nam falſum eſt, illum docere (nempe definiendo ex Cathedra, & authoritate Pontificia) Confirmationem à ſimplici Sacerdote collatam eſſe verum Sacramentum. Immo nec poteſt id definire ſuppoſita incertitudine poteſtatis (quam tamen ſuppoſitionem falſam exiſtimo) ſed ſufficit illi eſſe valde probabile, quòd ſit verum Sacramentum. Similiter falſum eſt, illum ſimili modo docere Matrimonium cum Moniali profeſſa, obtenta diſpenſatione, eſſe ratum, & validum ex parte rei. Neque id docere poſſet, quamdiu de poteſtate diſpenſandi cum tali dubitari poteſt: ſed ſolùm vult, & declarat, tale matrimonium pro rato, & firmo habendum, quamdiu de contrario non conſtat; ad quod ſufficit magna probabilitas illius poteſtatis, & impedimenti ſublati, vt ſuprà oſtenſum.*

6   Sed *inprimis*, ſi ex eo quòd *Pontifex Principes* depoſuerit, & ſubditos à Iuramento fidelitatis abſoluerit, ſequatur, ipſum docere, *Principes* per ſummi *Pontificis* ſententiam eſſe verè & ex parte rei depoſitos, & ſubditos eſſe verè, ſeu ex parte rei abſolutos, ex hoc etiam quod *Pontifex* Sacerdoti Sacramentum *Confirmationis* præſertim extra caſum neceſſitatis adminiſtrandi facultatem tribuat, & in voto ſolenni caſtitatis in graue præiudicium alterius, qui inde dominio temporali quod legitimè poſſidet, ſpoliatur, cum Religioſo diſpenſauerit, ſequitur, ipſum docere, & *Confirmationem* à ſimplici Sacerdote cum tali facultate collatam eſſe verum *Sacramentum* ex parte rei,

&

& Matrimonium cum *Moniali* professa obtenta dispensatione esse ratum & validum verè, & ex parte rei. Veruntamen *Lessius* iam diuerticula quærit, vt vim nostri argumenti effugiat. Nam verbum illud [*docere*] quo absolutè & absque vlla limitatione in sua ratione vsus est, iam in mea *Instantia* ad *doctrinam* seu definitionem ex *Cathedra* restringit; In quo sensu si accipiendum esse velit, nego, *Concilium* aliquod generale, vel etiam aliquem *Summum Pontificem* vnquam docuisse, seu decreto aliquo generali totam Ecclesiam obligante ex *Cathedra* definiuisse, *Principes* per *Papam* Regnis suis abdicatos, esse verè & ex parte rei depositos, & subditos ab eorum fidelitate verè & ex parte rei absolutos: Et tametsi aliquis Summus *Pontifex* id forsan ex *Cathedra* definiret, eius tamen definitiones ex *Cathedra*, nisi à *Concilio* generali confirmentur, non facere fidem infallibilem *Theologi Parisienses* cum pluribus alijs à me alibi citatis [c] probabiliter arbitrantur.

c Vide suprà sec.4.

7 *Secundò*, id quod *Lessius* ait, nempe *potestatem Summi Pontificis licentiam Presbytero concedendi, vt Sacramentum Chrismatis conferat non esse incertam*, si intelligat non esse incertam doctissimis Theologis tam antiquis, quam recentioribus, apertissimè falsum est, vt suprà ostensum; Dicere autem non esse *incertam* ipsi Summo *Pontifici*, tametsi alijs illo longè doctioribus, & qui hanc controuersiam diligentissimè examinarunt, *incerta* sit, merum figmentum est, & absque vllo prorsus fundamento probabili ad difficultatem non dilucidandam, sed eludendam à *Lessio* excogitatum; & quantumuis id verum esset, vim mei argumenti

Q 3   non

non tolleret, vt ſupra [d] etiam monſtratum.

8 *Tertiò*, ſicut *Pontifex* non poteſt docere, Matrimonium cum *Moniali* profeſſa obtenta diſpenſatione eſſe ratum & validum ex parte rei, quamdiu de poteſtate diſpenſandi cum tali dubitari poteſt, ſed ſolùm vult & declarat, tale matrimonium pro rato & firmo habendum, quamdiu de contrario non conſtat, ad quod ſufficit magna probabilitas illius poteſtatis, & impedimenti ſublati, vt *Leſſius* hìc affirmat, pari ratione, & ex ijſdem planè principijs dici poteſt, Summum *Pontificem* non poſſe docere, *Principem* illum, qui per ſententiam Summi *Pontificis* Regali ſuo iure priuatus eſt, eſſe depoſitum verè & ex parte rei, aut ſubditos illius eſſe verè, & ex parte rei à fidelitate abſolutos, quamdiu de poteſtate *Principes* deponendi, & ſubditos à fidelitate abſoluendi dubitari poteſt; ſed ſolùm vult & declarat *Pontifex*, talem depriuationem pro rata & firma habendam, quamdiu de contrario non conſtat, ad quod ſufficit magna probabilitas illius poteſtatis; atque ita ex hoc capite *certitudo*, quam *Leſſius* prætendit, iſtius poteſtatis *Principes* deponendi iuxta ipſiuſmet principia colligi non poteſt.

9 Veruntamen *quartò*, ſicut licitum non eſt *Pontifici* velle, aut declarare tale matrimonium pro rato & firmo habendum, ad hunc effectum, vt quis hæreditatem temporalem in præiudicium alterius abſque illius conſenſu capiat, quamdiu probabiliter conſtat, Summum *Pontificem* non habere poteſtatem taliter diſpenſandi, neque magna probabilitas illius poteſtatis alterum à iure ſuo detendendo impedire poteſt, ſed ſufficit illi ad hæreditatem ſuam, quam legitimè poſſidet, cu-
ſtodi-

stodiendam magna probabilitas, Summo *Ponti-*
fici talem poteftatem difpenfandi non comp tere,
vt fupra oftenfum eft : ita etiam non eft licitum
Pontifici velle aut declarare , talem *Principis* depo-
fitionem, & fubditorum abfolutionem pro rata
& firma habendam, quamdiu de contrario probabiliter conftat; neque magna probabilitas illius poteftatis *Regem* à iure fuo tuendo impedire
poteft, fed abfque vlla dubitatione fufficit illi, &
fubditis fuis magna probabilitas, quòd *Pontifex*
hon habeat poteftatem *Principes* deponendi, &
fubditos à fidelitate abfoluendi, ad Regnum, quod
legitimè poffidet, aduerfùs quofcunque qui fub eo
pretextu illud inuadunt, vi & armis defendendum,
& fi fubditi funt, tanquam contra Proditores, &
læfæ Maieftatis reos procedendum.

10 *Vnde vlteriùs fequitur*, ait *Leffius*, *e libe-*   e nu. 40 p. 75.
ros pro legitimis habendos, & in regno fuccedere de-
bere. Quia vtroque iure filij cenfendi legitimi, qui
ex matrimonio bona fide (etfi alterius tantùm partis)
contracto nati fuerunt, quamuis ob occultum impedi-
mentum irrito; vt patet, extra. Qui filij fint legi-
timi cap. Ex tenore, *cap.* Cum inter. *& cap.* Peruenit.

11 Sed *inprimis*, quòd vtroque iure, id eft,
canonico, & ciuili filij cenfendi fint legitimi, qui
ex matrimonio bona fide vnius tantum partis
contracto nati fuerint, quàmuis ob impedimentum huic parti occultum fed alteri notum irrito,
non ita certum eft, vt *Leffius* fupponere videtur.
Nam *Gloffa* in leg. *Qui contra*, Cod. *de inceftis*
nuptijs, quærens an filij fint legitimi quando matrimonium ex aliquo impedimento ex præceptis
legum,

legum, vel *Principum* conftitutionibus orto, eft
nullum, Refpondet, *id non effe cautum in lege. Sed
dico*, ait eadem *Gloffa, effe legitimos fi vterque ig-
norauit, licèt nullum fit matrimonium, ficut in adopti-
nis contingit*, *qui funt legitimi fine matrimonio, &
hoc dicitur refcripfiffe* Alexander *ex priuilegio cuidam*; *Vbi autem alter fciuit, illi qui fciuit non funt
legitimi*, *fed ignoranti fic*. Vide etiam eodem titulo legem, *Si quis*, & *Gloffam* ibidem.

12 Exiftimo tamen *fecundo*, iure faltem canonico filios pro legitimis habendos effe quoad ea,
de quibus poteftas Ecclefiaftica difponere poteft,
qui ex matrimonio bona fide vnius tantùm partis
contracto, quamuis ob impedimentum alteri parti occultum irrito nati fuerint : Sed hoc intelligendum eft, quando publicè & in facie Ecclefiæ
contrahunt, & de nullo impedimento publico
probabil ter conftat. At in cafu noftro res aliter
fe habet. Nam, quamdiu publicè probabile eft,
Papam non habere poteftatem in folenni caftitatis
voto difpenfandi, non obftante difpenfatione, adhuc de priori impedemento voti folennis publicè
& probabiliter conftat ; & proinde non nifi probabiliter cenfendum eft, impedimentum illud per
difpenfationem fublatum effe, aut filios ex tali matrimonio natos effe legitimos, & in Regno fuccedere oportere, quæ tamen probabilitas iuri alterius, qui in legitima illius poffeffione manet, præiudicare non debet, vt antea oftenfum.

13 *Vtrùm autem*, ait *Leffius*, poffit *Summus
Pontifex fubditis præcipere eofque cenfuris conftrin-
gere, vt prolem ex tali matrimonio fufceptam pro vero & legitimo Principe agnofcant, non ita perfpicuum
eft,*

est, quia hactenus exemplum non vidimus. Sed mirum est, quòd *Lessius* in hac quæstione dissoluen-
da adeo vacillet, ac si ipse exemplis, & factis *Pon-*
tificum magis quàm ratione perspicua atque eui-
denti moueatur. Neque enim dubium aliquod
esse potest, quin si filij pro legitimis habendi sint,
& in Regno succedere debeant, vti *Lessius* antea
concessit, possit Summus *Pontifex* subditis præcipere, eosque Censuris constringere, vt *Principi*
suo legitimo iniuriam non faciant, & proinde
prolem ex tali matrimonio susceptum pro vero &
legitimo *Principe* agnoscant. Vnde *Lessius* non   Vide infrà
satis sibi constans infrà hoc certum esse absque   nu. 20.
hæsitatione affirmat.

14   *Sed esto,* ait *Lessius,* f *fateamur posse; nihil*   f nu. 40. p. 76.
inde incommodi. Sufficit enim ad hoc magna ibi pro-
babilitas. Hoc enim ipso quo matrimonium censetur
validum, proles censenda legitima, & debita est ei
successio in regno. Vnde fieret ei iniuria, si prætextu
impedimenti matrimonij non admitteretur. Quare
sicut ipsa bello ius suum prosequi posset, ita Summus
Pontifex posset illam armis spiritualibus iuuare, &
Censuris compellere populum ad eam suscipiendam.

15   Sed falsum est, vt antea diximus, sufficere
ad hoc magnam probabilitatem. Et pari ratione,
& ex ijsdem principijs dici posset, sufficere magnam probabilitatem, vt *Principes* deponat, & subditos à fidelitate illis debita absoluat. Hoc enim
ipso, quo matrimonium probabiliter tantùm
censetur validum, proles etiam probabiliter tantùm censenda est legitima, & successio in regno ei
non nisi probabiliter debita. Vnde non fieret ei
iniuria, si ob probabile illud Matrimonij impedimentum,

mentum, ad Regnum ab eo qui illud abſque vllo
probabili dubio illud legitimè poſsidet, aut ad illud ius habet certum & indubium, non admitteretur. Quare nec proles ipſa belło ius ſuum tantùm probabile aduersùs legitimè & indubiè poſ-
ſidentem proſequi poteſt, nec Summus *Pontifex*
poteſt illam armis ſpiritalibus iuuare, & Cenſuris
compellere populum ad eam, legitimo ſuo Rege,
aut hærede indubio renitente, ſuſcipiendam, ſed
abſque vlla dubitatione aut controuerſia, tam
Rex, & hæres indubius, quam ſubditi aduersùs
omnes, qui ſub ſolo prætextu tituli probabilis
Regnum inuadere niterentur, tanquam in hoſtes
inſurgere, & armis Secularibus non ſolùm per
modum defenſionis, ſed etiam authoritatiuè, vt
ita loquar, & per modum licitæ vindictæ etiam
vſque ad internecionem perſequi poſſent. Nolo
tamen in præſenti negare, magnam probabilitatem ſufficere, vt matrimonium illud ratum &
validum cenſendum ſit, quoad aliquos matrimonij effectus, nempe vt ita diſpenſati ſimul coha-
bitent, & ius coniugale ſibi inuicem reddant, atque vt proles habeatur legitima quoad ſpiritualia,
& vt ad ſacros Ordines abſque alia diſpenſatione
promoueri queat, cum hæc in *Pontifice*, quâ Paſtor ſpiritualis eſt, ſint poteſtate; ſed ſolam probabilitatem ſufficere, vt proles inde ſuſcepta fiat
legitima quoad temporalia abſque *Principis* conſenſu, aut vt hæredem alias indubiè legitimum è
iuris ſui poſſeſsione inuitum excludat, de quibus
Princeps tantùm temporalis, & non *Pontifex* diſponendi poteſtatem habet, hoc *Leſſius* nulla ratione ſolida vnquam demonſtrare poterit.

                             16 *Simile*

16 *Simile cernitur*, ait *Lessius*, *quotidianis exemplis in omnibus tribunalibus. Nam latâ sententiâ pro alterá parte,fit executio aduersús alteram, eaque compellitur etiam pænis, & rerum ablatione ad præstandum iudicatum. Et tamen non est certum, illam sententiam ex parte rei esse iustam, sed solùm id est probabile, cum solùm opinionibus Doctorum nitatur.*

17 Veruntamen id, quod quotidianis exemplis in omnibus tribunalibus cernitur, longe absimile est. Illud enim, quod hic ait *Lessius*, verum duntaxat est,quando certò constat, Iudicem habere potestatem causam illam iudicandi,eamque terminandi ; In quo casu si Iudex muneribus corruptus ferat sententiam etiam manifestè iniquam, fiet exequutio aduersús reum, qui compelletur etiam pænis, & rerum ablatione ad præstandum iudicatum, neque illi, qui iniustè condemnatus est, alia via relinquitur ad se defendendum, quàm ad superius tribunal, si Iudex ille supremus non fuerit, prouocando, causamque transferendo. Si autem incertum est, an Iudex ille potestatem habeat causam illam iudicandi, vtpote quia criminalis est, & pæna sanguinis plectenda, & probabile est,Iudicem illum de causis tantùm ciuilibus, & quibus pæna sanguinis per legem non decernitur, non autem de criminalibus sententiam ferre posse ; seu quod idem est, si non tantùm causa de qua agitur, sed etiam ipsamet potestas Iudicis incerta est, tunc nec Iudex potest sententiam illam ferre, & si ferret posset reus excipere, & ei non parere, vt *Lessius* paulò antè expressis verbis affirmauit.

*Poteſtas,*inquit, *quæ non omnino certa ſed probabilis, non poteſt eſſe fundamentum, quo aliquis immediatè puniatur, & iure ſuo, ac dominio priuetur, ſed talis poteſtas certiſsimè non dubiè debet competere.* Nullus enim Iudex poteſt irrogare pænas adeo graues, aut condere decreta quibus irrogentur, niſi conſtet illi talem poteſtatem conceſſam. Si enim id vllo modo eſſet dubium, poſſet reus excipere, & ei non parere. Hinc neque delegatis creditur in alicuius præiudicium, niſi authentico inſtrumento oſtendant ſuam poteſtatem, ita vt nulla ampliùs relinquatur iuſta dubitandi ratio. Ita *Leſsius.* Nos autem hîc de ipſa Summi *Pontificis* poteſtate agimus, atque confidenter dicimus, incertum eſſe, an habeat poteſtatem in ſolenni caſtitatis voto diſpenſandi , & prolem inde ſuceptam legitimam quoad temporalia efficiendi, Principes ſupremos deponendi, ſubditos à temporali fidelitate abſoluendi, de rebus temporalibus in ordine ad bonum ſpirituale diſponendi, aut pænam vllam ciuilem, vt ſunt mors, exilium, bonorum priuatio &c. ex *Chriſti* inſtitutione infligendi.

g Nu.41.
pag.77.

18   *Neque tamen hinc ſequitur,* ait *Leſsius,*g *poteſtatem, & Iuriſdictionem coactiuam in eiuſmodi euentis fundari in re vel opinione incerta. Quia et ſi non ſit certum ſpeculatiuè iuſtitiam, aut veritatem ſtare ab hac parte; tamen certũ eſt, poſtquã per ſentẽtiam probabilibus ſũdamẽtis nixã res ei eſt adiudicata, Iudicem habere poteſtatẽ cogendi alteram partem, vt ſententiæ pareat. Simili modo et ſi non ſit certũ ſpeculatiuè matrimoniũ eſſe validũ, tamen certum eſt in ordine ad praxim & humana negotia habendũ pro vilido, et proles hãbẽdas legitimas, ac veros hæredes in ſucceſſione hæreditatis & regni.*

19 Sed

19   Sed obseruet Lector, quam fraudulenter *Lessius* illi fucum facere, & potestatem coactiuam Iudicis Secularis in caulis temporalibus dirimendis potestati Summi *Pontificis* in solenni castitatis voto dispensandi, quæ potestates inter se dissimillimæ sunt, assimilare conetur. Incertitudo enim veritatis seu iustitiæ causæ de qua litigatur, non facit potestatem Iudicis, aut sententiam ab eo latam esse incertam : quinimo omnes causæ, quæ in ius vocantur, incertæ & dubiæ sunt vni saltem parti ; alioquin de illis quæstio non fieret, neque sententiâ Iudicis ad eas decidendas multùm opus esset ; neque quisquam qui suæ mentis compos est, de re certa atque indubia cum aliquo litem habebit : At incertitudo potestatis iudicandi sententiam Iudicis reddit incertam, illi præsertim in cuius præiudicium lata est, *aduersùs quem proinde potest reus excipere, & ei non parere, donec Iudex authentico instrumento ostendat suam* potestatem, *ita vt nulla amplius relinquatur iusta dubitandi ratio*, vt superiùs ex *Lessio* diximus : Neque in hoc casu habet Iudex potestatem cogendi alteram partem, vt sententiæ suæ quæ & speculatiuè & practicè incerta est, pareat. Et simili modo cùm potestas ipsa Summi *Pontificis* in solenni castitatis voto dispensandi incerta sit, non potest esse certum illi, in cuius præsertim præiudicium dispensatio illa conceditur, siue speculatiuè, siue in ordine ad praxim & humana negotia, matrimonium illud esse habendum pro valido, & proles habendas legitimas quoad temporalia, ac veros hæredes in successione hæreditatis, & regni. Fortasse etiam *Lessius* affirmabit, tametsi

metsi ponatur incertum esse, sicut reuera est, an *Pontifex* habeat potestatem res fidei certò definiendi, tamen si semel aliquid definiret, definitionem illam, posita nihilominus incertitudine potestatis, ab omnibus Catholicis habendam esse certam & de fide, quod tamen falsissimum est, & doctrinæ Card. *Bellarmini*, & communi Thelogorum repugnans.

20   Atque hinc constat, falsa etiam esse quæ *Lessius* proximè subiungit. *Similiter*, inquit.[h] *certum est, talem prolem habere ius se tuendi aduersus inuasorem, qui erat successurus, si ea proles nata non fuisset, & cogendi populum armis vt se admittat. Denique certum est, Summum Pontificem posse sua authoritate, & Censuris, si opus est, illam prolem iuuare, vt ius suum obtineat, aduersarios eius compescendo, quia potest iniuriam prohibere. Itaque hæc potestas coactiua Pontificis non fundatur immediatè in doctrina incerta, sed in certissima, & toto orbe, omnibusque tribunalibus recepta; etsi potestas dispensandi in aliquo casu in doctrina non adeo certa fundari possit.*

21   Sed *inprimis* obseruet Lector, quàm apertè *Lessius* sibi ipsi contradicat. Nam paulo antea dixerat, *non ita perspicuum esse, quia hactenus exemplum non vidimus, vtrùm possit Summus Pontifex subditis præcipere, eosque Censuris constringere, vt prolem ex tali matrimonio susceptam pro vero & legitimo Principe agnoscant:* Nunc autem ait, *certum esse, Summum Pontificem posse sua authoritate & censuris, si opus est, illam prolem iuuare, vt ius suum obtineat, aduersarios eius compescendo, quia potest iniuriam prohibere.* Sed forsan quæ

antea

antea *Lessio* certa sunt, non sunt iam illi adeo perspicua.

22   *Deinde*, cùm ipsamet Summi *Pontificis*
potestas in solenni castitatis voto dispensandi incerta sit, non potest vlla ratio probabilis, etiam ex
Lessij principijs, assignari, ob quam sententiæ, aut
aliæ actiones quæ ex hac incerta potestate tanquam fundamento dependent, certæ esse debeant
illi, in cuius graue præiudicium cedunt. Nam
tametsi *potestas, quæ non omnino certa, sed probabilis,*
possit esse fundamentum alicuius dispensationis, quan-
do inde nihil incommodi tertiæ personæ obuenit,
sed agitur tantùm de fauore & beneficio, & nemo
cogitur, nemo iure propinquo, seu in re obtenta spolia-
tur; non tamen potest esse fundamentum dispensationis, quando inde sequitur graue incommodum alteri, qui ex tali dispensatione priuatur
iure suo, ac dominio temporali, atque hæreditate,
ad quam ius habet legitimum, propinquú, & ante
illam dispensationem omnino indubitatum, vt
Lessius antea satis apertè affirmauit.

23   Non igitur certum est, sed omnino falsum, prolem ex tali incerta dispensatione, seu
dispensandi potestate sequutam habere ius certum, sed tantùm probabile & incertum ad hæreditatem vel Regnum, quod alter vel legitimè
possidet, vel ad illud ius indubitatum habet. Et
proinde neque certum est, sed omnino falsum,
prolem talem posse alterius Regnum quod legitimè possidet, vel alioquin tanquam hæres proxi-
mus iure indubitato possessurus esset, inuadere,
aut populum armis cogere, vt eum admittat;
neque certum est, sed omnino falsum, posse Summum

mum *Pontificem* sua authoritate & Censuris prolem illam iuuare, vt illud ius suum, quod duntaxat
incertum est, obtineat, & alteri ius suum, quod in-
dubie possidet, eo renitente eripiat. Quin potiùs certissimum est, & absque vlla planè controuersia, posse alterum, qui in legitima iuris sui possessione manet, se defendere, & populum armis cogere, vt eum aduersùs quoscunque aggres-
sores, qui sub prętextu dubij atque incerti iuris
eũ inuadere præsumunt, iuuet, & Summum *Pon-*
tificem non tantum posse, sed etiam teneri sua authoritate & Censuris, si opus fuerit, illi opem ferre,
aduersarios eius, & qui iniustè illum aggrediuntur, compescendo, *quia potest, & debet iniuriam*
prohibere.

   24   Atque hæc potestas *Pontificis coactiua*, vt
loquitur *Lessius* (quæ meliùs *coercitiua* dici debet)
sua authoritate & Censuris iuuandi eum, qui alioquin in legitima sui iuris, aut Regni possessione
absque vllo dubio, vel incertitudine manet, aduersùs eos, qui sub prętextu incerti iuris, illum inuadere, atque è possessione sua deturbare nituntur, non fundatur in doctrina incerta, sed in certissima, & toto orbe, omnibusque tribunalibus
recepta, & in approbatis vtriusque Iuris regulis
fundata, cùm *in causa dubia siue incerta melior*
sit conditio possidentis, & *cùm sunt partium iura ob-*
scura fauendum sit reo potiùs quàm actori; Quòd
autem doctrina *Lessij* sit omninò incerta, neque
in aliquo tribunali recepta, vt ipse hîc affirmat,
superius etiam monstratum. Non nego tamen,
quin potestas dispẽsandi in aliquo casu in doctrina
non adeo certa fundari possit, quando de fauore
                                                                             &

& beneficio tantùm agitur , & nullum præiudicium tertiæ personæ inde necessariò consur-
git.

25   Et in eodem sensu intelligendum est ,
quod *Lessius* postea addit. *Simili modo*, ait *Lessius*,
*Ius ad sic vel sic contrahendum in doctrina speculatiuè
incerta fundari potest : posito tamen contractu certum est , eum qui sic contraxit immediatè Ius habere ad rem obtinendam , & posse illud tueri. Infinita
enim sunt , quæ etsi speculatiuè incerta , practicè tamen sunt certissima , vt Theologis probè notum est.*
Nullus enim contractus , qui probabiliter cense-
setur inualidus , tertiæ personæ , quæ rem aut ius
suum absque vlla dubitatione probabili legitimè
possidet , præiudicare debet , neque sufficit , vt
ille qui contraxit , possit rem illam, quam tertia illa persona possidet , ea inuita obtinere , aut ob-
tentam detinere.   Iam autem non disputo , neq;
ad rem facit , vtrùm Ius ad sic vel sic contrahendum in doctrina speculatiuè incerta fundari possit , ita vt posito contractu (si solos ipsos con-
trahentes respiciamus , qui sponte , & non coacti
ita contraxerunt) ille qui sic contraxit , immediatè ius habeat ad rem ab altero contrahente obtinendam , & possit illud tueri. Certum etiam est
plurima reperiri , quæ etsi speculatiuè incerta,
practicè tamen sunt certissima , cum non sint de
eadem re *formaliter* accepta , sed circa obiecta
formaliter diuersa versentur , vt Theologis probè
notum est , sed hanc distinctionem præsenti controuersiæ haud rectè accommodari posse est etiam
certissimum.

26   *Ex quibus patet* , ait *Lessius* , [1] *vana esse*   [1] nu.42.pag.
R   *auæ* 78.

quæ in fubfumptione adduntur : nimirum , ea
quæ antè commemorata funt , falfa effe , & non
folùm falfa , fed etiam perniciofa , eo quòd per
ea fubditi ad iniurias inferendas incitabuntur , &
compellentur &c.

Quia etfi fortè Pontifex ex parte rei talem pote-
ſtatem difpenfandi non haberet; tamen quia proba-
bilifsimum eſt habere , difpenfatio habenda eſt vali-
da , & confequenter matrimonium inde fequutum ,
& proles cenfenda legitimæ , & ius fuccefsionis eis
arrogandum , & abrogandum ei qui alioquin erat
fuccefsurus , & Pontifex poteſt armis ſpiritualibus
illas iuuare aduerſùs eos , qui nituntur impedire.
Hæc omnia non folùm non funt falfa & perniciofa ,
fed verifsima & iuſtifsima , & communi Theolo-
gorum & Iurifperitorum doctrinæ confentanea. Vn-
de etiam falſum eſt , quòd fubditi per ea ad iniu-
rias inferendas incitabuntur & compellentur, cùm
fit iuſtum officium legitimo fuccefsori debitum .

27 *Similiter falſum eſt ,* quòd Principes in-
ceſtus & facrilegia perpetrandi liberam à Summo
Pontifice obtinebunt licentiam. *Quia in vſu talis*
matrimonij nullum eſt peccatum : ficut neque cum du-
bitatur an impotentia fit perpetua , & conceditur
triennium experiendi caufa; aut cùm lite mota fuper
validitate matrimonij , fententia ex teſtimonijs hu-
manis fertur in fauorem matrimonij. Et alijs multis
cafibus , in quibus ſpeculatiuè eſt incertum an matri-
monium fit validum , tamen omnium iudicio vſus il-
lius eſt licitus; immo alter alteri tenetur debitum
reddere. In rebus enim , & negotijs humanis non
requiritur ad operandum ſpeculatiua certitudo , fed
fufficit magna probabilitas , qua pofita refultat
                                                    certi-

certitudo practica in ordine ad operationem.

28 Veruntamen, si vana sunt ea, quæ in *sub-sumptione* meæ *Instantiæ* adduntur, vana etiam erunt ea, quæ in *subsumptione* sui argumenti adij-ciuntur, nimirum ea quæ antè commemorata sunt, *falsa esse, & non solùm falsa, sed etiam per-niciosa, eo quòd per ea subditi ad rebelliones & per-iuria incitabuntur, & vel inuiti & reluctantes Cen-suris compellentur*: nam me in hac *Instantia* ex Prin-cipijs *Lessij*, & ad hominem argumentatum esse satis constat. Si enim vera sunt quę *Lessius* hîc dicit, pari etiam ratione dici posset, quòd etsi fortè *Pontifex* ex parte rei talem potestatem *Prin-cipes* deponendi, & subditos à fidelitate absoluen-di non habeat, quia tamen probabilissimum est habere, depositio illa & absolutio habenda est va-lida, & consequenter Regnum *Principi* illi depo-sito abrogandum, & alteri qui successurus est arrogandum, & *Pontifex* potest armis spirituali-bus hunc iuuare aduersus eos qui nituntur impe-dire; Quæ tamē omnia & falsa & perniciosa esse, vti reuera sunt, *Lessius* in sua obiectione conten-dit. Vnde etiam falsum non erit, quòd subditi per ea ad rebelliones & periuria incitabuntur & compellentur, cùm sit iustum officium legitimo successori debitum, & in vsu talis depositionis & absolutionis nullum sit peccatum. In rebus enim & negotijs humanis non requiritur ad ope-randum speculatiua certitudo, sed sufficit mag-na probabilitas, qua posita resultat certitudo pra-ctica in ordine ad operationem. Atque ita quàm solidè *scilicet Lessius* certitudinem *nouæ* suæ *fidei* de potestate *Papali Principes* deponendi, hac sua *ter-*

tia ratione confirmauit, & quàm *facilè*, & *nullo ſcilicet negotio* tertiam meam *Inſtantiam* expediuit, apud Lectorem eruditum iudicium eſto.

29   Nam quòd magna probabilitas non ſufficiat ad *Regem*, vel hęredem Regni legitimum è poſſeſſione ſui Regni, aut iuris alioquin indubij excludendum, & quomodo idem planè argumentum, quo *Leſſius* hîc vtitur, aduerſùs ſeipſum in fauorem *Principis* qui deponitur, & ſubditorum qui à fidelitate abſoluuntur, retorqueri poſſit, ſatis eſt à me ſuperiùs commonſtratum. Cùm enim probabile admodum ſit, & pleriſq; *Doctoribus placeat*, non eſſe in Summo *Pontifice* poteſtatem *Principes* deponendi, aut vllam pænam ciuilem, vt ſunt mors, exilium, bonorum priuatio, &c. ex *Chriſti* inſtitutione infligendi, probabile etiam admodum eſt, talem *Principem* non eſſe ex parte rei depoſitum, neque ſubditos à fidelitate abſolutos. Et proinde ſufficit magna probabilitas tum *Principi* vt ius ſuum tueatur, tum *ſubditis* vt eum defendant, tum Summo *Pontifici*, vt eos qui illum aggrediuntur, ſua authoritate, & Cenſuris ſi opus eſt, compeſcat. *In rebus enim & negotijs humanis non requiritur ad operandũ ſpeculatiua certitudo, ſed ſufficit magna probabilitas, qua poſita reſultat certitudo practica in ordine ad operationem.* Quę quidem doctrina, vt antea diximus, diſpenſationibus & conceſſionibus *Pontificijs*, alijſque actionibus in opinione probabili fundatis (ſi inde nullum tertiæ perſonæ præiudicium oriatur, & quando tantùm agitur de fauore & beneficio abſque notabili alterius nocumento) accommodari poteſt.

30 Ex-

30 Exempla autem quę *Lessius* affert de licito vſu matrimonij, tametſi ſit dubium probabile de aliquo impedimento matrimonium irritante, noſtræ ſententiæ plurimùm fauent. Vera enim & propria ratio, (vt *Vaſquez* optimè explicauit) ob quam coniuges, qui bona fide contraxerunt, poſſint & debeant coniugale debitum reddere, etiamſi de aliquo impedimento probabiliter dubitauerint, fundatur in approbata illa Iuris vtriuſque regula à me ſæpiùs inculcata, *In cauſa dubia ſiue incerta melior eſt conditio poſſidentis.* Sola enim probabilitas impedimenti poſt matrimonium bona fide contractum ſequuta, non ſufficit, vt alter coniugum, alteri, qui in legitima ſui iuris poſſeſſione abſque vlla plane dubitatione manet, debitum coniugale licitè denegare poſſit, cùm nemo è certa ſui Iuris poſſeſſione, ob ius incertum alterius, aut dubium quodcunque probabile, abſque manifeſta iniuria deturbare queat. Atque ob hanc ipſam rationem ſæpiùs diximus, quòd non obſtante doctrina alioquin ſpeculatiuè probabili de poteſtate *Pontificis* vel *Principes* per ſententiam depriuationis deponendi, vel in ſolenni caſtitatis voto diſpenſandi, non poſſit *Pontifex* practicè vel *Principes* deponere, ſeu è regno, quòd legitimè poſſident, extrudere conari, vel cum aliquo in ſolenni caſtitatis voto diſpenſare, ad hunc effectum, vt alter legitima atque indubia ſui Iuris poſſeſſione priuari debeat.

Vaſquez to. 1. in primam ſecundæ diſp. 66.c.4. nu.21. & ſeq.

31 *Ex his perſpicuum eſt*, ait *Lessius*, k *Eccleſiam non errare in doctrina morum, neque conſulere ſacrilegia, neque præcipere iniurias in ſupradictis*

k nu. 44 pag. 80.

R 3

Etis caſibus : etſi Aduerſarij non obſcurè hæc omnia admittant. Cùm enim *ſuas* Inſtantias, *ſuaque ex-empla quæ adducunt, velint eſſe inſolubilia, & ex ijs conentur oſtendere ſæpe Pont ſices ex incerto funda-mento procedere , & ſuper eo decreta iniurioſa & pernicioſa ſtruere, vt credamus mirum non eſſe, ſi in Iuriſdictione circa temporalia errent, & decreta ini-qua, & pernicioſa illi ſuperſtruant , manifeſtum eſt quid in iſtis ſentiant.*

32   Sed quòd nos admittamus , vti *Leſſius* affirmat, Eccleſiam errare in doctrina morum, & conſulere ſacrilegia, & præcipere iniurias in ſupradictis caſibus apertiſſima calumnia eſt. Ne-que enim nos in hac *tertia Inſtantia* probare con-tendimus , *Eccleſiam* errare in doctrina & præ-ceptis morum, ſed *Pontificem*, qui non eſt *Eccle-ſia*, ſed vnicum tantùm tametſi Principale illius membrum, in ſupradictis caſibus , & alijs pluri-mis errare poſſe. & nonnunquam etiam , iuxta principia ipſius *Leſſij* , per ignorantiam de facto errare. An autem & quomodo Eccleſia pòſſit errare in decretis morum, & per ignorantiam præ-cipere , quod rationi Euangelioque aduerſatur, ſuperiùs ex doctrina *Cani* declarauimus.

33   Igitur quòd nos hoc loco admittimus, eſt, Summum *Pontificem* non tantùm ex ſententia do-ctiſſimorum Theologorum , verum etiam, ex principijs, quæ *Leſſius* in tertiâ ſuâ obiectione, & eius defenſione ſupponit, nonnunquam per igno-rantiam erraſſe in doctrina & præceptis morum, conſule ndo, atque etiam præcipiendo rebelliones & periuria, quæ *materialiter* & ex parte rei talia ſunt : an autem eiuſmodi ignorantia conſcientiam eius

am eius culpatam in confpectu Dei reddat necne,
non eft meum iudicare ; *Sufficit* mihi , quod ex
fententia, *quæ plerifque Doctoribus placet,* ea præcipiat , ex incerto fundamento, quæ vere , & ex
parte rei peccata, inceftus, iniuriæ, rebelliones,&
periuria fint ;   Confcientiam enim illius Deo, qui
folus corda & renes fcrutatur, iudicandam relinquo. Denique mihi nunquam animus erat *inſtantias* , atque *exempla infolubilia* , vt *Leſsius* fingit,
fed probabilia, vt fæpe proteftatus fum, adducere;
hæc enim ad euidentes & certiſſimas, vti præten-
ditur, demonftrationes infirmandas fufficiunt, fed
Aduerfarius, qui firmiſſima nouæ fuæ Catholicæ *ſcilicet* fidei de poteftate *Papali Principes* deponendi fundamenta iacere prætendit , vult fuas
inftantias, exempla , atque argumenta infolubilia
effe, quod quantum à veritate alienum fit , fuperius fatis commonftrauimus, & infra clariùs oftendemus.

   34. Ex dictis iam perfpicuum eft, quàm facile
fit ad tertiam *Leſsij* obiectionem in forma refpondere. Si enim *Maior* eius propofitio de doctrina *definitiua* , feu *ex Cathedra*, aut de generalibus
morum præceptis, vti nunc eam explicare videtur, intelligatur, eam veram effe libenter admittimus. Sed tunc *Minorem* omnino negamus. Nunquam enim *Ecclefia,* feu *Concilium generale* docuit, aut definiuit, vel Summum *Pontificem* habere
poteftatem *Principes* fupremos fuis dominijs temporalibus priuandi , vel *Principe* per fententiam
Summi *Pontificis* abdicato, omnes fubditos ab eius
obedientia effe folutos , & ditionem eius poffe ab
alia occupari, vel *Principe* publicè Excommunicato fub-

to ſubditos à Iuramento fidelitatis eſſe abſolutos,
ita vt non teneantur ei parere donec reconcilietur,
aut ei parere non poſsint, ſi ſententia eſt denunciata. Nihil eiuſmodi de *Principibus* ſupremis *Concilium* aliquod generale docuit, definiuit, aut decreuit, vt ex ſupradictis ſatis conſtat, & ex dicendis
magis perſpicuum fier.

    35 Quòd ſi Summi Pontifices, iuxta ſenten-
tiam, *quæ pleriſque Doctoribus placet,* nonnunquam
per ignorantiam errauerint in particularibus ſuis
decretis, diſpenſationibus, ſententijs, atque in
Principum depoſitionibus, exiſtimantes, ſibi talem
diſpenſandi & deponendi poteſtatem competere,
hoc nihil obeſt infallibili *Eccleſiæ vniuerſalis* iudicio, atque doctrinæ. Vnde *Silueſter* de diſpenſationibus Pontificum loquens, affirmare non dubitat, *ſe vidiſſe Papam maiora facientem cum ſcandalo totius Chriſtianitatis. Et ſi quis putet,* ait Caietanus, *Romanum Pontificem non poſſe errare in huiuſmodi particularibus actionibus, putet etiam eum
non eſſe hominem.* Et tametſi ex probabili doctiſsi-
morum Theologorum ſententia Summus *Pontifex* etiam in generalibus tam fidei quàm morum
decretis errare poſsit, nullum tamen generale decretum proferri poteſt, in quo clarè decernitur,
Principes ſupremos ob crimen aliquod per poteſtatem Summi *Pontificis* ſuis dominijs priuari poſſe, aut Prælatis Eccleſiaſticis vllam pænam ciuilem ex inſtitutione diuina infligendi poteſtatem
conceſſam eſſe, vt ſuprà ad *Lateranenſis* Concilij,
& omnia eiuſmodi *Pontificum* decreta reſponden-
tes, ſatis dilucidè commonſtrauimus.

SECTIO

Silu. verbo
votum 4.q.5.

Caiet. tom. 1.
opuſc. trac 15.
de Indulg. c. 8.

Sectio VIII.

In qua alia ratio Authoris *defenditur*, & conclusio *omnium responsionum, quas ad* demonstrationes *Aduersariorum refutandas adducit*, confirmatur, *& quæ* Lessius *contra eas obijcit refelluntur.*

1   SVpradictis *tribus Instantijs* ad tres *Lessij* obiectiones refellendas à me adductis aliud argumentum, seu *Instantiam* his verbis adiunxi. [a] *Denique,* an non rationes, quibus Concilia ad aliquid definiendum inducuntur, sunt veluti bases quædam, quæ ab ipsis tanquam suarum definitionum atque decretorum fundamenta aut proponuntur aut supponuntur? & nihilominus nullus, vt opinor, Theologus affirmabit, illas eadem certitudine, atque ipsamet definitiones, à Catholicis recipiendas esse. *In Concilijs,* inquit Card. *Bellarminus,* [b] *maxima pars actorum ad fidem non pertinet. Non enim sunt de fide disputationes quæ præmittuntur, neque rationes quæ adduntur, neque ea quæ ad explicandum & illustrandum adferuntur, sed tantùm ipsa nuda decreta, & ea non omnia, sed tantùm quæ proponuntur tanquam de fide.* [c]

2   Ad hanc Instantiam *Lessius* ita respondet. [d] *Si hoc argumentum, quod ad suam sententiam confirmandam addunt, applicetur rei propositæ, sententiam Aduersariorum euertit. Si enim rationes quibus tanquam basibus definitiones & decreta Pontificum & Conciliorum nituntur, possunt esse incertæ & ancipites, & nihilominus definitiones & decreta ipsa*

sunt

,,a In *Præfat.* cit. nu. 62.
,,
,,
,,
,,
,,
,,
,,
,,
,,b Lib.2. de *Conc.* cap. 12.
,,
,,
,,
,,
c Vide etiam *Canum* li.6. de loc. cap. 8.
d nu. 45 p. 81.

ſunt recipienda tanquam certa & iuſta, ergo etiamſi ponamus doctrinam illam de poteſtate Pontificis in temporalibus non eſſe adeo certam, tamen neceſſario recipienda ſunt decreta & deciſiones, quæ illo tanquam fundamento nituntur. An hoc non eſt propriam ſententiam euertere?

3   Sed *inprimis* hoc argumentum non ad meam ſententiam confirmandam, ſed ad illam propoſitionem [nempe, *Illa doctrina ad fidem pertinet, quam Summi Pontifices, Concilia, & Doctores tanquam fundamentum ſuarum conſtitutionum & ſententiarum vel proponunt vel ſupponunt*] in qua *tres* obiectiones *Leſsij* præcipuè fundantur, refutandam à me adductum eſt. Quod ſanè argumentum ſi applicetur rei propoſitæ, nempe rationibus illis, quas *Leſsius* ad ſuam ſententiam confirmandam, & noſtram refellendam attulit, illud eas omnino euertere manifeſtum eſt. Si enim rationes illæ, quibus tanquam baſibus ac fundamentis quibuſdam definitiones & decreta Conciliorum nituntur, poſſunt aliquàdo eſſe incertæ & ancipites, ergo falſa erit illa propoſitio vniuerſalis cui *Leſsij* rationes innituntur, nempe, *Illam doctrinam ad fidem pertinere, quam Summi Pontifices, Concilia, & Doctores tanquam fundamentum ſuarum conſtitutionum, & ſententiarum vel proponunt*, vel *ſupponunt*. An autem hoc ſit propriam meam ſententiam euertere vel *Leſsius* ipſe iudicet.

4   *Deinde Leſsius* in hac ſua Reſponſione ſupponit, doctrinam hanc de poteſtate *Pontificis* de temporalibus diſponendi, & pænas ciuiles infligendi ſibi ex *Chriſti* inſtitutione, & non ex conceſsio-

cessione *Principum* data,esse fundamentum cui aliqua decreta & decisiones *Conciliorum* innituntur, quod tamen falsum esse nos semper affirmauimus.

5 *Præterea*, istud argumentum, quod *Lessius* hîc ad meam sententiam euertendam confe-
cit, vitiosum esse, vtpote ex puris particularibus
constans, nimis manifestum est. Hæc enim illius substantia est; Decreta & definitiones *Pontificum*,& *Conciliorū* sunt aliquando certò recipien-
dæ,etiamsi rationes & fundamenta, quibus inni-
tūtur,sunt incertæ : ergo decreta quibus *Principes*
deponuntur, sunt certò recipienda, etiamsi potestas deponendi, cui tanquam fundamento innititur,non sit adeo certa:Ac si ita argumentare-
tur ; Potest quis nonnunquam vti potestate incerta, quando nimirum agitur tantùm de fauore
& beneficio, ergo semper potest vti potestate incerta etiam quando agitur de pæna & præiudicio.
Quòd si *Lessius* dicere velit, se de omnibus, &
de non aliquibus tantùm *Pontificum* & *Conciliorum* decretis loquutum esse, præterquam quòd
ipse vocabulum illud [*Pontificum*] ex suo addidit,
& ex meis principijs non arguit, falsum est,de-
creta omnia particularia *Pontificum*, vt nihil de
Concilijs dicam,semper à fidelibus certò recipienda esse.

6 *Respondet* igitur *secundò; Vel est sermo de
definitionibus dogmaticis ad fidem pertinentibus; vel
de decretis aut præceptis pertinentibus ad mores. Si
agatur de definitione dogmatica, falsum est, præcipuum fundamentum, quo tanquam basi Concilium in definiendo nititur, posse esse incertum.*
                                   Hoc

Hoc enim fundamentum non est aliud quàm Verbum Dei scripto vel traditione acceptum . Nihil enim Concilium definire potest , nisi quod ex hoc fundamento infallibili deductum est : vt apertè insinuat Concilium Tridentinum *sess. 4. in principio, cum ait,* Euangelicam doctrinam , quæ partim scriptis libris , partim sine scripto traditionibus continetur , esse fontem omnis & salutaris veritatis, & morum disciplinæ. *Rationes verò probabiles, & scripturæ testimonia non omnino conuincentia interdum admiscentur, non vt fundamenta, quibus definitio nitatur, sed vt adminicula ingenij , vberioris doctrinæ & explicationis gratia.*

7   *Si verò agatur de decretis morum, non est necesse rationem , qua Concilium mouetur ad tale decretum faciendum , esse omnino certam & infallibilem , sed sufficit esse probabilem : nimirum quòd tale commodum inde videatur sequuturum , vel tale incommodum tollendum aut euitandum . Certa tamen debet esse talis decreti iustitia , præsertim si ad totam Ecclesiam pertineat , illamque constringat.*

8   Sed profectò *Lessius* in hac sua Responsione non tam seriò & sincerè agere , quàm vel ludere vel illudere videtur. Quis enim sani iudicij Christianus imaginari potest , verbum Dei, vel scripto , vel traditione acceptum, esse incertum ; aut verba illa , *Quodcunque solueris* &c. *Pasce oues meas , Non haberes in me potestatem* &c. *Ego & pater vnum sumus ,* & cætera omnia Sacræ Scripturæ testimonia, in eo sensu quo à Spiritu sancto prolata sunt , non esse verissima, & certissima ? Per *rationes* igitur, quibus tanquam

quam *fundamentis Concilia* & *Pontifices* ad aliquod dogma fidei definiendum inducuntur, non intelligo verbum Dei in eo sensu, quo à spiritu sancto prolatum, sed quo à *Pontificibus* & *Concilijs* intellectum est. Et has *rationes* seu *fundamenta* dico fere semper esse *incertas*, nisi talem esse verbi Dei sensum, quem Patres concipiunt, firmo aliquo ac stabili Patrum decreto, aut alia ratione æquipollenti cognoscatur. Atque hoc verba illa Card. *Bellarmini* à me addita clarissimè confirmant: *In Concilijs*, inquit, *maxima pars Actorum ad fidem non pertinet* & c. Vnde sequitur, nullam rationem, nullum fundamentum ex Sacra Scriptura allatum, quo *Concilia* ad aliquid definiendum inducuntur, ad fidem pertinere, nisi decreto aliquo proponatur à *Concilio* (quod rarissimè contingit) tanquam de fide: Raro autem aut nunquam tale vel tale Scripturæ testimonium esse tantùm probabile & non omnino conuincens *Concilij* Patres asserunt: Et hoc abundè sufficit, ad illam propositionem *Lessij*, nempe *Illa doctrina ad fidem pertinet, quam Summi Pontifices, Concilij & Doctores tanquam fundamentum suarum constitutionum & sententiarum vel proponunt, vel supponunt, omnino infirmandam.*

9 *Secundò*, quod attinet ad decreta vel præcepta morum, nemo fere ad intelligendum tam hebes est, vt existimare queat, *Lessium* per fundamentum constitutionum & sententiarum, iustitiam tantùm ipsarum, & non cætera omnia fundamenta, ex quibus earum iustitia dependet, vt quòd communi fidelium bono non aduersentur, quòd à legitima potestate procedant, &

eius-

eiufmodi, in fuis rationibus intellexiffe. Vnde
ipfemet non folùm contendit, depofitiones
Principum authoritate *Pontificia* factas iuftas effe,
verùm etiam doctrinam de poteftate Ecclefiaftica *Principes* deponendi certiffimam effe atque ad
fidem pertinere, quia alioquin depofitiones illæ,
fi fundamento tantùm probabili & poteftate incerta niterentur, omnino iniuftæ, & *Principibus* iniuriofæ effent, quod fanè veriffimum eft, fed
Leffij principijs non fatis confonum, vt suprà
declaratum. Quapropter cùm ad legis cuiufcunque iuftitiam neceffarium fit tanquam fundamentum, finis, & ratio legis, feu Legiflatoris, &
quòd communi fubditorum bono non repugnet,
&c. fi fundamentum iftud incertum fuerit, incertum etiam erit an lex illa verè & ex parte rei fit
iufta, tametfi quoad nos iufta cenfenda fit, & obferuanda donec certò conftet eam verè & ex parte
rei effe iniuftam, & communi Reipublicæ bono
diffentaneam.

    10   *Deinde*, quòd decreta etiam ad totam Ec-
clefiam pertinentia tanquam iufta à fidelibus cenfenda & obferuanda fint, donec de iniuftitia
conftet, & nihilominus fundamentalis illorum
decretorum ratio ad fidem non pertineat, quin
etiam ex fententia doctiffimorum Theologorum
incerta fit, fuperiùs commonftrauimus, vt patet
ex decretis de aliquo in Sanctorum numerum referendo, de Feftiuitate Conceptionis *Virginis*,
& fimiliter corporeæ eius in cælum Affumptio-
nis celebranda, quorum fundamentales rationes doctiffimi Theologi superiùs [e] relati incertas
effe confidenter afferunt, & nihilominus decreta
                                              illa

e Sect. 4.

illa tanquam iusta obseruanda esse, cùm fauora-
bilia, non odiosa sint, nemo inficiabitur : vt
hinc *Lessius* clarè perspicere possit, quantulam
vim, illa sua propositio, *Illa doctrina ad fidem*
pertinet, quam Pontifices, Concilia, & Doctores
tanquam fundamentum suarum constitutionum &
sententiarum vel proponunt, vel supponunt, ad certum fidei dogma stabiliendum suppeditare queat.
Sed quàm dispar ratio sit de alijs decretis, quatenus vel directè, vel consequenter pænalia &
odiosa sunt, & tertiæ personę iniuriosa, &
quomodo potestas Legislatoris ad ea condenda
certa esse debeat, & non tantùm probabilis, vt
aliquem è legitima sui iuris possessione excludere valeant, in superioribus copiosè declaratum.

11   *Denique* cum Aduersarij suam doctrinam de potestate *Pontificis Principes* deponendi
tanquam *de fide certam* comprobandam, &
meam vt *hæreticam* vel *erroneam* condemnandam,
Ecclesiæ vocem, consensum, & doctrinam conclamitare soliti essent, pro conclusione & coronide omnium Responsionum, quibus facillimè
hanc eorum calumniam repelli posse mihi per-
suadebam, hanc distinctionem inter vocem, doctrinam, & consensum Ecclesiæ firmiter credentis,
& probabiliter tantùm opinantis, Lectori studio-
so his verbis proponendam, eiusque memorię   f *In Præfat.*
commendandam esse censui f.   cit. nu. 63.

12   Quapropter inter vocem, doctrinam, & ,,
consensum *Ecclesiæ* firmiter credentis, aut aliquid ,,
de fide definientis, & eiusdem probabiliter tan- ,,
tùm opinantis, magnum discrimen constitu- ,,
                                      endum

" endum effe nemo ambigere poteſt. Qui enim
" vocem *Eccleſiæ* firmiter credentis audire contem-
" nit, eum in errorem, aut hæreſim prolabi nemo
" Catholicorum inficiatur ; Qui verò *Eccleſiæ* pro-
" babiliter tantùm opinantis doctrinam ſufficienti
" ratione motus , non amplectitur , eum nequa-
" quam hæreſeôs, erroris , aut temeritatis periculo
" ſeſe exponere, Doctores Catholici, quorum au-
" thoritatem doctiſſimi noſtri Aduerſarij facilè ad-
" mittent, diſertis verbis affirmat. Nam *Alphonſus*
" *Salmeron,* & *Franciſcus Suarez,* viri ſanè eruditiſ-
" ſimi , pro immaculata B. *Virginis* Conceptione
" confirmanda totius Eccleſiæ Catholicæ praxim,
" & conſenſum producunt, & nihilominus contra-
" riam opinionem abſque vllo læthalis culpę peri-
" culo defendi poſſe, tum ipſi apertè concedunt,
" tum abſque graui pecccato denegare non poſ-
" ſunt. *Nos* , inquit *Salmeron* g, *vniuerſæ penè Ec-*

g Ad. *Rom.*
15.diſ.51.§.
Deinde.

" *cleſiæ conſenſum opponimus, & Vniuerſitatum omni-*
" *um concordem ſententiam .* Et *Suarez , Secundum*
" *fundamentum* , inquit , h *ex Eccleſia authoritate*

h *Tom.* 2.
diſp.3.ſec.3.

" *ſumendum eſt ; & primùm totius Eccleſiæ ferè vni-*
" *uerſalis conſenſus : Et præſertim ab hinc ducentis*
" *annis fermè omnes Eccleſiaſtici Scriptores , Epiſcopi,*
" *vniuerſæ ferè Religiones , & Academiæ ſubſcrip-*
" *ſerunt.*

    1 3   Iam *Leſſius* hanc quidem diſtinctionem
approbat : *Sed probandum illis erat*, ait ipſe, i *doc-*

i Nu. 45.
pag.83.

trinam & conſenſum Eccleſiæ de poteſtate Pontificis
in temporalibus (bono ſpirituali poſtulante) eſſe tan-
tùm probabiliter opinantis , qualis eſt doctrina de
ſanctiſicatione B. Virginis in primo inſtanti Concepti-
onis ; non autem firmiter credentis aut definientis.

                               Nos

Nos enim multis argumentis, & testimonijs Conci-
liorum nixi non dubitamus esse doctrinam firmiter
credentis,& tanquam dogma indubitatum proponētis.
Cuius etiam signum est, quòd Pontifices, aut Conci-
lia, aut Doctores nunquam dicant id esse probabile,
aut posse contrarium sine errore teneri, sicut de im-
maculata Conceptione in primo puncto infusionis ani-
mæ sæpe indicant sed absolutè tanquam dogma apud
Catholicos incontrouersum asserunt, & proponunt.
Vnde etiam per 500. & ampliùs annos hæc doctri-
na nulli Scriptori fraudi fuit, sed liberè in omnibus
Regnis, & Academijs Catholicis tradita. Solùm
à duodecim vel quindecim annis quibusdam politicis
suspecta esse, & publicè traduci cæpit tanquam in
potestatem secularem iniuria: nimirum post inue-
ctam & propagatam noui Euangelij lucem per quam
de omnibus Ecclesiæ dogmatibus permissum ambige-
re: per quam antiqua quæ displicent (eo quòd non
seruiant instituto) conuellere, & noua pro commodo
substituere, & dogmata præsenti statui politico ac-
commodare.

14 Sed cuius profectò, qui æquus rerum
æstimator est,& non contendendi, quodq; semel
licit temerè protulerit , pertinaciter defendendi
cupidus , satis perspicuum esse potest, me euidenter comprobare, quantum respondenti opus
est, doctrinam hanc de potestate *Pontificis Princi-*
pes deponendi, pænasque ciuiles ex institutione
diuina infligendi, non esse *Ecclesiæ* firmiter credentis, sed probabiliter tantùm opinantis, cùm
de hac fuisse semper à temporibus Gregorij Papæ
VII. qui primus omnium Romanorum Pontificum
Imperatorem deponere præter morem maiorum ausus

S   *est,*

eſt, *magnam inter Catholicos controuerſiam ex Io. Azo-*
rio, Io. Trithemio, Iacobo Almaino, & *Petro Pithæo,*
vt alios plurimos à me alibi citatos nunc taceam,
clariſſime commonſtrauerim : Adeo vt quod *Leſ-*
ſius hîc tam imperitè , audacter, & inuerecundè
affirmat , nempe *Doctores nunquam dicere doctri-*
nam hanc , quæ negat Pontifici talem Principes depo-
nendi , & pænas ciuiles infligendi poteſtatem eſſe pro-
babilem , aut poſſe ſine errore teneri , & contra-
riam doctrinam per quingentos & amplius annos
(nam prioribus ſeculis incognita erat) *nulli Scrip-*
tori fraudi fuiſſe , ſed *liberè in omnibus Regnis &*
Academijs Catholicis vt indubitatum fidei dogma
traditam , & ſolùm à duodecim vel quindecim an-
nis quibuſdam politicis ſuſpectam fuiſſe , & publicè
traduci cœpiſſe , tanquam poteſtati ſeculari iniurio-
ſam , tam magnum & impudens , pace eius
dixerim , mendacium eſt , vt nemo vir doctus,
qui *Theologorum* & *Iuriſprudentium* libros , & *Im-*
peratorum ac *Regum* vitas , atque acta, & præſertim *Henrici* 4. *Philippi* , *Othonis* 4. *Frederici* 2. *Lu-*
douici Bauari , *Philippi* Pulchri , vt alios recentiores taceam , vel oſcitanter perlegerit , illud
abſque ſumma inuerecundia affirmare poſſit.
Quare autem plures Catholici Scriptores , quorum opera extant , illi doctrinę magis faueant,
quam oppoſitæ , plures rationes à me alibi [k] allatas , quas D. *Schulkenius* ſilentio præterijt, Lector
videre poterit.

k in *Apolog.*
nu. 449 459.

   15   Quòd autem *Leſſius* in noua ſua Catholica *ſcilicet* fide prædicanda adeo præceps ſit, vt
non dubitet, doctrinâ ſuam eſſe Eccleſiæ firmiter
credentis , & tanquam dogma indubitatum pro-
ponen-

ponentis, & proinde contrariā Catholicorum vt
hæreticam vel saltem erroneam condemnantis,
plùs sibi sua temeritas, qui viros Catholicos &
illi tum pietate tum doctrina haud forsan inferiores tam præcipitanter condemnat, quam illis no-
cet. Neque enim inusitatum est, proh dolor,
nouis hisce Theologis, Scripturarum & Conciliorum, vt falsò prætendunt, authoritate nixis,
noua fidei Catholicæ dogmata fidelibus obtrudere, & qui illis repugnant, tanquam hæreticos, aut impios Catholicos sub specioso pietatis
prætextu maledictis lacessere, vt ex quæstionibus
de auxilijs gratię, de authoritate *Papæ* & *Concilij*,
& de hac Summi *Pontificis* in temporalibus Mo-
narchia, atque de nupera inter ipsos, & Presbyteros *Appellantes* controuersia, non leuia testimonia accipi possunt. Sed certè tum charitati,
tum humilitati Christianæ magis consentaneum,
& propriæ ipsorum saluti, & bonę etiam sui nominis existimationi magis consultum foret, si ipsam
veritatem à plurimis ipsorum iam agnitā ampliùs
impugnare, suasque opiniones, & Scripturarum,
atque Conciliorum explicationes, pro indubitatis
fidei dogmatibus fideli populo obtrudere desiste-
rent, atque in viros Catholicos pios ac eruditos,
quique suam doctrinam, & omnia ac singula quæ
pro ea confirmanda afferri solent, argumēta, ac-
curatissimè expenderunt, adeo licenter debacchari,
eosq; tanquam hęreticos, aut de fide Catholica non
rectè sentientes tam immaniter, verbis, scriptis &
opere persequi iam tandem metu saltem vltionis
diuinæ perhorrescerent.

Sectio IX.

In qua tacita Leſsij excuſatio, *quòd Diſputationem ſuam* Apologeticam *iamdiu typis impreſſam non hactenus euulgauerit , & expreſſa eiuſdem quorundam aliorum qui tales libros vt ſeditioſos flammis adiudicarunt,* accuſatio, *perſpicuè refelluntur.*

1 POſtquam in *Præfatione* ſæpiùs citata me, meamque doctrinam ob omni hæreſeôs, erroris , ſcandali , & temeritatis nota vindicaſſem , atque ad omnia *Concilia* à Card. *Bellarmino* contra *Barclaium* allata , & præſertim *Lateranenſe* reſpondiſſem , & præterea tres prædictas *Leonardi Leſsij* rationes, eo vt vidiſtis modo confutaſſem , aliam obiectionem poſtremo loco , de qua *Angli* apud nos *Ieſuitæ* plurimùm tunc gloriati ſunt , his verbis adieci. ᵃ *Poſtremo loco* objiciunt Aduerſarij librum quendam , qui inſcribitur, *Diſputatio Apologetica pro poteſtate Summi Pontificis , à Leonardo Leſsio , vt ipſi aiunt, viro vtique doctiſſimo compoſitum , in quo clarè, perſpicue, atque euidenter ex Scripturis, Sanctis Patribus , Concilijs , & tredecim efficaciſsimis rationibus demonſtrari aſſerunt, penes Pontificem eſſe poteſtatem Principes abdicandi , iſtamque veritatem non ſolùm eſſe concluſionem Theologicam, quæ errori opponitur , ſed de fide etiam expreſſe definitam , ita vt contraria opinio*

2 nu. 65.

nio absque manifesta hæresi sustentari non possit. „

2   Maximis equidem laudibus librum istum „
à nonnullis efferri sæpiùs audiui, illumque à viro „
pererudito, si verum est quod isti aiunt, confe- „
ctum esse denegare non possum. Veruntamen, si „
liber hic tam apertè, vt isti gloriantur, demon- „
strat, quare in lucem non prodit, sed tanquam „
negotium perambulans in tenebris, in conspe- „
ctum paucorum, eorumque duntaxat, qui illi „
applaudere existimantur, venire permittitur? „
Vtrùm hæc boni operis argumenta sint, an po- „
tiùs non exiguæ in tua causa diffidentiæ indicia „
non obscura, temetipsum, vir doctissime, qui „
huius libri Author es, Iudicem appello. Præ- „
cursorem tuum Anglicum, qui anno integro iam „
elapso tam grandia de hoc tuo libro pollicitus fue- „
rat, illiusque Summarium confecerat, sed ita „
summatim, vt ne vnam quidem ex clarissimis tuis „
demonstrationibus clarè perspicere quis valeat, „
in manus omnium Catholicorum veniendi po- „
testatem facitis: Et tamen liber ipse, quem va- „
cillantibus animis plenè satisfacturum esse Præ- „
cursor ille tuus promiserat, nec prece nec pretio „
comparari, neque ab omnibus Catholicis pro- „
miscuè, sed à paucis admodùm, idque cum „
pactione solenni, ne eum alijs communicent, „
conspici potest.   „

3   An forsan veremini librum illum, qui „
doctrinam de fide credendam, atque idcirco ad „
salutem necessariam apertissimè demonstrat, cun- „
ctis fidelibus ijsque præsertim, quos à fidei tra- „
mite errare certò creditis, diuulgare? Libros „
æquè periculosos, & qui iuxta huius Regni le- „
                    S 3   ges

" ges ſub pæna capitis prohibentur, in manus om-
" nium Catholicorum abſque delectu venire ſinitis,
" & librum iſtum tam neceſſarium, vtpote fidei
" dogmata, vt pretenditis, apertè demonſtran-
" tem, ijſque in rebus, quæ ad iura *Principum*,
" Summiique *Pontificis* ſpectant, in publicum pro-
" dire tantopere formidatis? At vereor ne aliter
" res ſe habeat, quàm quidam apud nos hîc iacti-
" tant. Si enim vera ſunt quæ audio (præterquam
" quòd *imperare* temporalia cum *diſponere* de tem-
" poralibus confundere videaris, & ſubditi ex tua
" ſententia vi ſola excommunicationis à vinculo fi-
" delitatis liberentur, & *Breuia Apoſtolica* ad cer-
" tam aliquam Prouinciam directa, quæ ab *Eu-*
b in *Præfat.* " *dæmon-Ioanne* b *literæ priuatæ* appellantur, & in
Paraleli " quibus ne verbum quidem de *Principum* depoſi-
Torti. " tione habetur, eam tamen doctrinam, vt rem
" de fide certam, definiant) quædam ex tuis ex-
" emplis, quæ ex antiquis Patribus adducis, vt
" hanc tuam de *Principum* depoſitione doctrinam
" veteri Eccleſiæ cognitam eſſe oſtendas, non
" tam ad abdicationem *Principum* authoritate *Pon-*
" *tificis*, quàm ad eos à populo deponendos, &
" priuata authoritate etiam occidendos tendere
" videntur. Sed nolo ampliùs rem iſtam exagge-
" rare: tempus eſt, &c.

   4 Iam *Leſſius* tametſi non proprio nomine,
ſed D. *Singletoni* perſonam induens, ad hanc reſponſionem refellendam, vti videtur, collimans, vt
ſe à libro ſuo non euulgando excuſet, totam illius
ſupprimendi cauſam, culpamque in alios conijce-
c nu 46.pag. re his verbis conatur. c *Nec deſunt quidam mag-*
8,. *næ quibuſdam locis authoritatis, qui adeo in hac quæ-*
ſtione

stione feruent, vt etiamsi plurima ex parte illorum tum ab hæreticis, tum à politico Catholicis contra hanc potestatem scribantur, eaque scripta miris laudibus extollantur ab Aduersarijs tanquam inuicta, nullo tamen modo permittunt Catholicis vt respondeant; dira omnia vel ipsis Scriptoribus, vel eorum necessarijs & coniunctis minitantes. Quæ causa est, vt nonnulli antiquæ fidei Catholici eruditione præstantes vel non respondeant scriptis; vel si responderint labores suos ad tempus premant maioris mali declinandi causa. Dura profectò & iniqua conditio, qua Aduersarijs liberè antiquam doctrinam refutantibus, & potestatem Ecclesiæ scriptis plurimis vndique oppugnantibus, minæ grauissimæ intentantur Catholicis, si responderint; quamuis eo ipso suam diffidentiam, & causæ quam tuentur imbecillitatem satis prodant. Si enim confidunt, & nihil sibi propositum nisi veritatem & iustitiam habent, cur non patiuntur rem vltrò citróque discuti? Cur tantopere reformidant Catholicorum responsiones? Cur minis & terroribus eas, ne lucem aspiciant, comprimunt? Non ita sæuitur in eos, qui vel Sanctissimam Trinitatem, vel diuini verbi Incarnationem, vel Euchariftiæ mysterium, vel alia Religionis Christianæ capita oppugnant.

5 Sed *inprimis* non æquo animo ferret Aduersarius, si ego eum vel Monarchomachum, vel pseudo aut neotero-Catholicum appellarem, (eo quòd tum fundamenta iaciat, ex quibus supremos Mundi Monarchas in aliquo casu authoritate saltem Summi *Pontificis* vel palam vel clanculum quauis arte aut stratagemate interfici licitè posse apertè colligatur, tum fidem nouam, & non verè Catholicam seu vniuersalem, sed sibi
paucisque

paucifque alijs peculiarem ac propriam , *Patri-*
buſque antiquis incognitam, in quo nouæ non antiquæ fidei, vt hìc ſe iactat, *Catholicum* ſe demonſtrat, pro fide *verè Catholica* & antiqua venditare,
atque fidelibus quaſi per vim obtrudere præſu-
mat) ſicut ipſe me politico-Catholicum per opprobrium nuncupat, cùm tamen ego verum inter
politiam Chriſtianam , & Religionem Catholicam , & proprias *Eccleſiaſticæ* & *politica* poteſtatis
functiones, obiecta & pænas,quas ipſe confundit,
verè, ſincerè, & abſque vllis inuolucris , aut verborum integumentis iuxta *Chriſti* Domini inſtitutionem , Eccleſiæ primitiuæ praxim , & antiquorum Patrum doctrinam apertiſſimè diſtin-
guam.

    6 *Deinde* , quoſnam *Leſsius* hìc per *quoſdam*
magnæ quibuſdam locis authoritatis, quorum metu
à libro ſuo euulgando deterritus eſt , intelligat,
non eſt difficile admodùm coniectare. Nemini
enim dubium eſſe poteſt quin per eos potiſſimùm
Senatum Pariſienſem deſignet, cuius decreto ſimilis liber Card. *Bellarmini* paulo ante *Romæ* excuſus
d *de poteſtate Summi Pontificis in temporalibus ad-*
uerſùs Gulielmum Barclaium ſub pæna *læſæ Ma-*
ieſtatis proſcriptus erat, e *vtpote qui falſam & ex-*
ecrabilem doctrinam contineret, ad euerſionem pote-
ſtatum ſupremarum á Deo conſtitutarum pertinen-
tem, ſubditos ad rebellionem , & ad machinandum
in Principum capita, ditioneſque, atque ad turbandam
tranquillitatem, pacemque publicam incitantem; Et
ſub eadem pæna *Doctoribus, Profeſſoribus, alijſque*
inhibitum, ne dictam propoſitionem in Scholis, Colle-
gijs, alijſue locis tractent, diſputent, ſcribant, & vel
                              directè,

d *Romæ* anno
Domini 1610,
& poſtea *Co-*
loniæ 1611.
e Pariſijs die
26. Nouemb.
1610.

directè, vel indirectè doceant. An iam, obsecro, verisimile est, vel *Leonardum Lessium* in Belgia, vel
alios suæ *Societatis* Theologos in *Gallia* commo-
rantes, si hanc suam doctrinam pro potestate *Pontificis Principes* deponendi ab vniuersis fidelibus
fide Catholica necessariò credendam esse, ipsimet
verè & ex animo crederent, à *fide Catholica* palam confitenda, prædicanda, & defendenda, cum
præsertim necessitas eam propugnandi, ne omnino periclitetur, iam vrgeat, metu pænarum temporalium , aut *Regiæ* indignationis absterritos
fore ?

7 Sed vt eos paulo arctiùs constringam, dicant
mihi ingenuè, quid sentiant de *Prælatis, Pastoribus,*
& *Doctoribus Gallo-Francis* , qui Catholicos illos
ex Senatu *Parisiensi* , qui librum Card. *Bellarmini*
aduersus *Barclaium* , & alterum eiusdem sub *A-
dolphi Schulckenij* nomine aduersus *Widdringtonum*, & tertium *Francisci Suarez* aduersus *Serenissimum* magnæ Britanniæ *Regem* , & recens fidelitatis Iuramentum eius authoritate in *Anglia*
stabilitum, & ab eo scriptis publicis egregiè pro-
pugnatum, vt seditiosos sub pæna perduellionis
proscripserunt, & denique , qui nouam *Fidelitatis*
iurandæ formulam, *Anglicana*, vt fatetur Illust.
Card. *Peronius*, [f] *paulo acerbiorem, & immodestio-
rem*, Regi *Christianissimo* in publicis Regni Comitijs ab eo confirmandam proposuerunt, aliofque Regis *Christianissimi* Ministros, qui hanc nouam, *Catholicam*, si Deo placet, *fidem* totis viribus
impugnant, non solùm vt hæreticos, aut *fidei Catholicæ* impugnatores non condemnant , verùm
etiam à communione Ecclesiastica, & Sacramentis pu-

[f] En *Harangue* pag. 102.

tis publicè percipiendis eos non arcent ? Vel enim
fateri neceſſeeſt, *Præſules* illos, *Paſtores*, atque
Doctores, indigniſſimos *Chriſti* Domini Miniſtros
eſſe, qui ſancta danda canibus, & Sacramenta
hæreticis, atque fidem Catholicam perſequentibus
conferenda permittunt, & fortaſſe conferunt,
(quod cogitarenefas) vel certè, quod veriſimilius eſt, doctrinam hanc pro poteſtate *Pontificis.*
Principes deponendi, non eſſe eorum iudicio *fide*
Catholica credendam, aut inter talia *fidei* dogmata habendam, quæ abſque graui hæreſeôs, erroris,
temeritatis, alteriuſue criminis noxa impugnari
nequeant.

8   Adeo vt hinc conſtet, hanc *Leſſij* excuſationem vanam omnino & confictam eſſe, & vel in-
excuſabilem ſui, ſuorumque, qui intrepidi *Catho-*
licæ & *Apoſtolicæ fidei* propugnatores, & præcipui
nunc temporis anteſignani haberi volunt, puſil-
lanimitatem arguere, quos minæ & timor hominum à fide, vti prætendunt, *verè Catholica* propugnanda, cùm eam defendendi, ne naufragium
patiatur, neceſſitas iam inſtat, omnino deterrent;
vel certè, quod veriſimilius, ſuam diffidentiam,
& cauſæ quam tuendam ſuſceperunt, imbecillitatem ſatis prodere. Si enim confidunt, hanc
ſuam doctrinam, quam *fidem* eſſe *Catholicam* va-
niſſimè iactant, tanquam indubitatum *fidei Catho-*
licæ dogma ab ipſis clarè & perſpicuè demonſtrari poſſe, cur ſuam *fidem Catholicam* ſi non ſuo,
ſaltem aliorum nomine, Card. *Bellarmini*, *Leo-*
nardi Leſſij, atque aliorum exemplis freti, palàm
defendere, eamque illis Catholicis, qui de ea
plurimùm dubitant, manifeſtam reddere tantopere

pere reformidant ? An forsan vel *Sanctissimam Trinitatem*, vel diuini *Verbi Incarnationem*, vel *Eucharistæ* mysterium, vel alia *Religionis Christianæ* capita, si impugnarentur, aut in dubium vocarentur, metu mortis, aut indignationis *Regiæ* palam profiteri, scriptisque publicis tueri adeo pertimescerent ? Disinant igitur præ pudore iam tandem Christiano populo fucum facere, istamque *fidem Catholicam* in gratiam *Pontificum* ab ipsismet fabricatam verbo tenus profiteri, quam factis negant.

9   *Præterea*, similis planè Inuectiua, qua *Lessius* contra *quosdam magnæ quibusdam locis authoritatis* vsus est, in *Summum* Pontificem & *Illustrissimos* Romanæ Inquisitionis *Cardinales* potiori ratione retorqueri potest, qui libros *antiquæ fidei* Catholicorum, hanc doctrinam pro potestate *Papali Principes* deponendi non verè, sed fictè falsèque *Catholicam* nuncupatam esse euidenter demonstrantium, more insolito, & verbis tantùm generalibus, nullumque particulare dogma, quod fidei bonisue moribus aduersetur, nominantes proscribunt, & Authori ipsorum, nisi se quamprimùm purgauerit, nullum tamen crimen à quo se purgare debeat indicantes. tametsi id scire sæpius ab illis quàm humillimè petierit, minas grauissimas intentant, neque doctrinam hanc, vti ipsi prætendunt, pestiferam & ab omnibus detestandam, à qua me purgare debeam, declarare adhuc volunt: qui hoc ipso vel nimiam suam pusillanimitatem, & *fidei Catholicæ* profitendæ timiditatem apertissimè detegunt, qui instantissimè rogati *fidem*, quam prætendunt

Catho-

Catholicam, publicè profiteri præ timore hominum reformidant, & quam ab alijs prædicandam esse velint, ipsimet palam agnoscere pertimescunt; vel quod verisimilius, suam diffidentiam,& causæ, quam tuentur, imbecillitatem satis produnt.

10   Si enim confidunt, & nihil sibi propositum, nisi ipsissimam veritatem, & fidem *verè Catholicam* habent, Cur tantopere reformidant Catholicorum Responsiones? Cur minis & terroribus eas, ne lucem aspiciant, comprimunt? Cur *fidem* hanc *Catholicam* verbis disertis palam profiteri adeo pertimescunt? Non ita silerent, aut *fidem Catholicam* agnoscere, & declarare erubescerent, si quis vel *sanctissimam Trinitatem*, vel diuini *Verbi Incarnationem*, vel *Eucharistiæ* mysterium, vel alia *Religionis* capita impugnaret, sed ista protinus ab omnibus fidelibus fide *verè Catholica* necessario credenda esse, verbis expressis, maximè si requisiti essent, procul dubio declararent. Adeo vt *Lessius*, dum suum silentium, seu libri sui suppressionem ob humanæ indignationis metum excusare, & culpam in alios conijcere pretendat, *Summum Pontificem*, atque *Illustrissimos Cardinales*, vel culpandæ timiditatis, & tacitæ *fidei* quam *Catholicam* prætendunt, abnegationis, vel execrandæ simulationis, & *fidei Catholicæ*, quam ab alijs publicè confitendam, prædicandam, & defendendam esse velint, manifestæ incredulitatis reos esse, & quòd vti *verè Catholica* sustentari queat, se omnino diffidere, apertissimè conuincat.

11   Sed quare *viri illi magnæ authoritatis* ita

desæuie-

defæuierint in hanc doctrinam pro poteftate
Pontificis in temporalibus, prout paucis ab hinc
annis à quibufdam recentioribus, & præfertim
Jucuratif Iefu Theologis, qui vltra modum
præ cæteris in hac quæftione feruent, propugnata
eft, *Lefsius* aliquam huius rei caufam ex parte
attingit, fed eam diminutè admodùm & muti-
latè proponit. *Sed, inquiunt ; ait ille, g Sententia*	g Pag.86.
Catholicorum, quæ Summo Pontifici poteftatem in	nu.47.
temporalibus aliquo euentu concedit, eft iniuria in
poteftatem politicam & Regiam, atque adeo in to-
tum Laicorum Ordinem: Vnde nullo modo eft per-
mittenda, fed mox opprimenda, & etiam pænis
vindicanda. Itaque tanquam rem certam, mani-
feftam, & quæ in controuerfiam vocari non poteft,
ftatuunt Summo Pontifici talem poteftatem non
competere, fed iniquè vfurpatam cum iniuria dig-
nitatis Regiæ, & iuftæ ordinatæque politiæ. Rem mi-
ram. Eam doctrinam, quæ pafsim in omnibus Aca-
demijs, & Prouincijs Catholicis tot feculis fuit com-
munis, quæ tot fcriptorum libris abfque vlla hæfita-
tione tradita, quam non folùm Pontifices & Con-
cilia Oecumenica, fed etiam ipfi Reges & Impera-
tores abfque vlla dubitatione funt fequuti, repentè
ita damnari, & in tantam deteftationem & abomi-
nationem adduci, vt nulla hærefis magis fit execra-
bilis.

12 Sed veram, propriam, & integram huius
rei rationem *Lefsius* more Caufidicorum diffi-
mulat, vt ita pefsimam caufam, quam propugnandam fufcepit, plaufibilius defendat, & illos
magnæ authoritatis viros non leui reprehenfione
dignos eife viris imperitis faciliùs, & cum maiori

iori probabilitatis specie persuadeat. *Duæ* etenim rationes inter alias meo quidem iudicio potissimę afsignari possunt, ob quas *Senatores illi sapientifsimi*, & antiquæ libertatis *Ecclesiæ Gallicanæ*, atque supremæ *Maiestatis Regiæ* conseruatores vigilantissimi, hanc doctrinam pro potestate *Pontificis Principes* supremos deponendi, & de rebus temporalibus disponendi paucis ab hinc annis vehementius quàm antea infectati fuerint. *Prima* est, eo quòd paucis tantùm abhinc annis doctrina hæc à quibusdam recentioribus Theologis tanquam indubitatum *fidei Catholicæ* dogma, absque vlla sufficienti ratione vel authoritate, quæ rem *de fide* certam facere valeat, propugnari cæpit, & non sicut aliæ quæstiones Theologicę disputari solent, in quibus pertractandis integrum relinquitur viris eruditis quid sibi magis placitum fuerit sentire, postquam rem totam, & singularum rationum pondera hinc illincque afferri solita æqua lance sincere pensitauerint.

13 Quamdiu enim doctrina hęc pro potestate *Papali Principes* deponendi tanquam *probabilis* duntaxat propugnata fuerit, neque vlla eam sequendi conscientijs fidelium necefsitas imposita, optimè viderunt viri illi perspicacifsimi, nullum omnino periculum *Principum* Capitibus, aut Coronis, tametsi per sententiam Summi *Pontificis* suo regnandi iure priuarentur, apud viros eruditos ac pios creari posse. Nam *inprimis*; verifsimam & receptifsimam Theologorum, & Iurisperitorum sententiam effe probe nouerunt, quòd subditi omnes *Regi*, seu *Principi* suo obedientiam & fidelitatem præstare, eumque aduersùs omnes,

nes, qui illum, aut Regnum eius inuadunt, defendere teneantur, donec certò constet, eum vel inique & in summam veri & legitimi *Regis* iniuriam Regnum vsurpasse, vel omni regnandi iure (siue sponte & per voluntariam cessionem, siue per sententiam Superioris, si quem fortasse habeat, & si talis sententia contra eum ferri possit) vere excidisse. Sicut etiam in bello tum offensiuo, tum præsertim defensiuo, ex communi omnium Theologorum sententia, tenentur subditi *Principi* suo bellum instruenti opem ferre, illumque defendere, nec militiam subterfugere, nisi de iniustitia belli tum offensiui, tum præsertim defensiui certò, ac euidenter illis constet. *Deinde*, non minori certitudine illis *Senatoribus* notum erat, non posse certò & euidenter constare, vllum omnino regnandi ius *Principi* per sententiam Summi *Pontificis* abdicato ademptum esse, quamdiu probabile tantùm est, & non certum, penes *Pontificem* esse potestatem *Principes* abdicandi; cùm probabilitas hæc, quantumuis magna esse supponatur, nihil omnino impediat, quo minùs contraria quoque doctrina, nempe talem potestatem *Pontifici* non competere, etiam valde probabilis esse queat; & proinde probabile etiam sit, nullo prorsus regnandi iure *Principem* per talem *Pontificis* sententiam priuatum esse. Atque hæc nostra doctrina clara est, perspicua, ex se notissima, & nullis verborum præstigijs, integumentis, aut captiunculis inuoluta.

14 Sed cùm iam paucis ab hinc annis recentiores quidam Theologi Card. *Bellarminum* præcipuè

cipuè imitati, contra antiquorum Theologorum
placitum, doctrinam hanc pro potestate *Pontificis
Principes* deponendi, pænaſque ciuiles ex *Christi*
institutione infligendi, veluti *certam*, & ab omnibus fidelibus *fide Catholica* necessariò credendam supponere, & contrariam non tam *sententiam* quam *hæresim* esse (in summam *Regiæ* ⹂*Maiestatis*, quæ iuxta concordem veterum Patrum,
& Doctorum sententiam in temporalibus suprema est, & soli *Deo* subdita) depressionem atque
iniuriâ palam docere,& prædicare cœpiſſent,tem-
pus erat, vt tam *Principes* ipsi, quam fideles eorum Ministri ac subditi expergeſierent, & Rega-
libus iuribus conseruandis inuigilarent ; neque
quempiam, sub specioso religionis Catholicæ
promouendæ prætextu, supremam *Regum* in
temporalibus potestatem conculcare, & sacrata
eorum colla iugo alterius, cui in temporalibus
subditi non sunt, subijcere impunè permitterent.
Atque hæc vna & præcipua, vti opinor, causa
erat, ob quam *Senatus Parisiensis* pluribus Edictis
decreuit, ne quis nouam hanc de potestate *Papali
Principes* deponendi, atque antiquis Patribus, &
Theologis incognitam *fidem*, & paucis tantùm
ab hinc annis in maximam *Principum* supremorum iniuriam à quibusdam recentioribus inuentam, & vehementissimè per fas & nefas propugnatam, deinceps verbo aut scripto defendere,ſub
pæna *læſæ Maiestatis* præsumeret.

15 Non igitur *Senatores* illi tanquam rem
speculatiue certam, manifestam, & quæ in controuersiam vocari non possit, statuunt Summo
Pontifici talem potestatem non competere, vt
                                                      Lessius

Lessius comminiscitur, sed cùm notum sit, sententiam illam Catholicorum, quæ Summo *Pontifici* potestatem de temporalibus disponendi, & *Principes* supremos abdicandi aliquo euentu concedit, tanquam rem de *fide certam*, manifestam, & quæ in controuersiam vocari non possit, esse nouam, antiquis Patribus & Theologis incognitam, à quibusdam recentioribus paucis tantùm ab hinc annis excogitatam, & acerrimè propugnatam, & præterea non solùm potestati politicę & *Regali*, atque adeo toti Laicorum, immo etiam & Clericorum, qui *Regibus* subiecti sunt, Ordini, iustæque & ordinatæ politiæ iniuriosam, verùm etiam *Principum* coronis, & Capitibus valde periculosam, statuunt illi *Senatores*, idque iure merito, eam nullo modo permittendam, sed mox opprimendam, & grauissimis etiam pænis vindicandam esse.

16 Sunt itaque isti recentiores Theologi præsertim *Iesuitæ*, qui plùs alijs in hac quæstione feruent, qui tanquam rem certam, manifestam, & quæ in controuersiam vocari non possit, statuunt Summo *Pontifici* talem potestatem cum iniuria dignitatis *Regiæ*, & iustæ ordinatæq; politiæ. Nos autem iam solùm contendimus, eam non esse certam sed valde dubiam, antiquis Patribus incognitam, quingentis tantùm ab hinc seculis, *nouo & ante ea secula inaudito*, vt ait *Onuphrius*, [h] *Gregorij* Papæ *VII.* exemplo in Scholas Catholicorum inuectam, sed ab *Imperatoribus*, *Regibus*, & *Doctoribus* vsque in præsentem diem continuò impugnatam. Ideoque non mirum, quòd à tempore eiusdem *Gregorij* potestas hæc passim in

[h] Vide verba *Onuphrij* infra par. 3. lec. 2. nu 7.

T   om-

omnibus Academijs , & Prouincijs Catholicis à
plurimis Theologis,& Iurifconfultis in gratiam
Pontificum ob rationes à me alibi ⁱ allatas,neque à
D.*Schulkenio* impugnatas prcpugnata fuerit.Sed
quòd doctrinâ iftam *Conciliũ* aliquod Oecumeni-
cũ tradiderit,aut fequutum fuerit,falfum effe partim antea de *Lateranenfi* Concilio agens , & magis particulatim inferiùs , quando cætera *Concilia* difcutiemus , commonftrabimus.

i in *Apolog.*
nu.449.459.

17   Sed mirum profectò eft , qua fronte
Leffius tam confidenter affirmare aufus fuerit,*ipfos
etiam Reges & Imperatores hanc doctrinam abfque
vlla dubitatione fequutos effe,* cùm & fuus *Azorius*
exprefsè afferat , *magnam fuiffe femper inter Romanos Pontifices ex vna parte , & Imperatores & Reges ex altera de hac doctrina controuerfiam* , & hi-
ftoriæ etiam , quæ res geftas *Regum* ac *Imperatorum* narrant , contrarium planè indicent , vt fuprà ᵏ infinuauimus , & infra magis exprefsè o-
ftendemus.   Quòd fi fortaffe *Rex*, aut *Imperator*
quifpiam pro priuato fuo vel publico Regni commodo hanc doctrinam fequutus fuerit , hoc cæteris , qui eam non funt amplexati , præiudicare
non debet.   Neque tamen vix vnicum *Imperatorem* aut *Regem Leffius* reperiet , qui , quando de
feipfo deponendo agebatur , hanc doctrinam fequutus fuerit , nifi mera defperatio , vtpote qui
non alia via quàm in gratiam *Pontificis* redeundo
inimicorum impetus declinare poterat , eum coe-
giffet.   Neque vllatenus dubito,quin *Carolus* V. fi
Clemens VII.eum deponere aggreffus fuiffet,hanc
doctrinam in fuis Dominijs profcribere voluif-
fet , ficut etiam eo tempore quo inter ipfum &
eun-

k part.1.fec.3.
nu.27.28.
part.3.fec.4.
nu.11.

eundem *Pontificem* discordia erat, *quædam Edicta in Hispania publicauit contra authoritatem Sedis Apostolicæ, & subditis suis interdixit, ne causas beneficiales illius Regni in Curia Romana tractarent.* m

18   Quoniam igitur doctrina hæc quorundam Catholicorum, quæ potestatem *Principes*, qui in temporalibus supremi sunt, deponendi, atque de eorum temporalibus disponendi aliquo euentu tanquam rem *certam*, manifestam, & quę in controuersiam vocari non possit, Summo *Pontifici* concedit, repente in toto Orbe Christiano paucis ab hinc annis concepta, atque in lucem edita est, cum summa dignitatis *Regiæ*, & iustæ ordinatæque politiæ iniuria, non mirum quòd repente etiam paucis ab hinc annis damnata fuerit, & in tantam detestationem & abominationem adducta, vt nulla hæresis statui politico, & supremæ *Regum* potestati, (cui hęc doctrina ex diametro repugnat, non item aliæ quæuis hæreses, quæ supremam *Principum* Secularium in temporalibus authoritatem non euertunt) magis perniciosa excogitari queat.

19   *Altera causa*, ob quam *viri illi magnæ authoritatis* doctrinam hanc pro potestate Summi *Pontificis Principes* deponendi, atque de omnibus temporalibus disponendi etiam vt *probabiliter* traditam, tanquam seditiosam, & *Principibus* periculosam meritò proscribere poterant, hæc erat: Quoniam hæc doctrina, ex cuius principijs, vt alibi n demonstrauimus, manifestè consequitur, penes *Pontificem* esse potestatem *Principes* supremos non solùm dominijs, verùm etiam

T 2   vita,

m *Franciscus Guicciardinus* lib. 17. suæ historᵒr. ad annum. 1526.

n in *Apolog.* nu. 43. & seq.

vita, quæ in rebus temporalibus proculdubio an-
numeranda eſt, priuandi, populo præcipiti & imperito, qui inter *ſpeculationem & praxim*, ſeu doctrinam *ſpeculatiue* traditam, & *praxi* applicandam diſtinguere non valet, anſam facillimè præ-
bet ſeditiones & tumultus in Republica conci-
tandi, atque *Principes* ſupremos, ſub prætextu
tacitæ ſaltem aut præſumptæ Summi *Pontificis*
licentiæ, quauis arte aut ſtratagemate, ſi id
communi animarum ſaluti neceſſarium eſſe iudicauerit, interimendi. Plebs enim indocta quando audit *probabile* admodum eſſe, poſſe Summum *Pontificem* in ordine ad bonum ſpirituale de
omnibus temporalibus diſponere, & poſſe quemlibet cum licentia Summi *Pontificis Principes* excommunicatos, aut *Eccleſiæ*, ſeu *Pontifici*, quos
pro eodem ſupponit, inobedientes, ſi *Eccleſiæ* neceſſitas id poſtulauerit, è medio tollere, facillimè
ſibi perſuadere poterit, tacitam, præſumptam,
aut alioquin ipſo naturali iure debitam Summi
Pontificis, & ipſius *Chriſti* Domini licentiam ſibi
eſſe conceſſam, ſi vel *Pontifex* talè licentiam iniu-
ſtè, atque in Religionis Chriſtianæ atque animarum perniciem denegauerit, vel tale factum poſtquam exequutioni mandatum fuerit, vti veriſimile eſt, non improbare voluerit.

    20 Atque ex hac doctrina ſceleſtiſſimi illi *Re-*
gicidæ, qui noſtris temporibus *Chriſtianiſſimos*
Francorum *Reges* crudeliter enecarunt, & qui
Regem noſtrum *Sereniſſimum* cum *Regina*, *Regia*
ſobole, tribuſque Regni *Ordinibus* puluere tor-
mentario barbarorum inſtar è medio tollere conati ſunt (quos tamen *Deus Optimus Maximus*
ſingu-

singulari sua prouidentia à rabidissimo illorum
furore præseruauit) occasionem fortasse sumpse-
runt imaginandi, tam execranda, & planè dia-
bolica facinora, licita, iusta, Deoque acceptissi-
ma fore.   Ideoque impijssimus ille Archiprodi-
tor *Catesbeius* ex verbis & animo Summi Pontificis *Clementis* VIII. *(qui Anglos Catholicos horta-
tus est, vt post obitum Reginæ Elizabethæ neminem,
quantumcunque propinquitate sanguinis niteretur, ad
Angliæ sceptrum tenendum admitterent, nisi verè
Catholicum, & qui fidem Catholicam omni ope &
studio promouere iureiurando promitteret)* tacitam
Pontificis licentiam Regem nostrum Serenissimum e medio tollendi hoc argumento collegit;
*Quos reijcere tunc licuit, eijcere nunc licet; Æquè
licuit curare iam ne pergat potiri, atque tum ve po-
tiretur Rex, Curare nos Catholicos hoc voluit* Clemens, *igitur ea res curæ iam mihi erit.* Vide de-
tectionem calumniæ 12. Doctoris *Schulkenij* à
num. 25.

  21   Quapropter iure optimo præfati *magnæ
authoritatis viri* doctrinam hanc etiam vt *probili-
ter* traditam proscripserunt, quæ apud plebem in-
doctam pariter ac precipitem *Principum* Coronis
ac capitibus periculum creare poterat. Neque
enim vlli vel mediocriter erudito ignotum esse
potest, posse *Principes* politicos ex vi suæ potestatis politicæ legem ferre, ne quis suorum subditorum sub pæna capitis *doctrinam non necessariam*,
quantumcunque probabilis *speculatiuè* reputetur,
ex qua suis Capitibus, vel Coronis periculum im-
minere potest, verbis vel scriptis docere, aut defendere directè vel indirectè præsumat. Itaque

T 3   *Sena-*

Senatores illi prudentiffimi praxim potiſsimum re-
ſpicientes, etiam tanquam rem certam, manifeſtam, & quæ in controuerſiam vocari non poſsit,
non tam ſtatuunt quàm ſtatutum & notum ſupponunt, Summo *Pontifici* talem poteſtatem *Principes* deponendi, & pænas ciuiles infligendi in
ordine ad *praxim* non competere, quamdiu probabile tantùm eſt, & non certum *ſpeculatiuè* talem poteſtatem pænas ciuiles infligendi ſibi ex inſtitutione diuina conceſſam eſſe; Atque hoc
etiam *Leſſij* principijs conſentaneum eſſe ſuperiùs
commonſtrauimus.   Nam *poteſtas tantùm probabilis*, ait Leſsius, *non poteſt eſſe fundamentum, quo
immediate aliquis puniatur, & iure ſuo ac Dominio
priuetur.   Nullus enim Index poteſt irrogare pænas
adeo graues, aut condere decreta quibus irrogentur,
niſi conſtet illi talem poteſtatem conceſſam. Si enim
id vllo modo eſſet dubium poſſet reus excipere, & ei
non parere, &c.* Quod igitur Iudici ſeu Summo
Pontifici talis poteſtas probabiliter tantùm competat, idem eſt quoad *praxim*, ac ſi *certum* eſſet
talem poteſtatem non omnino ei competere:
Cuius doctrinę veritas potiſsimùm fundatur in
veriſsima, & notiſsima illa Iuris vtriuſque regula ſæpiùs à me relata, *In cauſa dubia ſiue incerta
melior eſt conditio poſsidentis.* Iam reliqua proſe-
quamur.

o nu.48. pag.
87.

22   *Sed hoc eſt artificium Diaboli*, ait *Leſſius,*[o]
*qui ſub ſpecie queſtionis politicæ cauſam ſuam agit ad
Religionis euerſionem.* Sed nos tam facile contrarium affirmamus, hoc eſſe artificium Diaboli, qui
ſub ſpeciè quæſtionis ad Religionem pertinentis
cauſam ſuam agit, ad dignitatis *Regiæ* & iuſtæ ordi-
dina-

dinatæque politiæ à Deo inſtitutæ euerſionem.
Quòd ſi Aduerſarij obijciant; *Virtus & vitium_*
*prout bono ſpirituali prodeſt & obeſt, ad poteſtatem_*
Eccleſiaſticam_ proculdubio ſpectant , ſed diſpoſitio
temporalium_, & inflictio pœnarum ciuilium_ nonnun-
quam_ virtus, & vitium_ eſſe poſſunt, ergo diſpoſitio
temporalium_, & inflictio pœnarum ciuilium nonnun-
quam ad poteſtatem Eccleſiaſticam_ ſpectat. Hæc
obiectio per aliam ſimilem refelli aut explicari poteſt. Regicidia & homicidia prout bono temporali aduerſantur, ad poteſtatem politicam procul
dubio ſpectant, ſed adminiſtratio Sacramentorum nonnunquam Regicidium eſſe poteſt, vt ſi
quis pane venenato Euchariſtiam *Principi* admi-
niſtraret, aut aqua venenata eum baptizaret, aut
Chriſmate venenato eum confirmaret, ergo adminiſtratio Sacramentorum ad poteſtatem politicam nonnunquam ſpectat.

   23   Sed tota vis huiuſmodi argumentorum, vt
alibi ᴾ annotauimus, ex diſcrimine inter poteſtatem *directiuam_* , & *coercitiuam_* atque vtriuſque
poteſtatis proprios actus, & obiecta clariſſimè
innoteſcit. Sicut enim Regicidia & homicidia in
quacunque materia reperiuntur, quatenus bono
temporali & paci publicæ repugnant, ad poteſtatem politicam , vt *directiua* eſt , pertinent , cuius
proprium & formale obiectum eſt pax & pertur-
batio publica, ſeu bonum & malum temporale,
hoc quidem fugiendum, illud autem amplecten-
dum, & proinde ab ea ſub pænis temporalibus,
quæ proprium & formale poteſtatis politicæ, vt
coercitiua ſeu *punitiua* eſt , obiectum conſtituunt,
præcipi aut prohiberi poſſunt ; ita virtus & vitium
in qua-

ᴾ In *Confutat.*
Anglic.*Tho.*
Fitzherb. part.
3.ᶜᵃᵖ·⁶.

in quacunque materia reperiuntur, veluti in rerum temporaliū diſpoſitione, & inflictione pænarum ciuilium, quatenus ſpirituali animarum bono proſunt, aut nocent, ad poteſtatem Eccleſiaſticam, prout *directiua* ſeu *præceptiua* eſt, ſpectant, cuius proprium & formale obiectum eſt bonum & malum ſpirituale, ſeu mors & vita ſpiritualis, illa quidem vitanda, hæc autem procuranda & conſeruanda: & proinde ab ea ſub pænis ſpiritualibus quæ proprium & formale poteſtatis Eccleſiaſticæ vt *coercitiua* ſeu *punitiua* eſt obiectum conſtituunt, præcipi aut prohiberi poſſunt. Vnde ex priori argumento non magis ſequitur, poſſe Summum *Pontificem* de temporalibus diſponere, aut pænas temporales infligere, quia diſpoſitionem temporalium, & pænarum temporalium inflictionem nonnunquam præcipere poteſt, quàm ex poſteriori ſequatur, poſſe *Principem* politicum de ſpiritualibus diſponere aut Sacramenta adminiſtrare, & pænas ſpirituales infligere, quia hanc vel illam illicitam Sacramentorum adminiſtrationem, aut Excommunicationem ſuorum ſubditorum manifeſtè iniuſtam, quatenus bono publico aduerſatur, & ſeditiones ac tumultus in Republica excitant, nonnunquam prohibere poteſt. Quoniam igitur nulla reductio, reſpectus, aut ordo vel rerum & pænarum temporalium ad bonum ſpirituale, vel rerum & pænarum ſpiritualium ad bonum temporale efficere poteſt, vt pænæ temporales ſint pænæ ſpirituales, & diſpoſitio rerum temporalium ſit diſpoſitio rerum ſpiritualium, proptereá neque poteſtas Eccleſiaſtica pænas ciuiles infligere, & de rebus ciuilibus

uilibus diſponere, nec poteſtas ciuilis pænas ſpirituales infligere, & de rebus ſpiritualibus diſponere poteſt.

24 *Porro tria potiſſimum, ait Leſſius, in hoc
Diabolus molitur, quæ valde procliue eſt conſequi,
idque neceſſaria quadam conſequutione, ſpeƈtata hominum huius æui conditione.* Primò , *vt animos
Principum à Sede Apoſtolica auertat, eiuſque odium
illis iniyciat, tanquam ipſa iniquè ſibi hanc poteſtatem
in Regiam dignitatem, & politicam Regum adminiſtrationem varijs technis & fraudibus vſurparit.
Principum animis à Sede Apoſtolica alienatis ſtatim
alienantur animi Magnatum, Senatorum, Conſili-
ariorum, Magiſtratuum, atque adeo totus Laicorum
Ordo, & ſimul Eccleſiaſticorum Ordo, niſi idem ſen-
tiat, ſuſpeƈtus, & exoſus redditur.*

25 Sed qui artificio Diaboli, quantum in ipſis eſt, ſpeƈtata hominum huius æui conditione,
animos *Principum* à *Sede Apoſtolica* auertunt,
eiuſque odium illis iniyciunt, ſunt iſti recentiores
Theologi, qui in ſummam *Regiæ* dignitatis, ac
Principum temporalium (qui iuxta concordem
veterum Patrum doƈtrinam *à Deo ſecundi ſunt,
& ſolo Deo minores,* & nemini mortalium in temporalibus ſubieƈti) iniuriam ac depreſſionem, &
nimiam poteſtatis *Pontificiæ* in temporalibus exaltationem, *fidem nouam* & antiquis Patribus &
Theologis incognitam, contra notiſſimas fidei
Catholicæ regulas procudere, & varijs technis ac
fraudibus per fas & nefas fideli populo obtrudere
conati ſunt. Nos autem periculoſam hanc *Principum* offenſionem, quam Theologi iſti pernicioſè accendere nixi ſunt , extinguere , atque ex
Principum

Principum animis dimouere fatagimus, dum illis
notum facimus, Religionem Chriftianam, & rectam, ordinatámque politiam fimul cohærere
optimè poffe, cùm vtrique poteftati proprios fuos fines & terminos, quos egredi neutri liceat,
Chriftus Dominus præfixerit, ita vt nec *Principes*
iura *Pontificum*, nec *Pontifices* iura *Principum* inuadere debeant, fed fuis finibus contenti feinui-
cem iuuent, & nec *Princeps* gladium fpiritualem,
nec *Pontifex* Iurifdictionem temporalem fibi v-
furpet. Quòd igitur tam Laici illi, quàm Ecclefiaftici, qui nouam hanc fidem profitentur, fufpe-
cti & exofi *Principibus* reddantur, gratias habeant *nouis* hifce Theologis, qui fub fpecie religionis *noua* fidei dogmata in fummam *Regiæ Maieftatis* iniuriam abfque vllo fundamento fabricare
non formidarunt. Et quis vir prudens ac pius fibi verè, & ex animo perfuadere poterit, *Chriftum*
Dominum talem in temporalibus poteftatem fuæ
Ecclefiæ Paftoribus concedere voluiffe, quæ fu-
turis temporibus *Principum* Chriftianorum quos
Ecclefiæ fuæ *Protectores* conftituit, odium impla-
cabile & inextinguibile, fpectata tam *Pontificum*,
quàm *Principum* fragilitate, in Ecclefiam fuam,
eiufque Paftores concitatura eiffet.

q pag. 88.   26 *Secundò*, ait *Leffius*, *vt hominibus perfuade-
at, Ecclefiam faltem à 500. annis in grauiffimo er-
rore verfari, errando in re maximi momenti, nimirum circa fuam poteftatem & regimen ouilis Chrifti.
Neque folùm erraffe, fed fraudibus & violentia iniquè fibi vfurpaffe poteftatem foli Chrifto congruen-
tem, idque fub fpecie religionis, & officij Pafto-
ralis. Vnde manifeftè fequitur, Ecclefiam* Chrifti,
                                           quam

quam constat errare non posse, iam à multis seculis concidisse.

27　Sed de hoc infrà ᵣ fusiùs : Interim dico, falsum esse, me vnquam in animo habuisse hominibus persuadere, *Ecclesiam Christi* vel per modicum temporis in grauissimo errore versatam esse, aduersùs quam portas inferi non esse præualituras *Christus* Dominus promisit. Si autem quidam *Pontifices* circa suam potestatem, & regimen ouilis *Christi* in dispensationibus, licentijs, & decretis suis sæpiùs errauerint, *temporalium dominorum terminos aliquoties inuaserint, de salute animarum parùm curauerint*, & alia suo officio indigna quæ refert *Aluarus Pelagius, & cum scandalo totius Christianitatis, vt* ait *Siluester, fecerint*, nihil *Ecclesiæ* vniuersali, quæ & sanctissima est, & *columna* ac *firmamentum veritatis*, incommodat. Sed caueat *Lessius*, ne si *Pontificem* pro *Ecclesia* substituat, ipsemet hominibus persuadeat, *Ecclesiam* saltem per quingentos annos in grauissimo errore tam circa fidem quàm mores versatam esse, & potestatem sibi non debitam saltem per ignorantiam, vt odiosa illa *fraudis*, & *violentiæ* nomina, de quibus infra ᶠ nunc pertranseam, iam à multis seculis vsurpasse.

ᵣ *Part.* 3. sect. 1. nu. 6.

ᶠ Nu. 6. cito.

28　*Tertiò* ait *Lessius, vt hominibus persuadeat, vel saltem suspicionem vehementem moueat, totam Religionem Christianam esse inuentum humanum, varijs artibus, dolis, & terroribus sub specie pietatis ex ambitione introductum ad obtinendum dominatum non solùm in sacris, sed etiam in temporalibus.*

29　Attamen non ego, qui ex meo cerebro noua *fidei* dogmata non procudo, sed antiquam
Eccle-

Eccleſiæ fidem iuxta approbatas veterum Patrum,
& Theologorum regulas declaro, ſed potiùs Aduerſarij (qui ſupremam Romani *Pontificis* tam in
temporalibus, quàm in ſpiritualibus Monarchiam paucis ab hinc ſeculis excogitatam, tanquam
fidei Catholicæ, ſed antiquis Patribus incogni-
tæ dogma indubitatum varijs artibus, dolis &
terroribus ſub ſpecie pietatis defendere ſatagunt)
quantum in ipſis eſt, omnibus perſuadere, vel
ſaltem ſuſpicionem vehementem mouere nituntur, totam Religionem Chriſtianam eſſe inuentum humanum, varijs artibus, dolis & terroribus ſub ſpecie pietatis ex ambitione introductum
ad obtinendum dominatum non ſolùm in ſacris,
ſed etiam in temporalibus. Vnde à quibuſdam
Catholicis doctrina ac pietate preſtantibus ſæpiùs andiui, ſe propria experientia didiciſſe, dif-
ficillimum eſſe his temporibus viro alicui erudito,
atque in Religione *Proteſtantium* enutrito perſuadere, vt Religionem Catholicam amplectatur, ſi horum recentiorum Theologorum, qui
Religionis Catholicæ præcipui aduerſùs hæreticos Antagoniſtæ haberi volunt, doctrinam, &
principia tum ſpeculatiua tum practica diligenter examinauerit, cùm eorum principia ſiue ad
fidem ſiue ad mores ſpectantia nimis extraua-
gantia, & neque *Eccleſiæ* primitiuæ, neque
Sanctorum *Patrum* ſequentibus poſt ſeculis
doctrinæ & praxi admodum conſentanea eſſe
videantur, vt potiùs ex *Proteſtanti Atheum*, quàm
Catholicum efficere valeant. Ex quibus patet,
verba illa quæ *Leſſius* protinus ſubiungit, non
mihi, ſed ſibimet meliùs accommodari poſſe.

30 *In primo*, ait *Lessius*, *disponit Principum & Laicorum omnium animos ad contemptum Ecclesiæ, & odium Ordinis Ecclesiastici*, *ac proinde ad schisma*, *& hæresin*, *vt per se manifestum est*, *& ipsa experientia satis constat. Nihil enim æquè animos circa veritatem excæcat, & contraria omnia sentienda*, *dicenda*, *& facienda impellit*, *ac odium*, *præsertimsi specie quadam rationis sit subnixum. In* secundo *facit hæreticos, Existimare enim Ecclesiam in suis dogmatibus & decretis morum errare posse*, *aut errasse hæresis est. In* tertio *facit Atheos. Putare enim Religionem Christianam esse inuentum humanum*, *Atheismus est. Ex quibus perspicuum est*, *quanti momenti sit hæc controuersia (etsi speciem politicæ quæstionis præ se ferat) de potestate Ecclesiæ in temporalibus bono spiritali exigente. Si enim falsum est*, *Ecclesiam talem potestatem habere*, *& Summi Pontifices iniquè eam sibi arrogauerunt (vt quidam politici vnà cum hæreticis contendunt) sequuntur manifestè mala illa*, *quæ generatim attigimus. Itaque non existimo vllum penè esse articulum in Christiana Religione*, *cuius denegatio sit magis periculosa statui Ecclesiæ,& plures in hæresim,& odium Ecclesiæ possit præcipitare. Quod etsi ex dictis satis constare videatur*, *tamen manifestius fiet, si magis in particulari incommoda demonstremus*, *quæ ex ea apertè sequuntur.*

31 Sed quòd *fides* hæc noua, & antiquis Patribus incognita, atque in Scholas Theologorum, in maximam *Principum* supremorum iniuriam recens inuecta grauem *Principum* indignationem tam in Ecclesiasticos, quàm in Laicos qui eam profitentur, concitet, atque *Principum*,

&

& *Laicorum* omnium animos ad contemptum
Ecclefiæ,& odium Ordinis Ecclefiaftici, ac proinde ad fchifma , hærefim, & Atheifmum difpo-
nat, non mihi, qui prætenfæ iftius Catholicæ
fidei nouitatem & falfitatem detego,fed recentioribus iftis Theologis, qui eam abfque fufficienti
fundamento confinxerunt, & varijs artibus, dolis , & terroribus fub fpecie pietatis propugnare
ftudent, vitio vertendum eft. Quapropter affirmare non dubito , doctrinam hanc , prout ab
iftis Theologis, tanquam indubitatum *fidei Catholicæ* dogma,fub fpecie religionis eft tradita, effe
inuentum humanum , & abfque fufficienti ratione confictam , fupremis *Principibus* fummè
iniuriofam , eorumque Coronis ac Capitibus
valde periculofam , & proinde è Scholis Theologorum meritò explodendam, & ab omnibus
Catholicis fummopere deteftandam. Neque ex
noftra doctrina fequitur, vel *Ecclefiam* in fuis dogmatibus, & decretis morum erraffe , vel aliud
quodcunque incommodum , quod verè incommodum cenferi debet, confequi , ex ijs quæ dicta
funt, fatis conftat, & ex dicendis fiet magis manifeftum.

P A R S

PARS TERTIA.

IN QVA VIGINTI INCOMMODA, QVÆ LESSIVS EX NOSTRA SENTENtia manifestò consequi falsò, imperitè, & *fraudulenter affirmat, clarissimè refutantur,* & quædam *Illustrissimi Cardinalis Pe roni* fraudes artificiosæ perspicuè deteguntur, & refelluntur.

SECTIO PRIMA.

In qua quinque *prima incommoda , huic falsæ suppositioni potissimùm innixa, quòd ex mea sententia Ecclesia in doctrina, & præceptis morum à multis iam seculis errauerit, perspicuè refutantur.*

I N præcedentibus huius *Discussionis* partibus, vti vidistis, *Lessius* quasdam *Responsiones* à me allatas impugnare conatus est, sed frustra. Iam in hac *tertia* & vltima parte suæ *Discussionis Viginti* incommoda recenset, quæ ex mea doctrina apertè consequi frustra etiam demonstrare contendit. Quæ omnia incommoda ab eo allata , huic generali tanquam fundamento innituntur, nimirum, quòd iuxta meam sententiam

tiam *Ecclesia Christi* à multis iam seculis, saltem à
500 annis, nempe à tempore *Gregorij* VII. *qui*
primus omnium Romanorum Pontificum præter mo-
rem maiorum, vt ait *Onuphrius*, *Romanum Impera-*
torem deponere ausus est, in suis dogmatibus & decretis morum grauissimè erauerit, quod tamen
falsissimum esse superiùs ostendimus.   Et tametsi
vniuersa hæc incommoda ex distinctione supra-
posita inter potestatem Ecclesiasticam, quæ Prælatis Ecclesiasticis ex institutione diuina, & quæ
ex concessione, priuilegijs, aut consensu *Prin-*
cipum illis competit, facillimè, iuxta doctrinam
quæ plerisque Doctoribus placet, dissoluantur; Vt
tamen Lector magis clarè, & distinctè perspiciat,
prætensam hanc istorum recentiorum *Catholicam*
fidem, istiusmodi incommodis subnixam, tan-
toque impetu propugnatam, non satis firmiter fundatam esse, ea omnia sigillatim discu-
tiemus.

Vide verba
Onuphrij infra
sect. 2. nu. 7.

2   *Primò sequitur*, ait *Lessius*, [a] *Ecclesiam à mul-*
tis iam seculis (saltem à 500 annis) erraſſe in
Doctrina maximi momenti, *vtpote fundamentali*
in tota penè gubernatione; *docendo se habere potesta-*
tem à Christo *Domino statuendi in certis euentis de*
temporalibus suarum ouium, etiam Regum & Prin-
cipum, *cum nullam talem potestatem habeat.* Hic
enim error longè perniciosior erit, *magisque intole-*
rabilis, *quàm error circa aliquod Sacramentum, v.g.*
Sacramentum Confirmationis, *vel Pænitentiæ (ni-*
mirum peccata interna non esse necessario confitenda,
numerum non esse exprimendum) vel Extremæ vncti-
onis, *vel Matrimonij*; *tum quia in plurium iniu-*
riam & perniciem redundabit; *tum quia Ecclesiæ sua*
potestas,

a Nu. 49.
pag. 90.

*potestas, qua quotidie vtitur , qua tot canones &
decreta condit , qua tot sententias iudiciarias &
pænales dictat, maximè perspecta esse debet. Et
tamen nemo Catholicus dixerit , eam circa aliquod
Sacramentum errasse, aut errare posse ; docendo absolutè aliquid esse Sacramentum conferens gratiam,
quod non est ; aut non esse quod verè est , aut non
esse necessarium , quod verè est necessarium ; Hoc
enim omnium iudicio censetur hæreticum. Quòd
si hæresis est dicere , Ecclesiam errasse in re minùs
necessaria , quanto magis hæresis erit , si dicatur errasse in dogmate , quod maximè cognitu necessarium?*

   3 Sed falsum est , vt antea diximus, istud
incommodum ex mea sententia sequi ; tametsi
nullum incommodum esse affirmet *Canus* , quòd
*Ecclesia in decretis morum particularibus , & in
priuatis præceptis & legibus per ignorantiam errare,
& id quod rationi Euangelioque aduersatur, præcipere
possit ,* sicut etiam posse *Romanos Pontifices* in generalibus tam fidei quàm morum decretis, si absque *Concilio* generali definiant, errare , nullum
esse incommodum *Theologi Parisienses* , quos
plures doctrina & pietate præstantes sequuntur,
non improbabiliter opinantur. Quòd enim Summi *Pontifices* in particularibus suis decretis , dispensationibus , licentijs , depositionibus , sententijs , alijsque actionibus , non tantùm errare
queant , sed etiam aliquoties de facto errauerint,
non magis incommodum esse censent *plerique
Doctores,* quàm dicere eos esse homines , & instar aliorum hominum ignorantiæ , fragilitati,
malitiæ , alijsque humanis infirmitatibus ob-
             V   noxios

Caiet. fecunda
fecundæ q.
39.ar.2.
*Caiet.*tom. 1.
Opuſc.tract.
15.de Indulg.
cap.8.

noxios. *Poteſt perſona Papæ*, ait Caietanus,*tyran-*
nicè gubernare , *& tanto faciliùs* , *quanto potentior*
eſt , *& neminem in terris timet vltorem. Et ſi quis*
putet , *Romanum Pontificem non poſſe errare in iſtis*
particularibus actionibus ; *putet quoque ipſum non*
eſſe hominem. Et ſæpe *Pontifices* ex ſententia *Tho-*
miſtarum diſpenſantes in ſolenni caſtitatis voto ,
& in matrimonio rato non conſummato erra-

Sotus in 4.diſt.
27.q.1.ar.4.
Eſtius in 4.diſt.
38.ʃ 6.

runt, *ſequentes* ,vt ait *Sotus* , *Canoniſtarum ſenten-*
tiam. Quia *Pontifices*, vt rectè ait *Eſtius, in diſ-*
penſationibus , *vt in alijs quibuſdam* , *non ſemper ſe-*
quuntur opiniones certò veras , *ſed eas* , *quæ vel ſim-*
pliciter , *vel apud eos quorum vtuntur conſilio ſunt*
magis probabiles , *vel pro tempore magis ad praxim*
vtiles Eccleſiæ.

4 Sed *Silaeſter* paulo liberiùs loquitur :
Reſpondens enim argumento ex facto *Papæ* in

Silu. votum 4.
q. 5.

ſolenni caſtitatis voto diſpenſantis deſumpto, aſſerere non dubitat , *ſe etiam vidiſſe Papam facien-*
tem maiora cum ſcandalo totius Chriſtianitatis. Et
Aluarus Pelagius Ioannis Papę 22.ſummus quondam Pœnitentiarius , & alioquin acerrimus dire-
ctæ Summi *Pontificis* in temporalibus Monarchię
propugnator , Eccleſiæ ſtatum ſuo tempore de-

Aluar.Pelag.
l. 1.de planctu
Eccleſ.ar.15.

plorans , contra Vicarios Chriſti *cum bona eo-*
rum venia in hæc verba prorumpere non perti-
meſcit. *Ad te ergo* , *mea mater Eccleſia* , *cuius*
ipſe (*Papa*) *eſt caput,verto ſtilum. Dic mihi, vbi*
ſunt illæ Romani Pontifices , Petrus *dico* , *& alij poſt*
eum Succeſſores eius legitimi , *Martyres quaſi om-*
nes vſque ad tempora hæc infælicia glorioſi, Confeſ-
ſores lucidi , *Doctores illuminatiſſimi ,&c. Reg-*
nant in cœlis cum illo , *cuius fuerunt Vicarij autho-*
rita-

ritate & sanctitate fidelissimi sectatores. Post quos multis centenarijs annorum fuerunt multi Romani Pontifices sanctam Dei Ecclesiam numero & merito fidelium ampliantes , & Ecclesiam triumphantem ciuibus eorum imitatoribus reparantes. Surrexerunt, iam sunt multa tempora , eorum Successores authoritate , sed dissimiles in sanctitate , Romano Pontificatui se ingerentes, procurantes, vtinam ante promotionem non paciscentes , & conuenientes , & promittentes ; Aurum cumulantes absque mensura ; Parentes ditantes , & exaltantes , & consanguineos promouentes ; In delicijs viuentes ; Amicos dignificantes , plurimumque alios conculcantes ; In Babylonia , id est, Roma secundum Hieronymum turres & palatia ædificantes ; Guerras nutrientes ; Partem tenentes in Italia, cum sit vna Ecclesia ; Bona Ecclesiarum dissipantes ; Indignos promouentes ; In curribus & elephantibus & dextrarijs, pretiosis vestibus, familia amplissma militum & baronum armatorum, & in mundi potentia gloriantes ; temporalium dominorum aliquoties terminos inuadentes ; De salute animarum parum curantes ; Et quid plura? quæ carnis sunt sapientes. Vide, Domine, & considera , quia sponsa tua nimis humiliata est ; Eius potentia in gentibus diminuta est ; Eius misericordia quasi extincta est. Ad cuius confugiemus consilium? Translata est verè , scilicet virtutum gloria de Israel. Manda, Remanda, Mitte quem missurus es , obsecro, sanctum Vicarium tuum aliquem Ecclesiam conformare. Ita Altuarus.

5 Quomodo autem *Nicolaus* primus, *Celestinus* tertius, *Bonifacius* octauus, & *Ioannes* vigesimus secundus (quibus etiam *Vrbanus* secun-

V 2   dus

b in cap. *Ex*-
communicato-
rum 23.q. 5.
c in *Difput.*
*Theolog.*c. 10.
fec. 2. nu. 47.

dus ᵇ addi poteft, nifi verba eius multo benignius
quàm fonant , exponantur) etiam in decretis
fuis , ac Literis errauerint , alibi ᶜ declarauimus.
Quæ omnia licet paulo illubentius nunc com-
memorare ea tantùm de caufa volui, vt *Leſsium*,
cæterofque Aduerfarios , in quorum ore fpecio-
fum *Ecclefiæ* nomen , quam omnes Catholici vt
fanctam & infallibilem fufpiciunt ac venerantur,
tam frequens eft, admonerem , ne mala & peri-
culofa fraude *Romanos Pontifices Ecclefiæ* loco fub-
ftituant, atque ita viris imperitis cum magno ipforum periculo, & non minori *Ecclefiæ fanctæ* iniuria & fcandalo perfuadeant , aut non leuem
fufpicandi caufam adminiftrent, *Romanorum Pon-*
tificum errata *Ecclefiæ fanctæ,* quæ eft *ſponſa Chri-*
ſti, columna & firmamentum veritatis ,& neq; *macu-*
lã neq; *rugã habens,*attribuenda effe. Falfum igitur
eft , quod *Leſsius* mihi imponit, ex mea fententia fequi , quòd *Ecclefia* vel per tantillum temporis in doctrina maximi momenti , vtpote fundamentali, in tota pene gubernatione , errauc-
rit : Neque enim *Leſsius* adhuc probauit, vel probare poterit , *Ecclefiam* vnquam docuiffe , fe habere poteftatem à *Chriſto* Domino ftatuendi, feu
difponendi in certis euentis de temporalibus fuarum ouium , etiam *Regum & Principum* : Nam
pœnas temporales, quibus vtitur , effe ex iure
purè pofitiuo & conceffione *Principum*, non autem *Chriſti* Domini , iuxta fententiam *quæ pleriſ-*
que Doctoribus placet , fuperiùs commonftrauimus.

6 *Secundò fequitur* , ait *Leſsius* ᵈ *Ecclefiam*
non folùm tot feculis erraffe , fed etiam voluntarie,
&

& ex ambitione erraſſe, peruertendo de induſtria do-
ctrinam veteris Eccleſiæ & Sanctorum Patrum_ de
poteſtate Eccleſiæ, & inuehendo nouam_ illi contra-
riam; idque ad inuadendam Principum Iuriſ(dictio-
nem, & politicam gubernationem ad Principes perti-
nentem, quod ſanè grauiſsimum eſt flagitium. Ne-
que id ſolùm ad Summos Pontifices, ſed etiam_ ad
Concilia tum generalia, tum prouincialia, & ad
omnes Doctores Catholicos, qui tot ſeculis floruе-
runt, pertinet, qui conſenſerunt, & hanc poteſtatem
Sedi Apoſtolicæ aſſeruerunt. Quomodo Catholicus
& filius Eccleſiæ cenſeri poteſt, qui tam atrox fa-
cinus, tam iniquam machinationem ex ambitione
profectam, tantam doctrinæ veteris Eccleſiæ volun-
tariam corruptelam matri ſuæ impingit? Quid iurati
hoſtes ampliùs dicere poſſent?

7 Sed *imprimis*, cùm deſtructo fundamento dirui etiam ædificium, quod ſuperſtruitur,
neceſſe ſit, & hoc *ſecundum* incommodum *prio-*
re tanquam fundamento nitatur, ſatis conſtat ex
mea doctrina non ſequi, *Eccleſiam tot ſeculis vo-*
luntarie & ex ambitione erraſſe peruertendo de indu-
*ſtria doctrinam_ veteris Eccleſiæ,&c.*cùm ex ea non
ſequatur, vti diximus, Eccleſiam per aliquantu-
lum temporis in tali errore verſatam eſſe, aut
*Concilium_* alquod generale talem poteſtatem *Se-*
di Apoſtolicæ aſſeruiſſe. Quòd verò nonulli Summi *Pontifices*, aut *Concilia* prouinciaiia, & plurimi etiam Doctores Catholici multis ſeculis ſaltem per ignorantiam errauerint, ſequuti opiniones, quæ ſibi magis probabiles videbantur, nullum omnino incommodum eſſe ex ſententia do-
ctiſſimorum Theologorum ſuperiùs oſtendimus.

8 *De-*

8 *Deinde* mirum eſt, qua fronte, & conſcientia vir Religioſus, & celebris Theologiæ Profeſſor conſequentiam tam *falſam*, *impiam*, & plurimis Theologis pietate ac doctrina præſtantibus *iniurioſam* confingere potuerit : *Falſam* ; quoniam ex eo quòd aliqui *Pontifices*, *Concilia*, aut *Doctores* in rebus maximi momenti, vtpote in doctrina de poteſtate *Eccleſiaſtica* aliquot ſeculis errauerint, non ſequitur, eos voluntariè, de induſtria, & ex ambitione, ſed ſolùm ex ignorantia erraſſe, proprias vel aliorum opiniones ſequutos, & quæ ſibi magis probabiles, *vel pro tempore*, vt ait *Eſtius*, *magis ad praxim vtiles Eccleſiæ videbantur*. *Impiam* : Quoniam error voluntarius, de induſtria, & ex ambitione, præſertim in re maximi momenti nunquam ſine culpa eſt, at error per ignorantiam inuoluntariam ſæpiſſimè vitio caret, Sed Summis *Pontificibus*, & *Paſtoribus* Eccleſiæ id vitio grauiſſimo vertere, quod ab omni culpa ante Dei tribunal excuſari poteſt, *impium* eſt : *Iniurioſam* denique, Quoniam eos omnes *Doctores* Catholicos pios, ac eruditos, qui aſſerunt, Summos *Pontifices* vel proprias vel *Canoniſtarum* opiniones, & quæ ſibi magis probabiles & pro tempore ad praxim Eccleſiæ magis vtiles, ſequutos, in aliquibus rebus maximi momenti per aliquot ſecula erraſſe, *impietatis* accuſare, ac ſi dicerent, *Pontifices* illos voluntariè, de induſtria, & ex ambitione tanto tempore in errore verſatos eſſe, cùm tamen nihil tale dicant, à nemine abſque ſumma eorum *iniuria* affirmari poteſt.

e nũ,51.pag. 92.

9 *Tertiò ſequitur*, ait *Leſſius*, e *Eccleſiam non ſolùm*

*solùm erraſſe , & peruertiſſe de induſtria veterem_*
doctrinam, ſed etiam erraſſe in plurimis ſuis decretis,
& præceptis morum , idque perniciosè & grauiſsimè,
immo ſtudiosè & ſcienter iniqua decreta feciſſe. Con-
didit enim Canones plurimos, quibus ſtatuit de Iuri-
bus temporalibus Laicorum, vt infrà oſtendemus : qui
omnes tutò poterunt contemni tanquam irriti & iniu-
rioſi, vtpote abſque legitima poteſtate , per vſurpa-
*tam iniquè Iuriſdictionem conditi. Condidit etiam_*
alios canones, quibus declarat ſubditos Principi hære-
tico, vel notoriè excommunicato non teneri obedire,
non obſtante Iuramento fidelitatis aut homagij, quo illi
erant obſtricti. Denique per edicta generalia ſæpiùs
præcepit , & Cenſuris compulit ſubditos non obedire
tali Principi, & recedere ab eius imperio, & illi reſi-
ſtere, eoque expulſo alium acceptare. Quibus om-
nibus quid poteſt in gubernatione eſſe iniquius, nocen-
tius, aut magis peruerſum ? Quomodo in decretis &
*præceptis morum poteſt errari perniciosiùs ? Nam_*
per talia integra regna incitantur ad rebelliones & ſe-
ditiones contra ſuos legitimos Principes ; incitantur
ad periuria, ad fidei datæ violationem, ad maximas
iniurias ſuo Principi inferendas. Nec ſolùm incitan-
tur , ſed grauiſsimis interdum præceptis, pænis tem-
poralibus, & cenſuris Eccleſiaſticis compelluntur, vt
ab obedientia recedant, idque **totum** *ſub ſpecie pieta-*
tis, & religionis.

10 *Quartò ſequitur, Eccleſiam multis ſeculis er-*
raſſe , & etiamnum per totum orbem errare in praxi
iudiciaria , & vſu tribunalium ferendo ſententias in-
iuſtas , & exequutiones iniquas faciendo aduerſus
Laicos, dum eos pænis pecuniarijs, quas ipſa irrogare
non poteſt (iuxta Aduerſariorum ſententiam) ple-
ctit:

ꝗit : *ac proinde omnia tribunalia Eccleſiaſtica eſſe
iniqua & tyrannica, vtpote ex Iuriſdictione vſurpata.
Neque dici poteſt conceſſu Principum id facere. Hoc
enim ſuprà perſpicuè refutatum eſt.*

11   *Quinto ſequitur, poſſe tutò contemni Eccleſiæ
decreta, præcepta, ſententias & Cenſuras (quibus
de temporalibus Laicorum ſtatuit ac diſponit) tanquam nullas, & intollerabilem errorem continentes.
Immo quando de Principum, qui Catholicam religionem oppugnant, vel Eccleſiæ ſunt rebelles, iuribus diſponit, ſubditos non ſolùm poſſe, ſed etiam teneri non
parere ; ſed debere eius mandata & Cenſuras tanquam iniquas contemnere, eò quod ad rebellionem, ſeditiones, & periuria impellant.*

12   Sed hæc incommoda ex ſupradictis perſpicuè refelluntur, cùm *primo incommodo* quod
Leſſius attulit, tanquam fundamento innitantur.
Neque enim ex mea ſententia ſequitur, *Eccleſiam*
vel de induſtria, vel omnino veterem doctrinam
peruertiſſe, aut in aliquo decreto & præcepto morum præſertim generali erraſſe, aut iniquum aliquod decretum omnino, multo minus ſtudioſe &
ſcienter feciſſe ; Neque *Eccleſiam* condidiſſe Canonem aliquem, quo ſtatuit ſeu diſponit de iuribus temporalibus Laicorum abſque *Principum*
temporalium authoritate & conſenſu : aut quo
declarat ſubditos *Principi* hæretico vel notoriè
excommunicato non teneri in temporalibus obedire ; aut per edicta generalia aliquando præce-
piſſe, & Cenſuris compuliſſe ſubditos non obedire tali *Principi*, & recedere ab eius imperio, &
illi reſiſtere, eoque expulſo alium acceptare. Hæc
quidem aſſerit *Leſſius*, ſed adhuc nullo ſolido argumento

gumento probauit, vt ex dictis constat, aut inferiùs probat, vt etiam ex dicendis constabit.

13 Similiter, neque ex mea sententia sequitur, *Ecclesiam* multis seculis errasse, & etiamnum errare in praxi iudiciaria & vsu tribunalium ferendo sententias iniustas, & executiones iniquas faciendo aduersùs Laicos dum eos pænis pæcuniarijs plectit, & proinde omnia tribunalia Ecclesiastica esse iniqua & tyrannica vtpote ex Iurisdictione vsurpata, & consequenter posse tutò contemni *Ecclesiæ* decreta, præcepta, sententias & Censuras (quibus de temporalibus Laicorum statuit, ac disponit) tanquam nullas, & intollerabilem errorem continentes : Has enim pænas temporales Prælatos Ecclesiasticos authoritate & consensu *Principum*, iuxta sententiam *quæ plerisque Doctoribus placet*, infligere superiùs perspicuè aduersus *Lessium*, cuius omnia argumenta ibidem refutauimus, à nobis commonstratum est. De ipsorum autem *Principum* supremorum, tametsi Catholicam religionem oppugnent, vel *Ecclesiæ* sint rebelles, iuribus temporalibus *Ecclesiam*, seu *Concilium* generale vnquam disposuisse *Lessius* nulla ratione solida demonstrauit, aut demonstrare poterit ; Quòd autem Romani *Pontifices* sequuti proprias, aut aliorum præsertim *Canonistarum* opiniones, & quæ sibi magis probabiles, aut pro tempore ad praxim magis vtiles Ecclesiæ videbantur, de *Regum* ac *Imperatorum* Iuribus, ac Dominijs temporalibus sæpiùs disposuerint, hoc neque *Ecclesiæ*, seu *Concilij* generalis infallibili iudicio obstat, nisi *Lessius* pro *Romano Pontifice Ecclesiam* accipere, & *Romani Pontificis* decreta,

sententias,

ſententias, facta, atque errata, *Ecclefiæ* ſanctæ attribuere velit ;   Neque impedit quo minùs talium
Principum ſubditi non ſolùm poſſint, ſed etiam
teneantur *Principes* ſùos legitimos, & Regna ſua
indubiè poſſidentes defendere , & Summorum
Pontificum mandatis, quod ad temporalia atŕinet,
non parere, quamdiu certum non eſt, poteſtatem
Eccleſiaſticam ex inſtitutione diuina pænas ciuiles, vt ſunt mors, exilium, bonorum priuatio, &c.
infligere poſſe, vt ſuperiùs ex principijs etiam *Leſ-
ſii* clariſſimè demonſtrauimus.

Sectio II.

In qua ſextum, ſeptimum , *&* octauum
incommodum decretis Gregorij *VII.* Vrbani 2. *&* Gregorij *noni nixa, refutantur.*

1   SExto ſequitur, ait *Leſſius*, erraſſc Gregorium *VII. in decreto quod in Synodo Romana edidit his verbis:* Nos ſanctorum prædeceſſorum ſtatuta tenentes, eos qui excommunicatis
fidelitate aut ſacramento obſtricti ſunt, Apoſtolica authoritate à Sacramento abſoluimus : Et ne
fidelitatem obſeruent omnibus modis prohibe-
mus, quouſque ipſi ad ſatisfactionem veniant.

Quadruplex hìc error, vel impoſtura erit. 1 *Quòd
ſanctis Pontificibus, qui eum anteceſſerunt, talia ſtatuta aſsignet. Si enim talia fecerunt, non ſancti, ſed
ſcelerati fuêre vt Aduerſarij volunt.* 2 *Quòd abſoluat ſubditos à iuramento fidelitatis, quo ſuo Principi erant obſtricti, cùm ad hoc poteſtatem non habeat.*
3 *Quòd*

3 *Quòd prohibeat omnibus modis ne suo Principi fidelitatem seruent.* 4 *Quòd dicat id se facere authoritate Apostolica, cum faciat authoritate sibi ex ambitione vsurpata.* In primo erit iniurius in summos Pontifices. In secundo erit sacrilegus abusu sacræ potestatis in soluendo iuramenti vinculo, & faciet Principis subditos periuros. In tertio coget ad deneganda tributa & obedientiam, & impellet ad rebellionem. In quarto vtetur perniciosa hypocrisi tribuens authoritati Apostolicæ, quod sola ambitione & tyrannide vsurpauit. Hæc omnia clarissimè ex hoc decreto (quod generale est, & ad totam Ecclesiam, omniaque tempora se extendit) sequuntur, si vera est Aduersariorum sententia. Hoc tamen decretum iam plus quam à 520 annis toto orbe fuit receptum tanquam iustissimum, & à Concilijs Oecumenicis laudatum, & in praxi seruatum. Itaque tota Ecclesia vnà cum Pontifice ijsdem erroribus, imposturis, & sceleribus fuit inuoluta. Hæccine à Catholico siue expressè, siue implicitè dici possunt?

2 Sed inprimis *Theologi Parisienses*, qui non solùm Summos *Pontifices*, sed *Concilia* etiam prouincialia à Summo *Pontifice* approbata in generalibus tam fidei quàm morum decretis errare posse, & nonnunquam errasse arbitrantur, cito se de isto incommodo & duobus sequentibus expedirent atque affirmare non dubitarent, non esse magnum aliquod incommodum, quòd vel *Gregorius* 7. in can. *Nos sanctorum*, vel *Vrbanus* 2. in can. *Iuratos milites*, vel *Gregorius* 9. in can. *Absolutos* errauerint, si decreta illa aut de absolutione subditorum à fidelitate *Principibus* supremis debita intelligantur, aut facta esse authoritate

illa

illa *Ecclesiastica* seu *Apostolica*, quæ Apostolorum
Successoribus non ex *Principum* concessione &
consensu, sed ex *Christi* institutione competit,
contendere quis velit; Quare ad illa Summorum
Pontificum decreta, quæ obijci solent ad probandum, maiorem esse Summi *Pontificis*, quàm *Concilij* generalis authoritatem, liberè respondet
Iacobus Almainus, quòd *omnes authoritates quæ
regulariter adducuntur*, *sunt ipsorum Summorum
Pontificum*, *qui (vt in pluribus fimbrias suas nimis
extendentes) sibi attribuerunt*, *quod est Ecclesiæ
proprium*, neque etiam addere dubitasset cum
Alberico Roxiato, si de his aut similibus decretis
in sensu prædicto intellectis, quæstio fuisset, quòd
*Pastores Ecclesiæ mittentes falcem in messem alie-
nam* sibi attribuerunt, quod est potestati politicæ
proprium.

3 Atque idem etiam *Almainus* nonnullos
Pontifices in suis decretis, quæ in corpore etiam
Iuris Canonici extant, contraria determinasse, &
consequenter vnum eorum errasse, & aliquos
contra Euangelium statuisse, quod quàm verum
sit non disputo, sed solùm quid *Almainus* sentiat,
iam refero. Illud tamen certum est, errasse
Celestinum 3. & falsum, iniquum, atque ad ad-
ulteria perpetranda viam parans decretum condidisse, quodque olim in Corpore Iuris Canonici registratum erat, *in quo publicè docuit*, &
iuxta *Alphonsum de Castro* etiam vt *Papa declarauit*, *per hæresim ita matrimonium solui*, *vt illi*, *cuius
prior coniunx in hæresim lapsus est*, *aliud coniugium inire liceat*, quam tamen doctrinam Concilium *Tridentinum* iam condemnauit: Sicut etiam

Almani de
authorit.
Ecclef.cap.8.

Alph. de *Ca-
stro* lib. 1. de
hæref. c.4.

am falsum & animarum saluti perniciosum erat decretum *Nicolai* primi in corpore Iuris Canonici nunc extans, in quo statuit, *Baptismum in nomine tantùm Christi collatum absque expressione trium personarum esse verum, & validum nec denuo iterandum.*

Concil. Trident.sess.24. can. 5. De Confcr. dist.4.can. A quodam Iudæo.

4 Quin etiam *Doctores Parisienses* à Concilio *Lateranensi* vltimo, in quo & *Pragmatica sanctio* abrogata, & quæstio de superioritate *Papæ* supra vniuersa *Concilia expressimè*, vt ait Card. *Bellarminus*, erat definita, eo quòd non generale & vere Oecumenicum esse contendebant, ad proximè futurum *Concilium* generale, vt infra videbimus, appellarunt, tametsi *Leo* Papa illud esse *Concilium generale* sæpius *Concilio* id approbante affirmârit. Vndè *Lessius* pari ratione dicere posset, *Doctores* illos, plures errores (ne dicam imposturas, quæ errores, voluntariè, studiosè, scienter, & de industria commissos significant) illi *Pontifici* vnà cum toto *Concilio* attribuere non esse veritos. Et propterea rigidus iste Censor non dubitabit satis temere, vti solet, istos etiam Theologos doctrina & pietate præstantes, vel hæreseôs vel saltem erroris (nam temeritas apud ipsum censura & crimen nimis leue est) condemnare: atque audacter respondere, vt alibi respondet, *hanc sententiam de superioritate Concilij supra Papam malè audire apud Catholicos, ita vt passim censeatur erronea & hæresi proxima, atque ab Ecclesia solummodo toleretur.*

Bellarm.lib.2. de Concil. cap.13.

5 Sed hanc eius Responsionem alibi f etiam copiosè refutauimus; Etenim hæc sententia tum *malè* apud quosdam Catholicos, nimirum *Romanos*

f In Præfat. citata nu. 27. & seq.

manos, tum *bene* apud *Parisienses* aliosque Catholicos audit; neque *passim*, id est, *vbique* & apud
omnes erronea, aut hæresi proxima, sed apud
plurimos verissima, & fidei Catholicæ proxima
censetur: Vnde *Nauarrus* nostri temporis scriptor, idemque *Theologus insignis*, & *Iuris Canonici*
scientissimus, ᵍ expresse asserit, *maximam esse dis-*
cordiam Romanorum & Parisiensium de hac quæ-
stione, ita vt Romæ, vt ait *Ioannes Maior, nemini*
permittatur tenere Parisiensium & Panormitani
sententiam, nec rursus Academia illa Parisiensis
patiatur vt contraria opinio asseratur in ea: & doctis-
simus *Victoria* diserte etiam asserit, *vtramque opi-*
nionem, vt ipse putat, esse probabilem. Neque sententia *Parisiensium* ab *Ecclesia* solummodo tole-
ratur, sicut meretricium, fæneratio, & quædam alia peccata publica nonnunquam ad maiora fugienda scandala in Regnis Christianorum
tolerantur, & permittuntur, id est, pœnis
legum ordinarijs sæpenumero non plectuntur,
qui tamen ea exercent, nunquam ad Sacramentorum participationem admittuntur, aut absolutionis sacramentalis beneficio, quamdiu in ijs per-
sistunt, frui possunt. At *Doctores Parisienses*, &
qui eorum sententiam sequuntur, ad Sacramenta
Ecclesiastica admitti totius *Ecclesiæ Gallicanæ*
praxis (quam vt temerariam aut scandalosam
absque graui temeritatis & scandali noxa nemo
condemnare potest) nimis manifestum perhibet
testimonium. Ex quo necessariò consequitur,
opinionem *Parisiensium* non solùm ab *Ecclesia*
tanquam hæreticam, erroneam, aut temerariam
tolerari, & permitti, id est, non puniri, verùm etiam

Nauar. in cap.
Nouit. de Iu-
dicijs, notab.
3. nu. 84.
g *Posseuinus*
in verbo *Mar-*
tinus Azpil-
cueta.

Victor relect. 4.
de potest.
Papa & Con-
cil. propos. 3.

am vt *probabilem* , & quæ abſque vllo hærefeôs,
erroris , temeritatis , alteriuſue peccati læthalis
periculo defendi poſſit , ab *Eccleſia* approbari.
Sed tametſi hæc *Pariſienſium* ſententia admodum probabilis ſit,pro hoc tamen *ſexto incommodo*, alioue ſimili euitando ad prædictam *Almaini*
reſponſionem confugere in præſentiarum opus
non eſt.

6 *Reſpondemus* igitur *ſecundò* , iſtud *Gregorij*
7. decretum , iuxta ſententiam , *quæ pleriſque
Doctoribus placet*, factum eſſe non authoritate illa
Eccleſiaſtica & *Apoſtolica*, quæ S. Petro cæteriſue
Apoſtolis eorumque Succeſſoribus iure diuinò,
& ex *Chriſti* inſtitutione competit, ſed illa authoritate *Eccleſiaſtica* & *Apoſtolica*, quam *Eccleſiæ*
Prælati,& *Apoſtolorum* Succeſſores iure poſitiuo
ac humano ex conceſſione, priuilegijs atque conſenſu *Principum* acceperunt : & proinde decretum
illud *Principes* ſupremos comprehendere non
poſſe, ſed vel ad B^i. Pet*ri* patrimonium, *in quo
Summus* Pontifex *etiam ſummi Principis exequitur
poteſtatem* , reſtringendum eſſe; vel ſi ad alias
etiam Prouincias extendatur, non niſi ex bene-
placito & conſenſu *Principum* vim obligandi habere poſſe. Quòd autem hæc *Reſponſio* non ex
meo cerebro & abſque fundamento conficta,
ſed probabilis admodum ſit, & plurimorum
Doctorum ſententiæ conſona, ex eo patet,
quòd *plerique Doctores*, vt ait *Almainus*, aſſerant,
*poteſtatem Eccleſiaſticam nullam pænam ciuilem , vt
ſunt mors, exilium, bonorum priuatio, &c. ex inſtitutione diuina infligere, immo nec incarcerare poſſe,
ſed ad ſolam pænam ſpiritualem extendi, vtputa Ex-*
com-

*commaunicationem, reliquas aut em pœnas, quibus vti-
tur, ex iure purè poſitiuo,* ſeu vt loquitur *Gerſon,*
ex *conceſsione Principum eſſe.* Hæc autem poteſtas, & Iuriſdictio temporalis, quam Ius poſitiuum ex gratuito *Principum* Chriſtianorum conſenſu viris Eccleſiaſticis conceſſit, propter relationem ſeu applicationem ad perſonas ſacras,
Eccleſiaſticas, atque Apoſtolorum ſucceſſores,
rectè dici poteſt, *ſacra, Eccleſiaſtica, Apoſtolica,*
immo & *ſpiritualis*, iuxta doctrinam *Gerſonij* ſuperiùs [h] relatam : Sicut etiam *Romanœ Eccleſiœ*
territoria B. *Petri* patrimonium, eo quòd dono
Imperatorum ad B. Petri ſucceſſores pertineat,
appellare *Innocentius* Papa 3. [i] nullum eſſe incommodum exiſtimauit.

h Part.1. ſec.
6.nu.26.

i In cap. *Per
venerabilem,*
Qui filij ſint
legitimi.

7   *Deinde,* quòd decretum iſtud *Gregorij* 7.
non de abſolutione ſubditorum à fidelitate ſupremis *Principibus* debita intelligendum ſit, non leue
etiam argumentum ex primis verbis, *Nos ſanctorum prœdeceſſorum noſtrorum ſtatuta tenentes &c.*
quæ *Leſsius* etiam vrget, deduci poteſt, propterea
quòd nullus ex *Gregorij* 7. prædeceſſoribus vllum
Imperatorem aut *Principem* ſupremum depoſuerit, ſeu quod in idem recidit, eorum ſubditos
à iuramento fidelitatis verè abſoluerit (tametſi
tempore *Pipini Zacharias* Papa ſubditos Regis
Childerici à fidelitate abſolutos eſſe declarauerit)
vt ſatis conſtat ex Hiſtoricis, præſertim *Othone*
Friſingenſi, *Godefredo* Viterbienſi, *Trithemio,* &
tandem *Onuphrio,* qui rem totam explicatiùs tradit quàm cæteri his verbis : *Nam etſi antè Romani
Pontifices, tanquam Religionis Chriſtianœ capita,
Chriſtique Vicarij, & Petri ſucceſſores colerentur,*

Otho lib 6.c.
35. *Godefrid.*
parte 17. in
Henrico 4.
Trithem. in
Chron. Hir-
ſaug. ad an-
num 1106.
Onuphr. lib. 4.
de *varia
creat.* ROM.
Pont.

non

non tamen eorum authoritas vltrà protendebatur,
quàm in fidei dogmatibus vel aſſerendis vel tuendis.
Cæterùm Imperatoribus ſuberant; ad eorum nutum
omnia fiebant, ab eis creabantur; de ijs iudicare, vel
quicquam decernere non audebat Papa Romanus.
Primus omnium Romanorum Pontificum Gregorius
VII. armis Nortmannorum fretus, opibus Comi-
tiſſæ Mathildis mulieris per Italiam potentiſſimæ
confiſus, diſcordiaque Germanorum Priucipum
bello ciuili laborantium inflammatus, præter maiorum morem, contempta Imperatoris authoritate, &
poteſtate, cùm ſummum Pontificatum obtinuiſſet,
Cæſarem ipſum, à quo ſi non electus, ſaltem confirmatus fuerat, non dico excommunicare, ſed etiam
Regno, Imperioque priuare auſus eſt. Res ante ea
ſecula inaudita. Nam fabulas, quæ de Arcadio,
Anaſtaſio, & Leone Iconomacho circumferuntur, nihil moror.

8 Cùm igitur ante tempora Gregorij VII. inauditum eſſet, Romanum Pontificem Imperatores,
aut alios Principes ſupremos depoſuiſſe, aut, quod
ex eo conſequitur, eorum ſubditos à fidelitate
abſoluiſſe, decretum illud, niſi verba illa, Nos
ſanctorum prædeceſſorum noſtorum ſtatuta tenentes.
&c. falſa eſſe aſſerere velimus, de abſolutione à
fidelitate Imperatoribus debita intelligi non poteſt. Nullus igitur in hoc canone condendo,
eo modo quo diximus intellecto, Gregorij error,
nulla impoſtura, nulla perniciosa hypocryſis,
ambitio, aut tyrannis. Et quantumuis in eo er-
raſſet, exiſtimans talem authoritatem Principes
ſupremos deponendi ſibi competere, ſicut dicimus eum in ſententia depoſitionis contra Henri-

X   cum

cum Imperatorem lata re quidem vera erraffe;
dicere tamen hinc neceffariò confequi, quòd non
per ignorantiam, fed de induftria, voluntariè,
fcienter, ex perniciofa hypocryfi, ambitione &
tyrannide errauerit, vti *Leffius* ad infamiæ notam
mihi inurendam concludit, profectò neque vul-
garem Doctoris Theologi Theologiæ fcientiam,
neque Chriftianam hominis Catholici erga prox-
mum charitatem, neque debitam Sacerdotis Re
ligiofi ergo fupremum Patrem ac Paftorem pietatem aut obferuantiam redolet. Vide plura de
hoc Canone, *Nos Sanctorum*, in detectione calumniarum D. *Schulckenij*, calumnia 7. num. 16. &
feq.

k nu. 55. pag.
97.

9 *Septimò fequitur*, ait *Leffius, erraffe* Vrba-
num *fecundum*, *& iniquum effe eius decretum, quo
fic ftatuit*: Iuratos milites Hugoni Comiti, ne
ipfi quamdiu excommunicatus eft, feruiant, pro-
hibeto. Qui fi facramenta prætenderint, moneantur oportere magis Deo feruire quàm hominibus. Fidelitatem enim quam Chriftiano *Principi* iurarunt, Deo eiufque fanctis aduerfanti, &
eorum præcepta calcanti, nulla cohibentur authoritate perfoluere. *Eadem enim incommoda con-
tinebit, quæ decretum* Gregorij, *nimirum pernicio-
fam doctrinam, incitationem ad periurium, inobedientiam, & rebellionem contra legitimum Superiorem,
& totam Ecclefiam quæ hoc decretum recepit, ijfdem
fceleribus inuoluet.*

10 Sed *imprimis* hoc incommodum eodem
modo quo fuperius repellitur. *Deinde*, cùm non
fatis conftet quifnam fit ifte *Hugo*, vel cuius prouinciæ *Comes* fuerit, vel quod bellum gefferit,

Refpon-

Responderi poteſt, decretum illud vel de militibus voluntarijs, qui ſua ſponte & non ſubiectionis neceſſitate *Comiti* illi in bello forſan dubio ſeruire iurauerant, vel potiùs de bello manifeſtè iniuſto, & ob quod *Comes* ille excommunicatus erat, in quo neque licitum eſt ſubditis, ſi manifeſtè conſtat bellum eſſe iniuſtum, *Comiti* illi ſeruire, quantumuis fidelitatem iuramento firmauerant, commodè exponi poſſe. Et ratio quam *Pontifex* ſubiungit, hanc reſponſionem confirmat. *Fidelitatem* enim, ait Pontifex . *quam Chriſtiano Principi iurarunt, Deo eiuſque ſanctis aduerſanti, & eorum præcepta calcanti nulla cohibentur authoritate perſoluere* : Quæ ratio falſa & erronea eſt, ſi ita intelligatur, vt quandocunque *Princeps* Deo, eiuſque ſanctis aduerſatur, eorumque præcepta calcat, ſubditi ab omnimoda fidelitate ita cenſeantur abſoluti, vt in rebus licitis illi obedire non debeant : Sed vera & optima eſt hæc ratio, ſi ſenſus illius ſit, non teneri ſubditos *Principi* parere in rebus illicitis, & quæ Deo, eiuſque ſanctis aduerſantur, in quo etiam ſenſu verba illa *Apoſtoli*, quæ *Pontifex* ad illud quod dixit confirmandum affert, *Oportet Deo magis obedire* ſeu ſeruire, *quàm hominibus*, intelligenda eſſe, omnes norunt.

11   Aliud etiam eiuſdem Pontificis *Vrbani* de eorum qui excommunicati ſunt interſectoribus decretum, quod etiam Card. *Baronius* refert, nec tamen illius ſenſum exponit, non niſi benigna interpretatione à pernicioſo errore excuſari poteſt. *Excommunicatorum*, inquit, [1] *interſectoribus* (*prout in ordine Eccleſiæ Romanæ didiciſtis*) *ſe-*

Baron. tom. 11.
Anal. ad
annum 1089.
nu. 11.
1 23.q. 5.cap.
Excommuni-

X 2   *cun-*

cundum intentionem ipsorum modum congrua satisfa-
ctionis iniunge.   Non enim eos homicidas arbitra-
mur, quos aduersus excommunicatos zelo Catholi-
cæ matris ardentes aliquos eorum trucidasse contige-
rit,&c. Quæ verba propriè accepta significant,
eos non esse homicidas, seu homicidij reos, qui
zelo Catholicę Ecclesię ardentes quemlibet etiam
Principem siue à Iure siue à Iudice excommuni-
catum interficerent: quæ doctrina, quàm falsa
& perniciosa sit, & apertam viris zelo Catholicæ
Ecclesię ardentibus ad homicidia atque etiam Regicidia perpetranda viam sternens, quis non videt?
quantumuis si de illis tantùm excommunicatis
intelligatur, qui & authoritate spirituali à *com-*
munione Ecclesiastica, & authoritate ciuili à *com-*
munione politica ita separantur & proscripti sunt,
vt cuiuis illos occidendi potestas à *Principe* eorum
politico concedatur, canon ille ab omni errore
re quidem vera excusari potest. Sed donec hæc,
vel similis interpretatio benigna adhibeatur, ob
ingens periculum & scandalum, quod inde nasci
verisimile est apud viros imperitos, & præcipites,
melius & tutius esset meo quidem iudicio, vt alias
etiam annotaui, [m] si è Decretorum volumine penitus expungeretur.

m In detecti-
one calumni-
arum D. *Schul-*
kenij §. octaua
calūnia, n. 16.
n nu. 56. pag.
97. c. finali ex-
tra de hæreti-
cis.

12   *Octauo sequitur*, ait *Lessius*; [n] *iniquum*
& perniciosum esse Gregorij 9. *decretum, quo sic*
statuit: Absolutos se nouerint à debito fidelitatis,
Dominij (*alij legunt homini, seu homagij*) & totius obsequij, quicunque lapsis manifestè in hæresim aliquo pacto quacunque firmitate vallato
tenebantur obstricti. *Vbi notandum verbum*, Nouerint, *quo apertè significat non esse dubium, aut*
solum

ſolùm *probabile*, quòd ſint *abſoluti*, ſed id eſſe *cer-*
tum & indubitatum. Deinde iſtud quacunque firmitate. *Vbi etiam vinculum iuramenti*, *& fideli-*
tatem, *quam Vaſallus ratione feudi debet ſuo Do-*
mino, *vult diſſolui. Neque ſolus* Gregorius
perniciosè hic errauerit, *ſed etiam tota Eccleſia*, *quæ*
pluſquam quatuor ſeculis hoc decretum recepit, *lau-*
dauit, *& in praxi ſeruauit. Immo hoc decretum*
eſt antiquius, *vtpote Concilij Oecumenici* Lateranenſis *ſub* Alexandro 3. *vt ſtatim oſtendam.*

13 Sed *imprimis* ex mea ſententia non ſequitur, iniquum & perniciosũ eſſe iſtud decretum *Gregorij* noni. *Reſponderi* enim optimè poteſt iuxta ſententiam, quæ *pleriſque Doctoribus*
placet, iſtud etiam decretum, ſicut & duo præcedentia, de abſolutione ſubditorum à fidelitate
non *ſupremis Principibus* debita, ſed inferioribus
tantùm Dominis ex *ſupremorum* conſenſu intelligendum eſſe, cùm, vt *ſæpius* diximus, poteſtas
Eccleſiaſtica, iuxta ſententiam *quæ pleriſque Do-*
Ctoribus placet, nullam pænam ciuilem, vt ſunt
mors, exilium, bonorum priuatio, &c. ex inſtitutione diuina, ſed ſolùm ex iure humano, &
conceſſione *Principum* infligere poſſit. Et propterea canon iſte *Gregorij*, cùm non iuris conſtitutiuus, ſed tantùm declaratiuus ſit, vt ex ipſis-
met verbis perſpicuè conſtat, vel declarat prio-
rem aliquam legem ciuilem, vtputa conſtitutionem *Frederici*, aut aliam ſimilem contra hæreticos latam, vel legem aliquam canonicam authoritate ciuili, & ex conſenſu *Principum* ſanci-
tam, vtputa canonem *Ad abolendam* extra de
hæreticis, qui ideo valuit ſeu obligandi vim habuit,

X 3   quia

quia Imperator conſenſit, vt Canoniſtæ, quos
Innocentius, *Hoſtienſis*, & *Ioannes Andreas* referunt, reſpondent; vel *denique* eos tantùm Dominos temporales, qui *Romano Pontifici* temporaliter ſubiecti ſunt, comprehendit. Et tametſi quis
aſſereret, canonem iſtùm non authoritate temporali, ſed merè ſpirituali conditum eſſe, cùm iuris
tantùm declaratiuus, non conſtitutiuus ſit, illud
tamen verbum [nouerint] *Abſolutos ſe noue-*
rint, &c. (quod *Leſsius* vrget ad probandum eo
apertè ſignificari non eſſe dubium, aut ſolùm
probabile, quòd ſint abſoluti, ſed id eſſe certum
& indubitatum) non maiorem profectò certitudinem ex vi vocabuli denotare poteſt, quàm
verbum [*ſcire*] quo *Bonifacius* octauus in libris
ſuis Apoſtolicis ad *Philippum Pulchrum* Regem
Francorum miſſis vſus eſt, *Scire te volumus, quòd*
in ſpiritualibus & temporalibus nobis ſubes; aliud cre-
o *Nicol Vigne-*   *dentes hæreticos reputamus.* o
rius ad annum
1300.   14 Illud denique quod *Leſſius* ait, *totam*
Eccleſiam hoc decretum ſicut & duo præcedentia
multis iam ſeculis recepiſſe, laudaſſe, & in praxi
ſeruaſſe; vt inde Lectori perſuadeat, ex mea ſententia ſequi, non tantùm Summos *Pontifices*, ſed
totam etiam *Eccleſiam* per multa iam ſecula erraſſe, ſi intelligat totam *Eccleſiam* ea recepiſſe, laudaſſe, & in praxi ſeruaſſe, in eo ſenſu, quo ab
ipſo cæteriſque *Ieſuitis* exponuntur, falſiſſimum
eſt, vt ex dictis conſtat : ſi autem intelligat in
ſenſu diuerſis Doctorum opinionibus accom-
modato, non multùm repugnabo, ad eum modum quo tota *Eccleſia* recepit, laudauit, & in
praxi ſeruauit Canonem, *Ad abolendam*, de hæreticis,

reticis, *in quo Comites, Barones, Rectores, & Consu-les ciuitatum* &c. *honore, quem obtinent, spoliantur:* qui *Canon* iuxta diuersas Doctorum sententias di-uersimodé explicatur, & secundùm eos, quorum meminit *Innocentius, Hostiensis, & Ioannes Andreas,* ideo valuit, seu obligandi vim habuit, quia *Impe-rator* consensit. Similiter tota *Ecclesia* recepit Scripturas Canonicas, & verba illa, *Quodcunque solueris* &c. *Pasce oues meas. Secularia iudicia si habueritis* &c. sed non in eo sensu quo Aduersa-rij ea interpretantur.

15 Quamuis igitur *Doctores* illi qui existi-mant, penes Summum *Pontificem* esse potestatem iure diuino pænas temporales infligendi, & de omnibus temporalibus etiam *Imperatorum & Re-gum* disponendi, illa decreta fortasse receperint tanquam ex authoritate merè *Ecclesiastica* vim ob-ligandi habentia, illi tamen *plerique Doctores,* quorum meminit *Almainus,* & alij insuper alibi ᴾ à me citati, qui arbitrantur, non posse pote-statem Ecclesiasticam vllam pænam ciuilem, vt sunt mors, exilium, bonorum priuatio &c. ex in-stitutione diuina, sed tantùm ex iure humano, & *Principum* concessione vel consensu infligere, ea receperunt, non tanquam authoritate merè *Ecclesiastica* seu spirituali sancita, sed vel prout à *Romano Pontifice,* quâ *Princeps* temporalis est, con-dita sunt, vel prout ex authoritate & consensu *Principum* vim obligandi habent : Et propterea hæc totius *Ecclesia* receptio, quam *Lessius* vrget, nihil prorsus meæ sententiæ aut doctrinæ incom-modat. Quomodo autem, & in quo gradu reli-qua omnia & singula decreta, quę in corpore Iuris

ᴾ In *Apolog.* à nu 4 in *Disp. Theol.* c. 3. sec. 3. & in *Confut.* Anglic. *Thom. Fitzh.* part. 1. per totum.

Canonici

Canonici continentur , ab *Eccleſia* recipiantur,
laudentur, & in praxi ſeruentur, & quomodo *Ca-*
nones ſacri à non *ſacris* diſtingui debeant, alibi
q magis particulatim declarauimus : Non enim
hoc ipſo quòd *Canon* aliquis in Iure Canonico vel
decretalibus Pontificum epiſtolis continetur, ſidem
facit infallibilem, ſed vt , quantam authoritatem *Canon* ille habeat , diſtinctè cognoſcamus,
plures regulas à me eo loco aſsignatas obſerua-
re oportet.

q In *detectione*
calumniarum
Schulckenij ca-
lumnia. 8.

Sectio III.

In qua nonum *&* decimum *incommodum*
ex Concilijs Lateranenſi 3. *ſub* Alexandro 3. *&* Lateranenſi *quarto ſub*
Innocentio 3. *celebratis deſumpta refu-*
tantur.

1   Am *Leſsius* ſeptem Concilia generalia aduerſùs meam ſententiam inani verborum
iactatione adducit, cùm eadem generali ſolutione,
qua priora incommoda ex Summorum *Pontificum*
decretis ſumpta deuitauimus, facillimè diſſoluan-
tur. Non eſt autem mihi inſtitutum nunc diſcu-
tere, quanâ certitudine quilibet Catholicus credere teneatur ea omnia *Concilia*, quæ à Card. *Bel-*
larmino , *Binnio,* alijſque quibuſdam Authoribus
vt generalia recenſentur, eſſe verè *Oecumenica,* &
ſingula eorum decreta ex communi Patrum qui
illis adſunt, conſenſu approbata eſſe : Et vtrùm
ſola Prælatorum omnium conuocatio , ſeu *Con-*
cilij Oecumenici indictio, tametſi non omnes Prælati

lati sed pauci admodum comparatione omnium
ad *Concilium* celebrandum veniant , sufficiat, vt
Concilium aliquod sit verè & indubiè *Oecumenicum*, vel præterea maioris saltem partis Prælatorum congregatio , atque præsentia etiam requiratur : Et an aliqua, vel qualis confirmatio Prælatorum absentium & præsertim Summi *Pontificis*
necessariâ sit , postquam *Concilium* legitima authoritate conuocatum, congregatum atque præ-
sentibus, & consentientibus omnium Prælatorum
qui absunt, etiam Summi *Pontificis* Procuratoribus, atque Legatis celebratum seu plenè absolutum fuerit : Neque enim aliquod ex his septem
Concilijs in controuersiam vocare mihi animus est,
sed ea omnia vti verè *Oecumenica* , præter *Lateranense* vltimum, de quo infrà, ᵃ libenter admittam:
Primo igitur loco Concilium *Lateranense* tertium
Lessius ita vrget.

2 *Sequitur nonò,* Iniquum esse decretum *Concilij
Oecumenici* Lateranensis 280. *Episcoporum sub*
Alexandro 3. *cap.* 27. *Vbi Principes & alios potentes, qui certas nationes latrocinijs deditas , quas ibi ex-
primit, conducunt, aut tenent, aut fouent per regiones,
iubet denunciari excommunicatos;* eAddens , Relaxatos autem se nouerint à debito fidelitatis, & ho-
minij, & totius obsequij , donec in tanta impie-
tate permanserint , quicunque illis aliquo pacto
tenentur annexi. *Deinde propositis indulgentijs excitat omnes fideles vt arma contra illas nationes , &
eorum patronos corripiant. Hæc omnia iniqua erunt,
aduersariorum sententia , si à Principe foueantur.
Nam tunc erit rebellio in Principem , & violatio Iuramenti.*

3 Sed

3 Sed hoc decretum cùm præcedenti fimile
fit, eadem prorfus folutione diffoluitur, nimirum,
vt non authoritate illa *Ecclefiaftica*, quæ Prælatis
Ecclefiafticis iure diuino competit, fed quæ iure
humano & ex priuilegijs, & confenfu *Principum*
illis conceditur, vim obligandi habeat, neque
Principes fupremos, fed inferiores tantùm Dominos ex *fupremorum* confenfu pænâ illa temporali
plectat, & à fidelitate abfolutos effe declaret. Non
etenim decretum iftud pænas temporales infli-
gens de *Principibus* loquitur, eofue directè vel
indirectè intelligit, neque nouam aliquam licentiam dat fidelibus, quam antea non habebant,
populum Chriftianum ab iftis prædatoribus &
Affaffinis defendendi, fed folùm denunciat, quid
Principes, alijque fideles de iure poffint, aut facere
debeant : atque propofitis indulgentijs excitat
omnes fideles, feu potiùs, vt loquitur Concilium,
illis in remiffionem peccatorum iniungit, quod alias
facere fi commodè poffent, tenebantur, *vt tantis*
cladibus fe viriliter opponant, *& contra eos armis*
populum Chriftianum *tueantur.* Neque Concilium
docet & declarat, liberum effe quibufuis fidelibus, fed *Principibus* tantùm eiufmodi homines
nefarios fubijcere feruituti, *& liberum fit Principi-*
bus, ait Concilium, *huiufmodi homines fubijcere fer-*
uituti : Neque *Concilium* in eo decreto bona eorum confifcat, quando ait, *Confifcenturque eorum*
bona, fed docet & declarat, quòd *Principes* Seculares, penes quos tantùm bona temporalia con-
fifcandi poteftas eft, id facere debeant.

4 *Decimò fequitur*, ait *Leffius, Iniqua effe mul-*
ta decreta Concilij Oecumenici Lateranenfis *fub*
                                              Innocentio

Innocentio 3. Primò, *cùm statuit*, vt potestates
Seculares (*etiam Principes*) per Ecclesiasticas
censuras (*si opus sit*) compellantur ad præstandum publicè iuramentum, quòd de terris suæ Iurisdictioni subiectis vniuersos hæreticos ab Ecclesia denotatos bona fide pro viribus exterminare
studebunt. *Si enim Ecclesia non potest statuere de
temporalibus Laicorum, vt volunt Aduersarij, multo
minùs de expulsione tot subditorum Principis, à quibus ipse Princeps & totum regnum multa fortè commoda temporalia percipit. Quo iure ergo cogit Principes, vt Iuramento se obstringant ad talia commoda
abdicanda.* Secundò *cùm statuit*, vt si Potestas
secularis monita ab Ecclesia terram suam purgare neglexerit ab hæretica prauitate, per Metropolitanum, & cęteros comprouinciales Episcopos Excommunicationis vinculo innodetur.

5 Tertiò *cùm decernit*, vt si Potestas Secularis infra annum satisfacere contempserit, significetur id summo *Pontifici*, vt ex tunc ipse vassallos
ab eius fidelitate denunciet absolutos, & terram
exponat Catholicis occupandam, qui eam exterminatis hæreticis sine vlla contradictione
possideant. *Hic tria manifestè indicat & supponit
Concilium tanquam certa & indubitata, quæ ad
dogma potestatis Ecclesiasticæ pertinent.* 1. *Summum Pontificem habere potestatem in tali casu absoluendi subditos Principis à vinculo iuramenti & fidelitatis, quo illi erant obstricti.* 2. *Posse ipsum deponere Principem, & iure regnandi priuare, &
hoc eius ius in alium conferre.* 3. *Excommunicationem publicam habere eam vim, vt subditos liberet
ab obligatione parendi, & seruandi iuramenti,*
quod

quod Principi *præstiterunt.* Supponit enim per Ex=
communicationem à Synodo Prouinciali in ipſum latam, ſubditos iam eſſe abſolutos, iuxta decretum
Gregorij 7. Nos Sanctorum, *in Concilio Romano*
probatum, *& Vrbani* 2. Iuratos milites, *& Con-*
cilij Lateranenſis *cap.* 27. §. Relaxatos, *& Gre-*
gorij 9. Abſolutos ſe nouerint, *quæ ſuprà adduxi-*
mus. *Hæc enim decreta, & alia multa Excommu-*
nicationi hunc effectum tribuunt; ac proinde Concilium dum hoc loco idem ſupponit, tacitè omnia illa
decreta approbat, & confirmat. *Quam ob cau-*
ſam non dicit, vt Pontifex ſummus ſubditos illius
Principis *abſoluat, ſed vt* abſolutos *denunciet, ni-*
mirum vt id quod paſſim notum non erat, omnibus
tanta authoritate innoteſcat. *Quod ſi ſummus Pon-*
tifex hanc poteſtatem non habet, vt volunt aduerſarij, errat Concilium in tribus iſtis quoad doctrinam, idque grauiſſimè & pernicioſe.

6 *Neque dici poteſt,* Concilium hanc doctrinam
non ſupponere vt certam, ſed ſolùm vt ſibi viſam
probabilem. *Hoc enim ſuprà clare refutatum eſt.*
Et ſanè ſi ita res haberet, Concilij decretum eſſet
nullius momenti. *Nam Principes & ſubditi pro-*
babili quoque ſententia nixi, cum materia ſit pœnalis,
poſſent non parere, & contemnere hoc decretum, &
ſententiam Iudicialem contra Principem latam. *Vn-*
de ſi Concilium putaſſet hanc doctrinam non eſſe certam, luſiſſet operam, & ſe contemnendum orbi
expoſuiſſet. *Neque ſolùm errat in doctrina, ſed*
etiam in regimine Eccleſiæ, & præceptis morum.
Statuit enim vt Synodus prouincialis moneat ſummum
Pontificem, vt in Principem ea decernat, quibus gra-
uiſſimæ iniuriæ continentur; ſubditos verò Principis
impel-

impellit, vt ei non pareant, vt fidelitatem ei non præstent, vt iuramentum non seruent. Denique alios Principes excitat ad alienum ius inuadendum. Quid potest tali decreto esse perniciosius?

7 *Quartò, cum plurimas pænas temporales infligit credentibus, receptatoribus, defensoribus, & fautoribus hæreticorum, si postquam excommunicatione notati fuerint, satisfacere intra annum contempserint.* 1. *Pæna est infamia iuris.* 2. *Incapacitas ad publica Officia & concilia.* 3. *Inhabilitas ad eligendum actiuè ad officia publica.* 4. *Inhabilitas ad testificandum in iudicio.* 5. *Esse intestabilem actiuè & passiuè.* 6. *Vt nemo teneatur ei in aliquo negotio respondere : ipse tamen cogatur respondere alijs, nempe in iudicio.* 7. *Vt si Index sit, sententia eius nullam obtineat firmitatem.* 8. *Si Aduocatus, eius patrocinium non admittatur.* 9. *Si tabellio, instrumenta per ipsum confecta nullius sint momenti. Denique addit Concilium,* Et in similibus idem præcipimus obseruari. *Hæc omnia iniqua erunt, & irrita, vtpote potestate iniquè vsurpatâ condita; ac proinde tutò ab omnibus poterunt contemni. Dimitto alia multa, quæ idem Concilium in temporalibus decernit de* Iudęis cap. 68. & 68. *Et de expeditione* Hiersolymitana *in decreto expeditionis.*

8 Sed ad hæc omnia *Lateranensis* Concilij decreta superiùs in prima parte huius *Discussionis* responsum est, atque sufficienter, non obstantibus ijs quæ *Lessius* in contrarium obijcit, monstratum, per *potestates Seculares,* Dominos temporales, principales, & principales Dominos non habentes, non *Imperatores,* & *Reges* qui Domini supremi & principalissimi sunt, (sed Potestates, Con-

Confules', & Rectores ciuitatum , aliorumque
locorum, item Barones , Comites, aliofque Dominos temporales quibufcunque officijs fungantur, aut nominibus nuncupentur , qui tametfi
Domini principales nonnunquam fint, *Impera-*
toribus tamen ac *Regibus,* feu Dominis *fupremis* &
principalifsimis fubiecti funt) in illis *Concilij* decretis defignari , & pænas omnes temporales
quæ ibi commemorantur, inferioribus tantum
Dominis, Magiftratibus , ac perfonis authoritate & confenfu *Principum* fupremorum, feu Dominorum *principalifsimorum* infligendas effe *Con-*
cilium decreuiffe. Et propterea ne eadem denuo
fruftra repetendo Lectori nimis moleftus fim,
ad primam huius *Difcufsionis* partem, in qua
hæc fufiùs, & particulatim tractantur, ipfum
remitto.

9 Falfò igitur ait *Lefsius*, tria hîc manifeftè
indicare & fuppenere *Concilium* tanquam certa &
indubitata, quæ ad dogma poteftatis Ecclefiafticæ
pertinent. 1. *Summum Pontificem habere potefta-*
tem in tali cafu abfoluendi fubditos Principis à vin-
culo Iuramenti & fidelitatis. 2. *Poffe ipfum depo-*
nere Principem , *& iure regnandi priuare, & hoc*
eius ius in alium conferre. 3. *Excommunicationem*
publicam habere eam vim vt fubditos liberet ab obli-
gatione parendi,& feruandi iuramenti quod Principi
præftiterunt. Nihil enim tale de *Principibus,* id
eft, Dominis *fupremis* & *principalifsimis* Concilium indicat, fupponit , aut decernit. Illud nomen [*Princeps*] fuppofitium eft, & à *Lefsio* mala
fraude adiectum. Non tamen negauerim, poffe
Prælatos Ecclefiafticos ex vi fuæ poteftatis Ecclefiafticę

clesiasticæ vt *directiua* est, Principibus etiam *supremis* præcipere, vt ob periculum infectionis hæreticos ab *Ecclesia* denotatos è suis ditionibus exterminare studeant, & ad id præstandum, Iureiurando, si opus fuerit, se obstringant; virtutem enim animarum saluti necessariam præcipere, & vitium prohibere, potestatis Ecclesiasticæ, vt *directiua* est, limites à *Christo* Domino constitutos non excedit : Sicut etiam possunt Prælati Ecclesiastici ex vi suæ potestatis Ecclesiasticę vt *coercitiua* est, *Principes* etiam supremos pænis spiritualibus, & censuris Ecclesiasticis compellere, vt ea omnia, quæ iure diuino aut Ecclesiastico adimplere tenentur, obseruare non negligant. Atque ita duo prima decreta, quæ *Lessius* ex Concilio *Lateranensi* vrget, nihil ad rem faciunt, vt antea etiam in *prima* parte à me obseruatum est. Sed quòd Prælati Ecclesiastici pænam vllam ciuilem ex *Christi* institutione, sed solùm ex concessione & consensu *Principum* infligere queant, hoc *Lessius* neque ex Concilio *Lateranensi*, aut aliundè vnquam solidè comprobare poterit.

10 *Deinde*, incertum valdè est, ne dicam planè falsum, & doctrinæ *Francisci Suarez*, & *Martini Becani*, vt antea [b] etiã annotaui, omnino repugnans, quòd Excommunicatio publica etiam à Synodo Prouinciali in *Magistratus, Potestates*, aut alios quóscunque inferiores Dominos lata, habeat hanc vim, vt ipsos deponat, seu iure dominandi & gubernandi priuet, & subditos à fidelitate illis debita absoluat : Oportet enim vt sententia depositionis & absolutionis sit denunciata,

Suarez tom. 5. disp. 15. sec. 6. nu. 3. 10. *Becanus*, de fide hæreticis seruanda cap. 8. nu. 16. & in *Controuersia Anglic.* cap. 3. q. 2. pag. 108. & in emendata pag. 122. b Part. 1. sec. 8. nu. 15.

ciata , antequam Dominus excommunicatus
verè ſuo iure priuetur , & ſubditi ab eius fidelitate & obſequio vere abſoluantur.   Atque hoc
ipſum probat *Suarez* ex cap. vltimo de pœnis,
quamuis textus iſte in contrarium , vt ait ipſe, *citari*
ſoleat , *Ibi enim cùm Comes quidam publice excom-*
municatus fuiſſet , *& per duos annos in Excommu-*
nicatione permanſiſſet , *Pontifex eum iterum admo-*
nendum iubet , *& ſi non paruerit*, Vos, *inquit*, Eccleſias, in quibus aliquod ius habere dignoſcitur,
ab eius debito abſoluentes &c.   *Non ergo erant*
iam abſolutæ ex vi excommunicationis; *& poſtea ad-*
dit , etiam fideles ſubditos eius denunciandos fuiſſe abſolutos a iuramento, *ſignificans ante illam de-*

Suarez tom.   *nunciationem non fuiſſe abſolutos*.   Hæc *Suarez*.
5. diſp. 15.   Non igitur Excommunicationi tribuitur hæc
ſec.6,nu.10.   vis, vel effectus, vt ſubditos publicè excommunicatos à fidelitate verè abſoluat , & denunciatiô
illa tantùm faciat, vt id quod paſſim notum non
erat , omnibus *Pontificis* authoritate innoteſcat;
cùm ante denunciationem non ſint iuxta ſententiam *Suarez* verè abſoluti.

    11   *Denique*, quod ait *Leſſius* , *Concilium eam*
ob cauſam non dicere , *vt Pontifex ſummus ſubditos*
illius Domini (quem illa peſſima fraude *Principem*
appellat) *abſoluat* , *ſed vt abſolutos denunciet quia*
ſupponit eos iam eſſe abſolutos iuxta decretum Gregorij 7. Vrbani 2. *Concilij* Lateranenſis 3. *&*
Gregorij 9. *quæ omnia decreta Concilium hoc loco*
idem ſupponens tacitè approbat & confirmat præterquam quod falſum aut valde incertum ſit,
vt antea diximus , nihil omnino noſtræ ſententiæ officit, quandoquidem illa etiam decreta non
facta

facta esse authoritate illa Ecclesiastica quæ iure diuino, sed quę iure humano & ex consensu *Princi-*
pum Prælatis Ecclesiasticis competit, & proinde non *Principes supremos* sed inferiores tantùm
Dominos ex *supremorum* consensu comprehendere superiùs commonstrauimus : quantumuis re
quidem vera illa *Concilij* verba, si ad aliquod Summi *Pontificis* decretum referenda sint, potiùs ad
canonem, *Ad abolendam*, de hæreticis, quem
Concilium approbare, & confirmare videtur,
quàm ad præfatos canones referri debeant, vt e-
tiam superiùs ᶜ obseruaui.   In hoc enim canone   ᶜ part. 1. sec. 2.
Lucius 3. Pontifex statuit, vt *Comites, Barones, Re-*   nu. 31.
ctores, & Consules ciuitatum & aliorum locorum
iuxta commonitionem Episcopi præstito corporaliter
iuramento promittant, quòd fideliter & efficaciter,
cum ab eis fuerint requisiti, Ecclesiam contra hæreti-
cos & eorum complices adiuuabunt bona fide iuxta
officium & posse suum : Si verò id obseruare nolue-
rint, honore quem obtinent spolientur, &c.

12   Iam si quis *Lateranensis* Concilij decretum superiùs ᵈ à me relatum diligenter expendere
voluerit, statim animaduertet, illud ab isto ca-   ᵈ part. 1. sec. 2.
none, *Ad abolendam*, parum aut nihil differre, nisi
quòd eos qui à *Lucio* Pontifice *Comites, Barones,*
Rectores, & Consules ciuitatum, aliorumque locorum nuncupantur, *Innocentius* in hoc *Latera-*
nensi Concilio nominibus magis generalibus,
nempe *Potestates Seculares, quibuscunque fungan-*
tur officijs, & Dominos temporales, principales &
principales Dominos non habentes appellet.

13   Constat autem ex ijs quæ superiùs
                    Y   ᵉ dicta

e dicta funt, decretum iftud *Lucij* 3. ex fent. *Canoniftarum* , vti *Innocentius* 4. *Hoftienfis* , & *Ioannes
Andreas* affirmant , ideo valuiffe , feu obligandi vim habuiffe , quia Imperator confenfit : Sicut
etiam hoc *Lateranenfis* Concilij decretum , quod
à Canone *Ad abolendam* , quod ad rem ipfam attinet , parum aut nihil differt , ideo valuiffe, quia
Imperator cæterique *Principes* Chriftiani, quorum
Oratores ibi aderant , illi confenfum fuum præ-
buerunt , libentiffimè confitemur.   *Deinde*, inter quatuor illa *Pontificum* decreta à *Leffio* iam relata , & iftud *Lateranenfis* Concilij decretum
magnum difcrimen reperiri quis non videt? Nam
canon , *Relaxatos* , Alexandri 3. in Concilio *Lateranenfi folùm* loquitur de Affafinis , & prædatoribus , & canon , *Iuratos* , Vrbani 2. de particulari tantùm Comite, & canon *Nos fanctorum*
Gregorij VII. tametfi de omnibus excommunicatis loqui videatur , nihilominus ad eos tantùm
excommunicatos , qui *Henrico* 4. excommunicato & per eundem *Gregorium* depofito fauebant,
referri poteft , vt titulus illius capitis fatis apertè
fignificat , qui *de caufa Regis* , feu Imperatoris
Henrici infcribitur.   Et quomodocunque fit, canon ille , *Nos fanctorum*, ficut & reliqui omnes de *inferioribus* tantùm Dominis ex *fupremorum* confenfu , quod ad pœnas temporales attinet . iuxta fententiam fæpius memoratam c e
plerifque Doctoribus placet , necefſariò intelligi debent : Attamen decretum iftud *Lateranenfis* Concilij fub *Innocentio* tertio celebrati ad canonem , *Abfolutos* Gregorij noni ,
qui nepos erat *Innocentij* , & vndecimo à ce-
lebra-

lebrato *Lateranensi* Concilio anno ad Pontificatum euectus est, nullam omnino relationem
habere potest.

14 *Denique*, *quartum* illud decretum,
quod *Lessius* vrget, ad inferiores tantùm personas, nempe ad Iudices, Aduocatos, Tabellio-
nes, Testes & eiusmodi, & non ad *Prncipes* supremos pertinere, illudque sicut & priora ex
consensu *Principum* vim obligandi habuisse,
ideoque neque esse iniqua, aut irrita, aut à
potestate iniquè vsurpatâ condita, & proinde
neque ab omnibus tutò contemni posse nimis
manifestum est. Quod verò *Lessius* vrget, nempe *Concilium hanc doctrinam supponere vt cer-*
tam & non solùm vt sibi visam probabilem, ad
rem non pertinet; supponit enim, decreta
ista, quod ad pænas temporales attinet, authoritate illa Ecclesiastica, quæ Prælatis Ecclesiasticis ex *Christi* institutione competit,
& non authoritate & consensu *Principum* condita esse, & totam suam obligandi vim & robur habuisse, quod nos omnino inficiamur, &
Responsionem hanc nostram admodum probabilem esse ex sententia quæ *plerisque Doctoribus pla-*
cet, perspicuè commonstrauimus.

Sectio IIII.

In qua vndecimum *incommodum, ex* Lugdunenſi *Concilio deſumptum, re-futatur.*

a nu.62.pag. 104.

1 VNdecimò *ſequitur,* ait *Leſsius,* [a] *erraſſe Concilium Oecumenicum* Lugdunenſe *vnà cum* Innocentio *quarto in depoſitione* Frederici *ſecundi. Nam Concilium approbauit ſententiam* Innocentij: *vt ex ipſa ſententiæ formula patet illis verbis,* Cum fratribus noſtris, & ſancto Con-cilio deliberatione præhabita diligenti. *Neque ſimpliciter erraſſe, ſed pernicioſè & multipliciter er-raſſe, nimirum tribuendo ſummo Pontifici poteſta-tem tanquam à* Chriſto *acceptam (illis verbis* Matth. 16. Quodcunque ligaueris ſuper terram erit ligatum & in cœlis) *ad omnes illos actus, qui in ſententia exprimuntur; & in eoſdem conſentiendo; nempe ad abſoluendos ſubditos & Vaſallos Imperato-ris à Iuramento fidelitatis: ad priuandum illum iu-re regnandi: ad mandandum Electoribus, vt alium eligant: ad præcipiendum ne quiſquam depoſito am-plius pareat, aut intendat: ad excommunicandum omnes eos, qui illi auxilium, conſilium, vel fauo-rem præſtiterint. Hos enim omnes actus volunt ad-uerſarij eſſe iniquiſsimos, & nullam Pontifici ad eos ſuppetere poteſtatem.*

2 Sed ad Concilium iſtud *Lugdunenſe,* quod noſtro tantùm ſeculo in volumine *Conci-liorum* collocatum eſt, & cuius acta & decreta *Bi-*

nius

nius ex *Matthæo Paris* ad verbum excerpsit , iam-
dudum respondimus , ^b & nihilominus eius- b in *Apolog.*
nu.452.
dem *Concilij* authoritatem *Lessius* hîc iterum vrget , & responsionem , quam adduximus , fraudulenter dissimulat. Diximus enim , non posse
sufficienter comprobari , depositionem illam
Frederici à *Synodo* , sed solùm à *Pontifice* in *Syno-*   „
do , neque *Concilio approbante* , sed tantùm *præ-*   „
sente factam esse. Vnde in principio illius Bul-   „
læ (quod notatu dignum est) non legitur , *In-*   „
nocentius seruus seruorum Dei , &c. *Sacro ap-*   „
probante Concilio , sicut in alijs decretis *Pontificijs*,   „
quæ in pleno *Concilio* fiunt , dici solet , sed tan-   „
tùm , *Sacro præsente Concilio* : Neque in tota il-   „
la Bulla vlla fit mentio consensus Patrum , sed   „
solùm propè finem illius *Pontifex* ait , *se cum*   „
fratribus suis Cardinalibus , *& Sacrosancto Con-*   „
cilio maturam & diligentem deliberationem habuis-   „
se de pluribus nefandis , *& execrandis flagitijs Fre-*   „
derici , sed de consensu & approbatione *Concilij*   „
de deponendo *Frederico* ne verbum quidem : At   „
si vniuersi Patres depriuationem *Frederici* appro-   „
bassent , non est verisimile , quin *Innocentius* , vt   „
sua sententia in *Fredericum* prolata toti mundo   „
iustior appareret , talem *Concilij* approbationem   „
exprimere voluisset , atque non tantùm dicere,   „
Sacro præsente Concilio , quibus verbis vti potuis-   „
set , tametsi totum *Concilium* repugnasset , sed   „
etiam *Sacro approbante Concilio* , cùm præsertim   „
protinus in sequenti Decreto hac posteriori lo-   „
quendi formula idem *Innocentius* vsus fuerit.   „

  3 *Deinde* , sententia illa depriuationis *non*   „
sine omnium audientium , *& circumstantium stu-*   „
    Y 3   *pore*   „

" *pcre & honore* fulminata eft, vt ibidem refertur,
" fed non erat quòd vniuerfi Patres audita depri-
" uationis fententia tanto ftupore & horrore affice-
" rentur, fi priùs dictæ depriuationi affenfum fuum
" præbuiffent. Ita refpondi loco citato: Ex quo
etiam patet, illam ipfam rationem, quam *Lesius*
hoc loco affert ad probandum, fententiam *Inno-
nocentij* à *Concilio* approbatam effe, à me ibidem
relatam, & refutatam fuiffe.

c ad nu. 452.
pag. 611.

4　Sed D. *Schulckenius* [c] argumento validif-
fimo demonftrare prętendit (nam alioquin rationes tantùm probabiles contra hanc meam refponfionem afferre nihil ad rem pertinet, cùm
probabiliter tantùm refpondere, & non demonftrare aut rem de fide certam euidenter conuince-
re, quod D. *Schulckenius* in fe fufcepi mihi inftitutum fuerit) fententiam *Innocentij ab vniuerfis
Concilij Patribus approbatam effe*. Hoc igitur probat ex *Matthæo Paris* authore illius temporis, *qui
totam hiftoriam huius Concilij fcripfit in libro de rebus geftis Regum Angliæ in Henrico tertio pag. 650.
& fequentibus*: *Ex quo vt ait Schulckenius perfpicuum eft*, *Patres Concilij non reclamaffe*, *neque
plurimos* (*vt falsò & per fummam temeritatem
Aduerfarius fcribit*) *neque paucos*, *immo omnes
affenfiffe*. *Hic enim Author ita loquitur pag. 652.*
Dominus igitur Papa & Prælati affidentes Concilio candelis accenfis in dictum Imperatorem
Fredericum qui iam Imperator non eft nomi-
nandus, terribiliter, recedentibus & confufis
eius Procuratoribus fulgurarunt. *Audis quid
egerint Prælati poft recitatam fententiam in Fredericum?* *fi vnà cum Papa candelis accenfis in*

Frede-

Fredericum *fulgurarunt, certè consenserunt in sen-*
tentiam Papæ, eamque apertissima illa significatione,
id est, candelarum accensarum fulguratione com-
probarunt.

5 Sed quantumuis *Matthæus Paris* illis verbis asseruisset, vti non asserit, vniuersos *Concilij*
Patres in *Frederici* depositionem consensisse, quis
tamen non videt, vnius vel alterius tantùm historici assertionem, quæ probabili tantùm ratione ab
eo allata nititur, quando præsertim aliæ rationes
probabiles ad contrarium comprobandum sup-
petunt, ad fidem indubiam faciendam, atque ad
rem certò demonstrandam nequaquam sufficere?
etiamsi ad assensum probabilem eliciendum vnius vel alterius Historici fide digni testimonium
nonnunquam satis esse libenter concesserim.
Quòd autem ratio D. *Schulckenij* ex verbis *Mat-*
thæi Paris desumpta, nempe, *quòd Prælati assidentes*
Concilio candelis accensis in dictum Imperatorem Fre-
derícum *terribiliter fulgurarunt*, probabiliter ad
summum concludat, Prælatos in depositionem
Frederici consensisse, ex eo perspicuum est, quòd
cùm in hac *Innocentij* Bulla *duplex* in *Fredericum*
sententia lata sit, *vna* Excommunicationis, seu A-
nathematis, *altera* depositionis, seu priuationis
Imperij temporalis, & cerimonia illa accensionis,
& extinctionis candelarum iuxta consuetum Ecclesiæ morem ad Excommunicationem, seu Anathema pertineat (vt ex cap. *debent* 11.q.3. & ex
cærimonia in Cæna Domini adhiberi solita, at-
que ex *Directorio Inquisitorum* ᵈ satis constat) ex   d Part.3.
illa candelarum accensione & extinctione rectè   nu. 22.
quidem colligi potest, *Concilij* Patres in Excom-
                                          municationis,

municationis, cuius cæremonia erat, non depositionis sententiam consensisse.   Neque hanc meam *Responsionem* esse improbabilem D. *Schulckeni-*
us, aut alius quispiam comprobare potest.

6   Quòd autem probabile etiam sit, illam depositionis sententiam non *authoritate* & approbatione *Concilij*, sed *propria Innocentij authoritate*
latam esse satis etiam perspicuum est ; *Primò* quia,
cùm inter *Imperatores* & *Reges*, atque *Romanos*
Pontifices magna tunc controuersia esset, an *Papa*
posset *Imperatores Regesque* deponere, si authoritate *Concilij Imperator* depositus fuisset, verisimile est, vt antea diximus, *Innocentium* Pontificem
virum alioquin prudentissimum, vt sententia sua
toti mundo iusta appareret, & non authoritate
incerta, & de qua inter Catholicos tunc controuersia erat, lata, talem approbationem *Concilij* in
Bulla sua exprimere voluisse, neque tantùm dicere, se *Sacro præsente Concilio*, sed *sacro* etiam *Con-*
cilio approbante id fecisse, cùm præsertim hac postrema loquendi formula in sequenti decreto vsus
fuerit.   *Secundò* quia, vt supra etiam diximus, non
erat quòd vniuersi Patres audita sententia tanto
stupore, & horrore afficerentur, si antea de illa
depositionis sententia maturè deliberassent, illiq;
suum consensum præbuissent.

7   *Tertiò*, quia *Albertus* Abbas Stadensis Author etiam illius temporis ad annum 1245. scribit,
Innocentium Papam propria authoritate (non ergo
Concilij) *Imperatorem ab Imperij culmine deposu-*
isse.   *Quartò*, quia alioquin viri Catholici illam
sententiam in dubium non vocassent, si totius
Concilij authoritate, re diligenter considerata, latam

Vide etiam
Binnium in no-
tis Concilij
Lugdunensis
prope finem.

tam fuisse existimassent. At constat, *Albericum Roxiatum* Iuris Canonici peritissimum non esse veritum dicere, *Pastorem Ecclesiæ* hanc sententiam promulgando *falcem in alienam messem misisse, seque credere, saltem meliori consilio, hanc Bullam Innocentij non esse iuri consonam, sed proditam contra iura & libertatem Imperij.* Et hæc sententia *per mundum volante,* ait *Abbas Stadensis, quidam Principum cum multis alijs reclamabant dicentes, ad Papam non pertinere Imperatorem vel instituere vel destituere, sed electum à Principibus coronare.* Neque has rationes esse improbabiles D. *Schulckenius,* aut alius quispiam demonstrare valet.

8 Nam quod *inprimis* ait *Schulckenius, hæc omnia quæ adduxi nullo negotio dilui posse,* parum ad rem facit. Neque enim tales rationes adducere mihi institutum est, quæ dilui non possunt, sed quæ viris prudentibus probabiliter persuadere valent, sententiam illam depositionis non authoritate & approbatione *Concilij,* sed propria *Pontificis* authoritate latam esse. Sed D. *Schulckenio* qui rem *de fide certam* demonstrare prætendit, rationes omnino conuincentes, & quæ nulla responsione probabili dilui queant, producere necesse est.

9 *Deinde, cur initio Bullæ dicatur,* Præsente sacro Concilio, & *non* approbante Concilio, *certa ratio,* ait *Schulckenius, reddi non potest, cùm eiusmodi verba variari possint pro arbitrio Pontificum: Nisi fortè maluerit* Innocentius *dicere,* Sacro præsente Concilio, *quàm* Sacro approbante Concilio, *quoniam non condebat legem aut canonem aliquem communem toti Ecclesiæ, sed ferebat sententiam in vnum, cuius ipse competens Iudex erat; in qua re non egebat aliorum*

aliorum approbatione, ſed voluit tamen ad maiorem_,
ſolennitatem ſententiam illam ferre coram plenario
Concilio, ideo dixit præſente Concilio.

10   Sed *inprimis* friuola eſt hæc ratio : Nam
etſi legem aut canonem aliquem communem toti
Eccleſiæ condidiſſet , neque ſententiam in vnum
hominem, ſed generalem;& ad omnes fideles per-
tinentem tuliſſet, eadem plane ratio ex doctrina
Schulckenÿ reddi poſſet : Nam ex eius ſententia
Pontifex eſt omnium fidelium competens Iudex,
& totius Eccleſiæ etiam ſimul congregatæ atque
coniunctim ſumptæ Superior legitimus , neque
Conciliÿ approbatione indiget, vt vel ſententiam
generalem ferat, vel canonem toti *Eccleſiæ* communem condat , voluit tamen *Pontifex* ad maiorem ſolennitatem ſententiam illam ferre , aut canonem condere coram *Concilio* plenario,ideo dixit *præſente Concilio.*

11   *Deinde*, tametſi *certa ratio* reddi non poſſit , cur initio Bullæ dicatur , *Præſente Sacro Con-*
cilio,& non *approbante :* hinc tamen *ratio probabi-*
lis confici poteſt, quòd *Concilium* ſua authoritate
talem depoſitionis ſententiam reuera non appro-
bauerit.   Cùm enim & Papa *Innocentius* Imperatoris *Frederici* hoſtis eſſet acerrimus, vt *Platina* in
vita *Innocentÿ, Iacobus Wimphelingius,* [e] & aliÿ referunt, & ipſimet etiam *Imperatores* (vt alios Catholicos taceam) *Romanum Pontificem* non eſſe in
temporalibus eorum Iudicem competentem,neq;
ipſos deponendi authoritatem habere contende-
rent (vt ex verbis [f] *Othonis* 4. per *Innocentium* 3.
depoſiti ad Principes ſuæ partis in conuentu *No-*
rimbergæ conſtat : *Veſtri* enim *iuris eſſe fatemur,*
ait

[e] In *Epitom.*
rerum Ger-
man. c. 25.

[f] Apud *Nau-*
cler. generat.
41. ad annum
1212.

ait *Otho* 4. *non Romani Pontificis Imperatorem cre-*
are simul & destituere) profectò si totum Concilium illam depositionis sententiam sua authoritate
approbasset, rectæ rationi atque prudentiæ con-
sonum erat, vt Papa *Innocentius* ad *Imperatori*,
Principibusque Germaniæ . cæterisque *Regibus* ac
Principibus, immo & toti Christiano populo pleniùs satisfaciendum, hanc *Concilij* approbationem
exprimeret. ne alioquin ex odio, atque etiam absque authoritate indubiè legitima illam depositionis sententiam aduersus *Imperatorem* , & *Regem*
potentissimùm promulgasse cum maximo Christianitatis scandalo censeretur.

12   *Præterea, ex eo quòd non fiat in Bulla ex-*
pressa mentio assensus Patrum , non concluditur , ait
Schulckenius, eos non consensisse ; sed ex eo quòd asti-
terunt , cum Pontifice diligenter rem examinarunt,
& nec ante, nec post sententiam contradixerunt,' In
hoc enim valet illa regula Iuris , Qui tacet consentire videtur) *& euidentiùs ex eo , quòd candelis ac-*
censis (vt ait Mathæus Paris) *terribiliter fulgura-*
runt, colligitur certò eos consensisse. Deinde, *senten-*
tiam illam Innocentij *omnibus timorem incussisse, ad*
instar fulguris coruscantis , vt ait Mathæus Paris,
non est mirum. Quoniam etsi iustissima, tamen ter-
ribilis etiam erat, cùm in Imperatorem & Regem po-
tentissimum ferretur.

13   Sed nihil horum quæ hic *Schulckenius*
attulit, certò concludere manifestum est. Nam
inprimis licèt ex eo quòd non fiat in Bulla expressa mentio Patrum , certò & euidenter non
concludatur , eos non consensisse, ex eo tamen,
atque ex initio Bullæ, alijsque circumstantijs antea

tea relatis, prudenter, ac probabiliter, vti diximus, concluditur , fententiam illam depofitionis, *præfente* tantùm *Concilio* , & non *approbante* , ex *propria* Pontificis vt dixit *Abbas Stadenfis*, & non ex Concilij authoritate latam effe. *Deinde,* quòd diligens illa examinatio & difcuffio, quam *Innocentius* cum Patribus *Concilij* habuit, fuerit de deponendo *Frederi o* non fatis probari poteft, cùm Pontifex, vti diximus, folùm afferat, *fe cùm fratribus Cardinalibus & facrofanĉto Concilio maturam, & diligentem deliberationem habuiſſe de pluribus nefandis & execrandis flagitijs Frederici* , fed quòd de deponendo *Frederico* deliberauerint , ne verbum quidem.

14 *Prætereà*, probabile etiam eft, vti diximus, candelarum accenfionem ad Excommunicationis & Anathematis fententiam, cuius cæremonia erat, & de qua Catholici nunquam dubitarunt, & non ad depofitionis fententiam , de qua *magna fuit femper inter Romanos Pontifices & Imperatores*, vt ait *Azorius* , *controuerfia* , referendam effe. Ex eo autem quòd *Innocentius* illam *fententiam non fine omnium audientium & circumſtantium ſtupore & horrore terribiliter fulgurauit* probabiliter etiam concludi poteft, fententiam illam Patribus nefcientibus , aut repugnantibus fulminatam effe; nam alioquin fi de ea maturè & diligenter antea deliberaffent, eamque collaudaffent , profeĉto non erat quòd tantum ftuporem & horrorem illis incuteret , tametfi ipfiufmet *Imperatoris* Procuratoribus, amicis, cæterifque circumftantibus, quibus præcognita non erat, ea ita derepentè , ex improuifo, & contra eorum fpem publicata, terribi-
lis,

lis,ſtupenda,& horrenda eſſe poterat.

15 *Demum*,quòd Patres Concilij *neque ante sententiam, neque poſtea contradixerunt, non eſt ſignum euidens illos omnes conſenſiſſe*, vt *D. Schulckenius* affirmat. Nam cùm ipſi *Innocentium* Pontificem, qui duorum potentiſſimorum Regum, *Angliæ* nempe, & *Francorum* interceſſionem & fideiuſſionem pro *Frederico* recuſarat, ab eius inſtituto ſe non poſſe dimouere perſpexerint, ſilere potiùs elegerunt, quàm contradicendo & nihil proficere, atque inſuper Pontificis *Innocentij*, hominis auſteri, & nonnunquam ſupra modum iracundi indignationem in ſeipſos concitare. Neque regula illa Iuris, *Qui tacet conſentire videtur*, vt *Panormitanus* & *Felinus* notant, locū habet in caſu, *quo timor iuſtus taciturnitatem ſuadet*, ſi præſertim contradicendo graue damnum loquenti timeatur, & nulla ſpes emolumenti perſonæ, pro qua ſermo ſit, eluceat. Quòd autem *Innocentij* 4. Pontificis, qui Imperatoris *Frederici*, omniumque eorum qui illi fauebant, hoſtis erat acerrimus, indignationem timere meritò poterant, facilè quiuis perſpiciet, qui res geſtas *Innocentij* in *Matthæi Paris* hiſtoria breuiter percurret: Sed vnum vel alterum exemplum ex *Mat-thæo Paris* referre non abs re erit.

In cap. *Nonne bene*, extra, de præsumptionibus.

16 Poſtquam *Magiſter Martinus* (*qui ad extorquendas pecunias in Angliam à Papa* Innocentio *miſſus eſt*) *ob multiformem & inceſſabilem oppreſſionem, & deprædationem Regni (de cuius proterua & iniurioſa rapacitate honeſtius & tutius eſſe ob reuerentiam ſanctæ Romanæ Eccleſiæ* arbitratur *Mathæus ſilere, quàm aures offendere audientium, &*
                                    mentes

mentes fidelium talia enarrando perturbare) per
*Barones & Regem e Regno eiectus ad Pontificem
perueniffet , & quæ præfcripta funt eidem pleniùs
enarraffet , infrenduit Papa, & ira excanduit vehe-
menti. Et recolens quòd tam Rex Francorum quàm
Aragonum ingreffum Regnorum fuorum vetuiffent
ipfi postulanti ; nec Rex Anglorum aduentum fuum
in Angliam acceptaffet , immo potiùs ipfum exe-
crando Nuncium fuum & Clericum ab Anglia pro-
brofe eieciffet , dixit in iracundia magna, voce
fufurra , oculos obliquando, & nares corrugando :*
Expedit vt componamus cum Principe veſtro,
vt hos Regulos conteramus recalcitrantes ; con-
trito enim vel pacificato dracone, cito ſerpentuli
conculcabuntur . *Quod verbum in vulgus pro-
mulgatum,in multorum cordibus offendiculum indignationis generauit. Ita Matthæus Paris* [f].

f In Henrico
3.ad annum
1245. pag.
638.639.640.

17   Aliud etiam exemplum de eodem *Innocentio,*quo modo in *Robertum* Epifcopum Lincolni-
enfem vltra modũ defæuierit, eo quòd *literis eius
bullatis, atque mandatis, quæ in ijs continebantur, fæpe
contradixerit* , habetur in eadem hiſtoria *Mat-
thei* [g]. Nam cùm ad Domini Papæ audientiam
literæ fancti *Roberti* ibidem relatæ , quibus fe ab
omni inobedientia excufat, & mandata *Innocentij*
iniuſta effe oſtendit , peruemffent, *nonfe captens
præ ira & indignatione , toruo aſpectu , & fuperbo
animo ait :* Quis eſt iſte fenex delirus , furdus , &
abfurdus , qui facta audax, immo temerarius iudicat ? Per *Petrum* & *Paulum* nifi moueret nos
innata ingenuitas , ipfum in tantam confufionem
præcipitarem , vt toti mundo fabula foret, ſtu-
por, exemplum , & prodigium. Nonne *Rex*
                                        Anglo-

g In Henrico
3.ad annum
1251. & pag.
1253.pag.
799.844. 845.

Anglorum noster est Vasallus , & , vt plus dicam, mancipium, qui potest eum nutu nostro incarcerare , & ignominię mancipare? *Neque vix Cardinales impetum Papæ comprimere poterant , dicentes*, Non expediret.Domine,vt aliquid durum contra ipsum Episcopum statueremus : Vt enim vera fateamur , vera sunt quæ dicit ; non possumus eum condemnare. Catholicus est, immo & sanctissimus , nobis religiosior, nobis & sanctior, & excellentior, & excellentioris vitæ ; ita vt non credatur inter omnes Prælatos maiorem , immo nec parem habere &c.——— *Hæc dixerunt Dominus* Aegidius Hispanus *Cardinalis & alij quos propria tangebat conscientia. Consilium dederunt Domino Papæ,vt omnia hæc conniuentibus oculis sub dissimulatione transire permitteret,ne super hoc tumultus excitaretur; Maximè propter hoc, quia scitur , quòd quandoque discessio est ventura.*

18   Neque huius sanctissimi Episcopi mors sancta & miraculis confirmata eiusdem *Innocentij* iram repressit. *Hoc enim anno* , ait eadem historia, [h] *Dominus Papa dum vna dierum iratus supra modum vellet cum mala gratia omnium fratrum Cardinalium ossa Episcopi Lincolniensis corporis extra Ecclesiam proijcere, & ipsum in tantam infamiam præcipitare, vt Ethnicus, rebellis, & inobediens per totum mundum acclamaretur, iussit talem literam scribi Domino Regi Angliæ transmittendam , sciens quòd ipse Rex libenter desæuiret in ipsum , & in Ecclesiam deprædandam . Sed nocte sequenti apparuit ei idem Episcopus Lincolniensis Pontificalibus redimitus,vultuque seuero, intuituque austero, ac voce flebili ipsum Papam in lecto sine*
quiete

[h] In Henrico 3.ad annum 1254. pag. 855.

quiete quiescentem aggreditur, & affatur, pungent ipsum in latere istu impetuoso suo cuspide bacul., quem baiulabat pastorali. Et dixit ei, Sinebalde Papa miſerrime, propoſuiſtine oſſa mea in mei & Eccleſiæ Lincolnienſis opprobrium extra Eccleſiam proijcere? Vnde hæc tibi temeritas? Dignius foret, vt tu à Deo ſublimatus & honoratus, Dei zelatores licèt defunctos coleres. Nullam poteſtatem in me habere te Dominus amodò patietur. Scripſi tibi in ſpiritu humilitatis & dilectionis, vt errores tuos crebros corrigeres. Sed tu monita ſalubria ſuperbo oculo, & faſcinanti corde contempſiſti. Væ qui ſpernis, nonne & tu contemnéris? *Et sic recedens Pontifex* Robertus *ipsum* Papam, *qui quandò, vt dictum est, pungebatur, ab alto ingemuit, quaſi lancea tranſuerberatus, dereliquit ſeminecem, & voce flebili cum ſuspirijs ingemiscentem, &c.*

19   Ex his autem (quæ ob reuerantiam *Sedis Apostolicæ* non commemoraſſem, niſi à D. *Schulckenio* ad argumentum eius ex regula illa Iuris, *Qui tacet conſentire videtur*, deſumptum clariùs diſſoluendum quadam neceſſitate coactus fuiſſem) ſatis conſtat, talem fuiſſe Papam *Innocentium*, vt Prælati, ſi vel ſibi illi contradicerent, vel *Frederici* partibus, quem adeo vehementer oderat, aliquo modo fauere viſi eſſent, eius indignationem meritò pertimeſcere poſſent. Mitto nunc decretum iſtud fuiſſe particulare, & non ad totam *Eccleſiam* ſpectans, in quo vtrùm *Concilij* Patres, tametſi omnes conſenſiſſent, errare potuiſſent, priuſquam talem eſſe in *Pontifice* poteſtatem *Principes* deponendi firmo aliquo ſtabilique

l;que decreto determinatum fuerit , iam non disputo. Nam , vt ad *Lessium* reuertamur , ex ijs
quæ dicta sunt, satis perspicuum est , neque posse conuincens aliquod argumentum ex hoc decreto trahi ad doctrinam pro potestate *Pontificis*
Principes deponendi,vt rem de *fide certam* demonstrandam , neque ex mea sententia sequi, ipsum
Concilium *Lugdunense,* sed duntaxat Pontificem
præsente Concilio in depositione *Frederici* Imperatoris errasse; quod , iuxta sententiam quæ *pleris-*
que Doctoribus placet , nullum totius Ecclesiæ iudicio infallibili incommodum afferre nimis manifestum est.

Sectio V.

In qua duodecimum *&* decimum tertium *incommodum ex Concilio* Viennensi , *&* Constantiensi *desumpta*
refelluntur.

1   DVodecimò *sequitur , ait Lessius ,* [a] *errasse*   a n. 63.pag.
      Concilium Viennense , *Clementina ,* Ro-   10;.
mani Pontifices, *de iureiurando , quatenus sentit,*
potuisse Romanum Pontificem transferre Imperium
à Græcis ad Germanos , & reipsa transtulisse , & ius
electionis Principibus Germaniæ concedere , reserua-
to sibi iure examinandi qualitates electi , & illum
approbandi , ac fidelitatis Iuramentum ab eo exi-
gendi &c.

   Rursus errasse idem Concilium , Clementina,
Si quis suadente , de pænis: *vbi præter excommu-*

                            Z   *nica-*

ricationem pœna temporales infliguntur ijs, qui ca-
piunt Episcopum, nempe amissio feudorum, & offi-
ciorum etiam temporalium, quæ tenent ab Eccle-
sia, &c.

    2   Sed *imprimis,* tametsi *Albericus Roxiatus,*

b in *Dictiona-*
rioverbo Ele-
tto.

b vir Catholicus, & vtriusque Iuris Professor insignis, *credat, saluo meliori consilio, hanc Cle-*
mentinam Romani Pontifices, *sicut & tres alias*
Decretales, quas ipse ibidem recenset, *non esse*
iuri consonas, sed à Pastoribus Ecclesiæ falcem in mes-
sem alienam mittentibus proditas contra iura & liber-
tatem Imperij, & potestates distinctas à Deo proces-
sisse: Et licet *Lupoldus Bambergensis* Decretorum

c de *Scriptor.*
Eccles. ad an-
num 1330.
d in *tract. de*
Iurib. Regni &
Imperij Rom.
c.10. & 12.
e in cap. 9.

Doctor, &, teste Card. *Bellarmino,* c *vir erudi-*
tus, ad hanc etiam Clementinam, *Romani,* respondens ita scribat: d *Circa hanc oppositionem &*
eius solutionem sciendum est, quòd si volumus sequi
illam opinionem, de qua suprà c *dictum est, quæ ha-*
bet, quòd Iurisdictiones Ecclesiasticæ & seculares
sint distinctæ, & diuisæ, ita quòd vna non dependeat
ab altera, sed vtraque immediatè sit à Deo, tunc pos-
semus dicere, quòd nec illa, nec quæcunque alia con-
stitutio Iuris Canonici possit Regno & Imperio circa
administrationem temporalium eiusdem Regni, &
Imperij præiudicare, cùm Rex vel Imperator non
subsit Papæ quoad ea secundùm opinionem Hugon.
& Ioannis & eorum sequacium, quod idem videtur esse, ac dicere cum *Alberico, Pastores Ec-*
clesiæ mittentes falcem in messem alienam in talibus
constitutionibus sanciendis re quidem vera errasse, easque *contra iura & libertatem Imperij condi-*
disse: Attamen ad hanc Clementinam, *Romani*
Pontifices, meliùs, magisque reuerenter, meo
qui-

quidem iudicio, iuxta doctrinam eiusdem *Lupoldi* loco citato traditam *Respondeti* poteſt.

3 Quantumuis enim in hac *Clementina* nihil prorſus eorum, quæ *Leſsius* proponit, tanquam de *fide Catholica* definiatur, vt quiuis, qui eam perleget, & ſimul regulas illas, quas ſuperiùs ᶠ ex Card. *Bellarmino* & *Cano* aſſignauimus, obſeruabit, clarè perſpicere poteſt; Dicimus tamen ex mea ſententia non ſequi, Concilium illud *Viennenſe* in aliquo eorum quæ *Leſsius* obijcit, erraſſe. Fateor etenim, potuiſſe *Romanum Pontificem* tanquam primum ac principalem Imperij Occidentalis ciuem, non tamen ſola ſua authoritate, ſed ex conſenſu, ſcito, atque ſuffragijs Senatus, populique Romani, cæterorumque Occidentalium, qui Imperio ſuberant, transferre Imperium à *Græcis* ad *Germanos* ſeu *Francos*, & reipſa tranſtuliſſe, cùm *Imperatores Græci* Occidentale Imperium iam pro derelicto haberent, & ſolo nomine in Occidente regnarent. Vnde, vt rectè idem *Lupoldus* ſecundùm quoſdam reſponderi poſſe affirmat, *prædicta tranſlatio Imperij non ab Eccleſia Romana*, (id eſt à *Pontifice Romano*, cæteriſque viris Eccleſiaſticis, quâ ſpirituali ſeu Eccleſiaſtica prediti ſunt poteſtate, niſi vt talem tranſlationem licitam eſſe declarantibus) *ſed potiùs à populo Romano*, (id eſt, ab omnibus tam Clericis quàm Laicis Imperio Romano in Occidente ſubiectis, ſeu quod idem eſt, ab *Eccleſia Romana*, quatenus Clericos & Laicos, quâ Romani Imperij ciues ſunt, comprehendit) *totum ſuum robur habuit & vigorem*. Sed de hac tranſlatione alibi copioſiùs diſputauimus, & quę

Z 2 à D.

à D. *Schulckenio* contra ea quæ in nostra *Apologia*

g in Confut.
Arg.*Tho.Fitzb.*
part.3.c.3.

diximus, allata sunt, confutauimus. g

4   Atque in eodem sensu verum est, quod in eadem *Clementina* traditur, nempe *ab Ecclesia Romana ad certos Germaniæ Principes ius & potestatem eligendi Regem in Imperatorem postmodum promouendum peruenisse.* Verissimé enim dici potest, eiusmodi ius & potestatem eligendi *Imperatorem* ad certos *Germaniæ* Principes peruenisse ab *Ecclesia Romana*, vel decretum illud de *Imperatore* per septem tantùm *Germaniæ* Principes eligendo licitum & iustum esse spirituali sua authoritate declarante, vel ab *Ecclesia & Clero Romano* primario & principaliter, ceteris tamen Imperij *Romani* ciuibus in suo ordine & gradu ad tale decretum sanciendum concurrentibus, vel denique ab *Ecclesia Romana* quatenus non solùm Clericos, sed etiam Laicos Imperio *Romano* subiectos comprehendit, nam in hoc etiam sensu *Ecclesiam* sumi, nempe pro congregatione omnium fidelium tam Laicorum quàm Clericorum haud inusitatum esse omnes norunt.

h cap. 12.
1.lib.3. de Cō-
cord. *Catholica.*
cap.4.

Atque hoc tertium idem *Lupoldus*, h & Cardinalis *Cusanus* ex iure diuino & naturali optimé confirmant.

5   *Non est igitur eo modo concedendum,* ait *Cusanus. Electores à Romano Pontifice potestatem eligendi habere sic, quòd nisi ipse consentiret non haberent, aut si vellet ab ipsis tollere posset. Quis, rogo, dedit populo Romano potestatem eligendi Imperatorem, nisi ipsum ius diuinum & naturale? Per viam enim voluntariæ subiectionis, & consensus in præsidentiam Prælationes concordantiales recté*

*rectè & sanctè constitutæ sunt in omni dominandi
specie.* Et infra ; *vnde Electores qui communi consensu omnium Alemannorum & aliorum qui Imperio subiecti erant tempore* Henrici 2. *constituti
sunt,* radicalem vim habent ab ipso commum omnium consensu, qui sibi naturali iure Imperatorem constituere poterant, non ab ipso Romano Pontifice, in cuius potestate non est dare cuicunque Prouincie per
mundum Regem, vel Imperatorem ipsa non consenti-
ente. Sed concurrebat ad hoc consensus ipsius* Gregorij quinti *tanquam vnius* Pontificis Romani *, qui
iuxta gradum suum in consentiendo in communem
Imperatorem interesse habet. Rectè sicut in Concilijs
vniuersalibus concurrit in primo gradu authoritas
ipsius per consensum cum alijs omnibus ipsum Concilium celebrantibus ; vigor nihilominus definitionis
non ab ipso primo omnium Pontifice, sed ex communi
omnium & ipsius, & aliorum consensu dependet,* &c.
Et infra : *Ita puto in veritate consensum* Romani
Pontificis *à principio interuenisse, dum isti Electores
constituerentur. Vnde ipsi communi fungentes legati-
one omnium qui Imperio subsunt, etiam totius Sacerdoti, &* Romani Pontificis *eligunt ; Qui electus sine
dubio ex ipsa electione cuncta consequitur ; vt notat*
Ioannes *in glossa* 93. dist. legimus. & Innocent.
cap. Venerabilem, de elect. & ita tenetur, vt notat
Hostiensis, de verborum significat. super quibusdam, & Glossa in Clementin. Romani, super verbo Reges, de iureiurando ; quoniam subiectionem
omnium habet, & per consequens imperandi potestatem, in qua consistit Imperij essentia. Dicti enim priùs
fuere ab imperando exercitui. Hæc Cardinalis Cusanus.* Similia habet *Lupellus* cap. 12. citato.

6   Concedimus etiam, examinationem personæ electæ in *Regem* Romanorum ad Ecclesiam *Romanam* aliquo modo pertinere, vt habetur in cap. *Venerabilem* de electione. §.verum, & in dicta Clementina, *Romani*, §. Præfatus itaque. *Hæc tamen examinatio*, vt recte observat idem *Lupoldus* cap. 10. *non debet fieri per Ecclesiam ad hunc finem, vt approbetur, vel reprobetur sua electio vel persona, (dum tamen sit electus in concordia, vel à maiori parte) Nam cum ipse sit factus* Rex *ex huiusmodi electione, ac successerit* Carolo Magno, *qui eiusmodi prouincias & terras hodie Regno & Imperio subiectas citra omnem translationem Imperij habuit, vt visum est* suprà cap. 6. & 7. *non poterit propter crimen in modum exceptionis oppositum repelli à Regno & successione prædictis; sicut nec alij Reges orbis à regnis per successionem generis eisdem debitis hoc modo repelli possunt. Sed ad hunc finem examinari potest ab Ecclesia, vt agat pænitentiam de criminibus per examinationem huiusmodi in eo repertis, vt eâ peractâ, vel saltem parte ipsius pænitentiæ sibi vnctionem & coronationem imperialem impendat. Potest enim ipsum, sicut & quemlibet alium Christianum corrigere de peccato, potestate sibi à Deo tradita, vt dixit* Petro, Quodcunque ligaueris &c. Matth. 16. *Et si correctionem Domini Papæ, & Ecclesiæ super criminibus repertis per examinationem contemneret, puta quia pænitentiam super eis ad requisitionem ipsius Ecclesiæ agere recusaret, extunc etiam Ecclesia Romana vnctionem, & coronationem Imperialem eidem posset, quousque pænitentiam, vel saltem partem pænitentiæ perageret, rationabiliter denegare. Et hunc intelligo esse finem seu effectam examinationis*

nis Regis ab Ecclesia facienda, de qua loquuntur prædicta duo capitula, Venerabilem, & Romani, *quoad electionem à Principibus concorditer, vel à maiori parte ipsorum de se factam. Sed quando quis esset electus à minori parte Principum, tunc Papa posset reprobare talem electum, vel eius electionem, hoc est, declarare ipsum non habere ius secundùm ea quæ dicam infra cap.* 12. *Et sic intelligo prædictum capitulum* Venerabilem, & Romani *in contrarium allegata.* Ita *Lupoldus.*

7 Quod autem attinet ad vnctionem, & coronationem, de qua in ista Clementina, *Romani,* fit mentio, hæc vnctio & coronatio, quas etiam legimus alijs Regibus tribui, vt rectè aduertit idē *Lupoidus,* cap. 10. sed fusiùs declarat *Cardinalis Cusanus ,* [k] *non arguunt in Papa maioritatem supra*   k.Lib.3.cap.4. *electionem confirmandam, vel infirmandam, vel super ipsum etiam Imperium quoad temporalia, sicut nec vnctio quæ sit Regi Franciæ, Rhemis, aut coronatio ipsius Imperatoris per Archiepiscopum* Coloniensem Aquisgrani &c. *Ex quibus patet, vnctionem & diadema nihil præstare Imperiali potestati. Insignia enim illa quasi ad maiestatem sacram, quæ Imperio inest, ostendendam, materiali visibili subiecto cum cæremonijs impenduntur, vt sint signa prædicantia admirandam illam potentiam, sicut similia in Romano Pontifice videmus fieri, tamen ante omnia talia Papa est post electionem.* * *Nomen etiam, quod in coronatione,*   * Nonne. *quæ per Papam Imperatori impenditur, mutatur, vt priùs Rex, & postea Imperator vocetur, nihil minùs potentiæ imperandi priùs in eo fuisse arguit, vt notissimum est. Fuit itaque in veritate Imperator, dum in libera potestate habuit imperare, etiamsi vulgò ita*

non

non nominaretur, ſed vt ad ipſam coronationem anhelet. De qua quidem coronatione diadematis, & alijs notat Gloſſa *in*-Clementina, Romani, *allegata ſuper,* verbo, *veſtigijs. Et quia hæc materia à multis diſertiſsimè eſt tractata, ſufficiat nobis ſcire quòd noſtri Electores Imperij, dum eligunt vno communi omnium qui ſubſunt imperio conſenſu, per concordem omnium transfuſionem in eos* (*in qua quidem concordia Romanus Pontifex* Gregorius V. *includebatur*)*hoc agunt. Et ex hoc, ex electione Imperator efficitur, abſ-que quacunque confirmatione. Rectè in Cardinales vtilis Ecclſiæ poteſtas per communem omnium tacitum, vel quendam expreſſum conſerſum in eligendo Papa transfuſa eſt, & ideo abſque confirmatione electus Papa eſt. Et ſicut poteſtas electiua hac concordantiâ venit in certos vtriuſque ſtatus Principes, ita cum par debeat eſſe poteſtas tollendi ab ipſis hanc poteſtatem, non puto Romanum Pontificem ſolum ab ipſis Principibus abdicare eandem, ſed concurrente tam ipſius Romani Pontificis, quàm aliorum omnium conſenſu, non dubitatur ab ipſis tolli poſſe hanc poteſtatem.* Hæc Cuſanus.

* Rectè veluti in Cardinales Eccleſiæ vniuerſalis poteſtas.

8 *Præterea,* quod ſpectat ad *Iuramentum fidelitatis,* Reſpondeo, *Clementinam* iſtam intelligendam eſſe, vel de *iuramento fidelitatis* ſeu obedientiæ in ſpiritualibus, non autem in tempora ibus, in quibus neque *Imperator,* neque alij *Principes ſupremi* vllum ſuperiorem præter ſolum *Deum* Regum Regem, & Dominum Dominantium recognoſcunt, vel potiùs, vt optimè declarat & probat idem *Lupoldus,* de *Iuramento* non *homagij,* ſed *fidelitatis,* id eſt, *fidelis defenſionis facienda per Regem Romanorum ipſi Eccleſia Romana. Patet hoc ex*

tenore

tenore eiusdem Iuramenti in prædicto cap. Tibi Domino, *comprehenso. Articuli enim in eiusdem Iuramenti forma contenti ad defensionem Ecclesiæ Romanæ, aut ad non offendendum Dominum Papam in persona, honore, vel rebus pertinere noscuntur. Qui verò tenetur alium defendere, ipsum offendere vel impugnare non debet. Et sic de defensione Papæ ac Ecclesiæ Romanæ articuli respiciunt antedicti. Nec mirum si Rex Romanorum præstet hoc iuramentum Papæ & Ecclesiæ Romanæ. Ipse enim est Aduocatus ipsius Ecclesiæ, vt patet,* extra, de electione cap. *Venerabilem,* vers. Quod autem : *& in Clementina,* Romani, de iureiurando. *Aduocatio vero Ecclesiæ nihil aliud est, quam ius defendendi Ecclesiam. Vnde etiam interdum in Iure Patroni Ecclesiarum dicuntur Aduocati eorum. vt,* extra, de iure Patronatus, cap. Quia clerici : *Et hoc ex eo quia habent defendere Ecclesias, quarum sunt Patroni* vt 16. q. 7. can. filys &c. *Et de tali Iuramento fidelitatis intelligo etiam prædictam* Clementinam de Iureiurando cap. Romani, *& id quod notatur* 63. dist. can. Quia sancta *in vltima glossa, sed non de Iuramento fidelitatis, id est* homagij, *vt superiùs est probatum. Hæc* Lupoldus.

9 Postremò, friuolum omnino, & nihil plane ad rem spectans est illud, quod *Lessius* obijcit Clementina, Si quis suadente, *de pœnis.* Neque enim aliquis negabit, posse Summum *Pontificem,* quà *Princeps* temporalis est, atque etiam alios Prælatos Ecclesiasticos, veluti Episcopos *Coloniæ, Moguntiæ* & similes, quatenus Domini temporales sunt, pænas temporales infligere, nempe per amissionem feudorum, & officiorum, quæ

quis tenet ab Ecclefia &c. hoc enim nihil aliud
eſt, quàm poſſe Eccleſiam pænis temporalibus
eos afficere qui illi temporaliter ſubiecti ſunt,de
quo nullus Catholicus vnquam dubitauit, ſed
hoc ſolùm nunc contendimus, non poſſe Summum *Pontificem*, iuxta ſententiam *quæ pleriſque
Doctoribus placet*. vt Paſtor eſt mere ſpiritualis,
ſeu Prælatos Eccleſiaſticos per illam poteſtatem
Eccleſiaſticam, quæ illis iure diuino competit,
pænam vllam ciuilem infligere : Iure autem diuino, & ex *Chriſti* inſtitutione, *Eccleſia* ſeu Prælati Eccleſiaſtici nulla dominia temporalia,feuda,
aut villas poſſident, aut aliqua officia illis annexa,
quibus *Pontifex* eos, qui capiunt *Epiſcopum*, priuare poteſt, ſed hæc dominia, feuda, villæ, & officia temporalia iure humano, & ex conceſſione
Principum, Eccleſiæ ſeu Prælatis Eccleſiaſticis communicata ſunt, vt docet S. *Auguſtinus* tract.6. in
cap. 1.Ioan. & habetur *diſt*.7. can. *Quo iure*.

1 nu.13.p.105.   10 *Decimò tertiò ſequitur*, ait *Leſſius*,[1] *erraſſe Concilium* Conſtantienſe *ſeſſ.* 31. *cùm in moni-
torio contra* Philippum *Comitem*, *qui Epiſcopum
ſuum in carcerem coniecerat, & alia grauia patrarat,
ſtatuit (exequutione duobus Epiſcopis commiſſa) vt
ſi poſt excommunicationis & interdicti ſententiam
prædictus* Comes *& eius Officiales obſtinati perſtite-
rint*, ad omnes alias pænas ſpiritales & temporales authoritate præſentiũ aduerſùs eos procedere valeant. *Vbi apertè ſentit* Concilium, *ſe habere poteſtatem infligendi non ſolùm pænas ſpiritales,
ſed etiam temporales, quando ſpiritales contemnun-
tur, & magnitudo criminis poſtulat.*

    11 *Rurſus erraſſe grauiſſimè ſeſſ.*39.*cùm in de-*
                                                    creto

creto ad cauenda schismata statuit , Vt quicunque
Electoribus in electione *Papæ* metum aut vim
fecerit, aut fieri procurauerit vel factum ratum
habuerit, aut in hoc consilium dederit, aut fauorem &c. Cuiuscunque status, gradus , aut præ-
minentiæ fuerit, etiamsi Imperiali, Regali. Pontificali, vel alia quauis Ecclesiastica , aut Seculari
præfulgeat dignitate, illas pænas ipso facto in-
currat, quæ in *Constitutione Fæl.* record. *Bonifacij*
8. quæ incipit, *Fælicis*, continentur, illisque effectu-
aliter puniatur. *Hîc manifestè etiam in Reges &*
& Imperatores non solùm spiritales , sed etiam mul-
tas temporales pænas constituit. Nam pænæ cap.
Fælicis (*quod habetur in* 6. *tit.* de pænis) *maxi-*
mam partem sunt temporales: vt bonorum amissio,
infamia Iuris, intestabilitas id est, inhabilitas ad con-
dendum testamentum , & ad aliquid ex testamento
capiendum, inhabilitas ad dignitates tam seculares,
quàm Ecclesiasticas , inhabilitas ad agendum in iu-
dicio, ad postulandum , ad testimonium dicendum
&c. Itaque manifestum est, hoc Concilium tan-
quam rem certissimam supponere, Ecclesiam habere
potestatem ad omnes illas pænas irrogandas. Si non
habet(vt volunt aduersarij)errat grauissimè in doctri-
na, quam supponit vt fundamentum huius decreti, &
decretum iniquissimum sancit.

12   Sed *inprimis* mirum est, qua fronte *Lessi-*
us aduersus meam sententiam de potestate Ecclesiastica pænas tantùm spirituales ex institutione
diuina infligendi , *decretum particulare Constan-*
tiensis Concilij ad *mores* spectans, tanquam fidem
infallibilem faciens, vrgere ausus fuerit, qui tamen
aduersus suam, suorumque sententiam de authoritate

ritate *Papæ* fupra totam *Ecclefiam* collectiuè
fumptam, quam *Concilium* generale reprefentat,
generale fidei decretum eiufdem Concilij *Conftantienfis*, & in Concilio *Bafileenfi* tunc temporis
indubiè legitimo confirmatum admittere nolit.
Quafi verò erroneum eflet affirmare, Concilium
Conftantienfe erraffe in *particulari decreto*, in quo
pænas temporales cuidam *Comiti*, qui *Epifcopum*
carceri mancipauerat, infligendas elle decernitur,
nullus autem error, aliudue incommodum fit afferere, erralle Synodum *Conftantienfem* in *generali
fidei decreto* & poftea in Concilio *Bafileenfi*, eo
prælertim tempore quo abfque dubio legitimum,
& nullum in Ecclefia fchifma erat, confirmato;
Synodus enim *Bafileenfis* feff. 2 *expreffè ordinat,
definit decernit, & declarat, quòd ipfa in fpiritu fancto
legitimè congregata Concilium generale faciens, poteftatem à Chrifto immediate habeat, cui quilibet
cuiufcunque ftatus, vel dignitatis, etiamfi Papalis
exiftat, obedire tenetur in his quæ pertinent ad fidem
& extirpationem dicti fchifmatis* (refert enim decretum Concilij *Conftantienfis* tempore fchifmatis
factum, illudque confirmat) *& reformationem
dictæ Ecclefiæ in capite & membris.*

13   *Refpondetur* itaque *fecundò*, non poffe ex
his duobus decretis Concilij *Conftantienfis*, ficut
neque ex illo feff. 17. quod vrget Card. *Peronius*,
[m] aliud efficaciter concludi, quàm quòd penes
Ecclefiam feu Prælatos Ecclefiafticos iure diuino
& ex Chrifti inftitutione fit poteftas pænas tantùm fpirituales, & iure humano & ex conceffione & confenfu *Principum* fupremorum pænas
etiam temporales infligendi: atque etiam quòd
Eccle-

m En *Ha-
rangue* pag.
38.

Ecclesia, seu *Concilium* generale quoscunque Dominos etiam supremos illis dignitatibus, honori-
bus, feudis, castris, dominijs, officijs & beneficijs
siue Ecclesiasticis siue secularibus quæ certò &
absque controuersia ab *Ecclesia* tenent, priuare
omnino possit.

14	Dixi [*quæ certò & absque controuersia ab
Ecclesia tenent*] Si enim certum non sit, sed in opinione positum, an *Rex* aliquis vel Princeps inferior Regnum aliquod, Prouinciam, ciuitatem,
aut castrum, quod bona fide & legitimè possidet,
ab *Ecclesia* teneat tametsi forsan summus *Pontifex*,
& Doctores qui illi adhærent, prætendant *Regem*
illum aut Principem illud ab *Ecclesia* tenere (sicut
quidam Pontifices & Doctores, præsertim Canonistæ *ius diuinum*, vt ait *Sotus, non callentes* prætendunt, Reges omnes vel ferè omnes si non iure
diuino, saltem iure humano, & ex *Principum* concessione esse Summi *Pontificis* Vasallos, & Regna
sua à Summo *Pontifice* vel Ecclesia in feuda ac-
cepisse) non est licitum Summo *Pontifici*, etiam
iuxta doctrinam ipsius *Lessij* superiùs ° relatam,	° Part. 2. sec.
Regem illum aut *Principem*, sub cuiuscunque cri-	6. nu. 2. 6.
minis prætextu è legitima sua possessione, quam-
diu sub Iudice lis est, absque apertissima iniuria
deturbare, cum iuxta verissimam Iurisprudentium regulam in iure naturali fundatam, *In re dubia
siue incerta melior sit conditio possidentis*: Et quoniam probabile admodum est, lite hac pendente,
Principem illum non esse *Ecclesiæ* Vasallum, tametsi Summus *Pontifex*, & alij Doctores qui illi
fauent id contendant, certissimum est, & iuxta
notissima Theologiæ principia, meo quidem iudicio

dicio indubitatum, poſſe *Principem* illum tuta
conſcientia contra quoſcunque , qui eum ſub tituli tantùm probabilis prætextu , e legitima ſua
poſſeſſione extrudere conantur, ius ſuum armata
manu defendere , & in ipſos tanquam in hoſtes,
& ſui Regni perturbatores inſurgere: Neque hęc
doctrina ab aliquo viro erudito , qui adulari non
cupit, in controuerſiam vocari poteſt. Nam
poteſtas quæ non eſt omnino certa ſed probabilis , vt ip-
ſemet Leſsius affirmat, *non poteſt eſſe fundamentum,*
quo immediatè aliquis puniatur , & iure ſuo ac Do-
minio priuetur. Sed talis poteſtas certiſſimè non du-
biè debet competere. Vide ſuperius part. 2. ſec. 6.

15   Atque hæc mea *Reſponſio* ad duo iſta Concilij *Conſtantienſis* decreta, quæ *Leſſius* vrget, tū generali illi principio à me ſæpiùs allato , & ab omnibus eruditis approbato , nempe nullas leges vltra poteſtatem Legiſlatoris extendendas eſſe, tum
etiam ſententiæ *Almaini,* qui centum ferme annis à tempore illius Concilij floruit , & *quæ* , vt
ipſe ait, *pleriſque Doctoribus placet,* innititur ; nimirum, *non poſſe poteſtatem Eccleſiaſticam vllam pœnam*
ciuilem vt ſunt mors, exilium , bonorum priuatio,
&c. ex inſtitutione diuina infligere , ſed ad ſolam
pœnam ſpiritualem extendi , vtputa Excommunica-
tionem reliquas autem pœnas, quibus vtitur , ex
iure purè poſitiuo, ſeu , vt loquitur *Gerſon. ex con-*
ceſſione Principum eſſe: Tum etiam ex cap. illo
Fælicis de pœnis , cuius *Concilium* meminit, ſatis
perſpicuè confirmatur. Conſtat enim decretum
illud *Bonifacij* 8. ſolùm loqui de amiſſione feudorum, locationum, officiorum &c. quę ab Eccleſia perſonæ illæ obtinent, &, quod ad alias pę-
nas

nas tēporales attinet, inferiores tantùm perſonas,
&præſertim Eccleſię *Romanæ* tēporaliter ſubiectas
complecti. *Si quis deinceps,* inquit *Bonifacius, in
hoc ſacrilegij genus irrepſerit, quòd ſanctæ Romanæ
Eccleſia Cardinalem fuerit hoſtiliter inſequutus, vel
percuſſerit, aut ceperit &c. ſicut reus criminis læſæ
Maieſtatis perpetuò ſit infamis, diffidatus nihilominus
& bannitus, ſit inteſtabilis* ——— *nullus ei debita
reddere, nullus reſpondere in iudicio teneatur, quicquid etiam in bonis inuenitur ipſius fiſci vel reipublicæ dominio applicetur* ——— *Si qua verò feuda, locationes, officium vel beneficium ſpirituale vel temporale ab aliquibus Ecclesijs obtinet ſit eis ipſo iure
priuatus, quæ ſic liberè ad Eccleſias reuertantur,
quòd Eccleſiarum Rectores de ipſis pro ſua voluntate
diſponant.* ——— *Per hoc quoque Secularibus poteſtatibus non adimimus facultatem vtendi legibus contra
tales quas aduerſus ſacrilegos Catholici Principes
ediderunt.* Et tandem concludit. *Quapropter ſi
Princeps, Senator, Conſul, Poteſtas, vel alius Dominus, ſiue Rector contra præſumptores prædictos præ-
ſentis conſtitutionis tenorem non fecerit obſeruari,
tam ipſe quàm Officiales ipſius infra menſem (poſt-
quàm res ad notitiam eorum peruenerit) eo ipſo ſententiam excommunicationis incurrant.*

16 Non igitur *Canon* iſte, quod ad pænas
temporales attinet, *Principes* ſupremos, quâ tales
ſunt, qui crimen *læſæ Maieſtatis* incurrere non
poſſunt, ſed inferiores tantùm perſonas, preſertim
Eccleſiæ temporaliter ſubiectas comprehendit,
neque Principes ipſos ſupremos neque eorum
ſubditos abſque eorum conſenſu, niſi quoad ea
feuda, locationes, officia, aut beneficia temporalia

ralıa quę ab Eccleſijs obtinent , aut ligat , aut
(quamdıu de hac re certant Scholaſtici an *Papa*
poſſit *Principes* dominijsſuis quæ ab Eccleſia non
obtinent priuare) obiigare poteſt. Et proinde
omnia decreta & Canones Eccleſiaſticos, in quibus pæna aliqua temporalis, velutı honoris, dig-
nitatis.officij, aut beneficij ſecularis priuatio , in-
fligenda decernitur , vel inferiores tantùm Dominos ex ſupremorum conſenſu comprehendere. vel ſi *Reges*, alioſque Dominos ſupremos in
illis comprehendi velimus. de illis tantùm ho-
noribus , dignitatibus , officijs , & beneficijs
ſecularibus , quæ ab Eccleſia obtinent , iuxtaſen-
tentiam quæ *plerifque Doctoribus placet* , ea
decreta intelligenda eſſe , commodè Reſponderi
poteſt.

Sectio VI.

In qua decimum quartum , & decimum
quintum *incommodum ex Concilio* Lateranenſi *vltimo* , & Tridentino *deſumpta refutantur.*

a Nu. 65.
pag.107.

1 **D**Ecimo-quartòſequitur , ait *Leſſius* , [a] *ſimili
modo erraſſe Concilium* Lateranenſe *ſub*
Leone 10. *ſeſſ.* 9. Primò *cum ſtatuit , vt ſeculares
Principes qui occupant, aut detinent prouentus Eccleſiarum, monaſteriorum , beneficiorum Eccleſiaſticorum, ſi moniti nolunt reſtituere, aut deſiſtere, præter
Excommunicationis & Interdicti cenſuram, ipſorum
& ipſis ſubditorum bona , vbicunque reperta fuerint, capi & retineri poſſunt ; & ipſi omnia feuda* &
prini-

priuilegia , quæ ab Ecclefia obtinent , amittant ,
aliafque pænas contra violatores & oppreffores Eccle-
fiafticæ libertatis à Romanis Pontificibus ftatutas in-
currant ; quas omnes ibi innouat , & perpetuum fir-
mitatis robur habere decernit. Et paulo pcft contra
fimiles violatores, qui ipfas perfonas Ecclefiafticas indignis modis tractant & opprimunt. *in-*
nouat omnes pænas cap. Felicis : *quarum plerafque*
temporales effe conftat , vt oftenfum eft. Similiter
innouat omnes pænas Clement. Si quis fuadente, *è*
quibus etiam aliquæ funt temporales. Denique , in
eodem Concilio feff. 11. *innouatur & approbatur con-*
ftitutio Bonifacij 8. *quæ incipit,* Vnam fanctam,
in qua multa huc pertinentia continentur; nimirum
in Ecclefiæ poteftate effe duos gladios, fpiritalem &
temporalem : Temporalem poteftatem fubijci fpiri-
tali , & illam ab hac debere iudicari , fi à recto de-
uiarit : Supremam poteftatem fpiritalem à folo Deo
iudicari : Effe neceffarium ad falutem, vt quis Ro-
mano Pontifici fubijciatur

    2   *Nec obftat , quòd in illa* Conftitutione *ad-*
ducantur duo loca Scripturæ, quorum conftat alium
effe fenfum literalem ; quia etfi in fenfu literali non
probent ; fatis tamen probabiliter rem oftendunt in
fenfu fpiritali & allegorico : quomodo ibi à Boni-
facio *&* S.Bernardo *adferuntur. Duo enim illi gla-*
*dij, de quibus Apoftoli Luc.*22.Ecce duo gladij hîc,
optimè poffunt per allegoriam defignare duplicem pote-
ftatem , quæ eft in Ecclefia (quam & ipfa domus, in
qua Apoftoli erant , defignabat) fpiritalem & tem-
poralem , ficut Sanctus Ambrofius *in illum locum*
illis gladijs nouum & vetus Teftamentum adumbra-
ri putat.

3   *Simili modo locus iſte Ieremiæ cap.* 1. Ecce conſtitui te hodie ſuper gentes & ſuper regna, &c. *etſi ſenſu literali intelligi debeat de munere prophetandi, & regnorum ortus & occaſus populis annunciandi; tamen ſenſu myſtico rectè accipi poteſt de authoritate data* Chriſto Domino à Patre, *& per illum participata Pontifici Romano eius Vicario, puniendi Principes, & populos Eccleſiæ ſubiectos, ſi ad impietatem deflectant; & extollendi ac fouendi, ſi pietatem coluerint. Ieremias enim geſſit figuram Chriſti Domini.*

4   *Nec refert quòd non ſatis conſtet de ſenſu allegorico. Sufficit enim eſſe probabilem, & nonnullis ſanctorum Patrum vſurpatum. Non enim neceſſe eſt, omnia argumenta eſſe demonſtratiua, cùm ipſe Dominus interdum rationibus duntaxat probabilibus vſus ſit. Non enim tales rationes inducuntur ad conuincendum animum, ſed ad inſtruendum credibili modo ad aſſenſum. Vnde veritas aſſertionis vel definitionis huiuſmodi argumentis non nititur. Qua de re plura ſuprà diximus, & ipſe aduerſarius fatetur, vt oſtenſum eſt. Hæc dixerim paulo fuſius ob controuerſiam, quæ mihi cum quodam de illa conſtitutione interceſſit.*

5   Sed imprimis *Leſsius* meminiſſe debuiſſet, quid Cardinalis *Bellarminus* de iſto *Lateranenſi* Concilio ſcripſerit. *Et quamuis poſtea*, inquit, *in Concilio* Florentino, *&* Lateranenſi *vltimo videatur quæſtio definita*, (nempe Pontificem eſſe Concilio Oecumenico ſuperiorem) *tamen quia* Florentinum *Concilium non ita expreſsè hoc definiuit, & de Concilio* Lateranenſi, *quod expreſsimè rem definiuit, nonnulli dubitant, an fuerit verè gene-*

nera-

Bell. lib. 2. de Conc. cap. 13.

nerale,*ideo vsq; ad hanc diem quæstio superest etiam
inter Catholicos.* Ex qua doctrina apertè sequitur,
Concilium hoc *Lateranense* non ita generale, &
Oecumenicum à fidelibus habendum esse, vt vel
expressimè eius definitioni certa fides necessariò
adhibenda sit, sed de illius veritate etiam inter
Catholicos quæstio esse queat. Quare *Andreas
Duuallius* in Academia Parisiensi Regius Theologiæ Professor non obstante quòd istud Concilium
Lateranense expressimè, si *Bellarmino* credendum
sit, *definierit*, Papam Concilio *Oecumenico* superiorem esse, ingenuè fatetur, contrariam opinionem neque esse *hæreticam*, neque *erroneam*,
neque *temerariam temeritate opinionis*. Nam temeritas illa obedientie, quam *Duuallius*, vt opinio-
ni Card. *Bellarmini* aliquo modo fauere videretur,
confinxit, è suo cerebro, & absque vllo probabili fundamento excogitata est. Si enim opinio
Parisiensium Theologorum nec *hæretica*, nec *erronea*, nec *temeraria* est, ex consequenti erit *probabilis*, & proinde qui eam speculatiuè sequitur,
ab omni *inobedientiæ*, *scandali*, alteriusuè criminis nota iuxta communem Theologorum sententiam excusandus est. Quomodo autem opinio
speculatiuè probabilis in ordine ad *praxim* non sit
probabilis, nequefundamentum esse possit, quo
aliquis immediatè puniatur, etiam iuxta ipsius
Lessij doctrinam, superiùs declaratum est.

    6   Ad istius autem *Lateranensis* Concilij au-
thoritatem infirmandam alias Responsiones adhibet etiam *Duuallius*. *Quidam* enim, inquit,
*aiunt, non fuisse verè & propriè generale, cùm ei
vix centum Episcopi interfuerint. Alij dicunt, caput*

*Duual. de su-
prema Rom.
Pont.in Ec-
clesiam pote-
state part.4.
q.7.pag.549.*

          illud

illud 11. *in quo de authoritate Concilij fupra Pon-*
tificem mentio fit, à Concilio non fuiffe difcuffum,
aut examinatum, fed tantùm perlectum coram
Prælatis Concilij, qui fine prænio examine illud
approbarunt, ideoque dici non poffe conciliariter
conclufum, & definitum, ficut de Concilij Conftantienfis *definitione dictum eft. Alij fic rem ex-*
pediunt: Etiamfi, inquiunt, Concilium abfolutè
fuiffet generale (quod adhuc propter Epifcoporum
paucitatem relinquitur incertum) tamen rem ipfam
vt decretum fidei Catholicæ non definiuit ; nulla e-
nim in verbis Concilij nota apparet, ex qua fidei
definitionem colligamus, nam nec anathema pro-
nunciat in eos qui contrà fentient, nec dicit fe hoc
expreffè & propriè definire, aut effe de neceffitate
falutis ita credere, vel quid fimile, ex quo ex-
preffa definitio colligatur. Hæc *Duuallius.*

   7   *Refpondetur* nihilominus *fecundò*, prædicta omnia huius Concilij decreta, quæ *Lef-*
fius vrget, iuxta meam doctrinam commodè
exponi poffe, eo modo quo cætera *Pontificum,*
& *Conciliorum* decreta antea explicauimus. Nam
vel decreta hæc non ius aliquod conftituunt,
fed folùm declarant, non effe licitum *Principibus,*
eorumque fubditis abfque licentia debita bona,
fructus, reditus, aut prouentus Ecclefiarum,
monafteriorum, & beneficiorum Ecclefiaftico-
rum fequeftrare, vel occupare, & fi forte ea
fequeftrauerint, vel occupauerint, ftatim &
fine mora fub pæna Excommunicationis aut Interdicti reftituenda effe: Et fi admoniti reftitu-
ere noluerint, poffe Ecclefiafticos bona fua,
vbicunque ea repererint, licitè (quod ad fo-
                                                rum

rum confcientiæ attinet, feclufo fcandalo) capere & detinere : Vel fi decreta illa iuris con-
ftitutiua funt; aut decernunt, illorum *Principum*,
qui Romani *Pontificis* aut *Ecclefiæ* Vafalli funt,
eifdemque fubditorum bona, fi moniti parere
noluerint, vbicunque fuerint reperta, capi &
retineri poffe, donec fatisfecerint ; aut priuant
contrafacientes feudis & priuilegijs quæ ab Ecclefia obtinent, vtî *Concilium* expreffe afferit;
aut fi alias pænas temporales infligant, non *Prin-*
cipes fupremos, fed inferiores tantùm ex fupremorum confenfu, ob rationem fæpiùs allatam
comprehendit, quia nimirum nulla lex vltra poteftatem *Principis*, qui eam condit, extendenda
eft, & poteftas Ecclefiaftica, iuxta fententiam
Almaini, & quæ *plerifque Doctoribus placet*, nullam pænam ciuilem, vt eft bonorum priuatio, ex
inftitutione diuina infligere poteft.

8 Si quis autem omnino contendere velit,
iftud Concilium *Lateranenfe* vitimum non folùm inferioribus Dominis, fed etiam *Imperato-*
ribus, *Regibus*, alijfque *Principibus* fupremis,
qui Summo *Pontifici* in temporalibus nullatenus
fubduntur, pænas temporales infligendas decernere, & verba illa [*Et vt eorum ac eifdem fub-*
ditorum bona vbicunque reperta fuerint, fi moniti
parere noluerint, capi & retineri poffint] non fint
declaratiua iuris eo modo quo explicauimus, fed
pænam illam temporalem, nempe bona ipforum
vbicunque fuerint reperta, confifcanda, vel à
quouis capienda, aut prædæ exponenda effe,
(nam quis fit fenfus illorum verborum non fatis perfpicuû eft) aduersùs quofcunq; etiam *Prin-*

cipes supremos decreto propriè constitutiuo decernant, non maius quin multò minus incommodum est illis Catholicis, qui sententiam *Almaini*, & *quæ plerisque Doctoribus placet*, de potestate Ecclesiastica pœnas temporales ex institutione diuina non infligendi sequuntur, asserere, errasse *Concilium* in hoc reformationis decreto (cùm præsertim neque à *Concilio* discussum & examinatum, sed tantùm coram Prælatis Concilij, & à plurimis forsan neq; intellectum, & proinde non conciliariter, & cum præuio examine ab ipsis conclusum, definitum, & approbatum fuerit, sicut Aduersarij ad *Constantiensis* Concilij decretum respondent) quàm sit incommodum Theologis *Parisiensibus* affirmare, idem Concilium *Lateranense*, vtpote non *Oecumenicum* in multis decretis, immo & in dogmate fidei expressimè, si Card. *Bellarmino* fides adhibenda sit, definiendo errasse : Vnde tota illius studij *Parisiensis* Vniuersitas anno Domini 1517. die 27. Martij à quibusdam decretis à *Leone* decimo in Concilio *Lateranensi* editis ad proximè futurum Concilium generale appellauit, neque inde aliquod nasci incommodum existimauit.

vide istam *appellatiõe* apud *Bochel.*l.8.tit. 25.c.8.

   9   *Denique* ad Clementinam, *Si quis suadente*, & cap. *Felicis*, Bonifacij Octaui iam supra respondimus. Illa autem eiusdem *Bonifacy* 8. Extrauagans, *Vnam sanctam*, nostræ sententiæ, vt alibi ᵇ fusè ostendimus, nequaquam aduersatur. Atque inprimis *Andreas Duuallius* hanc constitutionem *Bonifacy* breuiter ita expedit : ᶜ *Ad Bonifacium prochuis est responsio ; quia* Bonifacius *etsi vtriusque gladij spiritualis & temporalis mentionem faciat, hunc -*

b In *Consutat.* Anglic. *Tho. Fitzh.* part. 2. cap 9. c part. 2. q. 4. pag. 262 263.

huncque sub illo esse in progressu sua constitutionis dicat ; *in definitione tamen seu conclusione (cuius potissimùm sicut & in Conciliorum decretis habenda est ratio, cùm hæc sola ad credendum obligationem inducat)* hoc *tantùm in genere pronunciat* ; Porro esse de necessitate salutis omnis humanæ creaturæ subesse *(silicet in spiritualibus)* Romano Pontifici declaramus, dicimus, definimus, & pronunciamus, *quod sanè verissimum est*. Et paulo infra, *In definitione*, inquit, *Bonifacij nullum extat verbum huiusce temporalium subiectionis , licèt in præmissis , quæ sunt ad definitionem apparatus, & quibus inniti videtur definitio, illud expresse habeatur. Sed in his præmissis , vt omnes norunt , infallibilitas Pontificum & Conciliorum non est sita* ; *potest enim rationibus definitionum error obrepere , non tamen definitioni, vt suprà ostendimus.*

10   Ego tamen existimo , verba istius Decretalis, *Vnam sanctam* (quæcunque fuerit mens *Pontficis*) non solùm in ipsa definitione , & conclusione, verùm etiam in præmissis, apparatu, & progressu commodè exponi posse in eo sensu, quo verba S. *Bernardi*, quem Papa *Bonifacius* in illa constitutione imitatus est, intelligenda esse alibi declarauimus, & contra D. *Schulckenium* fuse comprobauimus ;   [d] nempe, gladium seu potestatem temporalem ita ad *Ecclesiam* pertinere, & spirituali subijci potestati, vt quotiescunque *Ecclesiæ* necessitas postulauerit , sit pro *Ecclesia* non ab *Ecclesia*, militis non sacerdotis manu , ad nutum quidem seu directionem *Sacerdotis*, sed ad iussum *Imperatoris* extrahendus : & præterea potestatem temporalem, quæ etiam quoad dignitatem

d Loco iam cit.

tem & perfectionem ſpiritali ſubeſt, ſi à recto de-
uiauerit, à ſpirituali pænis ſpiritualibus non temporalibus coercendam eſſe, & denique quemlibet Chriſtianum, etiam *Principes* ſupremos , *Ro-*
mano Pontifici in rebus tantùm ſpiritualibus, non
téporalibus , in quibusipſimet *Principes* ſupremi,
non ſubditi ſunt, ſubijci opottere. Illa verò argumenta , quæ *Leſſius* affert ex *Luc.* 22. de duobus
gladijs & ex illis verbis *Ierem.* cap.1. *Ecce conſtitui*
te &c. cùm ad ſummum probabiles coniecturæ
ſint, & ſenſu allegorico , de quo certò non conſtat, nixæ, friuola planè ſunt, & Doctore Theologo indigna, ad dogma fidei certò comprobandum.

11 *Decimò quintò ſequitur* , ait *Leſſius* , e *er-*
raſſe Concilium Tridentinum *idque tribus locis.*
Primò, *ſeſſ.* 25. *cap.* 3. *de Reformat. vbi mandat Iu-*
dicibus Eccleſiaſticis vt abſtineant à Cenſuris, quando executio realis vel perſonalis ab ipſis propria
authoritate fieri poteſt; *vbi ſupponit tanquam cer-*
tum Iudices Eccleſiaſticos propria authoritate poſſe
quaſdam pænas temporales ſtatuere & exequi in res
& perſonas Laicorum. Idem clariùs explicat verbis
ſequentibus, vbi dicit ; Iudices Eccleſiaſticos poſſe
procedere contra Laicos per mulctas pecuniarias,
captionem pignorum, & perſonarum diſtrictionem per ſe vel alios exequutores faciendam. *Vide*
ſupra nu. 16. *Si ſententia Aduerſariorum vera eſt;*
grauiſſimè & pernicioſe hic errat Concilium falſam
tradens inſtructionem , & iniqua mandata omnibus
Iudicibus Eccleſiaſticis imponens , & conſequenter
omnia tribunalia iniurijs replens. Poterunt etiam Lai-
ci ſententias eiuſmodi contemnere , & exequutoribus
vi reſiſtere.   12 Secun-

12 Secundo, *erraſſe idem Concilium ſeſſ. 25.de reformat cap.19. vbi ſic ſtatuit* : Imperator, Reges, Duces, Principes, Marchiones, Comites,& quocunque alio nomine Domini temporales,qui locum ad Monomachiam in terris ſuis inter Chriſtianos conceſſerint, eo ipſo ſint excommunicati, ac Iuriſdictione & Dominio ciuitatis,caſtri, aut loci, in quo, vel apud quem duellum fieri permiſerint,quod ab Eccleſia obtinent, priuati intelligantur : & ſi feudalia ſint , directis Dominis ſtatim acquirantur. *Quis non dicat hunc errorem eſſe grauiſsimum, & hoc decretum iniquiſsimum , & in omnes Principes iniurioſiſsimum, ſi Eccleſia talem poteſtatem non habeat ?*

13 Tertiò,*non minùs grauiter & pernicioſe erraſſe idem Concilium ſeſſ. 25.cap. 20.* vbi confirmat & innouat omnes Canones à Concilijs generalibus , & ſummis Pontificibus in fauorem Eccleſiaſticarum perſonarum, libertatis Eccleſiaſticæ,& contra eius violatores editos. *Acproinde confirmat & innouat cap.* Felicis, *& Clement.* Si quis ſuadente , *& Conſtitutionem Concilij* Lateranenſis *ſub* Leone 10. *de qua ſupra. Quæ omnia continent mnltas pœnas temporales ,vt oſtenſum eſt.*

14 Sed falſum etiam eſt, ex mea ſententia ſequi, *Cancilium Tridentinum* in aliquo ex his tribus locis, quæ *Leſsius* vrget, erraſſe, aut pœnas temporales aduersùs *Principes* ſupremos , ſed ſolùm aduersùs inferiores *Principes,* Dominos, ac perſonas , vel Eccleſiæ temporaliter ſubiectos , vel *ex Principum* ſupremorum conſenſu, & authoritate illa Eccleſiaſtica quæ Prælatis Eccleſiaſticis iure humano competit , decreuiſſe. Et quod ad
primum

primum locum attinet, satis perspicuum est, illum
non de authoritate Ecclesiastica, quæ ex institutione diuina, sed quæ iure humano, & ex concessione aut consensu *Principum* Prælatis Ecclesiasticis est propria, intelligendum esse. Atque hoc
ipsum particula illa [*quandocunque*] & totius
capituli contextus satis apertè significat. *Man-*
datur enim *omnibus Iudicibus Ecclesiasticis, cuius-*
cunque dignitatis existant, vt quandocunque incau-
sis iudicialibus executio realis vel personalis in quali-
bet parte iudicij propria authoritate, id est, quam ex
iure humano, & ex concessione *Principum* acceperunt, *à seipsis,* absque eo quòd auxilium brachij Secularis implorare teneantur, *fieri poterit,*
abstineant se tam in procedendo quàm definiendo à
Censuris Ecclesiasticis ; significans, non posse Iudices Ecclesiasticos quantæcunque dignitatis existant, iure diuino & semper, tametsi causa adsit,
sed aliquando & in quibusdam casibus sibi ex
priuilegijs *Principum*, in cuius dominijs viuunt,
concessis, pænas temporales statuere & exequi in
res & bona Laicorum.

15   Idem clariùs significatur verbis sequentibus, vbi dicitur ; *Sed liceat eis, si id expedire vi-*
debitur, in causis ciuilibus ad forum Ecclesiasticum
quomodolibet pertinentibus contra quoscunque etiam
Laicos per mulctas pecuniarias, & personarum di-
strictionem per suos proprios aut alienos exequutores
faciendam, siue etiam per priuationem benefi-
ciorum, aliaque Iuris remedia procedere, & causas
definire. Sed *Lessius* verba hæc [*in causis ciuili-*
bus ad forum Ecclesiasticum quomodolibet pertinen-
tibus] de industria forsan & dolosè prætermisit,
                                                    videns

videns illis verbis satis apertè significari, authoritatem illam, quæ Iudicibus Ecclesiasticis *causas ciuiles* per pænarum temporalium inflictionem determinandi competit, ipsis *Imperatorum* & *Principum* Christianorum legibus & priuilegijs subnixam esse. Nam *causa ciuilis*, vt notat *Glossa*, *est, in qua agitur de possessionibus & pecunia.* Quis autem ignorat, causas ciuiles, & lites de possessionibus & pecunia ad forum Ecclesiasticum ex priuilegijs *Principum* pertinere, sicut etiam Ecclesiastici ex eorum concessione dominia temporalia possident, atque insuper Ecclesiasticos iuxta communem Theologorum sententiam (quam olim etiam Card. *Bellarminus* secutus est, sed iam absque sufficienti fundamento, vt alibi [f] ostendimus retractauit) in causis ciuilibus tam quoad personas, quàm quoad bona iure humano & ex priuilegijs *Principum*, non autem iure diuino à foro Seculari, seu tribunalibus Magistratuum Secularium exemptos esse? Vnde S. *Augustinus* trac.6. in cap.1. Ioannis; *Noli*, inquit, dicere, *quid mihi & Regi? Quid tibi ergo & possessioni? Per iura Regum possidentur possessiones.* Sicut igitur *Principes* Christiani deuotionis ergo temporalia dominia & lites ciuiles in foro Ecclesiastico terminandi potestatem Prælatis Ecclesiasticis concesserunt, ita non mirum quòd Iudicibus Ecclesiasticis pænas quasdam temporales etiam Laicis irrogandi ex eorundem *Principum* priuilegijs, indulgentia, aut consensu potestas competat. Vide etiam hunc locum Concilij *Tridentini* superiùs explicatû part.1.sect.6.nu.26.27.

16 Vellem denique vt *Lessius* ingenuè fateretur, vtrùm Concilium *Tridentinum* illis verbis

[*licea*

Glossa in causam 11.q.1. in principio.

[f] In *Confut. Anglic. Tho Fitz* part. 1. cap. 10.

[*liceat Iudicibus Ecclefiafticis contra quoſcunque
etiam Laicos procedere , & cauſas definire per diſtrictionem perſonarum , quod* Card. *Bellarmino,*
aliisque plurimis eſt carceri mancipare] det licentiam Iudicibus Ecclefiafticis *Principes* ſupremos
in carcerem conijciendi ? Nomine enim generali
[*quorumcunque Laicorum*] *Imperatores , Reges,
Principeſque* ſupremos etiam in pænalibus comprehendi, vt antea vidimus, g ſæpenumero *Leſsius*
affirmat. Dicimus igitur , decretum iſtud Concilij *Tridentini* , ſicut cætera omnia Conciliorum
generalium decreta, quæ pænas temporales infligunt , vel ſolùm perſonas Ecclefiæ temporaliter
ſubditas comprehendere , vel ex conſenſu *Principum* , (de quo Prælati Ecclefiaſtici ad Ecclefiam
in capite & membris reformandam in vnum congregati , niſi Principes contrarium vel directè
vel indirectè declarent , meritò præſumere poſſunt) vim obligandi habere. Vnde decretum
iſtud Concilij *Tridentini* in Francia à tribus
Regni Ordinibus anno Domini 1593. tanquam
conſuetudini illius Regni repugnans, eſt omnino
reprobatum. h *Concilium* , inquiunt, *Tridentinum* ſeſſ. 25. cap. 3. *permittit Epiſcopis , & eorum
Officialibus , vt procedant in cauſis, quæ ſuæ Iurisdictionis ſunt , contra Laicos, non ſolùm per pecuniarias mulctas pijs locis applicandas , ſed etiam per
captionem pignorum , & diſtrictionem perſonarum , quæ eſt apprehenſio corporum* . Hic articulus
*eſt notoriè contra Franciæ vſum ; innumeris Edictis
confirmatum , qui Eccleſiaſticis iudicibus quaſi
territorium non habentibus negat , quòd ſuas
ſententias , aut iudicia captione pignorum , aut in-
car-*

Bell.in Tract.
contra Barcl.
cap.3.

g Part. 1. fere
per totum.

h Apud Bo-
chel.lib.5.tit.
20.c.45.pag.
917.

carceratione personarum quas condemnant , exequi possint. Et si ea via velint procedere, eos brachium Seculare implorare oportet.

17 Quod attinet ad *secundum locum* , inprimis mirum est , quàm parum concordes sint Aduersarij in precipuis fundamentis nouæ suæ Catholicæ *(scilicet* fidei stabiliendis , adeo vt vel ex hac ipsorum discordia , quam parum *Catholica* sit prætensa hæc eorum fides *Catholica* satis perspicuè colligi queat. Cùm enim ego in mea *Apologia*[i] ad hanc eorum *fidem Catholicam* impugnandam trium Ordinum Franciæ , nempe *Prælatorum* , *Procerum* , & *Plebis* authoritatem produxissem, qui decretum istud Concilij *Tridentini* admittere noluerunt , eo quòd supremæ *Regis Christianissimi* in temporalibus authoritati derogare existimauerint , arbitrantes nimirum, in eo sensu accipi posse , vt *Principes* supremi dominijs suis temporalibus per authoritatem Ecclesiasticam priuari queant (Ita enim contra decretum illud excipiunt,[k] *Concilium Tridentinum excommunicat & priuat Regem ciuitate illa vel loco, in quo permittit fieri duellum sess. 2 5. cap. 1 9.* Hic articulus *est contra authoritatem Regis , qui non potest priuari suo dominio temporali respectu cuius nullum omnino Superiorem recognoscit*) Card. *Bellarminus* in suo *Schulckenio* respondet , [l] *Concilium* Tridentinum *non statuere , vt Principes absolutè priuentur ciuitate & loco vbi duellum permiserint; sed cum restrictione, vt priuentur ciuitate, castro, aut loco quem ab Ecclesia obtinent , vel quem in feudum habent : proinde Concilium non loquitur de Rege Francorum , aut alijs Regibus absolutis , nisi velit*
Bochel-

i Num. 3 1.

k Apud *Bochel*. lib. 5. tit. 20. cap. 45. pag 9 17.

l Cap. 3. ad nu. 3 1. pag. 1 22.

Bochellus *Regnum Franciæ donatum eβe Regibus
ab Ecclefia , aut Regem non eβe direĉtum Dominum fed feudatorium*. *Magnæ igitur imprudentiæ
& malignitatis fuiβet facri Concilij verba tam
odiofe deprauare,vt deprauauit* Bochellus, *quod de
Cardinali* de Pelleue, *cæterifque Prælatis præfumi
non debet.*

18   Iam verò *Leβius* hoc decretum Concilij
de *Imperatoribus, Regibus*, & omnibus *Principibus*
intelligendum eβe contendit. Vnde ita vt vidi-
ftis concludit : *Quis non dicat hunc errorem eβe
grauiβimum , & hoc decretum iniquiβimum , & in
omnes Principes iniuriofum, fi Ecclefia talem poteftatem* (nimirum deponendi Principes abfolutos,
de hac enim poteftate *Leβius* loquitur) *non habet ?* Sed meminerit *Leβius* quid dicat Card.
*Bellarminus , magnæ eβe imprudentiæ & malignitatis
verba facri Concilij tam odiofe deprauare , ficut ipfe
deprauauit*, fi Card. *Bellarmini* fententiæ ftandum
fit. Neque enim error aliquis eft atferere, poβe
Concilium generale ftatuere, vt *Principes* illi, qui
abfque controuerfia Ecclefiæ funt Vafalli, ob
quædam enormia delicta priuentur ciuitate, ca-
ftro, aut loco quem ab *Ecclefia* obtinent, vel quem
in feudum habent : neque tale decretum iniquum
cffet, aut in alios *Principes* fupremos, qui in tali
decreto non continentur, iniuriofum. Sed quia,
vt alias obferuaui, ᵐ Concilij verba obfcura
funt, & de *Imperatoribus* , ac *Regibus* expreβe loquuntur, & verba illa [*& fi feudalia fint directis
Dominis ftatim requirantur*] non habent tam a-
pertè reftrictionem ficut priora, fed de omnibus
Dominis, tametfi Ecclefiæ Vafalli non fint, intelli-
ligi

m In Con-
futat. Anglic.
Tho. Fitzh.
part.1.cap. 6.
nu. 6.

ligi poſſunt , propterea *Ordines Franciæ* decretum iſtud ita intelligentes , illud tanquam *Regibus,* ac *Principibus* ſupremis iniurioſum reprobarunt.

19 *Denique* , quod ad *tertium locum* ſpectat, falſum etiam eſt, ex mea ſententia ſequi. Concilium *Tridentinum* in hoc decreto condendo vllatenus erraſſe. Cum enim iuxta ſententiam, quæ *pleriſque Doctoribus placet* , probabile admodum ſit , poteſtatem Eccleſiaſticam nullam pænam ciuilem ex inſtitutione diuina infligere poſſe, probabile etiam erit, generalia omnia tam *Conciliorum* quàm *Pontificum* decreta, quod ad pænas temporales attinet , vel perſonas tantùm Eccleſiæ temporaliter ſubiectas comprehendere , vel ex conſenſu *Principum* obligandi vim habere : Ideoque Concilium *Tridentinum* in hoc decreto , quod ſpectat ad pænas temporales, non *Principes* ſupremos complecti in animo habuiſſe. Et propterea Concilium *Principes officij ſui admonendos eſſe* tantùm cenſuit, *confidens eos, vt Catholicos , quos Deus ſanctæ fidei , Eccleſiæque protectores eſſe voluit , ius ſuum Eccleſia reſtitui , non tantùm eſſe conceſſuros, ſed etiam ſubditos ſuos omnes ad debitum erga Clerum, Parochos, & Superiores Ordines reuerentiam reuocaturos* &c. Et iterum prope finem decreti admonet *Imperatorem, Reges, Reſpublicas, & Principes, ne ab vllis Baronibus , Domicellis, Rectoribus, alijſue Dominiis temporalibus ſeu Magiſtratibus, maximèque Miniſtris ipſorum quæ Eccleſiaſtici iuris ſunt, lædi patiantur, ſed ſeuerè in eos , qui illius libertatem, immunitatem, atque iuriſdictionem impediunt, animadnertant.* Ad cap. autem *Felicis,* & *Clement.*

Si

Si quis suadente, & decretum Concilij *Latera-nensis* vltimi, quæ *Lessius* denuo inculcat, superiùs respondimus.

n Nu.67.
pag.113.

20 Iam *Lessius* Lectori Catholico fucum faciens *septem Concilia Oecumenica*, & *sex Pro-uincialia* inani verborum ostentatione iactat. *En tibi*, inquit, ⁿ *septem Concilia Oecumenica, quæ manifestè tradunt, vel supponunt, hanc doctri-nam de Ecclesiæ in temporalibus potestate, eaque in praxi vtuntur, & decreta maximi momenti super ea fundant. Vnde si aduersariorum sententia vera est, dicendum erit, omnia illa Concilia errasse in doctrina maximi momenti, & in plurimis grauissimis decretis ac morum præceptis, perniciosa, iniqua, & sa-crilega mandata Ecclesiæ proponendo & imponendo. At quomodo censeri potest Catholicus, qui ita de Concilijs Oecumenicis, hoc est, de magno Christi Parlia-mento sentit?*

Omitto multa Concilia Prouincialia, in quibus (vt ex historijs constat) eadem Doctrina probata. vt Concilium Romanum *sub* Gregorio 7. Bene-uentanum *sub* Victore 3. Placentinum *sub* Vr-bano 2. Romanum *sub* Paschali 2. Coloniense *sub* Gelasio 2. Rhemense *sub* Callisto 2. *In his enim sententia* Gregorij *in* Henricum *est confir-mata.*

21 Sed *Lessius* more eorum, qui priuatum suũ spiritum pro sacra Scriptura, veroque illius sensu venditare sunt soliti, priuatas scripsius, aliorum-que quorundam Doctorum sacrorum Concilio-rum expositiones pro ipsis Concilijs Oecume-nicis Lectori Catholico fraudulenter obtrudit. Neque enim illum esse sacrorum Conciliorum
                                                    sensum

sensum quem ipse prætendit, ex doctrina, quæ *plerijque Doctoribus placet*, iam suprà commonstrauimus.   Concilijs *verè Oecumenicis* eorumque decretis omnem honorem debitum , vti decet Catholicum , libentissimè adhibeo ; Sed quòd Theologorum Scholasticorum etiam multorum expositiones vel *sacrarum Scripturarum*, vel *Conciliorum Oecumenicorum*, quando alij contrà pugnant viri docti , pro ipsis *Scripturis Canonicis* vel *Concilijs Oecumenicis* ab omnibus Catholicis necessariò habendæ sint , indignissimum sanè , & indubitatis Catholicæ fidei regulis , atque à Sanctis Patribus assignatis omnino repugnans esse affirmare non dubito.

22   Ad illa autem *sex Concilia Prouincialia*, quæ omittere *Lessius* artificiosè prætendens nequaquam prætermittit , etiam in dicta Præfatione hanc *Responsionem*, quam ipse dissimulat his verbis adhibui. ° Legi equidem *Gregorium* septimum in Synodo illa Romana *Henricum* deposuisse , sed quòd à Synodo illa , aut quòd Patribus omnibus consentientibus & laudantibus depositus fuerit , nondum legi. In reliquis quinque Concilijs, *Beneuentano* sub *Victore*, *Placentino* sub *Vrbano*, *Romano* sub *Paschali*, *Coloniensi* sub *Gelasio*, & *Rhemensi* sub *Callisto*, ne verbum quidem de *Henrici* depositione , nisi depositionem cum excommunicatione confundamus , reperio. Et tametsi Imperator non solùm *in sex Concilijs* memoratis , verùm etiam *à sex illis Concilijs* Imperio priuatus fuerit , hinc tamen nihil de fide certum deduci potest , cùm depositio illa *Henrici* , non res fidei, sed facti duntaxat esset, in quo tam

° nu. 34

B b   Pon-

Pontifices, quàm *Patres* illi proprias ſequuti upiniones errare poterant; vt nunc taceam, *Concilia Prouincialia* etiam à ſummo *Pontifice* approbata non ſolùm in generalibus morum, ſed fidei etiam decretis, ex doctiſſimorum tam Theologorum quàm Iuriſperitorum ſententia, errori obnoxia eſſe.

23   *Denique* legimus *Gregorium* ſeptimum in Concilio illo Romano, in quo Canon *Nos ſanctorum* conditus eſt, anno 1078. excommunicaſſe, ſeu *vinculo anathematis alligaſſe quemlibet, qui eius conſtitutionem circa cauſam Regis temerario auſu violaret, atque eum non ſolùm in ſpiritu, verùm etiam & in corpore, & omni proſperitate huius vitæ authoritate Apoſtolica innodaſſe, & victoriam eius in armis abſtuliſſe, vt ſic ſaltem confundantur & duplici confuſione & contritione conterantur*: Iam libenter vellem, vt *Leſſius* ingenuè, & abſque vlla tergiuerſatione nobis declararet, qualis, & cuius generis ſit hæc *authoritas Apoſtolica* aliquem non ſolùm *in ſpiritu* verum etiam *& in corpore, & omni proſperitate huius vitæ innodandi, & victoriam eius in armis auferendi*, & an ſit ſimilis illi *authoritati Apoſtolicæ*, qua *Gregorius* Imperatorem depoſuit. & omnem poteſtatem & dignitatem, regnumque *Teutonicorum* illi abſtulit, & ſubditos ab eius fidelitate liberauit.

Sectio VII.

In qua postrema quinque incommoda
prioribus subnixa, *(nempe*, quòd
Ecclesia iam à 500. annis conciderit; *quòd* Christus nobis imposue-
rit; *quòd* Principes habeant iustam
causam recedendi ab Ecclesia , &
possint persequi Catholicos , qui
antiquam doctrinam tenent, & Sedi Apostolicæ adhærent, *& deni-*
que quòd poterit haberi suspecta tota
fides Christiana tanquam inuenta
ab Ecclesiasticis politiæ causa) *per-*
spicuè dissoluuntur.

1 Q*Vinque* nunc tantùm *incōmoda* restant dis-
cutienda, quæ omnia cùm falso huic fundamento innitantur, quòd Ecclesia ex mea sententia in generalibus decretis tam fidei quàm morum stabiliendis iam per multa secula perniciosé
errauerit, (quod tamen iam satis refutauimus)
superuacaneum planè esset ea hoc loco repetere,
nisi *Lessius* inde ansam arriperet apud imperitos
gloriandi , me quædam ex præcipuis eius argumentis de industria dissimulasse.

2   Igitur *decimo sexto sequitur* , ait ille , [a] *por-*   a nu.68.pag.
tas inferorum præualuisse contra Ecclesiam, eamque   114.
iam à 500. & amplius annis concidisse. Nimirum
hoc est mysterium quod Diabolus cuperet omnibus

eſſe perſuaſum. *Cùm enim videat adhuc multos eſſe,
qui vel ex imperitia id non aduertunt, vel quòd nomine gaudeant Catholico, non audent apertè & expreſsè fateri, conatur vtroſque ſub prætextu quæſtionis politicæ ſenſim ad hoc diſponere. Obtento
enim antecedente, quod ad politiam pertinere videtur, facilè obtinebit conſequens, quod ex eo neceſſariò ſequitur.*

3   *Porro illud ſequi ex aduerſariorum Doctrina perſpicuum eſt. Quomodo enim poteſt eſſe vera*
Chriſti *Eccleſia, contra quam* Diabolus *ita præua-
luit, vt eam in manifeſtos contra Ius naturæ, &
omnem æquitatem errores impulerit? Quam ita
ambitione excæcauit, vt ipſa falſam & pernicioſam
doctrinam de ſua in temporalibus excogitaret, eamque tanquam à* Chriſto *traditam, & in ſacris
Scripturis comprehenſam toti orbi proponeret? Qua
& in omnibus tribunalibus aduerſus Laicos, & in
omnibus regnis aduerſus Principes, & ſummos Magiſtratus ad eos imperio deijciendos, & ſuis
Dominijs exuendos vteretur? Illa non eſt vera*
Chriſti *Eccleſia, quæ docet pernicioſos errores tanquam doctrinam à* Chriſto *traditam, & Scripturis contentam. Nam vt ait* Apoſtolus 1. ad Tim.
3. Eccleſia Domus Dei viui eſt, columna & firmamentum veritatis. *Atqui ſi vera eſt Aduerſariorum ſententia, Eccleſia Romana (ſub qua intellige omnes alias Romanæ cohærentes) iam à* 500.
*annis docuit perniciofos errores tanquam Doctri-
nam à* Chriſto *traditam, & in Scripturis comprehenſam : Ergo ipſa non eſt vera* Chriſti *Eccleſia.*

4   Rurſus. *Illa non eſt* Chriſti *Eccleſia, quæ*
con-

condit decreta per se iniqua & populo Christiano
perniciosa.   Atqui Aduersariorum iudicio Ecclesia
Romana iam à 500. annis condidit decreta per se
iniqua , & populo perniciosa : nimirum quibus po-
pulus incitaretur, immo & Censuris compelleretur
ad inobedientiam, rebellionem, seditionem, periuria,
& ad officia omnia fidelitatis ; vectigalia , ac tri-
buta suo Principi deneganda , & ad eum solio de-
turbandum.   Ergo Ecclesia Romana *non est vera*
Christi *Ecclesia , sed fuit antea extincta.* Maior
patet ; *Quia communis sententia Theologorum est,*
Ecclesiam Christi *non solùm in Doctrina en posse er-*
rare docendo aliquid tanquā verum, quod est falsum,
aut contrà; sed neque in præceptis morum præcipien-
do aliquid quod est illicitum vel iniustum , tanquam
licitum & iustum.   Quod etiam clarè colligitur ex
Scripturis , vt statim ostendam.   Non enim minùs
perniciosa essent omnibus iniqua præcepta , quàm
falsa Doctrina; immo magis; quia in Doctrina fa-
ciliùs possent excusari. Accedit *, quòd omnia ini-*
qua decreta etiam falsam Doctrinam contineant ,
quia indicant rem esse iustam vel licitam.

      5   Item *, si Ecclesia in istis erraret , etiam*
in cæteris errare potuit , ac proinde non teneor ei
credere aut obedire.   Atqui illa Ecclesia cui non
teneor credere & obedire , non est Ecclesia Christi.
Maior *est perspicua.   Si enim vel in vno puncto reli-*
gionem vel mores tangente errauit; ergo non habet
infallibilem Spiritus Sancti , à quo in omnibus diri-
gatur, assistentiam; ac proinde sicut in vno errauit,
ita potest errare in alijs.   Si errauit circa propriam
potestatem (quæ maximè ipsi perspecta esse debebat
propter assiduum vsum , & plurima decreta quæ

illa

illa nituntur, & ad grauissima incommoda cauenda, quæ ex errore illo sequutura erant) multò faciliùs potuit errare circa Sacramenta, circa librorum canonicorum notationem, circa scripturarum expositionem, circa mysterium Trinitatis, & Incarnationis, &c. Et sic nihil habebimus certi, nec tenebimur illi fidem firmam & indubitatam adhibere. Si errauit in decretis morum, & perniciosos, iniquos, & iuri naturali repugnantes canones & præcepta condidit, cur cæteros ipsius canones magni æstimem, aut suspectos non habeam? Si ex ambitione Summi Pontificis peruerterunt veterem Ecclesiæ Doctrinam de potestate Ecclesiæ, & multa Concilia non solùm Prouincialia, sed etiam Oecumenica in hanc corruptelam consenserunt, eamque laudarunt, & suis decretis corroborauerunt, vnde erimus securi nihil simile contigisse in cæteris Ecclesiæ dogmatibus?

6 Denique, *illa non est Ecclesia* Christi, *quæ sua gubernatione suisque præceptis oues Christi non dirigit ad salutem, sed præcipitat in damnationem; cuius ductum si sequaris, si fidem ei adhibes & obtemperas, peristi: si contemnis, & reniteris, saluus es:* Atqui talis est Romana Ecclesia *in suis præceptis & dogmatibus, vt aduersarij volunt: Ergo non est Ecclesia* Christi. *Omitto alia quæ hic adduci possent. Ex quibus perspicuum est, ex illo dogmate aduersariorum Ecclesiam* Christi *penitus è medio tolli, & aliam quæ non sit* Christi *substitui: ac proinde fatendum veram Ecclesiam Christi iam à multis seculis concidisse, prout hæretici docent. Quæ cùm penitus hæretica sint, manifestum est hæreticum esse dogma, vnde illa sequuntur.*

7 De-

7 *Decimò ſeptimò ſequitur,* Chriſtum *feſelliſſe & nobis impoſuiſſe (quod vel ſuſpicari impium eſt) quando Matth.* 16. *dixit quòd* portæ inferi aduerſùs Eccleſiam ſuam non præualebunt : *Quando Matth. vlt. promiſit, ſe adfore Eccleſiæ ſuæ* omnibus diebus vſque ad conſummationem ſeculi. *Quando iuſſit nos Eccleſiæ ſuæ abſolutè obedire, eiuſque leges & præcepta ſeruare, Matth.* 23. Super cathèdram Moyſi ſederunt Scribæ & Phariſæi, omnia ergo quæcunque dixerint vobis ſeruate & facite, ſecundùm vero opera eorum nolite facere. *Et Luc.* 10. Qui vos audit me audit: qui vos ſpernit me ſpernit. *Matth.* 18. Si quis Eccleſiam non audierit, ſit tibi ſicut Ethnicus & Publicanus. *Ex quibus alijſque teſtimonijs apertè colligitur,* Chriſtum *docere Eccleſiam non poſſe concidere, nec in Doctrina, aut directione fidelium errare : ac proinde omnes ſtudioſiſſimè teneri illi obedire : adeo vt ſi quis ei parere recuſet, ille habendus ſit tanquam Ethnicus, & publicanus. At quomodo iſta vera ſunt, ſi Eccleſia in grauiſſimis rebus aliquando errat ? ſi leges iniquas condit, quas teneor contemnere ? ſi ſuis decretis orbem Chriſtianum ad inobedientiam, ſeditiones, periuria, aliaſque iniurias impellit, & ſuis cenſuris cogit ? Quomodo ille nos non decipit, & errare compellit ?*

8 Sed omnes iſtæ conſequentiæ falſo fundamento & principio innituntur, vt antea commonſtrauimus. Sicut enim ex mea ſententia non ſequitur, *Eccleſiam vniuerſalem,* quæ eſt *columna & firmamentum veritatis,* & cui *Chriſtus* Dominus promiſit, *portas inferi non eſſe aduerſùs eam prænalituras,* in generalibus fidei, aut morum decretis

cretis (in quibus duntaxat condendis *Chriſtus*
Dominus ex communi Theologorum ſententia
infallibilem Sancti ſpiritus aſsiſtentiam promiſit)
erraſſe ; ita etiam neque ex ea conſequens eſt, portas inferorum præualuiſſe aduerſus *Eccleſiam*, vel
eam per tantillum temporis concidiſſe , ideoque
nec *Chriſtum* Dominum nos fefelliſſe, aut nobis
impoſuiſſe, quando dixit , quòd *portæ inferi aduerſus Eccleſiam ſuam non præualebunt &c.* Sed
has omnes conſequentias falſiſſimo fundamento
nixas & ſuperflua verborum prolixitate amplifi-
catas *Leſſius* ad inuidiam mihi conflandam , &
metanquam hæreticum apud imperitos, ſuiſque
dictis tanquam oraculo credulos traducendum,
nimiùm contumelioſè , ſummamque per iniuriam è proprio ſuo cerebro effinxit. An autem
Eccleſiæ omnes particulares diuiſim ſumptæ, etiam in generalibus tam fidei quàm morum decretis errauerint, aut errare queant, & vtrùm ſingula illa, quæ iam adduxit argumenta, ſolida & firma ſint , iam non diſputo ; ſufficit enim mihi,
quòd nullum omnino incommodum ex ijs quæ
iam attulit, contra *Eccleſiam vniuerſalem* , quæ
ſponſa eſt Chriſti, & *domus Dei viuentis &c.* ex
mea ſententia conſequatur.

b Nu. 73.
pag. 121.

9   *Decimò octauò ſequitur*, ait *Leſſius*, b *Principes & omnes Laicos habere iuſtam cauſam recedendi
ab Eccleſia. Si enim Eccleſia ex ambitione commenta
eſt illam Doctrinam de ſua in temporalibus poteſtate,
vt ſpecie religionis Iuriſdictionem Principum , &
Laicorum fortunas inuaderet, & in eum finem ini-
quiſsima decreta condidit (vt expreſſè docent aduerſarij) quomodo illi inducent in animum , vt credant
eam*

eam Spiritu Dei regi? Cur non poſsint etiam in aliis decretis & definitionibus eam habere ſuſpeᶜtam tanquam Spiritu humano gubernatam? Si ſuſpeᶜta haberi poteſt, tanquam Spiritu humano gubernetur, cur teneantur ei tanquam Eccleſiæ Chriſti (quæ Spiritu diuino regitur, neque in Doᶜtrina aut ⸮ præceptis morum quæ fidelibus communiter proponit, errare poteſt) adhærere?

10 Sed *inprimis* falſum eſt, ex mea doᶜtrina ſequi, vt ſæpiùs diximus, *Eccleſiam* vniuerſalem in generalibus fidei aut morum decretis quæ ad ſalutem neceſſaria ſunt, errare vel per ignorantiam poſſe. *Deinde falſiſſimum eſt, me expreſſe docere.* vt *Leſsius* per ſummam impudentiam comminiſcitur, vel *Eccleſiam vniuerſalem,* vel *Romanam particularem,* vel *Gregorium* 7. aut alium ex Romanis Pontificibus *ex ambitione commentos eſſe illam doᶜtrinam de ſua in temporalibus poteſtate, vt ſpecie religionis Iuriſdiᶜtionem Principum, & Laicorum fortunas inuaderent, & in eum finem iniquiſſima decreta condiderint.* Neque enim mihi vnquam animus erat aſſerere, doᶜtrinam hanc pro poteſtate Papali *Principes* deponendi à *Gregorio* 7. ex ambitione, (nam conſcientiam internam, quę ſoli Deo nota eſt, ſoli Deo iudicandam relinquo.) ſed potius ex zelo, tametſi non ſecundùm ſcientiam, primò adinuentam, & poſtea à quibuſdam eius Succeſſoribus propugnatam eſſe; (an autem hæc eorum ignorantia eos ab omni culpa coram Deo & in foro conſcientiæ immunes reddat, penes Deum, vt ſuprà diximus, & eorum conſcientias iudicium eſto.) Et propterea huiuſmodi conſequentię, quas *Leſsius* nimis inconſiderate

c Vide ſupra
ſec.1.nu.7.

deratè, ne dicam pernicioſè vrget, vanæ ſunt &
iniurioſę, ^c& magis ſpiritum maleuolentię quàm
charitatis, & inuidiæ viris Catholicis concitandę,
quàm veritatis ſincerè inueſtigandæ ſtudium re-
dolere videntur.

11   *Demum*, non video quid mentem *Leſſy*
adeo excæcauerit, (niſi forſan vt me tanquam
hæreticum apud Catholicos traduceret) vt tam
imperitas, & pernicioſas conſequentias conficeret, ex quibus quilibet Catholicus non ſolùm à
Romana Eccleſia recedendi , & *Romano Pontifici*
obedientiam ſubtrahendi, verùm etiam temporalem fidelitatem *Principi* ſuo alioquin legitimo, ſi
iniqua præceperit, denegandi, iuſtam occaſionem,
iuxta Catholicorum Doctorum principia, capere poteſt. Similia enim argumenta *ex vna* præmiſſa quam Doctores Catholici ponunt , & *ex
alia* quam *Leſſius* nimis inconſideratè ſupponit,
contra obedientiam *Eccleſiæ Romanæ* , *Romano
Pontifici*, & *Principibus Secularibus* debitam confici poſſe , meo quidem iudicio ſatis manifeſtum
eſt. Nam *primò* Theologi *Pariſienſes* , quorum
ſententiam plurimi alij Doctores Catholici vel
ſequuntur, vel vt improbabilem non reijciunt,
exiſtimant, Summum *Pontificem* , Eccleſiam *Romanam* particularem, & *Concilia* etiam *Prouincialia* à *Romano Pontifice* confirmata in generalibus
tam fidei quàm morum decretis errare poſſe , &
de facto etiam aliquando erraſſe : Vnde tota *Facultas* Theologica *Pariſienſis* à decretis quibuſdam *Leonis decimi* editis in Concilio *Lateranenſi,*
cui Epiſcopi *Galliæ* non interfuerunt , & in quo
& *Pragmatica ſanctio* tanquam iniqua abrogata
eſt,

est, & superioritas *Papæ* supra *Concilium* generale
expresſimè, si *Bellarmino* credendum sit , definita,
tanquam à Prouinciali Concilio ad proximè futurum Concilium generale appellauit. Certum
etiam est , *Principes* Seculares, cuiuscunque Religionis fuerint , iniquas leges condere posse , &
aliquoties etiam condidisse. Atque hæc est *vna ex
premisſis*.

Vide appellationem apud *Bochel.*tit. 25. cap. 8.

12 *Altera præmiſſa* est , quam *Leſſius* hic
ponit, nempe, si summus *Pontifex* & Ecclesia *Romana*, in quibus ipse totam Ecclesiæ infallibilitatem constituit (vnde superius ᵈ dixit , *sub Ecclesia Romana intellige omnes alias Romanæ cohærentes*)
poſſit errare docendo aliquid tanquam verum
quod est falsum , aut præcipiendo aliquid quod
est illicitum & iniustum tanquam licitum & iustum, etiam in cæteris poterit errare , & proinde
non teneor ei credere aut obedire: & si suspecta
haberi potest tanquam spiritu humano gubernetur , cur teneantur *Principes* & Laici ei tanquam
Ecclesiæ Christi (quæ spiritu diuino regitur, neque in Doctrina aut præceptis morum , quæ fidelibus communiter proponit, errare potest) adhærere ? Ex quibus principijs apertè sequitur,
posse *Principes* & Laicos, & consequenter etiam
Ecclesiasticos habere iustam causam *Romano Pontifici* obedientiam subtrahendi , & à *Romana* Ecclesia recedendi : & similiter posse subditos *Principibus* Secularibus alijsque Superioribus obedientiam licitè denegare, & omnia quæ præcipiunt
suspecta habere, cùm certum sit, eos in suis
legibus condendis & preceptis imponendis spiritu humano non diuino, seu infalibili spiritus

d Nu.3.

sancti

fancti affiftentia , gubernari : Quæ conclufio quàm falfa , erronea , & pernicofa fit , omnemque obedientiam penitus euertat, nemo ignorare poteft.

13   At hæc incommoda ex mea doctrina atq; indubitatis Catholicæ fidei principijs facillimè deuitantur. Nemo enim dubitat, quin Prælati Ecclefiaftici, vt inferiores Epifcopi , & *Principes* Seculares, cæterique Superiores quicunque , atque etiam ex doctiffimorum fententia ipfemet fummus *Pontifex* in legibus ferendis , & præceptis, quæ fubditis fuis communiter proponunt , errare poffe , & fpiritu humano non diuino gubernari, & proinde poffe leges iniquas condere , & quæ illicita funt tanquam iufta præcipere. Quis tamen nifi mentis inops ideo affirmabit , omnia eorum præcepta mihi fufpecta effe debere , quia cùm in vno errare poterunt, etiam in cæteris queunt, & proinde non teneor illis in aliquo, tametfi iuftum fit, obedire ? Non igitur ex eo quòd *Principes* feculares, Prælati Ecclefiaftici, atque ipfemet *Pontifex* fummus in fuis legibus & præceptis errare poffint, atque iniufta mihi præcipere , confequens eft , me iuftam caufam habere ab illis penitus recedendi , & omnem obedientiam , quæ in rebus licitis iure diuino illis debetur, fubtrahendi: fed aurea illa S. *Hieronymi*

e Ad Tit. 3. e fententia tanquam regula certiffima mihi ante oculos proponenda , *Si bonum eft quod præcipit Imperator , & Præfes* (aut Preful) *iubentis obfequere voluntati, fi verò malum eft , & contra Deum fapit, refponde ei illud de Actibus Apoftolorum , Oportet obedire Deo magis quàm hominibus .* Neque enim
Superi-

Superioris cuiuscunque legitimi, siue is *Pastor* spiritualis,siue *Princeps* temporalis fuerit, imperium in rebus licitis detrectandi iusta causa subditis esse potest, quòd aliquando perniciosè erret, atque etiam iniusta precipiat, & spiritu humano non diuino gubernetur. Quomodo autem & in quo casu subditus in dubio non teneatur semper obedire Prælato, quando præceptum eius in tertię personæ præiudicium vergit, sed possit absque vlla inobedientiæ nota exigere ab ipso rationem præcepti proponens humiliter rationes dubitandi, si dubitet an Prælatus præcipiat iustum,nos alibi decimam quintam D.*Schulckenij* calumniâ examinantes ex doctrina *Dominici Soti* declarauimus.

14   *Decimò nonò sequitur*, ait *Lessius*, f *Principes posse persequi Catholicos, qui antiquam Doctrinam tenent, & Sedi Apostolicæ adhærent. Quia illam Doctrinam si falsa est, meritò possunt exterminare tanquam perniciosam suis regnis & statui : & obedientiam subditorum ad Sedem Apostolicam habere suspectam,tanquam periculosam propter conspirationes & coniurationes, quæ hac ratione fieri possunt contra regnum, vt hæretici in Anglia prætendunt.*

f Num.73. pag.121.

15   Sed ex mea sententia hoc solùm sequitur, *Principes* posse persequi *Catholicos*, non qui *antiquam doctrinam* tenent, atque in ea tenenda *Sedi Apostolicæ* adhærent, sed qui *nouam doctrinam*, atque antiquis *Patribus* incognitam, & quæ *Principum* Coronas & Capita in summum discrimen adducit, absque sufficienti fundamento propugnant. Possunt enim *Principes* Christani hanc

Doctri-

Doctrinam pro potestate *Papali* de *Principum*
Coronis, ac Capitibus, alijsque omnibus temporalibus disponendi, quamdiu ipsis, alijsque plurimis Catholicis incerta est, tametsi alij eam vel
probabilem vel etiam certam esse prætendant,
merito exterminare, tanquam perniciosam suis
Regnis & Statui, vtpote quæ in *Praxi* subditorum animos ab obedientia suis *Principibus* iure
diuino debita abducit, atque ad rebelliones concitandas & Regicidia tempore opportuno perpetranda paratos reddit.

16   Vnde *Senatus Parisiensis*, Curia magna
Criminali & *Edicti* conuocatis, hanc doctrinam
& libros qui eam propugnant, veluti Card. *Bellarmini* contra *Barclaium*, *Adolphi Schulckenij* contra
Widdringtonium, & *Francisci Suarez* contra *Serenissimum* nostrum magnæ *Britanniæ Regem* publicis edictis condemnauit, & tanquam in *praxi*
falsam & execrabilem, subditos ad rebelliones &
ad machinandum in *Principum* Coronas & Capita incitantem, è Scholis & Dominijs *Christianissimi* Francorum *Regis* sub pæna *læsæ Maiestatis*
merito exterminauit. Neque hoc est persequi Catholicos *antiquæ fidei*, sed proditores, & nouæ fidei
sectatores, non dicam Sectarios, & *Principum*
iura tueri, sicut omnes tenentur, aduersus eos
omnes etiam Catholicos, qui sub falso *Catholicæ
fidei* prætextu ea inuadunt, & qui sub titulo illis
alijsque plurimisque Catholicis incerto *Principes*
supremos è legitima suorum regnorum possessione contra manifestas iustitiæ regulas, & contra
principia ab ipsomet *Lessio* superiùs g posita de-
turbari posse contendunt. Si enim *Summus
Pontifex*

g Part. 2.
sect 6.

Pontifex Regnum aliquod Regis Catholici veluti
Siciliam, sub prætextu tituli ipsimet Regi Catholico, eiusque subditis incerti inuaderet, tametsi
Pontifex, & qui illi adhęrent titulum illum certissimum & antiquissimum esse prætenderent, &
vt talem scriptis publicis defenderent, profectò
Rex Catholicus nullum planè incommodum esse
existimaret, se suumq; Regnum defendere, & persequi tanquam hostes tales Catholicos, & qui in
eo titulo propugnando *Sedi Apostolicæ* adhærent,
omnesque libros, tametsi ab ipsomet Card. *Baronio* conscripti essent, qui titulum illum tuerentur, è Regnis suis exterminare nullatenus for-
midaret: nec se propterea vt *Regem* non *Catholicum* à *Lessio* aut alio quocunque traduci impune
permitteret.

17 Sed mirum sanè mihi videtur, qua fronte
vir aliquis eruditus, qui *Scripturam* sanctam, *Apostolorum,* atque *Ecclesiæ* primitiuæ praxim, antiquorum *Patrum* commentarios, Summorum
Pontificum, atque *Imperatorum* & *Regum* res gestas
oculo vigilanti, puro, ac simplici intuetur, doctrinam hanc pro potestate *Papali Principes* deponendi, & de eorum Coronis ac Capitibus disponendi *antiquam* appellare audeat, cum & antiquis *Patribus,* qui verum & genuinum illorum
locorum sacræ *Scripturæ, Quodcunque solueris*
&c. *Pasce meas oues* & similium sensum optimè
intellexerunt, planè incognita fuerit, & ipsimet
Aduersarij, dum catalogum illustrium ex omni
natione Scriptorum, qui hanc sententiam tutati
sunt, conficiunt, *Gregorium* 7. qui non sexcentis
ab hinc annis floruit, primum huius doctrinæ
pro-

propugnatorem, seu potius inuentorem consti-
tuunt, quemque eo nomine *Sigebertus* eruditus
illius temporis Scriptor, & vir pius ac verè Ca-

h In *Confut.*
Anglic.*Tho.*
*Fitzh.*part. 1.
cap. 6.nu. 20.
& seq.

tholicus, & non *Schismaticus* (vt alibi ʰ contra
hanc Card. *Baronij* & *Bellarmini* calumniam de
Sigeberto ab ipsis confictam comprobaui) *noui-*
tatis, ne diceret *hæreseôs*,ignominia notare non
dubitauit, & eiusdem Papæ *Gregorij* Epistôlam,
quam in huius nouę doctrinæ defensionem ad
Hermannū Metensem Episcopum scripsit, *validis*,
vt ipse ait, *Patrum argumentis confutauit.* Igitur
parum considerate *Lessius* tam perniciosa non
antiquæ, sed *nouæ* doctrinæ & *fidei* fundamenta
iacit, malisque artibus propugnare contendit,
quæ & *Sedem Apostolicam Principibus* Christianis
odiosam, & talem obedientiam subditorum,
quam isti *nouæ fidei Catholicæ* professores *Sedi A-*
postolicæ omnino pręstandam esse volunt (cùm reuera temporalis,& non spiritualis, *Sedique Aposto-*
licæ debita à plurimis Catholicis iudicetur) tanquam periculosam propter conspirationes & coni-
iurationes, quę hac ratione fieri possunt contra
Regnum, ijsdem Principibus meritò suspectam
reddant.

    18 *Denique poterit haberi suspecta,* ait *Lessius,*

i Nu. 74.
pag.122.

ⁱ *tota fides Christiana, tanquam inuenta ab Ecclesi-*
asticis, Episcopis, & Pontificibus politiæ causa (*vt*
non semel insinuat Marchiauellus) *nimirum vt dum*
animi hominum religione imbuti terrena parum cu-
rant, cælestia sperant, metu pænarum futurarum
in officio continentur, & ad omnia imperata facienda
sunt parati ; dum humiles & abiectos animos gerunt,
Episcopi & Pontifices securè dominentur, & pro sua
libi-

libidine de bonis Laicorum sub specie pietatis, cultusque diuini disponant, eaque ad se pelliciant. At quidnam hoc aliud est, quàm proxima dispositio ad Atheismum, vel potiùs ipsa Atheismi substantia?

19 *Hæc fere sunt incommoda, quæ ex illa Aduersariorum sententia manifestè sequuntur. Ex quibus perspicuum est, quo loco illa sententia sit habenda. Quis enim non dicat esse dogma perniciosum, vel hæreticum, quod tam multa perniciosa & hæretica secum trahit? Rogo omnes eos, qui Catholico nomine censentur, per æternam ipsorum salutem (quæ in hac quæstione agitur) vt si ambigant, vel in aduersam sententiam inclinent, ista expendant, & seriò secum discutiant, & tunc demum statuant, quod veritati & saluti videbitur magis consentaneum.*

20 Sed veritas Euangelica, & fides verè Christiana & Catholica, atque vt talis, iuxta *Christi* Domini atque *Apostolorum* doctrinam, *Ecclesiæ* primitiuæ praxim, & antiquorum *Patrum* regulas declarata, & non verbis tantùm, sed etiam operibus, & virtutum exemplis confirmata, non poterit meritò esse suspecta tanquam inuenta ab *Ecclesiasticis*, *Episcopis*, & *Pontificibus* politiæ causa : Sin autem (vt alia dogmata & deprauatos quorundam Ecclesiasticorum, & præsertim *Curiæ Romanæ* mores nunc taceam) hæc doctrina paucis ab hinc seculis in Christianorum Scholas inuecta, & iam tanquam indubitatum *fidei Catholicæ* dogma à recentioribus quibusdam, præsertim *Iesuitis* tanto impetu propugnata(quæ Summum *Pontificem* totius Orbis Christiani supremum

C c   *premum*

premum tam in temporalibus quàm in fpiritualibus Monarcham conftituit , eique pleniffimam
de omnibus temporalibus , etiam de Coronis ,
& Capitibus Principum difponendi poteftatem
tribuit , & totam *Ecclefiæ* infallibilitatem in arcano fui pectoris fcrinio coarctant) non leuem fufpicandi occafionem præbere poffit , non totam
fidem Chriftianam , fed particularem aliquam
doctrinam , quam vel *Romani Pontifices* , vel alij
quidam Catholici cæteris repugnantibus *Chriftianam* & *Catholicam* effe contendunt , eamque
malis artibus , & vi magis quam ratione propugnare ftudent , ab *Ecclefiafticis* , *Epifcopis* , aut
Pontificibus vel politiæ caufa , vel zelo inordina-
to , alioue fine (de quo Deus iudicet) inuentam
effe , & neque à *Chrifto* eiufue *Apoftolis* , aut ab
Ecclefia primitiua , & antiquis *Patribus* traditam ,
iftud non vitio vertendum eft veritati Euangelicæ ,
& fidei verè Chriftianæ & Catholicæ , fed potiùs
iftis Ecclefiafticis , qui dum fub talto *Catholicæ
fidei* prætextu , fupremam *Principum* Chriftianorum in temporalibus poteftatem , in nimiam
Summi *Pontificis* in temporalibus monarchiæ exaltationem , fatis incautè deprimunt , atque *Imperatores* ac *Reges* , quos fancti Patres folo *Deo*
minores , & ab eo folo pænis temporalibus ca-
ftigandos effe vnanimi confenfu conclamitant ,
temporali *Romanorum Pontificum* correctioni abfque fufficienti fundamento fubijciunt , ipfos tamen *Romanos Pontifices* , quantumuis grauiffimè
& in fcandalum totius Chriftianitatis delinquentes , duntaxat exorandos , & admonendos , fed
à nemine , immo neque à tota *Ecclefia* caftigan-
dos ,

dos, sed diuino iudicio relinquendos esse, tanquam certissimam *Catholicæ fidei* doctrinam infir-
missimis argumentis ducti prædicare, & Catholicos pios ac eruditos, qui contrà sentiunt,
insectari, & tanquam hæreticos, aut de hæresi
suspectos traducere non pertimescunt. At quidnam est hoc aliud quàm antiquas *Sanctorum Patrum* regulas peruertere, & noua *Catholicæ fidei*
fundamenta veteribus incognita excogitare? quod
sanè est proxima dispositio ad hæresim, atque a-
pertam quoque Atheismo & infidelitati viam
parat.

21   Itaque ex mea sententia nullum aliud
incommodum consequi manifestum est, nisi
quòd in ea explicanda & propugnanda quorundam speciosi nominis religiosorum, qui cæteris
Ordinibus doctrina, charitate, humilitate, omniumque virtutum perfectione, & singulari præ
cæteris erga *Sedem Apostolicam* zelo longissimè
antecellere prætendunt, fraudes, technas, so-
phismata, imposturas, & calumnias apertissimè
detegam, & eos non tam ratione solida, quàm
cæca affectione & zelo præcipiti hanc suam nouiter inuentam *Catholicam* (scilicet *fidem* in summam *Principum* Christianorum iniuriam tanto
impetu propugnandam suscepisse euidentissimè
demonstrem. Quod si istud hos Patres, eorumque sectatores *Principibus* exosos, & obedientiam
eorum ad *Sedem Apostolicam* (nam nullam obedientiam se *Principibus* debere, neq; eorum subditos esse tametsi in eorum Dominijs degant, ibiq;
nati fuerint, scriptis publicis affirmare non dubitant k) suspectam reddat, gratias sibimetipsis
refe-

C c 2

k Card. *Bell.*
in Respons.
contra *Ioan.*
Marsil. pag.
245.

referant, qui malam caufam malis artibus per fas
& nefas; idque in maximam *Maieſtatis Regiæ* derogationem tueri ſtudent.

22   *Denique*, vt ad illud, quod *Leſſius* vlti-
mis verbis rogauit, aliquid reſpondeam; ego,
quod ad me attinet, *Catholicus* ſum, & *Eccleſiæ
Catholicæ Romanæ* filium me eſſe profiteor, & quæcunque ſcripſi aut ſcribam, illius iudicio libentiſ-
ſime ſubmitto, &, ſicut *Leſſius* rogauit, totam
hanc eius diſcuſſionem expendi, & ſerio mecum
diſcuſſi, & nihilominus magis nunc quàm antea
de hac eius doctrina ambigo, & omnino in ad-
uerſam ſententiam inclino; & *demum hæc duo* tanquam certiſſima, & veritati, ac ſaluti maximè
conſentanea *ſtatuo*; *primum* : non eſſe *de fide*
certum, ſed omnino incertum, & apud Catholicos controuerſum, an penes *Pontificem* ſit poteſtas *Principes* deponendi, & pœnas temporales
ex diuina inſtitutione infligendi: *Secundum* eſt,
in quo *Leſſius* mecum conuenit, neque ab aliquo
viro erudito in controuerſiam vocari poteſt; nempe, *poteſtatem, quæ non eſt omnino certa, ſed probabilis, non poſſe eſſe fundamentum, quo immediate
aliquis puniatur & iure ſuo ac dominio priuetur, ſed
talis poteſtas certiſſimè debet competere*; ex quo
conſequitur, non eſſe licitum Summo *Pontifici*
Principem aliquem per ſuam ſententiam deponere, donec certiſſimum ſit, & extra omnem controuerſiam, talem poteſtatem ſibi competere; &
quantumuis deponeret, illam ſuam ſententiam
eſſe iniquam, atque vt ita dicam, merè verba-
lem, neque ab aliquo abſque manifeſta iniuria
Principi illi inferenda exequutioni mandari poſſe;

&

& posse*Principem* illum,& teneri omnes illius subditos tali Summi *Pontificis* sententię sub pæna perduellionis non obtemperare: cùm talis obedientia
ad Summum *Pontificem* apertissima in *Principem*
perfidia esset.

23 Ego igitur cum *Lessio* pariter rogo omnes eos , qui Catholico nomine censentur per æ-
ternam ipsorum salutem (quæ in hac quæstione a-
gitur)vt si ambigant, vel in aduersam sententiam
inclinent, ista expendant. & serio secum discutiāt,
& tunc demum statuant,quod veritati & saluti videbitur magis consentaneum.Attamen *Aduersarij*
causæ suæ parum confisi ita rem tractant , vt quę
ipsi de hac quæstione scribant, à quibuscunque
discuti & expendi desiderent, at quæ à nobis re-
scribūtur,statim ac lucem aspiciunt,sub pænis grauissimis,eorum incitamentis, proscribuntur, adeo
vt neque viris etiam doctissimis , quibus cura animarum concredita est,& qui semper *parati esse de-* 1.Pet.3.
bent ad satisfactionem omni poscenti eos rationem de
*ea quæ in ipsis est,*fide,ea discutiendi & expendendi,
sed nec perlegendi quidem potestas concedatur;
ne ipsorum præstigiæ,quibus imperitos ludifican-
tur,statim omnibus innotescant; *in quo,*vt ipsiusmet *Lessij* argumento vtar, *suam diffidentiam , &*
causa quam tuentur imbecillitatem satis pro-
dunt; Si enim confidunt , & nihil sibi propositum
nisi veritatem & iustitiam habent, cur non patiuntur
rem vltro citroque discuti? Cur tantopere reformi-
dant Catholicorum responsiones? Cur minis & terro-
ribus eas, ne lucem aspiciunt,comprimunt?

SECTIO VIII.

In quâ duo Leſsij *reſponſa ad quandam obiectionem refelluntur , & totius ſuæ
diſcuſſionis concluſio , & rhetorica peroratio refutatur.*

a nu.75.pag.
123.

1 SEd obijciunt aduerſarij , inquit , *Leſſius,*
Sᵃ hanc ſententiam *Regibus eſſe periculoſam.*
Si enim ſubditi authoritate Pontificis *à ſacramento
fidelitatis abſolui poſſunt , & ipſi iure regnandi priuari , nihil Regibus erit tutum , ſed pro arbitrio*
Pontificis *poterunt euerti & occidi. Hoc argumento
potiſſimum huic ſententiæ odium & inuidiam apud
ſummos Principes conciliare conantur.* Sed facilè reſponderi poteſt.

2 Fateor equidem , ſententiam *Aduerſariorum* mihi plurimum diſplicere, non ſolùm quia
Regibus eſt periculoſa , & nihil ipſis erit tutum,
ſed pro arbitrio *Pontificis* ſi ſpirituale Eccleſiæ bonum id exigere iudicauerit , quin etiam cum tacita , vel præſumpta Summi *Pontificis* licentia euerti & occidi poterunt ; (vt alibi clariſſimè commonſtraui) verùm etiam quia ſemoto iſto periculo , *Regibus* eſt iniurioſa, eo quòd *Principes* ſupremi, qui, iuxta communem ſanctorum *Patrum* doctrinam , in temporalibus ſupremi ſunt , a *Deo*
ſecundi , & ſolo *Deo* minores , & à ſolo *Deo* pœnis temporalibus caſtigandi , iuxta Aduerſariorum ſententiam , *Romano Pontifici* , qui olim *Imperatori* temporaliter ſubiectus erat in temporalibus

bus subditi efficiuntur. Sed videamus quàm
facilè difficultas hæc expediri possit vti *Lessius*
gloriatur.

3 *Sed facilè*, inquit *Lessius* ᵇ *respondere potest*. b nu. 76. p. 124.
Primò. *Si hæc sententia qua tribuitur Summo Pon-*
tifici authoritas in Reges Ecclesiam & religionem
Catholicam persequentes, periculosa dicenda est;
quanto illis periculosior Doctrina Caluini, & Calui-
nistarum, qua illorum status & vita subijcitur iudi-
cio Ministrorum illius sectæ? Si enim Ministri iu-
dicant aliquem Principem nouæ eorum religioni ad-
uersari, aut eam admittere nolle, possunt & debent,
iuxta illius sectæ placita, concitare populum aduer-
sus illum, vt exterminetur &c.

4 Egregia *scilicet* Responsio, qua *Lessius* obiectionem non soluit, nec præfatam criminatio-
nem repellit, sed ne absque consortibus sibi aliqua
ex parte simillimis, qui eodem impetuoso spiritu
ducuntur, & eiusdem criminis participes sunt, esse
videatur, eam in *Caluinum* & *Caluinistas* conijcit,
cùm tamen quid *Caluinista* de hac re sentiant,
mei non intersit; neque enim mihi iam cum *Cal-*
uinistis, sed cum *Catholicis*, qui in hac re *Caluino-*
Catholici haberi volunt, quæstio est. Sed quicquid
sit de *Caluinistarum* sententia, cum quibus non
disputo, notum est hanc *Lessij* & si ita *Lessius* voluerit, *Caluini* doctrinam ab *Anglis Protestanti-*
bus, non solùm vt Regum Coronis & Capitibus
periculosam, sed vt supremæ etiam eorum in temporalibus potestati iniuriosam, reprobatam esse.
Et proinde quæ *Lessius* hìc ex *Caluino* & *Calui-*
nistis producit, vt vana, superflua, & ad rem non
spectantia prætermittens *secundam* eius *Responsio-*
nem

nem paulo accuratiùs expendam.

c nu. 81 p. 130.
5   *Secundo* igitur ita *Leſsius* [c] reſpondet. *Etſi Catholicorum ſententia videri poſsit Regibus periculoſa, non tamen bonis, & antiquam fidem, Eccleſiæque obedientiam (ſine qua ſalui eſſe non poſſunt) retinentibus, ſed Eccleſiæ rebellibus, & perſequutoribus.*

6   *Inprimis* itaque nullum *Leſsio* incommodum eſſe videtur, quòd hæc eius *ſententia Regibus Eccleſiæ rebellibus & perſequutoribus periculoſa ſit,* & quod *illis nihil tutum ſit, ſed pro arbitrio Pontificis euerti & occidi poſsint.* Quòd ſi hoc *Leſsius* voluerit nullum etiam incommodum eſſe exiſtimet, quòd licitum ſit *Regibus* illis, qui *Romano Pontifici* obedientiam non præſtant, hanc *Caluino-Catholicorum* ſententiam tanquam ſeditioſam, & ſibi regniſque ſuis periculoſam è Dominijs ſuis exterminare, eoſque omnes, qui *fidem* hanc *nouiter* inuentam amplectuntur, tanquam proditores, & perniciosiſsimas rebellionum & Regicidiorum faces è Regnis ſuis eijcere, & ſi exire noluerint, extremo etiam ſupplicio afficere, quandiu non ſolùm ipſiſmet *Regibus* ſed etiam doctiſsimis Catholicis incertum ſit, & ad ſummum probabile, penes *Pontificem* eſſe poteſtatem *Principes* hæreticos & Eccleſiæ rebelles, atque Eccleſiam etiam perſequentes deponendi, & conſequenter ſi deponi non poſsint, euertendi, atque è medio tollendi ; cùm iuxta expreſſam ipſiuſmet *Leſsij* doctrinam, *poteſtas, quæ non eſt omnino certa ſed probabilis, non poſsit eſſe fundamentum quo immediatè aliquis puniatur, & iure ſuo ac Dominio priuetur, ſed talis poteſtas certiſsimè debet competere.*

7 *Deinde,*

7 *Deinde*, hanc etiam sententiam non solùm Regibus qui *Romano Pontifici* non obediunt, sed *Regibus* etiam Catholicis, & qui *Sedi Apostolicæ* adhærent, periculosam esse satis manifestum est. Vnde ipsemet *Lessius* sententiam hanc *Caluinistarum*, quam ipse etiam magna ex parte sequitur, *Lutheranis, atque etiam Catholicis Principibus periculum creare*, non satis sibi in hac re constans, expressis verbis affirmat. ^d Et ratio est euidens, quoniam ex ijsdem principijs, atque ijsdem *sacræ Scripturæ* locis, veluti, *Quodcunque solueris* &c : *Pasce oues meas* & alijs eiusmodi, quibus *Lessius*, cæterique *nouæ suæ fidei* Sectatores probare contendunt, esse in vera *Christi* Ecclesia, seu veræ, id est, Catholicæ Ecclesiæ Prælatis potestatem sibi à *Christo* traditam, *Principes*, qui *veram*, id est, (vt Catholici Romani credunt) *Catholicam* Ecclesiam *Romanam* persequuntur, suis dominijs, vitaque, si opus fuerit, priuandi, etiam *Caluinistæ*, *Lutherani*, *Ariani*, & quiuis alij, qui *Christiano* nomine censentur, commonstrare etiam poterunt, esse in sua *Ecclesia* (quam veram *Christi* Ecclesiam esse contendunt) potestatem sibi à *Christo* traditam *Principes* catholicos, qui suam *Ecclesiam* persequuntur, aut oppugnant, abdicandi, & si opportunitas adsit, è medio, etiam tollendi. Et propterea falsum & sibimet repugnans est, quod dixit *Lessius*. Et si *Catholicorum sententia videri possit Regibus periculosa, non tamen bonis & antiquam fidem, Ecclesiæque obedientiam (sine qua salui esse non possunt) retinentibus, sed Ecclesiæ rebellibus & persequutoribus.*

8 *Denique*, non ea tantùm de causa hanc *Caluini,*

d nu 79 p.129.

uini, & quorundam *Catholicorum* ſententiam exterminandam eſſe exiſtimamus, quia *Principibus*
ſupremis eſt periculoſa, ſed quia, ſemoto etiam iſto
periculo, eſt illis iniurioſa, & *Regiæ*, ſeu ſupremæ
Principum poteſtati derogat, eamque in temporæ-
libus, in quibus ſuprema eſt, ſpirituali poteſtati
ſubditam facit, quam quidem iniuriam ſupremis
òmnibus *Principibus*, quamcunque religionem
profiteantur communem eſſe nimis manifeſtum
eſt. Sed hæc incommoda nos nullo negotio de-
uitamus, qui, iuxta doctrinam ab vniuerſis antiquis *Patribus* approbatam, aſſerimus, *Principes* ſeculares in rebus temporalibus ſupremos eſſe, &
nemini mortalium ſubiectos, atque à ſolo *Deo*
pænis temporalibus coercendos : Et poteſtatem
Eccleſiaſticam & ciuilem, tametſi in lege naturæ
non erant diſtinctæ, ſed poteſtas politica de rebus etiam ad religionem ſpectantibus diſponebat,
in lege tamen gratiæ duas diſtinctas, independentes, & in ſuo genere ſupremas poteſtates à
Chriſto Domino conſtitutas eſſe, ita vt neque poteſtas Eccleſiaſtica vllam pænam ciuilem, vt ſunt
mors, exilium, bonorum priuatio &c. nec poteſtas ciuilis vllam pænam Eccleſiaſticam ſeu ſpiritualem, veluti Excommunicatio, cæteræque cen-
ſuræ Eccleſiaſticæ, ex inſtitutione *Chriſti* affli-
gere poſſit. Atque hæc doctrina clara eſt, & per-
ſpicua, & nullius difficultatis, technæ, ſophiſma-
tis. aut captiunculæ integumento inuoluta, &
nulli *Principi*, cuiuſcunque religionis fuerit, periculoſa, iniurioſa, aut incommoda.

   9 Sed *Leſſius* perfuncto iam egregiè, *ſcilicet*,
vti vidiſtis, *Doctoris Theologi* munere, *Conciona-*
                          torem,

torem, seu *Oratorem* deinceps agit, & quod rationibus *Theologicis* probare non potuit , saltem argumentis *Rhetoricis* , si Deus voluerit, *Regibus*
persuadebit , maximè salutare esse illis, atque
etiam Republicæ Chrtstianæ , vt ab aliquo pænis temporalibus coerceri queant. *At* e *quis non*
videat, inquit *Lessius, Reipub. Christianæ esse max-*
imè salutare , vt sit aliqua p testas , qua & boni Re-
ges in officio retineantur , ne populum sibi commis-
sum , & religionem perdant; & mali , qui Ec-
clesiam oppugnant , ab iniuria reuocentur ? Ne-
mini vtilis esse potest peccandi impunitas. Non ex-
pedit Principi vt impunè possit se ipse , & regnum
suum perdere , veram religionem exterminare,
hæreses , Turcismum , Atheismum introducere;
sed contrà expedit ei & optandum est , vt non desit,
qui etiam vi possit eum à tantis malis auertere. Quis
Nauarchus mentis compos non desideret habere in-
spectorem, à quo vel inuitus prohibeatur , si eo furore
contingeret illum aliquando corripi , vt nauem cum
vectoribus in scopulos conetur impellere? Felix ne-
cessitas quæ ab interitu reuocat , & à tantis cladibus
animum malè sanum coercet. Non est Christiani
Principis ita amare suos honores, & gloriam suæ fa-
miliæ , vt se & posteros suos regnare velit cum in-
teritu veræ religionis , & exitio æterno subditorum.
Fertur de potentissimo illo Galliæ Rege Francisco
primo, *eum dicere solitum ,* Si scirem partem
aliquam carnis meæ contagione hæresis infectam , eam manu mea à reliquo corpore præ-
ciderem.

10 Simili argumento Rhetorico vsus est
Card. Bellarminus in suo *Schulckenio* f , nempe

potesta-

poteſtatem *Summi* Pontificis *Principes abdicandi non
eſſe derogationem* Regiæ Maieſtatis, *aut politicæ poteſtatis, ſed ingentiſsimum Dei beneficium , omnibus
fidelibus apprimè neceſſarium & ſalutare ſed Regibus
maximè, qui quo excelſiore ſunt loco, eo magis obnoxij
ſunt grauiori caſui, eoque magis egent directione &
correctione.*

11   Sed quis ſtupendam Aduerſariorum in-
conſiderantiam non admiretur, qui talia argumenta contra *Principes ſupremos* conficiunt, quæ
pari omnino ratione *Summis Pontificibus*, quos
tamen ipſi à nemine mortalium, immo neque à
tota *Eccleſia* in vnum congregata caſtigandos eſſe
contendunt, accómodari poſſunt? Quis enim non
videat, Reipublicæ Chriſtianæ eſſe maximè ſalutare, vt ſit aliqua poteſtas, qua & boni *Pontifices*
in officio retineantur, ne populum ſibi commiſ-
ſum, & religionem perdant, & mali qui Eccleſiam ſcandalizant, & viros innocentes opprimunt, ab iniuria, & ſcandalo reuocentur? Nemini vtilis eſſe poteſt peccandi impunitas. Non
expedit ſummo *Pontifici*, vt impune poſſit ſeipſum, & animas ſibi commiſſas perdere, ſed
contrà expedit ei, & optandum eſt, vt non deſit, qui etiam vi poſſit eum à tantis malis auertere.
Quis Nauarchus mentis compos non deſideret
habere inſpectorem, à quo vel inuitus prohibeatur, ſi eo furore contingeret illum aliquando
corripi, vt nauem cum vectoribus in ſcopulos
conetur impellere? Felix neceſsitas quæ ab interitu reuocat, & à tantis cladibus animum malè
ſanum coercet. Non eſt Catholici *Pontificis* ita
amare ſuos honores, & gloriam ſuę familiæ vt
se

fe & Nepotes fuos dominari, & ex beneficijs
Ecclefiatticis adeo locupletari velit cum fcandalo religionis,& exitio ęterno animarum.

12 Similiter dici poffet, poteftatem Summos *Pontifices* aliquibus in cafibus caftigandi,&
fi opus fuerit, deponendi, non effe derogationem *Pontificię* Maieftatis, aut *Ecclefiafticę* poteftatis, fed ingentiffimum Dei beneficium omnibus
fidelibus apprimè neceffarium, fed *Pontificibus*
maximè. qui quo excellentiore funt loco, eo
magis obnoxij funt grauiori cafui, ecque magis egent directione & correctione. Expediant iam Aduerfarij has difficultates, & ftatim
perfpicient fuas ratiunculas vanas & captiofas
effe,& nihil folidi roboris in fe continere.

13 Vt igitur ad argumentum *Lefsij* in forma
refpondeam; Fateor *inprimis*, Reipublicæ Chriftianæ effe maximè falutare, vt fit aliqua poteftas, qua & boni *Reges* in officio contineantur,
ne populum fibi commiffum, & religionem
perdant, & mali, qui Ecclefiam oppugnant, ab
iniuria reuocentur : fed talis debet effe hæc coercendi *Reges* poteftas, quę *Regali* eorum *Maieftati*, & fupremæ *Principum* in temporalibus poteftati in lege naturali fundatæ, & à *Chrifto* Domino confirmatæ, atque vt tali à Sanctis *Patribus* approbatæ, non deroget, ne dixerim, non
repugnet : At *Reges* in temporalibus fupremos
effe, & nemini præterquam *Deo* foli fubiectos,
& à *Deo* folo pænis temporalibus caftigari poffe,
& fimul eos alium præter Deum in temporalibus Superiorem recognofcere, à quo pęnis temporalibus plecti queant, plane repugnantia inuol-
uere quis non videt? 14 Fate-

14   Fateor etiam, nemini vtilem esse peccandi
impunitatem, neque expedire *Principi* (& à fortiori neque *Summo Pontifici*) vt impune possit
seipsum , & regnum suum perdere , veramque
religionem exterminare , sed contra expedit ei,
& optandum est , vt non desit , qui possit eum
tali via & vi s quæ à *Deo* ordinata sunt , etiam
quodammodo inuitum à tantis malis auertere.
Ideoque *Christus* Dominus Prælatos & Pastores
suæ Ecclesiæ constituit , qui quoslibet Christianos , etiam *Reges* , in lege Christi instruerent,
atque in officio Christiani *Principis* continerent,
& si forsan delinquerent , & incorrigibiles essent,
neque vocem *Ecclesiæ* audirent , eos anathematis gladio percuterent , ex *Ecclesia* eijcerent, gratijs spiritualibus, quas ab *Ecclesia* receperunt,
priuarent, & tandem tanquam Ethnicos & Pub-
licanos, & non vt Christianos habendos esse declararent. Hæc autem spiritualis anathematis
pœna quolibet mortis corporalis genere longe
horribilior est , vt S. *Augustinus* affirmat, g &,
quantum est ex se , sufficiens est ad Ecclesiam
Christi, quæ Respublica spiritualis est , recte gubernandam , & ad quoscunque *Ecclesiæ* filios,
etiam *Reges* , in officio continendos. Quòd si
Lessius aliam potestatem , aliasque pænas ad *Ecclesiam* gubernandam & impios corrigendos,
quàm quæ ex se sufficientes sint, requirat oportet vt vires etiam sufficientes a d *Reges* iniquos,
postquam per sententiam *Pontificis* depositi fuerint , debellandos eam habere affirmet , quandoquidem ipsa depriuationis sententia , quam
aduersarij ab *Ecclesia* infligi posse prætendunt, nisi
vires

g Lib. 1. con-
tra *Aduersa-
rium* leg. &
proph. cap. 17.

vires etiam adſint eam exequendi, magis damnum, quàm commodum *Eccleſiæ* adierat, &
Principis ita depriuati animum magis ad indignationem, atque ad *Pontificem* eoſque, qui illi
adhærent, perſequendos inducat, vt frequens experientia, proh dolor, nimis manifeſtum teſtimo-
nium perhibet.

15 *Præterea*, quilibet Nauarchus mentis
compos deſiderat habere quidem inſpectorem,
(non nauis ſuæ gubernatorem) a quo non ex
authoritate, ſed ex charitatis officio moneatur,
reuocetur, imo & inuitus prohibeatur, ſi eo furore contingeret illum aliquando corripi vt nauem
cum vectoribus in ſcopulos conetur impellere, ſicut etiam quilibet *Princeps* mentis compos deſiderat habere inſpectorem (non ſupremum Regni
ſui gubernatorem) à quo modo ſupradicto vel
inuitus prohibeatur, ſi eo furore contingeret illum aliquando corripi, vt vel ſeipſum vel aliquem
ex circumſtantibus gladio conetur transfodere:
ad hoc enim impediendum non opus eſt authoritate & ſuperioritate aliqua in *Nauarchū* vel *Principem*, ſed Chriſtiana charitas abundè ſufficiens
eſt, cuius lege tenemur clauum & gladium è
manibus furioſi *Nauarchi* & *Principis* eripere,
cùm ad hoc vel aliud ſimile præſtandum, in quo
publica ſuperioris authoritas non requiritur, quilibet priuata authoritate, & lege charitatis teneatur. Nullus autem *Princeps* aut *Nauarchus* mentis compos, qui ſupremus Regni aut Nauis gu-
bernator eſt, deſiderat habere in Regno vel naui
ſua aliquem, qui authoritate & poteſtate ſuprema Regni aut Nauis gubernacula teneat, & à
quo

quo tanquam ſuperiore in Regno aut naui, ſi forſan deliquerint, corripi poſſint. Sed caueat Lector, ne hanc furioſi *Nauarchi* ſimilitudinem *Principi* hæretico & Eccleſiam perſequenti, qui non propriè, ſed ſolùm per metaphoram, furioſus, aut amens, vel etiam lupus dici poteſt, applicandam eſſe imaginetur, vt fortaſſe *Leſius* captioſa hac ſua ratiuncula illi perſuadere intendit. Neque enim eiuſmodi *Princeps*, cùm non propriè furioſus, ſed rationis verè compos ſit, vel à *Summo Pontifice*, vel à quouis alio pænis temporalibus, & coactione violenta, vtpote in temporalibus ſupremus, ſolique Deo ſubditus, coerceri, caſtigari, atque à perſequutione Catholicórum prohiberi poteſt.

16   Nemo etiam ignorat, non eſſe Chriſtiani *Principis*, aut etiam *Pontificis* ita amare ſuos honores, & gloriam ſuæ familiæ, vt ſe & poſteros ſuos regnare velit cum interitu veræ religionis, & exitio æterno ſubditorum; ſicut etiam neque erat *Regis* & *Prophetæ* ita proprijs cupiditatibus eſſe deditum, vt alterius thorum violaret, & ad damnum innocenti *Vriæ* illatum reſarciendum eum morte afficeret; hinc tamen non ſequitur, vel Regem *Dauidem* ab alio quàm a *Deo* ſolo, cui ſoli ſe peccaſſe affirmat, vel cæteros *Principes* legem *Chriſti* tranſgredientes, cùm in temporalibus ſupremi ſint, & ſolo *Deo* minores, pænis temporalibus coercendos eſſe; tametſi forſan ipſimet de ſeipſis exemplo *Dauidis* pænitentiam agentis vindictam ſumere, & pro delictis à ſe commiſſis diuinæ iuſtitiæ vltrò ſatisfacere paratiſſimi forent. Vnde tametſi feratur, *Franciſcum* primum *Francorum*

corum Regem dicere solitûm , *Si sciret partem ali-*
quam carnis suæ contagione hæresis infectam , eam
manu sua à reliquo corpore præcideret ; non tamen
fertur , eum vnquam dixisse , se aliquem in terris Superiorem in temporalibus habere , qui eum
delinquentem pænis temporalibus castigandi , aut
partem aliquam carnis suæ contagione hæresis
infectam, manu alterius, ipsomet *Rege* inuito , à
reliquo corpore præcidendi authoritatem haberet.

17   *Tertiò addo* , ait *Lessius* , h *hanc potesta-*   h nu. 83. pag.
tem à politicis abrogari summo Pontifici sub specie   131.
consulendi securitati Principum. At non expedit
Principi vt securè & impune possit religionem &
subditorum animas perdere. Immensum est hoc dam-
num , & planè tantum , vt nullum ei possit reperiri
precium.

Deinde , *hac ratione non solùm non consulitur*
eorum securitati ; sed eorum status in maximum
conijcitur discrimen , adeo vt nihil eis perniciosius con-
suli possit. Regum vita , Thronus, posteritas & pro-
speritas non consilijs politicis religioni iniuriosis, sed re-
ligione & iustitia stabilitur.

18   *Politici consultores Regi* Ieroboam *autho-*
res fuére , vt relicto templo Domini locum sacrificij
in suo regno constitueret , ne populus sensim à se defi-
ceret , & ad Regem Iuda *rediret. Hoc consilium*   4. Reg. 12.
videbatur regno conseruando necessarium , sed reue-
ra fuit perniciosissimum. Quia ob eam causam tota
eius familia secundo anno regni filij deleta , & ad a-
liam familiam regnum translatum. Postea Basa *(per*   4. Reg. 15.
quem Deus familiam Ieroboam *deleuerat) cùm*
idem consilium ad securitatem regni sui complexus
D d   *esset,*

4. Reg. 16.

eſſet, breui quoque cum tota poſteritate funditus ex-
tinctus eſt. Simili modo Achab, Ieſabel, Ioram,
& alij multi Reges per conſilia politica à pietate aliena deleti ſunt. Exemplis huiuſmodi plent ſunt libri Iudicum, Regum, Paralipomenon, plena
hiſtoria Eccleſiaſtica. Nec deſunt hoc æuo noſtro multa & luculenta.

19   Valerent fortè aliquid huiuſmodi conſilia,
ſi nulla ſuperior natura res humanas regeret. Sed
cùm prouidentia diuina in omnibus conſilijs domine-
tur, & eam minutiſſima quæque curet, & diſponat;
ab illa potiſſimùm Regum vita, ſtatus, ſucceſſio,
regnorum tranquillitas, & proſpera fortuna dependent. Videt ipſe & ſentit, ſi eius Vicario colore quodam politiæ detrahitur; ſi poteſtas illi ad ſalutem
ouium, & religionis tuitionem relicta abrogatur; ſi
iura Eccleſiæ inuaduntur; ſi iuriſdictio occupatur; ſi
eius miniſtri exhæredes & incapaces ſcribuntur. Talia ſæpe ſub ſpecie vtilitatis publicæ à politicis ſugge-
runtur, & à Principibus ſubinde minùs cautè ſta-
tuuntur vel permittuntur. Videt iſta omnia & ſentit Dominus, & magnis plerumque cladibus vindicat. Hinc tragici multorum exitus, & familiarum
excidia; hinc bella & ſeditiones quibus decies millies
ampliùs amittitur, quàm centum annis commodi huiuſmodi legibus Reipublicæ accederet.   Hinc damna
mercimoniorum, & vectigalium.   Hinc amiſſio oppidorum & prouinciarum.   Hæc omnia ſingulari prouidentia Dominus vel immittit, vel permittit ad
vindicanda iniqua conſilia, ſacræ religioni repugnantia.   Nouit enim Dominus cogitationes hominum quoniam vanæ ſunt; & vanas eſſe cladibus
oſtendit: Reprobat Dominus cogitationes popu-
lorum

pſal. 32.

rum, & reprobat consilia Principum; consilium autem Domini in æternum manet. *Reprobat cōsilia politica cùm ea vertit in damna & perniciem; cù contrarijs euentis ostendit, huius/modi præsidijs non esse fidendum, sed iustitia, pietate, & diuina prouidentiæ benigna dispositione.* Percurrantur *historiæ veteres & nouæ, & manifestè deprehendetur, consilia politica aduersus summi Pontificis dignitatem & authoritatem, aut contra Ecclesiæ, ac ministrorum eius iura & priuilegia suscepta plerumque maximas clades Regnis & Regibus, diuina prouidentia omnia moderante, importasse. Nullo itaque modo tales consultores Principibus audiendi, sed pij maiores, qui cù Sedi Apostolicæ essent addictissimi fælicissimè regnarunt, imitandi. Sciant sibi rationem omnium reddendam*; Terribili & ei qui aufert spiritum Principum, terribili apud omnes Reges terræ; *& ab hoc omnem statum suum & vitam pendere. Finis.* Psal. 75.

20 Longa hîc & verbosa oratione, & magis Oratorè quàm Theologo digna, quæque non minùs *Pontificibus*, quàm *Principibus* accommodari potest, *Lessius* pro coronide suæ *Discussionis* vsus est. Atque *imprimis* falsum est, hanc potestatem *Reges* abdicandi, à Catholicis pijs ac eruditis, & rectæ atque à Deo ordinatæ politiæ defensoribus (quos *Lessius* per ironiam *politicos* vocat, cùm tamen ipsimet & sui similibus agnomina magis pungentia, quæ gratia eos non aspirandi taceo, proprij(sime conueniant) denegari summò *Pontifici* tantùm sub specie consulendi securitati *Principum*; sed propria & adæquata ratio, ob quam ista potestas *Pontifici* denegatur, est, quia abstrahendo ab omni periculo

Dd2   su-

ſupremis *Principibus* eſt iniurioſa , & rectam po‹
litiam in lege naturæ fundatam , & à *Chriſto* Domino confirmatam deſtruit; atque ſupremam *Regum* in temporalibus poteſtatem , ſub fucata religionis , & ſpirituali *Principum* & ſubditorum ſa‹
luti conſulendi ſpecie , funditus euertit , ſiue poteſtas hæc ex conſequenti *Principum* incolumitati,
& publicæ tranquillitati periculoſa ſit, vti reuera
eſt, ſiue non ſit.

    2 1   *Deinde,* certum etiam eſt , non expedi-
re *Principi,* vt ſecurè & impunè poſſit religionem
& ſubditorum animas perdere. Et proinde *Principes* nequam , ſi Chriſtiani ſunt & pænam anathematis , qua nulla grauior eſſe poteſt , & diur-
nam præterea vltionem quę peccata atrocia etiam
in hac vita vt plurimùm non relinquit impunita,
timere meritò debent. Et proinde quantumuis
ſuprema *Principis* iniqui , ſiue Chriſtianus, ſiue
Ethnicus ſit , in temporalibus poteſtas eum à *Dei*
vindicta ſecurum non reddat , neque ſatis conſu-
lat illius ſecuritati , ſi *Dei Opt. Max.* (qui in omnibus dominatur, & à quo potiſſimùm Regum
vita , ſtatus, ſucceſſio , Regnorum tranquillitas,
& proſpera fortuna dependent , & cui ſoli , quod
ad pænas temporales infligendas attinet, *Principes*
ſupremi peccant , & rationem reddere debent)
prouidentiam & iuſtitiam reſpiciamus , qui *Principum* ſcelera tum in ſeipſis , tum etiam in poſte-
ris atque in ſubditis ſeueriſſimè vindicare ſolet:
Attamen nemo niſi planè cæcus fuerit, videre non
poteſt, ſupremam *Regum* in temporalibus poteſtatem eos , quantumcunque ſceleſtiſſimi ſint,
à pænis temporalibus quibuſcunque authoritate
                            hu-

humana infligendis securos reddere , nisi forsan *Principes* in temporalibus supremos , & à *Deo* secundos alium preter *Deum* superiorem in temporalibus habere, quod repugnantia inuoluit, affirmare quis velit.

22 Nemini igitur dubium esse potest , quod *Lessius* hic discursu oratorio frustra amplificat, Regum vitam , Thronum, posteritatem & prosperitatem non consilijs politicis religioni iniuriosis , sed religione & iustitia stabiliri , & prouidentiam diuinam in omnibus consilijs dominari , & etiam minutissima quæque curare & disponere , & si *Reges* colore quodam politiæ & sub specie vtilitatis publicæ *Christi* Vicario detrahant , si potestatem illi ad salutem ouium & religionis tuitionem relictam abrogent , si iura Ecclesiæ inuadant , si Iurisdictionem occupent, si eius ministros exhæredes & incapaces scribant, videre ista omnia & sentire *Regem* Regum, & magnis plerumque cladibus, beliis, seditionibus, & familiarum excidijs vindicare, vt exempla *Herodis* , *Pilati, Neronis, Domitiani, Decij, Diocletiani,* & alioru Ecclesiæ *Christi* persequutorum, (vt que à *Lessio* ex veteri Testamento afferuntur mittam) clarissimè commonstrant : qui omnes diuina iustitia vindicante morte infælici perierunt , & tota eorum posteritas breui extincta est. Hinc tamen non sequitur , vel licitum esse subditis in *Principem* suum legitimum quantumuis iniquissimum insurgere, *Quis enim extendet manus suas* 1.Reg.26. *in Christum Domini & innocens erit ?* vel subditos illos , qui tales *Principes* iniquos trucidarunt (nisi expresso *Dei* mandato vt nonnunquam in veteri

D d 3   testa-

teſtamento contigit, id fecerint) à *laſæ Maieſtatis*
crimine excuſandos, vel *Principes* ſupremos ab alio
quam à *Deo*, cui ſoli in temporalibus ſubditi
ſunt, pænis temporalibus coercendos eſſe.

23   *Denique*, vana hæc & ſuperuacanea *Leſsij*
Rhetorica etiam in *Pontifices* nequam magna ex
parte retorqueri poteſt. Non enim expedit ſummo *Pontifici*, vt ſecure & impune poſſit religionem & ouium illi concreditarum animas perdere. Immenſum eſt hoc damnum, & planè tantum, vt nullum ei poſſit reperiri pretium. *Deinde*,
hac ratione non ſolum non conſulitur *Eccleſiæ*, &
Pontificum ſaluti & ſecuritati, ſed eorum ſtatus
& ſalus in maximum conijcitur diſcrimen, adeo
vt nihil eis pernicioſius conſuli poſſit. *Pontificum*
& *Eccleſiæ* ſalus & proſperitas non concilijs humanis legi diuinæ contrarijs, aut veræ atque à
Deo ordinatæ politiæ iniurioſis, ſed religione &
iuſtitia ſtabilitur, & prouidentia diuina in omnibus concilijs dominatur, & etiam minutiſſima
quæque curat & diſponit, atque Eccleſiæ ſalus
non nititur præcipuè humana induſtria, ſed diuina
protectione, cùm eius *Rex Deus* ſit. Videt ipſe
& ſentit, ſi *Regibus* eius in temporalibus *Vicarijs*
ſub ſpecie religionis detrahitur, ſi poteſtas illis à
Chriſto Domino conceſſa abrogatur, ſi iura Regnorum inuaduntur, ſi iuriſdictio temporalis occupatur, ſi *Cæſari* quæ *Cæſaris* ſunt non redduntur,
ſi aurum abſque menſura cumulatur, ſi indigni
promouentur, ſi nepotes & conſanguinei ditan-
tur & exaltantur, & alij plurimùm conculcan-
tur, ſi temporalium dominorum termini aliquoties inuaduntur, ſi de ſalute animarum parum
curatur,

Vide *Aluar.*
Pelag. ſuprà
ſec. 1. nu 4.

curatur, & denique si alia cum scandalo totius
Christianitatis perpetrantur. Talia sæpe sub
specie vtilitatis publicæ & boni spiritualis prætextu à *Pontificum* adulatoribus suggeruntur, & ab
ipsis *Pontificibus* subinde minus caute fiunt, aut
fieri permittuntur. Videt ista omnia & sentit
Dominus,& magnis plerunque cladibus,schisma-
tibus, aut defectionibus vindicat. Percurrantur
historiæ veteres & nouæ, & manifeste deprehendetur, quot schismata, bella, tumultus, scandala,
atque ab Ecclesia *Romana* defectiones occasione
Pontificum aut eius Ministrorum,data vel accepta
(de qua Deus iudicet) in *Ecclesia* exorta fuerint.
Satis sit nunc tantùm referre, quid *Adrianus* Papa
6. vir sanctus atque eruditus, & *Pontificiæ* infalli-
bilitatis impugnator de causa tumultuum, qui
tunc temporis in *Germania* nouiter accensi,neque
adhuc sedati sunt, scribere non erubuerit.

24 *Iam verò non potest esse obscurum*, ait *Fredericus Nausea* Episcopus Viennensis, [i] *quantis
laboret Romana Curia vitijs & scandalis, quorum
causa præ cæteris reformari indigeret. Quod* Adrianus *ille sextus vsque adeo non inficiatus est, vt anno
abhinc post Christum natum* 1522. *ad Ordines,
Statusque Romani Imperij scribens mimimè veritus
est dicere* : Scimus in hac sancta *Sede* aliquot
iam annis multa abominanda fuisse,abusus in spiritualibus, excessus in mandatis, & omnia denique in peruersum mutata. Nec mirum si ægritu-
do à capite in membra, à Summis *Pontificibus* in
alios inferiores Prælatos descenderet. *Et idem
paulo post ad Oratorem suum ait* : Qua in re, quod
ad nos attinet, polliceberis, nos omnem operam
ad-

[i] In lib. 2. de
rebus *Concilia-
ribus* quem
Paulo 3. dedi-
cauit, l.3. c.3.

adhibituros, vt primùm *Curia* hæc, vnde fortè
omne hoc malum procelferit, reformetur, vt sicut inde corruptio in omnes inferiores emanauit,
ita etiam ab eâdem sanitas & reformatio omnium
emanet. *En quàm candida, quàm sincera, quàmque
paterna & vera confessio tanti Pontificis* &c. Ex quibus conftat, prædictum *Lessii* difcurfum Rheto-
ricum, nempe non expedire *Principi*, vt securè
& impunè possit religionem & subditorum animas perdere &c. etiam *Pontifici* Summo accommodari pariter posse.

   25   Recole iam paucis tecum *Lector tres istas*
responsiones, quas *Lessius* præfatæ obiectioni attulit, & miraberis, rem tam maximi ponderis, &
in qua grauissimæ huius controuersię status magna ex parte consistit, à Doctore Theologo tam
indoctè tametsi verbosè nimiùm, pertractatam
esse. *Obiectio erat*: hanc eius sententiam esse *Regibus* periculosam. Si enim subditi authoritate
Pontificis à sacramento fidelitatis absolui possunt,
& ipsi iure regnandi priuari, nihil *Regibus* tutum,
sed pro arbitrio *Pontificis* poterunt euerti & occidi. Iam *respondet primò*, sententiam *Caluini* &
Caluinistarum esse *Regibus* magis periculosam.
2. sententiam suam non esse periculosam *Regibus*
bonis, *Ecclesiæque* obedientiam retinentibus, sed
Ecclesiæ rebellibus, & persequutoribus. 3. *Deum*
iniquitates *Principum* magnis cladibus vindicare
solitum. *Prima & tertia* eius Responsio ad rem
non faciunt. *Secunda* admittit, sententiam suam
Regibus iniquis & Ecclesiæ rebellibus esse periculosam, & illis nihil tutum esse, sed pro arbitrio *Pontificis* posse euerti & occidi : Quæ sanè doctrina
                                                            tam

tam execranda, & non absque horrore nominanda, & Scripturæ sanctæ, Ecclesiæ primitiuę praxi, atque Sanctorum Patrum doctrinæ omnino repugnans, tam apertam ad rebelliones & Regicidia viam parat, vt planè non videá, qua securitate *Princeps* aliquis huiusmodi, Monarchomachos & pestiferas seditionum faces, qui damnabilem hanc doctrinam vel exteriùs docere, vel interiùs tenere noscuntur, & proinde etiam tempore opportuno eam opere exequuturos verisimile est, in suis Dominijs commorari permittere tutò queat.

SECTIO IX. & vltima.

In qua quædam Ill^{mi}. *Cardinalis Peronij artificia, quibus ad meam sententiam vt falsam & singularem impugnandam, & ad Iuramentum Franciæ refellendum vsus est, perspicuè deteguntur, & refelluntur.*

1 PRiusquam huic meæ *Discussioni* finem imponam, ne Lector Catholicus authoritate Ill^{mi}. *Cardinalis Peronij* in errorem facilè pertrahatur, quædam illius artificia, quibus ipse tum ad meam doctrinam (tanquam falsam, & à nullo Doctore *Gallo-Franco* ab eo tempore quo sacræ Theologiæ studia in *Francia* instituta sunt, propugnatam) impugnandam; tum ad primum illum articulum, quem in *Francia* tertia pars *Ordinum* in Comitijs Regni generalibus *Regi Christianissimo*

aniſsimo propoſuit, refellendum vſus eſt, palam detegere neceſſarium eſſe duco.

2 *Primum* autem, præcipuum, & maximè obſeruandum illius artificium eſt, quòd in vero & proprio huius grauiſſimę controuerſiæ ſtatu, quique totius ſui *Diſcurſus* fundamentum eſt, proponendo, plures quæſtiones artificioſè confundat, quæ omnino diſtinguendę eſſent, & quæ fundamentis omnino diſtinctis nituntur, & ex quibus diſtinctè explicatis perſpicuum redderetur, tum plurimos Doctores etiam *Gallo-Francos* meam ſententiam, quod ad poteſtatem ſummi *Pontificis Principes* deponendi, & pænas temporales infligendi ſpectat, amplecti, tum ipſummet *Cardinalem* in hac ſua oratione magis verboſa, quàm ſolida parum aut nihil momenti aduerſùs meam doctrinam, & nouum fidelitatis Iuramentum, vel in *Anglia* ſtabilitum, vel in *Francia Regi Chriſtianiſsimo* vt ab eo confirmaretur propoſitum, produxiſſe. Hæc igitur ſunt *Cardinalis Peronij* verba. [a]

d En *Harangue* au Tiers Eſtat.pag. 11.

3 *Remanet tertium membrum:* Vtrùm ſcilicet, ſi *Principes,* qui vel ipſi vel eorum *Prædeceſſores, Deo & ſuo Regno iuſiurandum dederunt, ſe in Chriſtiana & Catholica Religione vſque ad mortem permanſuros, poſtea illud iuſiurandum violarent, & in* Ieſum Chriſtum *rebellarent, atque illi bellum apertum indicerent : id eſt, non ſolùm in manifeſtam hæreſis profeſsionem, vel à Chriſtiana religione apoſtaſiam prolaberentur, ſed vlteriùs ad vim conſcientijs ſubditorum inferendam etiam progrederentur, & Arrianiſmum vel* Mahometiſmum, *vel aliam ſimilem infidelitatem in ſuis Statibus plantare, atque*
ita

ita Religionem Christianam euertere & exterminare niterentur ; Vtrùm, inquam, *horum Principum subditi possint pariter declarari esse à iuramento fidelitatis, quod illis præstiterunt, absoluti: Et si hoc eueniat, ad quem spectet declarare eos esse absolutos.*

Iam hic est *punctus, quem nos dicimus esse in controuersia & disceptatione. Nam vester articulus partem continet negatiuam* ; *id est, in nullo casu posse subditos à iuramento fidelitatis quod suis Principibus præstiterunt, absolui: Et è contrario reliquæ omnes Ecclesiæ Catholicæ partes, immo etiam ipsa tota Ecclesia Gallicana ab eo tempore, quo Theologiæ Gymnasia instituta sunt, vsque ad Caluini aduentum, affirmatiuam tenuerunt; nimirum, quòd in casu quo Princeps violaret iuramentum, quod Deo & suis subditis præstitit de viuendo & moriendo in religione Catholica, & non solùm* Arianus aut Mahometanus *euaderet, sed eousque procederet, vt bellum* Iesu Christo *indiceret, & subditorum conscientijs violentiam inferret, eosque Arianismum, aut Mahometismum, aut aliam similem infidelitatem amplecti compelleret, possit talis Princeps declarari suis iuribus cecidisse, tanquam reus criminis* feloniæ in *eum, id est,* Iesum Christum *cui iusiurandum de Regno suo dedit, commissi, & subditos ipsius in conscientia & coram spirituali atque Ecclesiastico tribunali à iuramento fidelitatis, quod illi fecerunt, absolutos esse; Et hoc casu occurrente, penes* Ecclesiam *vel in capite suo, videlicet* Papa, *vel in corpore, nempe* Concilio, *residentem, hanc declarationem faciendi potestatem esse. Atque non solùm reliquæ omnes Ecclesiæ Catholicæ partes, sed pariter omnes Franciæ Doctores à tempore, quo Scholæ Theologicæ*
in

in ea inſtitutæ ſunt, affirmatiuam tenuerunt, nimirum,
quòd in caſu Principum hæreticorum, vel infidelium,
& religionem *Chriſtianam* aut *Catholicam* perſe-
quentium ſubditi à iuramento fidelitatis abſolui
poſsint. *Quò fit*, vt tametſi contraria doctrina
multò verior eſſet, cùm tamen reliquæ omnes Eccleſiæ partes de ea vobiſcum diſputent, non poteſtis
eam tenere niſi ad ſummū problematicam *in ma-*
teria fidei. Appello doctrinam problematicam in
materia fidei *omnem illam doctrinam, quæ non eſt*
neceſſaria neceſſitate fidei, & cuius contradictoria
non obligat eos, qui eam credunt, ad anathema, &
diſunionem; ſeu ab Eccleſiaſtica communione ſepa-
rationem. Alioquin oporteret vos agnoſcere communio-
nem illam, quam cum reliquis omnibus Eccleſiæ par-
tibus contrariam doctrinam tenentibus exercetis,
immo illam etiam, quam cum memoria veſtrorum
Prædeceſſorum conſeruatis, fuiſſe illicitam, &
hæreſi atque anathemate contaminatam. Ita *Car-*
dinalis.

4 Ex quibus manifeſtum eſt, *Illuſtriſſimum*
Cardinalem Peronium, in proponendo ſuæ quæſtionis ſtatu, principalem totius inter me & Aduerſarios controuerſiam, quam ſcilicet authoritatem habeat ſummus *Pontifex Principes* hæreticos per ſuam ſententiam ſuo regnandi iure, quo
ante ſententiam illam priuati non erant, re quidem vera priuandi, penitus effugere, & plures
quæſtiones, quæ ad præſentem de prædicta *Ponti-*
ficis poteſtate controuerſiam, de qua ſola ego cum
Aduerſarijs contendo, haud ſpectant, ſingulari
arte, ne dicam fraude, ſimul permiſcere.

5 *Prima quæſtio* eſſe poteſt; Vtrùm Princeps
ille,

ille, qui vel per seipsum, vel per suos Prædecessores iuramentum præstitit, se in Christiana & Catholica Religione, vsque ad mortem permansurum, & postea in hæresim aut infidelitatem prolabitur, & subditos ad eandem pertrahere vijs omnibus conatur, sit ipso facto omni regnandi iure priuatus, & subditi illius sint eo ipso ante vllam sententiam cuiuscunque Iudicis declaratoriam ab omni obedientiæ & fidelitatis vinculo liberati. Et quidé *Anglus* ille *Iesuita*, qui fictam *Andreæ Philopatris* personam induit, cui tamèn *Misopatris* cognomen magis aptè conueniret, affirmatiuam huius quæstionis partem nimis præcipitanter, vt alias [b] annotaui, his verbis [c] tuetur.

b In Apolog. nu.118.
c In Resp. ad Edictum Reginæ sect.2. nu.157.158.

6   *Hinc etiam infert vniuersa Theologorum, ac Iurisconsultorum Ecclesiasticorum schola (& est certum & de fide) quemcunque Principem Christianum, si à Religione Catholica manifesto deflexerit, & alios auocare voluerit,* excidere statim omni potestate ac dignitate, *ex ipsa vi iuris tum humani tum diuini, hocque ante omnem sententiam supremi Pastoris, ac Iudicis contra ipsum prolatam: & subditos quoscunque liberos esse ab omni iuramenti obligatione, quod de obedientia tanquam Principi legitimo præstitissent; posseque & debere (si vires habeant) istiusmodi hominem tanquam Apostatam, hæreticum, ac Christi Domini desertorem, & Reipublicæ suæ inimicum, hostemque ex hominum Christianorum dominatu eijcere, ne alios inficiat, vel suo exemplo, aut imperio à fide auertat.*

Atque hæc certa, definita, & indubitata virorū doctissimorum sententia doctrinæ Apostolicæ conformis planè, ac consona est: qua D. Paulus *vxorem fidelem*   1 Cor.7.

lem eximit à poteſtate infidelis mariti, eo ipſo, quo ille cohabitare ſine iniuria ac periculo religionis Chriſtianæ(cui omnia ſeruiunt) non permittat; cùm poteſtas tamen mariti in vxorem non minor ſit, ſed aliquanto etiam maior, ſiue naturam, ſiue Dei præceptum ſpectes, quàm Regis in ſubditos. Eâdem etiam epiſtolâ præcipit Apoſtolus *Corinthijs, vt nouos Iudices ex Chriſtianis populus fidelis ſibi conſtituat, qui cauſis litibuſque. temporalibus præſint, ne videlicet cogerentur coram Iudice infideli, Chriſtique perſequutore cauſas agere : ex quo infertur, quod ſi potuerint noui Iudices authoritate* Apoſtoli *per fideles conſtitui excluſis gentilibus, qui alioquin erant legitimi, eadem etiam authoritate ob eandem cauſam & finem, & ob eadem vitanda incommoda, potuiſſent ab ijſdem infidelibus ſine dubio alij quoque Principes & Reges legitimi ſibi conſtitui, ſi vires Chriſtianis fuiſſent ad rem exequendam.*

1 Cor.6.

7   Sed admiranda eſt huius turbulenti hominis temeritas & imperitia, qui ob rationes planè friuolas (ex *Cardinali* quidem *Bellarmino* deſumptas, ſed & contra eiuſdem *Bellarmini* ſenſum & ſententiam contortas, & ſæpius à me [d] & alijs [e] perſpicuè refutatas) doctrinam tam falſam & ſcandaloſam, dānabilem & ſeditioſam confingere, & quod magis mirandum eſt, cùm ſibimet ſoli propria & peculiaris ſit, & à nullo alio inſuper Catholico quem legi (quantumuis ipſe *Alphonſum* de *Caſtro, Waldenſem,* & *Victoriā* pro ea falſiſſimè citet) propugnata, eam tamen *vniverſæ* Theologorum & Iuriſconſultorum *Scholæ* attribuere, & eſſe *certam,* & de *fide* incredibili impudentia affirmare auſus fuerit.

d In Apolog. nu. 270. 288. et alibi.
e *Ioan. Barclai.* contra *Bellarm.* cap. 21. §. 2. et cap. 23. per totum.

8 Atque

8   Atque *inprimis*, cùm *oporteat*, Deo scilicet permittente, *hæreses esse* 1. Cor. 11. quodnam obsecro, Regnum, in quo perfecta Religionis vnitas non reperitur, à continuarum proditionum terroribus & suspicionibus securum esse potest, quando subditi illius Regni, iuxta pestiferæ istius doctrinæ principia, sibi persuadere debent, *Principem* suum, si contrariam Religionem illi quam ipsi amplectuntur, profiteatur, & subditos ad eam amplectendam pertrahere conetur (vti omnibus *Principibus* consuetum est) eo ipso *omni potestate & dignitate Regia excidisse*, & subditos ab omni fidelitatis iuramento & vinculo esse absolutos, atque ita per suam *Ecclesiam*, quam veram *Christi* Ecclesiam esse credunt (sicut omnes Christiani, tam hæretici quàm Catholici profitentur) declarari pariter posse ? Qua etiam securitate potest *Rex* aliquis, siue Catholicus ille sit siue non, tolerare in suis dominijs Religionem aliquam illi, quam ipsemet profitetur, contrariam, quando subditi contrariæ Religionis, iuxta scandalosam hanc doctrinam, sibi persuadere debent, *Regem* illum, si subditos ad Religionem, quam ipse profitetur, pertrahere conatus fuerit (sicut omnes *Principes* solent) *statim excidere omni potestate ac dignitate*, seu omni regnandi iure priuatum esse ?

9   Qua item securitate potest *Rex* aliquis hæreticus aut infidelis, cuius Regnum vel omnino, vel magna ex parte hæresi, aut infidelitate infectum est, Religionem Catholicam amplecti, & subditos suos ad eam inducere conari, quando subditi, qui Catholici non sunt (iuxta irreligiosam

ſam hanc doctrinam) ſibi perſuadere debent
Principem illum *Deo*, illique Religioni, quam
ipſi veram eſſe credunt, bellum manifeſtum in-
dicere, ſubditorum confcientijs violentiam inferre,illudque iuſiurandum, quod vel ipſe, vel aliquis ex Prędeceſſoribus fecerunt de viuendo &
moriendo in illa Regni ſui fide & religione, violaſſe, & proinde omni regnandi iure eo ipſo priuatum eſſe ? Adeo vt perſpicuum ſatis ſit, doctrinam hanc ad Statuum omnium temporalium pacem ac tranquillitatem perturbandam, & ſub-
uertendam tendere, *Principum* infidelium ani-
moſa religione Catholica amplectenda omnino
auertere ; & ſi aliquis huius Regni ſubditus illam eo modo, quo à me propoſita eſt, defendere
auſus eſſet, eum Archiproditorem manifeſtum,
& lęſæ Maieſtatis reum pronunciare non perti-
meſcerem,cum conſequenter defendere teneatur:
Regem noſtrum Sereniſſimum non eſſe verum
& legitimum huius Regni *Principem*, ſed omni
poteſtate & dignitate Regia excidiſſe, quandoquidem, tametſi non ipſemet, aliquis tamen
ex Prædeceſſoribus iureiurando pollicitus eſt, ſe
Eccleſiam *Catholicam Romanam* defenſurum, atque in ea vſque ad extremum vitę exitum perman-
ſurum eſſe.

10   *Deinde*, hæc doctrina plurimùm fauet falſæ illi, ne dicam, erroneæ aſſertioni, quòd dominium ciuile non fundetur in natura, ſed in gratia
aut fide; & quòd in hæreticis & infidelibus dominium, poteſtas, & iuriſdictio verè ciuilis non
reperiatur : cùm vix aliquis Imperatorum, aut
Regum hæreticorum, vel infidelium à *Chriſto*
paſſo

paſſo exſtiterit, qui Religionem Chriſtianam &
Catholicam demoliri, & ſuam hæreſim aut infidelitatem exaltare conatus non fuerit. Et tametſi
Cardinalis Peronius, dum iſtius controuerſiæ ſtatum proponit, mentionem faciat cuiuſdam Iuramenti, quo vel *Principes* ipſi, vel eorum prædeceſſores ſe obligarunt ad viuendum & morien-
dum in Religione Chriſtiana & Catholica, quaſi
ipſa Iuramenti violatio, ex ipſius ſententia, vel
ſola vel præcipua cauſa eſſet, ob quam *Principes*
hæretici, qui ſubditos ad ſuam hæreſim pertrahere ſtudent, *omni poteſtate ac dignitate Regia exci-*
dant, & reipſa priuati ſint ; huius tamen Iuramenti mentio eſt artificioſus duntaxat, meo quidem iudicio, prætextus, quo ipſe ſub ſpecioſo mu-
tui cuiuſdam inter *Principem* & ſubditos pacti,
ſeu contractus initi ſuco, doctrinæ ſuæ maiorem probabilitatis ſpeciem afferre conatur : & nihilominus neque inde ſupradicta incommoda de-
uitat, neque doctrinam ſuam probabiliorem
reddit.

11   Nam *Primùm* omnes Chriſtiani, vt quidam præſertim ex Sanctis *Patribus* affirmare videntur, [f] quandam promiſſionem, ſponſionem,
immo & pactum cum *Deo* & Eccleſia ineunt, de
renunciando Sathanæ, & omnibus operibus eius,
& conſequenter de mandatis Dei obſeruandis, atque in fide Chriſtiana & Catholica vſque ad mortem permanendo ; Et nihilominus nullus vir
eruditus , vti opinor, affirmabit, eos, ſi hanc
promiſſionem, ſponſionem, & pactionem, qua-
liſcunque illa ſit, violauerint, *excidere ſtatim*
omni poteſtate ac dignitate aut aliquo iure aut do-

[f] vide meam
Apologiam nu.
308.

minio ciuili, quod neque per Baptiſmum, neque
per illam ſponſionem, aut pactionem in Baptiſmo factam, receperunt, inde priuatos eſſe.

12   *Deinde*, nulla promiſſio, votum, iuramentum, aut pactum poteſt aliquem vllo iure,
Dominio, vel authoritate ciuili priuare, niſi ius
illud, dominium, vel authoritas illi conferatur
cum hac conditione, conuentione, aut pacto,
quòd ſi illam promiſſionem, votum, iuramentum, aut pactionem fortaſſis violauerit, eò ipſo
iure illo, dominio, & authoritate ciuili excidiſſe cenſendus ſit ; ſed nulla ratione veroſimili
comprobari poteſt, Principes Chriſtianos, ta-
nietſi forſan iurauerint, ſe in Chriſtiana & Catholica religione ſemper permanſuros eſſe, ius
ſuum Regale, & poteſtatem Regiam ſuſcepiſſe
cum hac conditione & pacto, quod ipſi, ſi religionem Catholicam deſeruerint, eo ipſo omni
regnandi iure & poteſtate ſua Regali excidiſſe ex-
iſtimandi ſint, cum hoc iuſiurandum, quod *Principes* Chriſtiani, qui iure hæreditatis & ſucceſſionis ad Regni ſolium euehuntur preſtat, ſit tantùm
quædam cæremonia tempore ſuæ coronationis
adhibita; & nihilominus ſatis conſtat totam authoritatem & iuriſdictionem Regiam illis antea
ab ipſo temporis momento, quo *Rex* ille, cui ſuc-
cedunt, vita functus eſt, ex vi ſucceſſionis, & hæreditatis competere.

13   *Tertiò*, etiamſi abſtrahamus ab omni
iuramento, quod *Principes* Chriſtiani, vel ipſi
vel eorum Prædeceſſores præſtiterunt de viuendo
& moriendo in religione Chriſtiana & Catholica, attamen ſi à fide, quam in Baptiſmo profeſ-

ſi

si sunt, desciuerint, & *Ariani* aut *Mahometani*
efficiantur, & alios ad *Arianismum* aut *Mahometismum* pertrahere conentur, tum *Christo* &
suæ Ecclesiæ rebelles fiunt, illique bellum apertum indicunt, tum subditorum conscientijs violentiam inferunt, & Religionem Christianam ac
Catholicam euertere, & e suis dominijs exterminare nituntur, quæ sunt præcipuæ causæ, ob quas
Cardinalis Peronius in statu suæ quæstionis proponendo affirmat, *Principes* hæreticos *sua potestate & dignitate excidere*, eaque priuatos esse per
Ecclesiam declarari posse, igitur iuramentum illud, cuius ipse meminit, est artificiosus duntaxat
fucus, quo Lectori persuadere cupit, inter *Principem* & subditos iniri quendam contractum &
pactionem, vt si *Princeps* à Religione Christiana,
quam ipse vel Prædecessores conseruare iuraue-
runt, desciuerit, eo ipso omni regnandi iure excidisse censendus sit, cum omnes illæ rationes ab
ipsomet *Cardinali* allatæ, ob quas *Princeps* hære-
reticus Regia sua dignitate priuatus sit, & proinde ita declarari queat, vim habeant, tametsi nullum tale iuramentum interueniisse supponamus.

  14 *Quartò* denique, tametsi concederemus, quod tamen omnino confictum est, & nullo fundamento probabili confirmari potest, *Principes* Christianos, vel ipsos vel eorum Prædecessores iusiurandum *Deo* & populo suo fecisse de
viuendo & moriendo in religione Christiana &
Catholica, cum expressa conditione & pacto,
quòd eo ipso quo à religione Catholica defece-
rint, & subditos ab eadem auocare studuerint ca-

                    E e 2   dant

dant omni poteftate,& dignitate,& omni regnandi iure fint ipfo facto priuati , pofito tamen quòd
in hæreticis vel infidelibus fit verum dominium,
poteftas & iurifdictio ciuilis, nemo vir doctus
dubitare poteft , quin ficut in poteftate Regni,
aut Reipublicæ , etiam hereticæ , autinfidelis, fit
talem conditionem & pactionem , quæ fingitur,
iuramento firmatam conficere , admittere,& ra-
tam habere, ita etiam ab ipfometRegno , aut Republica omnino refcindi , & irrita reddi poterit,
atque ita femper præfumi debeat , quotiefcunque
talis Refpublica *Principem* fimiliter hæreticum
aut infidelem ad Regnum admittit, & tanquam
Principē fuum legitimū recognofcit. Si enim Regnum illud, aut Refpublica heretica, vel infidelis veri dominij ciuilis, poteftatis, & iurifdictionis ca-
pax fuerit, nullum planè eft dubium , quin in ip
fummet *Principem*, tametfi fimiliter cum illis hæreticus aut infidelis fuerit, idem dominium ciuile,
poteftatem , & iurifdictionem fupremam tranf-
ferre quoque poterit. Ex quo perfpicuum eft ,
hanc pactionem & conuentionem , quæ inter
Regem & *Rempub.* fingitur , non poffe fufficiens
effe fundamentum , ob quod *Princeps* aliquis hereticus , qui vel electione, vel acceptatione &
approbatione Regni hæretici ad Regni folium e-
uchitur , cadat aliqua fua poteftate & dignitate
Regia , eo quòd fubditos ad hærefim , quam
Regnum illud profitetur , pertrahere modis omnibus conetur. Atque hæc de *prima quæstione*,
quam *Cardinalis Peronius* , dum fuæ controuer-
fiæ ftatum proponit, cum pluribus alijs confundit,dicta fufficiant.

15 Se-

15 *Secunda quæstio* esse potest, in quonam consistat vera & adæquata ratio, ob quam *Princeps* ille hæreticus, iuxta damnabilem illam *Philopatris* doctrinam, *cadat iure suo, & potestate Regali*, & subditi à iuramento fidelitatis sint ipso facto ante vllam *Ecclesiæ* declarationem absoluti; an scilicet in violatione tantùm iuramenti, quod vel ipse, vel saltem sui Prædecessores dederunt de viuendo & moriendo in Religione Christiana & Catholica, vel in manifesta hæresis professione & spirituali in Deum & Ecclesiam rebellione, vel etiam in eo quòd subditorum conscientijs violentiam inferat, eosque vel inuitos ad suam hæresim pertrahere studeat, hæc enim omnia *Cardinalis Peronius* recenset, sed vtrum omnia vel aliqua ex illis requirantur aut sufficiant, vt *Princeps* ille hæreticus suo regnandi iure excidat, et proinde ita declarari possit, ipse non declarat.

16 *Tertia quæstio* esse potest, vtrùm *Papa* vel *Ecclesia*, quam *Concilium* generale repræsentat, potestatem habeat declarandi, *Principem* aliquem esse hæreticum, iuramenti sui violatorem, *Christo* & Ecclesiæ rebellem, & religionis Catholicæ persequutorem, & consequenter, iuxta falsissimam hanc *Philopatris* doctrinam, *iure suo Regali excidisse*, & subditos à iuramento fidelitatis illi debitæ absolutos esse, & de hoc nulla omnino inter Catholicos dubitatio fieri potest, cùm declarare iuridicè & authenticè, quid sit hæresis, & quisnam sit hæresi infectus, & quis sit iuramenti, ad rem spiritualem confirmandam facti, violator, atque religionis Catholicæ persequutor, actio spiritualis sit, & proinde, iuxta communem omnium

Catholicorum ſententiam, ad *Eccleſiam* in capite
& membris reſidentem pertineat.

17   *Quarta quæſtio* eſſe poteſt, quemnam
effectum declaratio illa *Pontificis* vel *Eccleſiæ* ope-
retur, cùm, iuxta falſum illud *Philopatris* principium, *Princeps* ille hæreticus ante omnem declarationem iure ſuo regnandi exciderit, & ſubditi à
iuramento fidelitatis abſoluti fuerint : & *vtrùm*
neceſſaria ſit, quando factum ita eſt notorium
& publicum, vt nulla tergiuerſatione celari poſſit, neque vix vllum ex Regni ſubditis latere queat,
Principem illum hæreſi intectum eſſe, religionem
deſeruiſſe, iuramentum ſuum violaſſe, ſubdi-
toſque ad ſuam hæreſim amplectendam minis &
terroribus pertrahere conatum eſſe : Et de hoc e-
tiam vix vlla dubitatio, mea quidem ſententia, eſſe
poteſt, quandoquidem hæc declaratio *Principem*
illum nullo ſuo regnandi iure, iuxta illam *Philopatris* doctrinam, priuat, ſed priuatum eſſe ſupponit, & ad hoc ſolum deſeruit, vt illud, quod forſan aliquibus tantùm erat notum, omnibus manifeſtum faciat, nempe *Principem* illum iure ſuo
regnandi excidiſſe, & ſubditos ab omni obedientiæ vinculo abſolutos eſſe. Quo fit, vt hæc declaratio non ſit neceſſaria in caſibus planè manifeſtis,
ſed ſolùm in dubijs, incertis, aut non adeo notis:
ſicut etiam in votis & iuramentis, quando manifeſtum eſt ea non obligare, non opus eſt aliqua diſpenſatione (quæ iuxta *Thomiſtarum* doctrinam
eſt iuris tantùm declaratio) ſed tunc ſolùm diſ-
penſatio requiritur, quando ambigitur, an res
illa, quæ voto aut iuramento promittitur, ſit
ſufficiens & idonea voti aut iuramenti materia.

Qua-

Quapropter, quando *Rex* aliquis vel ob ætatem,
vel ob infirmitatem, aliamue ob cauſam non ſolùm Regni ſui adminiſtrationem, verùm etiam totum ius ſuum & poteſtatem *Regiam* filio ſuo pri-
mogenito, aut proximo hæredi ita palam & publicè permittit ſeu reſignat, vt toti Regno notiſsi-
mum ſit, non opus eſt, vt ſubditi aliquam declarationem, diſpenſationem, aut abſolutionem à iuramento fidelitatis, quod olim *Regi* præſtiterunt, à
Papa, vel *Eccleſia* requirant, cùm euidens iam ſit,
prius illud fidelitatis vinculum ex illa reſignatio-
ne iam diſſolutum eſſe, neque eſſe idoneam Iuramenti materiam, & conſequenter ipſum iuramentum, quo ſe ad illud ciuile fidelitatis vinculum confirmandum obſtrinxerunt, iam irritum
omnino reddi, nullamque vim ſubditos ad id ſer-
uandum obligationem habere.

18 Verumtamen, cùm prædicta *Philopatris*
doctrina falſiſſima ſit, vti diximus, ſcandaloſa, ſe-
ditioſa, & nullo verò ſimili fundamento nixa, *quin-*
ta quæſtio eſſe poteſt, *vtrùm* (ſuppoſito eo quod
certiſſimum eſt, nempe *Principem* illum hæreticum, neque ob iuramentum violatum, neque ob
publicam hæreſis profeſſionem, aut violentam
ſubditorum ad hæreſim ſuam amplectendam in-
ductionem excidere ſtatim (ex vi iuris diuini)
omni poteſtate ac dignitate) *vtrum*, inquam, in
poteſtate Regni ſeu Reipublicæ, quam *Parliamen-*
tum, ſeu generalia Regni Comitia repręſentant,
ſit *Principem* ſuum in hæreſim eo modo lapſum
deponere, & omnem regnandi poteſtatem illi ad-
imere, ſeu quod idem eſt, an totum Regnum, ſeu
Reſpublica ſit *Principe* ſuo vero & legitimo, ſi
forſan

forſan in hæreſim lapſus fuerit, & ſubditos ad eam pertrahere conatus fuerit, maior & ſuperior, eumque caſtigandi authoritatem habeat. Atque hæc quæſtio neque ad noſtram de poteſtate *Summi Pontificis Principes* deponendi controuerſiam, neque ad Iuramentum fidelitatis in *Anglia* recêns ſtabilitum ſpectat, & potiùs principijs politicis & in morali philoſophia fundatis, quàm Theologicis nixa eſt.

19 *Sexta* igitur, & *vltima quæſtio*, quæque ſola ad rem noſtram pertinet, eſſe poteſt, *an penes ſummum Pontificem*, vel *Eccleſiam* ſit poteſtas *Principes* hæreticos in caſibus prædictis deponendi, ſeu iure ſuo Regali per ſententiam priuandi, & ſubditos à naturali ac ciuili fidelitatis vinculo liberandi, quo ſemel ſoluto ſacrum illud & religioſum Iuramenti vinculum, quod in ciuili fundatur, & ad illud confirmandum ſuperadditur, protinus diſſoluitur ; vel *vtrùm* in *Pontifice*, aut *Concilio* ſit tantùm poteſtas declarandi talem *Principem* eſſe hæreticum, *Chriſto.* & *Eccleſiæ* inimicum, iuramenti violatorem &c. eumque vijs ſpiritualibus tam *directiuis*, quàm *coercitiuis* ab hæreſi ſua auocandi, & conſequenter, ſi ſemel conſtaret, Rempub. ciuilem eſſe in caſu hæreſis *Rege* ſuo legitimo ſuperiorem, illumque deponendi poteſtatem habere, præcipiendi atque cenſuris ſpiritualibus compellendi Rempub. vt *Principem* ſuum in tali caſu deponat : Dixi, *ſi ſemel conſtaret*, &c. nam quamdiu probabile tantùm eſt, talem in Repub. authoritatem *Principem* ſuum deponendi reſidere, non poteſt talis Reipublicæ poteſtas ad effectum tutâ conſcientiâ perduci, vt ſuprà ex principijs

Leſſij

Lessij perspicuè commonstrauimus, cùm *potestas quæ non certa sed probabilis, non possit esse fundamentum quo aliquis immediate puniatur, aut iure suo & dominio priuetur, sed talis potestas certissimè debeat competere.*

20 Iam has omnes quæstiones *Card.* Peronius in statu suæ quæstionis proponendo ita artificiosè, vti vidistis, confundit, ac si vna duntaxat quæstio esset, adeo vt si ad particularia descendamus, quid ipse de singulis sentiat, & præsertim de potestate *summi Pontificis*, non *Principes* ipso facto depositos, vt voluit *Philopater*, vel authoritate Reipub. deponendos, vt alijs placet, declarandi, sed ipsos verè per sententiam suam regnandi iure priuandi, satis clarè cognosci nequeat, tametsi in præfatam *Philopatris* sententiam nimium propendere videatur. Et propterea, neque illa quæstionis suæ propositio, neque eiusdem confirmatio vel meam doctrinam, vel nostrum *Angliæ* Iuramentum, quæ de potestate tantùm Ecclesiastica *Principes* verè deponendi agunt, vllatenus impugnat, tametsi ipsemet *Cardinalis* satis perspicuè ea impugnasse in progressu sui discursus prætendat.

21 Atque hinc alterum artificium notatu dignissimum, quo *Card.* Peronius vsus est, clarissimè innotescit ; quando ita scribit : *Et non solùm reliquæ omnes Ecclesiæ Catholicæ partes, sed pariter omnes Franciæ Doctores à tempore quo Scholæ Theologicæ in ea institutæ sunt, affirmatiuam tenuerunt, nempe, quòd in casu Principum hæreticorum vel infidelium, & Religionem Christianam seu Catholicam persequentium subditi à iuramento fidelitatis absolui possint*

g pag.55.

poſsint : Et infrà citans *Widdringtonum* in margine, *Nam Scriptores*, inquit, g *Anglici, qui in de-
fenſionem Iuramenti à præſente Angliæ Rege ſanciti
ſcripſerunt, & totis viribus elaborarunt, vt aliquos
Doctores, & in particulari Francos reperirent, qui illorum ſententiam ante hos vltimos tumultus ſequuti
ſunt, non potuerunt adhuc vel vnicum aut Theologum
aut Iuriſconſultum producere, qui dixerit, in caſu
hæreſis vel apoſtaſiæ à religione Chriſtiana ſubditos à
iuramento fidelitatis abſolui non poſſe.* Duas enim
quæſtiones principales omnino diuerſas de authoritate ſpirituali ſummi *Pontificis*, & de temporali ipſius *Reipub.* Principes hæreticos abdicandi *Cardinalis* in vna confundit, & de illis duabus
vnicam facit : cùm tamen nemo, qui libros meos
perlegerit, ignorare queat, non fuiſſe mihi inſtitutum de poteſtate *Reipublicæ* in ſuum *Principem*
diſſerere, aut vllum Authorem in medium proferre, qui verbis hiſce generalibus expreſſe affirmaret, nullam eſſe in terra poteſtatem ſiue temporalem in *Republica*, ſiue ſpiritualem in *Eccleſia* Principes hæreticos deponendi, & ſubditos à temporali eorum fidelitate liberandi : Hanc enim quæſtionem de poteſtate *Reipublicæ* ciuilis in ſuum
Principem neque ad meum inſtitutum, neque ad
præſens *Angliæ* iuramentum vllatenus ſpectare ſæpiſſimè commonſtraui.

22 Sin autem *Cardinalis* aſſerere velit, me nullum Scriptorem produxiſſe, qui verbis generalibus dixerit, non poſſe *Summum Pontificem*
Principes deponere, & poteſtatem Eccleſiaſticam nullam pænam ciuilem, vt ſunt mors, exilium, bonorum priuatio &c. ex inſtitutione diuina

uina infligere, fed ad pænas tantùm spirituales,
vtputa Excommunicationem extendi, & egregiè
fallitur, & Lectorem fallere conatur : vt constat tum ex mea *Apologia* [h], tum ex *Disputatione*
mea *Theologica*, vbi plures tum *Theologos*, tum
Iurisconsultos, non aliarum tantùm nationum,
fed nationis etiam *Gallicanæ* produxerim,
& nominatim *Ioannem Parisiensem*, *Petrum*
Pithæum, & *Iacobum Almainum*, non quidem in Tractatu illo suo *de potestate Ec-*
clesiastica & Laica à Card. *Peronio* citatum, vbi
doctrinam *Occami* interpretatur, & iuxta illius
sententiam loquitur ; sed in libris suis de *Autho-*
ritate Ecclesiæ, & de *Dominio naturali, ciuili, & Ec-*
clesiastico, vbi ex propria sententia scribit : Tametsi,quod ad potestatem *Reipublicæ ciuilis* in suum *Principem* attinet, *Ioannes Parisiensis*, vt aliàs
[k] monuimus, & alij etiam Scriptores *Galli* in ea
sint sententia, quòd Respublica ciuilis *Princi-*
pem suum hæreticum, aut Ecclesiæ rebellem &
incorrigibilem deponendi, & subditos à fidelitate temporali, quam illi debent, liberandi authoritatem habeat : Vnde iuxta horum sententiam potest *Papa* deponere *Principem* illum per
accidens,seu, vt loquitur *Ioannes Maior, applicando*
actiua passiuis, ad eum modum, quo ille, qui
applicat ignem stupæ,dicitur stupam comburere,
nempe mouendo, dirigendo, consulendo. admo-
nendo, præcipiendo, & censuris etiam spiritualibus *compellendo* (si *compulsio* rectè dici queat)
ipsam Rempub. ciuilem, cui *Principem* suum
deponendi authoritatem attribuunt, vt in casu
prædicto ipsum deponat : Postquam autem *Prin-*
ceps

h Nu.4.' &
seq.1.cap.3.
sect.3.

k In *Disputat.*
*Theolog.*loc.
cit.et in *Con-*
futat.Anglic.
Tho.Fitzh.
part.1.cap.3.
Vide etiam
supra part. 1.
sect.5.

Maior in 4.
dist.24.q.3.

ceps ille ex horum fententia propter hærefim de-
pofitus fuerit, & confequenter fubditi à naturali fidelitatis vinculo liberati, poteft procul dubio
Papa (hac eorum fententia vtî verâ præfuppofi-
ta) declarare, fubditos à facra, & religiofa Iuramenti obligatione, quæ ad naturale fidelitatis
vinculum confirmandum fuperaddita eft, eamque necefariò fupponit, coram *Deo*, & *Ecclefi-*
aftico tribunali liberos efse. Sed hæc omnia ad
Iuramentum fidelitatis in *Anglia* ftabilitum planè
impertinentia funt, cùm in eo authoritas tantùm
Summi Pontificis Principes deponendi & fubditos
à fidelitate abfoluendi abnegetur, & quæftio illa
de poteftate *Reipublicæ* in fuum *Principem* omnino declinetur.

23   Quapropter, qui *Card. Peronij* orationem
Anglicè vertit non minùs falfo quàm audacter
affirmat [1] *difcrimen iftud inter hæc duo Iuramenta*
reperiri, quòd Anglicum *Iuramentum in vna*
ex claufulis excludere videatur, non folùm autho-
ritatem Ecclefiæ in Reges, verùm ipfius etiam
Reipub. tametfi cum illa etiam Ecclefiæ authoritate
fimul coniuncta efset, at illud Franciæ *Iuramentum*
ad authoritatem Ecclefiæ abnegandam folummodò
collimat. Nam quicquid fit de Iuramento *Fran-*
ciæ, de quo infra, conftat tamen, noftrum Iuramentum de poteftate *Reipub.* in fuum *Principem*
non loqui, fed folum de authoritate *Summi Pon-*
tificis Regem deponendi, & fubditos à fidelitate
liberandi agere, eamque Summo *Pontifici* nullo,
fiue diuino, fiue humano iure competere omnino contendere. Noftrum enim *Angliæ* Iuramentum, vt alibi [m] fufiùs commonftraui, folummodò

modò affirmat, *quòd* Papa *nec per seipsum*, id est,
per nullam authoritatem sibi à *Christo* concessam,
nec per vllam authoritatem *Ecclesiæ*, *vel Sedis Ro-*
manæ, quia neque *Ecclesiæ*, neque *Sedi Romanæ*
talis authoritas est communicata; *neque per vlla*
alia media cum alijs quibuscunque, id est, neque vt
causa partialis, siue principaliter, siue per modum
instrumenti, & participatiuè aliquam *potestatem*
vel authoritatem habeat Regem deponendi &c. Ex
quâ postrema clausula hoc ad summum deduci
potest, ipsam *Rempub.* ciuilem, siue talem authoritatem *Principem* suum ob aliquam causam
vel crimen deponendi habeat, siue non, cui quæ-
stioni neque *Rex* noster, neque Regni *Ordines*
se immiscere voluerunt, nullam talem authoritatem *Summo Pontifici* vel per seipsum vel cum
aliquo alio *Regem* nostrum deponendi communi-
casse.

24   Illud autem *Franciæ* Iuramentum disertè
asserit, [n] *nullam esse potestatem in terra, quæcunque*
illa sit, siue Spiritualem siue temporalem, quæ ius ali-
quod habeat in Regnum Franciæ ad sacratas nostro-
rum Regum personas depriuandas, vel ad dispensan-
dum, aut absoluendum eorum subditos à fidelitate &
obedientia, quam illis debent, ob vllam causam vel
prætextum : Hæc enim sunt expressa illius Iuramenti verba, quæ tametsi *Card. Peronius*, vt ex
toto eius discursu constat, de quacunque authoritate temporali, etiam ipsiusmet *Reipub. ciuilis*
Principem hæreticum aut Apostatam deponendi
intelligenda esse contendat, primoque intuitu
istum sensum, quem *Cardinalis* prætendit, habere videantur, ob verba illa generalia, [& *quòd*
non

n Vide ex-
emplar Iura-
menti *Franciæ*
infrà in fine.

*non ſit poteſtas in terra, quæcunque illa, ſit ſiue ſpiritu-
alis ſiue temporalis* &c.] attamen ſi verba immediatè ſequentia, videlicet [*quæ aliquod ius habeat
in Regnum Franciæ ad ſacratas Regum noſtrorum
perſonas depriuandas* &c.] rite expendantur, op-
timum & veriſſimum ſenſum, ſed à mente *Cardinalis* alienum, habere poſſunt : vt nimirum poteſtas illa temporalis, de qua ibi ſit mentio, non
ad poteſtatem temporalem ipſiuſmet *Regni*, ſeu
Reipublicæ referenda ſit, cùm ſatis conſtet, nullum
Regnum verè & propriè habere ius aliquod, poteſtatem, vel authoritatem ſupra ſeipſum : Vnde
falsè & ineptè diceretur, *Regnum* Franciæ *habere
ius ſupra* Regnum *Franciæ ad ſacratas Regum ſuorum perſonas depriuandas, &c.* Et propterea poteſtas illa temporalis, de qua ibi ſit mentio, non de
poteſtate temporali ipſiuſmet *Regni* Franciæ, ſed
de poteſtate temporali alterius *Regni*, aut *Principis* omnino intelligi debet. Et meo quidem iudicio *Senatores* illi ſapientiſſimi ad illam *Ioannis
Tanquarelli* poſitionem à *Senatu Pariſienſi* ſexa-
ginta fermè ab hinc annis, nempe anno Domini
1561. condemnatam, potiſſimùm reſpexiſſe videntur : Hæc autem erat *Tanquarelli* poſitio, Papa
*Chriſti Vicarius Monarcha ſpiritualem & ſecularem
habens poteſtatem Principes ſuis præceptis rebelles*

o Vide meam   *Regno & dignitatibus priuare poteſt.* ᵒ Quamuis
Apologiam nu.   igitur illius Iuramenti verba adeo generalia ſint,
3ᵒ.   vt quamcunque authoritatem ſiue *Summi Pontificis* ſiue alterius cuiuſcunque *Regni*, aut *Reipub.*
omnino excludant eò tamen potiſſimùm, mea
quidem ſententia, tendunt, vt negent eſſe in *Summo Pontifice* vllam omnino poteſtatem ſiue *ſpiritualem*

tualem siue *temporalem,* quæ vllum ius habeat in *Regnum Franciæ* ad *sacratas Regum Franciæ personas deprinandas,*&c.

25   Sed vtcunque sit, satis constat, neque *Regis* nostri *Serenissimi*, neque *Regni Ordinum* mentem fuisse in hoc *Angliæ* Iuramento authoritatem *Reipub.* sed solùm *Summi Pontificis* potestatem *Principes* deponendi abnegare ; neque etiam mihi, qui de isto Iuramento *Disputationem Theologicam* confeci, de alia authoritate, quàm de *Papali* Principes abdicandi, quæ sola in nostro Iuramento impugnatur, disserere institutum erat.   Et propterea *Card. Peronius* singulari artificio, ne dicam fraude, vsus est, dum ad Iuramentum *Franciæ*, & consequenter nostrum, (cùm illud, vt ipse ait, P *idem planè sit cum nostro, nisi quòd nostrum magis suaue & modestum sit*) impugnandum asserit, q *Scriptores Anglicos non potuisse adhuc vel vnicum Theologum aut Iurisconsultum producere, qui dicat, in casu hæresis, vel apostasiæ à religione Christiana subditos à Iuramento fidelitatis absolui non posse.*   Nam quantumuis nullum omnino Theologum, aut Iurisconsultum, vno excepto *Barclaio*, protulerim, qui hæc duo pronunciata simul defendat, nempe, *Principes* Christianos neque authoritate *Summi Pontificis*, neque *Reipub. ciuilis* ob hæresim, aut Apostasiam deponi posse, (quandoquidem Doctores illi nationis *Gallicanæ*, qui absolutè & generaliter negant, esse in *Summo Pontifice*, seu *Ecclesiæ* potestatem *Principes* deponendi, & pænas ciuiles ex *Christi* institutione infligendi, communiter teneant, penes *Rempub. ciuilem* esse authoritatem in casu hæresis

p pag.102.
q pag.55.

vel

vel apoftafiæ *Principem* fuum deponendi, & fubditos à temporali fidelitatis obligatione, & confequenter à religiofo Iuramenti vinculo, quod ad
illam confirmandam adhibitum eft, liberandi)
Nihilominus plures tum Theologos tum Iurifconfultos produxi, qui abfolutè, & abfque vlla
exceptione feorfim & feparatim docent, neque in
Summo Pontifice, neque in *Repub. ciuili* effe poteftatem *Principes* fupremos abdicandi, aut naturale
fidelitatis & obedientiæ ciuilis vinculum diffol-
uendi.

26   Ex ijs enim Doctoribus, qui affirmant,
poffe *Rempub. ciuilem* in aliquibus cafibus Principem fuum deponere, plures reperiuntur, quos
alibi ͬ recenfui, & à calumnijs & exceptionibus
D. *Schulckenij* perfpicuè vindicaui, ͬ qui abfolutè
& abfque vlla exceptione affirmant, non poffe
Summum Pontificem Principes feculares deponere,
& *poteftatem Ecclefiafticam nullam pænam ciuilem,
vt funt mors, exilium, bonorum priuatio, &c. ex inftitutione diuina infligere poffe, immo nec incarcerare, vt plerifque Doctoribus placet, fed ad folam pænam fpiritualem extendi, viputa Excommunicationem, reliquas autem pænas, quibus vtitur, ex iure
purè pofitiuo, feu conceffione Principum effe*. Quæ
generalis eorum affertio falfa effet, fi Papa ob vllam caufam, crimen, vel finem *Principes* deponendi, aut pænas temporales ex *Chrifti* inftitutione infligendi poteftatem haberet. Si enim
Papa ob hærefim, aut in ordine ad bonum fpirituale penas ciuiles infligere poffet, fequeretur,
poteftatem Ecclefiafticam pænas ciuiles infligere
poffe, & non folùm ad penas fpirituales infligendas
extendi:

r in *Apolog.*
et *diſp.Theol.*
loc. fupra cit.
ſ in *Confutat.*
Anglic. *Thom.*
Fitzh. part. 1.
per totum.

extendi. Et si *Papa* Imperatorem, cæterosq; Principes ob hæresim, aut in ordine ad bonum spirituale deponere posset, sequeretur, posse *Papam* Imperatorem, Regem *Franciæ*, cæterosque *Principes*
Christianos suis dominijs temporalibus priuare,
eosque deponere, quæ prædicti Doctores absolutè & simpliciter negant.

27   Ex ijs autem Doctoribus, qui potestatem *Summi Pontificis* Principes deponendi vehementer admodùm propugnant, plures etiam in
mea *Apologia* ᵗ recensui, qui penitus inficiantur,   t nu. 411.
esse in populo seu Repub. ciuili authoritatem *Prin*
cipem suum deponendi. *Solus* Papa *ius*, *seu au*   Barth. leg st
thoritatem habet Imperatorem, *& Reges demeritis*   Imperator
suadentibus priuandi & deponendi, aiunt *Bartho*   Cod. *de legibus*
lus, *Baldus* & *Petrus Andreas Gambara*. Et Pe   nu. 4. Bald. in
trus Gregorius Tholosanus. tametsi *Gallo-Francus*,   proœmio ff.
asserit, penes populum, seu *Regni Comitia*, quæ   vet.
totam Rempub. repræsentant, *non esse potestatem*   Gam. in tract.
Principem suum ob aliquam causam vel crimen tem   de Officio &
porale destituendi. (Nam ob causam merè spiritua   potest. Legati
lem, veluti hæresim, quæ ex eius sententia ad fo   lib. 2. tit. de varum Ecclesiæ duntaxat pertinet, talem potestatem   rijs Ordinario
Principes deponendi *Summo Pontifici* attribuit.)   rū nominibus
Quapropter illud factum *Franciæ Procerum*, qui   Greg. Tholos.
Hildericum destituerunt, & *Pipinum* instituerunt,   lib. 26. de Renon approbat: Et expressè affirmat, *Carolum*   pub. cap. 5.
Martellum Pipini *patrem exemplo* Arbacis, *qui in*
surrexit eadem occasione in Regem Persarum Sarda
napalum, *regnum vsurpasse*: Et reprehendit etiam
Pontificem illum Romanum, *qui* Pipinum *in Ita*
liam contra sibi infestos Longobardos *vocauit*, *ve*
nientemque absoluit à iuramento præstito Regi suo
                            Ff   Hil-

Hilderico, *illo inaudito, non vocato, indefenso, nec accusáto, aut delato,* vt ait Abbas Vrspergensis, *&* Eutropius *lib.* 22. Et paulo infra, *Sed & quamnis* ait ille, *concederemus, propria authoritate ad suggestionem* Pipini *priuatum fuisse Regno* Hildericum, *& illud translatum ad eundem* Pipinum, *potuit decipi* Summus Pontifex *vel propria opinione, quòd voluerit arma in sui subsidium inuocata cum detrimento alterius remunerare.* Atque ob hanc potissimùm causam, vti existimo, *Scriptores Gallici* communiter tenent, Rempub. ciuilem esse in nonnullis casibus *Rege* superiorem, illumque iudicandi potestatem habere, vt nimirum hoc factum *Procerum Franciæ Regem* suum legitimum deponentium à manifesto rebellionis, & *læsæ Maiestatis* crimine faciliùs excusarent.

Carer. de potest. Rom. Pont. l. 2. c. 3.

28 *Denique,* vt alios Autores à me ibidem relatos taceam, *Alexander Carerius,* vehemens alioquin supremæ Summi *Pontificis* etiam in temporalibus Monarchiæ propugnator, eandem sententiam sequitur : *Quinullum,* inquit ille, *Iudicem habet in terris, vtique plures Iudices eum indicare non posse fatendum est. Negata enim singularitate per verbum collectiuum & vniuersale, pluralia negata censentur. Constat itaque, vt suprà dictum est, Barones & populos ex defectu potestatis coactiuæ, quam Vasalli non habent in Dominum suum, non posse Principem suum iudicare, nec deponere.* Et cap. precedenti respondens *Carerius* authoritati *Aristotelis,* qui 3. Polit. dicit, *communitatem bene ordinatam posse Principem punire, loquitur,* inquit, *Philosophus de Rege, qui per electionem communitatis instituitur : Talis enim punitur & depo-*

deponitur per communitatem , *quæ illum principaliter*
instituit , *sicut* Veneti & Ianuenses , *qui sibi Du-*
cem eligunt , & *si contra* Rempub. *delinquat* , *eum*
deponere possunt : *Secus de Rege* , *qui naturaliter* ,
& *ex successione* , & *ex certa stirpe regnat.* Atque
hæc *Carerij* , & aliorum sententia communi Sanc-
ctorum *Patrum* , quos alibi [u] commemoraui,
doctrinę consentanea est, qui expressè affirmant,
Imperatorem , *Reges* , cæterosque *Principes su-*
premos , cùm à *Deo* secundi sint, & solo *Deo* ,
vtpote in temporalibus minores , à solo *Deo*, pœnis nempe temporalibus , castigandos esse. Atque hinc satis perspicuum est quam artificiosè, ne
dicam dolosè, *Card.* P*eronius* grauissimam hanc
de *Principibus* deponendis controuersiam tractet,
& Lectori Catholico fucum faciat. Nam *primò*
has duas quæstiones de authoritate *Summi Ponti-*
ficis , &*Reipub. ciuilis* Principes deponendi confundit , & in vna quæstione fraudulenter inuoluit : & *deinde* affirmat, *Scriptores Anglicos nul-*
lum omnino aut Theologum , *aut Iurisconsultum*
produxisse , *qui dixerit* , *Principes in casu hæresis vel*
Apostasiæ non posse , nempe, neque per Summum
Pontificem, neque per Rempub. ciuilem, *deponi;*
quod sanè verissimum esse facilé concedam, cùm
mihi institutum non esset, aliquem authorem producere, qui hæc duo simul affirmaret , nempe,
non posse *Principes* , neque per *Summum Pontifi-*
cem , neque per *Rempub. ciuilem* in aliquo casu deponi ; sed si has duas quæstiones distinguere velimus , & de illis seorsim & separa-
tim tractare , clarissimum est, me tum plures
Theologos & Iurisconsultos in medium protu-

u in detectio-
ne *calumniarū*
Domini Scul-
kenij *calumnia*
17.

liffe, qui dixerint , non poffe *Rempub ciuilem* Principem fuum iudicare aut priuare , tum plures etiam Theologos & Iurifconfultos produxiffe, qui dixerint , non poffe *Summum Pontificem* Principes deponere , neque poteftatem Ecclefiafticam ex diuina inftitutione vllam pœnam ciuilem, vt funt mors, exilium , bonorum priuatio, &c. infligere poffe, fed ad folam pœnam fpiritualem, veluti Excommunicationem , infligendam extendi.

28   Aliud etiam artificium eiufdem *Cardinalis Peronij* in eo effe poteft , quòd toties in fua oratione *facram* & *religiofam* Iuramenti *obligationem* inculcet, & de *ciuili* ac *naturali* fidelitatis vinculo mentionem rariffimè faciat. Nam iftud forfan de induftria eo fine ab illo factum eft , vt difcurfum fuum circa poteftatem *Summi Pontificis,* feu *Ecclefiæ* , à fidelitatis iuramento abfoluendi auditorum mentibus minus ingratum redderet, quandoquidem Iuramentum res *facra* eft & *fpiritualis* , & proinde naturæ & obiecto poteftatis fpiritualis fatis accommodata : & communis omnium Theologorum fententia eft , poffe *Summum Pontificem* à Iuramentis abfoluere , vel relaxando & tollendo directè *fpirituale* illud Iuramenti vinculum , feu obligationem, vel folùm declarando, rem illam, quæ Iuramento promittitur, non effe hîc & nunc in hoc cafu particulari idoneam & fufficientem materiam iuramenti: fed temporalis fidelitas, & Regna temporalia funt res temporales , & propterea fi *Cardinalis* perfpicuè afferuiffet, quòd *Summus Pontifex* vi poteftatis fuæ fpiritualis poffit de rebus temporalibus difponere, à

fidelita-

fidelitate temporali subditos absoluere, & Regna temporalia, *Principumque* Coronas auferre, conferre, & transferre, hoc *Francorum* auribus (qui semper quasi pro certo tenuerunt, *non posse Papam Rege* Franciae *Regno priuare nec de eo alio quouis modo disponere*, neque potestatem Ecclesiasticam, *vt plerisque Doctoribus placet*, ad vllam poenam ciuilem infligendam ex diuina institutione extendi) plurimùm profecto displicuisset.

30 Veruntamen ad praesentem inter me & Aduersarios de potestate *Papali* Principes deponendi, & subditos à ciuili & naturali fidelitatis vinculo absoluendi controuersiam parum refert, quòd *Papa sacrum & religiosum* Iuramenti vinculum (cum res *sacra & spiritualis* sit) tollere, vel ab eo absoluere queat. Nam, vt rectè aduertit *Ioannes Parisiensis*, ˣ & ego etiam alias ʸ obseruaui, ex eo quòd Papa *sacrum, spirituale, & religiosum* Iuramenti vinculū tollere, aut relaxare possit, non sequitur, posse Papam *naturale, & ciuile* temporalis fidelitatis vinculum, quo omnes subditi ex lege Dei & naturae suis *Principibus* obstricti sunt, priusquam aliquod iuramentum emiserunt, tollere aut relaxare: cùm naturalis obligatio temporalis fidelitatis optimè consistere possit, etiamsi nullum omnino Iuramentum ad eam confirmandam accedat, & paucissimi sint subditi comparatione aliorum, qui tale fidelitatis iuramentum *Principibus* praestant.   Et propterea ob hanc fortasse causam *Card. Peronius* potiùs de potestate *Papali* subditos à *fidelitatis iuramento*, id est, *sacro*, & *religioso* vinculo absoluendi discurrere maluit, quàm de potestate *Papali* Principes deponendi,

x de potest. *Reg & Papali* cap. 16. y in *Disput. Theol.* cap. 7. sec. 3.

& de eorum Coronis ac Capitibus in ordine ad
bonum ſpirituale diſponendi: Sed tametſi *Principum* internecionem authoritate *Papali* faciendam execrari videatur *Cardinalis*, eam tamen ex
poteſtate *Papali* Principes deponendi, & de rebus
omnibus temporalibus in ordine ad bonum ſpirituale diſponendi manifeſtè ſequi, tum me perſpicuè demonſtraſſe, ᶻ tum *Franciſcum Suarez*,
id ingenuè agnouiſſe, ipſum et *Cardinalem Peronium* latere procul dubio non poterat.

z In Apolog.
nu. 43. & ſeq.
Suarez in Deſenſ. fidei Catholicæ &c.
lib. 6. cap. 4. nu.
10. vide etiam
meam *Appendic.* contra
Suarez part. 1.
ſec. 9.

31 Alio etiam ſingulari artificio idem *Cardinalis* in decreto *Lateranenſis Concily*, de quo in hac
Diſcuſsione potiſſimùm egimus, Gallicè reddendo
vſus eſt. Nam (vt taceam, quam parum verè &
ſincerè verba illa poſtrema, *vt extunc ipſe Vaſallos
ab eius fidelitate denunciet abſolutos*, quæ verba ſignificare poſſunt, *Papam* Vaſallos à fidelitate non
abſoluere, ſed abſolutos eſſe tantùm denunciare,
ipſe *Gallicè* reddat, ᵃ *vt extunc ipſe ſubditos eius à
iuramento fidelitatis abſoluat, a fin qu'il abſolue ſes
ſubiects du ſerment de fidelitè*) prima illa verba,
Si vero Dominus temporalis &c. de quibus tota
inter me & Aduerſarios controuerſia exiſtit, ipſe
mira fraude *Gallicè* vertit, *Si aliquis Princeps* &c.
Si quelque Prince &c. cùm tamen ignorare vix
potuerit, inferiores tantùm Dominos temporales,
& non *Reges* ac *Principes* ſupremos in materia
odioſa generalibus Dominorum temporalium
nominibus, ex doctiſſimorum Theologorum ac
Iuriſconſultorum ſententia, deſignari. Et tametſi ipſe fortaſſe exiſtimet, in illo decreto,
non ſolùm inferiores Dominos temporales, ſed
etiam *Imperatores*, ac *Reges* ſub generalibus Dominorum

a pag. 35.

minorum

minorum temporalium nominibus comprehendi, quod nihilominus perfpicuè antea refutauimus,
attamen verba illa, *Si vero Dominus temporalis*
&c. *Gallicè* reddere, *Si quelque Prince* &c. *Si aliquis Princeps* &c. ac fi Concilium *Principes* ipfos
in eo decreto proprio *Principum* nomine expref-
fiffet, profectò à manifefta corruptione, in eo præfertim, qui verba aliqua ex vno idiomate in aliud
transferendi in fe munus fufcepit, excufari neuti-
quam poteft. Qui enim verba transfert, non tam
fenfum quem ipfe imaginatur, quàm ipfamet verba eorumque proprietatem refpicere debet, quando præfertim de fenfu illo quem ipfe prætendit,
magna inter ipfum & alios controuerfia exiftit:
At *Cardinalem* latere non poterat, me femper con-
tendiffe, idque fatis perfpicuè commonftraffe, illis
Concilij verbis, *Si vero Dominus temporalis* &c. inferiores tantùm Dominos temporales ex fupremorum confenfu, & non ipfos fupremos *Principes*
cum materia fit odiofa & pænalis, defignari. Ait
præterea *Cardinalis*, ᵇ *Matthæum* Paris dicere,   b pag.34.
Concilium Lateranenfe *feciffe* 60. *feu* 70. *decreta*,
cùm tamen *Matthæus* Paris folùm afferat, vt fu-
prà ᶜ vidimus, *recitata fuiffe in pleno Concilio* 60.   c part.1.fec.1.
feu 70. *capitula, quæ alijs placabilia, alijs videban-
tur onerofa.*

    32 Mitto nunc plurima alia egregia *Cardina-
lis Peronij* artificia, cùm ea *Rex* nofter *Sereniſſimus*
eleganter admodum, & perfpicuè detexerit. Neque ego pro fumma, qua eum ob fingularem eius
eruditionem, & honoris amplitudinem veneratione profequor, hæc eius artificia commemoraf-
fem, nifi ipfeme meamque doctrinam fcriptis publicis

blicis mira arte, ne dicam fraude, perftrinxiffet,
& plures Catholicos artificiofa hac fua, parum-
que fincera huius grauiffimæ quæftionis tractati-
one in errotem pertraxiffet. Non igitur mihi fuc-
cenfebit, vti fpero, *Dominatio* fua *Illuftriſſima*, fi
in hac grauiſsima controuerfia difcutienda nihil
aliud quàm veritatem quærat, quòd ego veritatis
dilucidandæ, & propriæ innocentiæ defendendæ
gratia hæc illius artificia, cum omni, qua decet,
debita reuerentia, patefacere aufus fuerim.

33 Vtinam denique *Dominatio* fua *Illuftriſſi-*
ma palam & perfpicue nobis declararet, vtrùm fi
Doƈtores Parifienfes, qui firmiter tenent, doƈtrinam illam de fuperioritate *Concilij* generalis in
Papam effe veram, verbo Dei, & generalium *Con-*
ftantienfis & *Bafileenfis* Conciliorum definitionibus confonam, & confequenter contrariam effe
falfam, verbo Dei, & Conciliorum generalium
decretis repugnantem, & proinde impiam & deteftabilem, publico decreto fancirent, vt quiuis
ex fua Facultate in publicis fuis Lectionibus, Dif-
putationibus, & libris fuam doƈtrinam omnino
defenderent, neque contrariam etiam vt probabilem tuerentur, vel fi Facultas Theologica Academiæ *Moguntinenfis*, quæ firmiſsimè fentit, doƈtrinam illam pro immaculata B. *Virginis* Conceptione effe veram, verbo Dei & *Bafileenfis* Concilij decreto confentaneam, & confequenter contrariam effe falfam, impiam, deteftabilem, & Dei
verbo contrariam, publico etiam decreto *omnino*
decerneret, & ftatueret fentiendum (vti eam feciffe
Surius a Ian-
num 1501. *Surius* affirmat, *imitata*, inquit ille, *Synodi* Bafileenfis *decretum, itemque* Parifienfes, *& Coloni-*
enfes

enses *Theologos*) *Beatissimum Dei genitricem sine labe peccati originalis conceptam, idque singulari quodam priuilegio & grauiter sanciret, deinceps neminem in ea* Academia *promoueri debere in Sacra Theologia, nisi iuramento interposito prius fidem daret, se diuersam opinionem neque animo retenturum, neq; quouis modo approbaturu:* Et similis quæstio fieri potest de auxilijs gratiæ inter *Iesuitas,* & *Dominicanos* tanta contentione agitata, vt vtrique suam doctrinam esse veram, & verbo Dei consonam, & contrariam falsam, & verbo Dei repugnantem, ac proinde impiam, & detestabilem esse opinentur: Vtrùm, inquâ, hinc rectè inferri queat, idcirco Doctores illos velle fidei articulum determinare ac definire, manifestum & ineuitabile schisma in Dei Ecclesiam inducere, immo & in hæresim apertam homines præcipitare, eosque existimare, *Summum Pontificem,* si idem cum illis non sentiat, non esse Caput Ecclesiæ & Christi *Vicarium,* sed hæreticum & Antichristum, & reliquas omnes Ecclesiæ partes, quæ contrariam doctrinam amplectuntur, non veras *Ecclesiæ* partes, sed membra Antichristi, & hæresi atque anathemate contaminatas. Harum enim quæstionum elucidatio non exiguam viris eruditis lucem afferret, qua clarè perspicere possent, quantulam vim habeant præcipua omnia argumenta & incommoda, quæ *Card. Peronius* in hac sua Oratione magis artificiosa, quàm solida, & Oratore magis quàm Theologo digna aduersus Iuramentum *Franciæ* superflua verborum prolixitate exaggerat. *Finis.*

Exem-

Exemplar

Exemplar isti-
us articuli ex-
tractum est
ex libro, cui
titulus est,
*Apologie de
l' Article pre-
mier du Tiers
Estat.1615.*
pag.4.

Primi articuli, seu Iuramenti, *quod in Comitijs generalibus* Lutetiæ *anno Domini*
1614 *celebratis* Tertia pars *Ordinum*
Regi *Francorum* Christianisimo *ab eo
confirmandum proposuit.*

QVE pour arrester le cours de la pernicieuse
doctrine, qui s' introduit depuis quelques
annees, contre les Roys, & puissances souueraines
establies de Dieu, par esprits seditieux qui ne
tendent qu' à les troubler & subuertir; le Roy sera
supplié de faire arrester en l' assemblee de ses
Estats, pour loy fondamentale du Royaume, qui
soit inuiolable, & notoire à tous : que comme
il est recogneu souuerain en son Estat, ne tenant
sa couronne que de Dieu seul, il n' y a puissance en
terre, quelle qu' elle soit, spirituelle ou tempo-
relle, qui ayt aucun droit sur son Royaume, pour
en priuer les personnes sacrees de nos Roys, ny
dispencer, ou absondres leurs suiets de la fidelite,
& obeisance qu' ils luy doiuent, pour quelque
cause, ou pretexte que ce soit : que tous les sub-
iets, de quelque qualité & condition qu' ils soient, tiendront ceste loy pour saincte & veritable,
comme conforme a la parole de Dieu, sans di-
stinction, equivoque, ou limitation quelconque,
laquelle sara iuree & signee par tous les Deputez
des Estats, & doresnauant par tous les Beneficiers,
& Officiers du Royaume, auant que d' entrer
en

en possessions de leurs benefices, & d' estre re-
ceuz en leurs Offices : tous Precepteurs, Regens,
Docteurs, & Predicateurs tenus de l'enseigner,
& publier que l' opinion contraire, mesme qu'il
soit loisible de tuer & deposer nos Roys, l'
esleuer & rebeller contre euz, secoüer le ioug de
leur obeissance, pour quelque occasion que ce
soit, est impie, detestable, & contre verité,
& contre l' establissement de l' Estat de
France, qui ne dépend immediatement que de
Dieu : que tous liures qui enseignent telle fausse
& peruerse opinion, seront tenus pour seditieux,
& blasmables : tous estrangers qui l' escriront, &
publieront, pour ennemis iurez de la couronne :
tous sujets de sa Maiesté qui y adhereront, de
quelque qualité & condition qu'ils soient, pour
rebelles, infrateurs des loix fondamentales du
Royaume, & criminels de leze-Maiesté au pre-
mier chef : & s'il se trouue aucun liure, ou discours
escrit par Estranger Ecclesiastique, ou d'autre
qualité, qui contienne proposition contraire a
la dite loy, directement, ou indirectement, seront
les Eccleftastiques de mesme Ordre establis en
France, obligez d' y respondre, les impugner
& contredire incessament sans respect, ambiguité,
ny equiuocation, sur peine d' estre punis de
mesmes peines que dessus, comme fauteurs des
ennemis de cét Estat.

Ad reprimendum cursum, seu progressum, per-
niciosæ illius doctrinæ, quæ contra *Reges* &
potestates supremas à Deo stabilitas, per spiritus
seditiosos, qui non nisi ad eas turbandas, & sub-
uerten-

uertendas reſpiciunt, aliquot ab hinc annis intro-
ducta eſt, *Regiæ Maieſtati* humiliter ſupplican-
dum eſt, vt in horum *Ordinum* Conuentu in legem Regni fundamentalem, quæ ſit inuiolabilis,
& omnibus manifeſta ſanciendum faciat, quòd
cùm ipſe in ſuis Dominijs ſupremus recognoſca-
tur, neque ab alio, quàm à Deo ſolo ſuam Co-
ronam tenens, non ſit poteſtas in terra, quęcunque
illa ſit, ſiue ſpiritualis, ſiue temporalis, quæ ius
aliquod habeat ſupra ſuum Regnum ad ſacratas
Regum noſtrorum perſonas depriuandas, neque
ad diſpenſandum, vel abſoluendum eorum ſubditos à fidelitate & obedientia, quam illis debent, ob
vllam cauſam, vel prætextum quemcunque.
Quòd omnes ſubditi, cuiuſcunque qualitatis &
conditionis fuerint, hanc legem, vti verbo Dei
conſentaneam, pro ſancta & vera abſque di-
ſtinctione, æquiuocatione, vel limitatione quacunque propugnabunt. Quam legem omnes
Ordinum deputati, & poſthâc omnes Benefici-
arij, & Officiales Regni, priuſquàm in ſuorum
Beneficiorum poſſeſſionem veniant, & ad ſua Officia admittantur, iuramento firmabunt, & con-
ſignabunt: Omnes Magiſtri, Regentes, Doctores,
& Prædicatores palam docere, & publicare tenebuntur, opinionem contrariam, quòd ſcilicet
licitum ſit ob vllam cauſam Reges noſtros occi-
dere, & deponere, contra eos inſurgere, & rebel-
lare, obedientiæ iugum excutere, eſſe impiam,
deteſtabilem, contra veritatem, & ſtabilimentum
Status Francię, qui non niſi à Deo immediatè
dependet: Quòd omnes libri, qui talem falſam,
& peruerſam opinionem docebunt, pro ſeditioſis,

&

& animaduersione dignis habebuntur : Omnes
extranei, qui eam scriptis docebunt, & euulga-
bunt, pro iuratis Coronę inimicis ; Omnes tuæ
Maiestatis subditi qui illi adhærebunt, cuiuscunque qualitatis & conditionis fuerint, pro rebellibus, legum Regni fundamentalium violatoribus,
& criminis lęsę *Maiestatis* in supremo capite
reis : Et si contigerit, aliquem librum, vel discur-
sum ab aliquo Ecclesiastico extraneo, vel alterius
qualitatis persona conscriptum esse, qui propositionem dictæ legi directè, vel indirecte contrariam contineat, tenebuntur Ecclesiastici eiusdem
Ordinis in Francia stabiliti illis respondere, impugnare, & contradicere, omni cunctatione ab-
iecta, sine respectu, ambiguitate, vel æquiuocatione, alioquin tanquam Status istius inimicorum fautores pænis superiùs commemoratis subiace-
bunt.

F I N I S.